STUDY ON THE LAW APPLICATION OF
THE UNDERWORLD ORGANIZATION CRIME

刘振会／著

黑社会性质组织犯罪的法律适用研究

修订版

人民法院出版社

图书在版编目（ＣＩＰ）数据

黑社会性质组织犯罪的法律适用研究 / 刘振会著
. -- 修订版 . -- 北京：人民法院出版社 , 2023.8
    ISBN 978-7-5109-3894-8

Ⅰ . ①黑… Ⅱ . ①刘… Ⅲ . ①黑社会—犯罪集团—刑
事犯罪—法律适用—研究—中国 Ⅳ . ① D924.114

中国国家版本馆 CIP 数据核字（2023）第 169514 号

黑社会性质组织犯罪的法律适用研究（修订版）

刘振会   著

责任编辑：罗羽净
出版发行：人民法院出版社
地　　址：北京市东城区东交民巷 27 号（100745）
电　　话：（010）67550640（责任编辑）　67550558（发行部查询）
　　　　　　　65223677（读者服务部）
客服 QQ：2092078039
网　　址：http://www.courtbook.com.cn
E - m a i l：courtpress@sohu.com
印　　刷：三河市国英印务有限公司
经　　销：新华书店

开　　本：787 毫米 ×1092 毫米　1/16
字　　数：359 千字
印　　张：25
版　　次：2023 年 8 月第 1 版　2023 年 8 月第 1 次印刷
书　　号：ISBN 978-7-5109-3894-8
定　　价：79.00 元

修订前言

《黑社会性质组织犯罪的法律适用》一书出版两个月后，2021年12月24日第十三届全国人民代表大会常务委员会第三十二次会议审议通过了《中华人民共和国反有组织犯罪法》（以下简称《反有组织犯罪法》），自2022年5月1日起施行。该法对黑社会性质组织与恶势力组织犯罪的预防与惩治作出了系统规定，有必要对照该法对本书内容进行修订。

《反有组织犯罪法》是一部预防与惩治有组织犯罪的综合性法律，内容与本书联系紧密，但并不完全一致，如仅仅对与该法内容相关部分进行修订，难以实现对该法内容与精神的全面系统阐释。为此，本次修订采取系统阐释与重点内容修改相结合的模式，既对《反有组织犯罪法》进行司法视角的理论与实践系统阐释，也对书中涉及黑社会性质组织犯罪的内容进行修改完善。为保证本书的体系完整，《反有组织犯罪法》的系统阐释部分不纳入本书章节之中，而是作为本书的修订序言。

修订过程中，除对以上内容进行重点修改外，也对原书部分内容进行了完善。

作　者

2023 年 5 月 3 日

《反有组织犯罪法》的司法适用

（修订代序）

2021 年 12 月 24 日，第十三届全国人民代表大会常务委员会第三十二次会议审议通过《中华人民共和国反有组织犯罪法》（以下简称《反有组织犯罪法》），自 2022 年 5 月 1 日起施行。司法实践中准确适用该法，需要准确理解和把握该法的立法特点、功能价值与重点内容。

一、立法特点

《反有组织犯罪法》的立法特点集中反映在立法背景、立法思想和立法意义三个方面。

（一）立法背景

根据新时期社会治理的需要，我国自 2018 年开始进行为期三年的扫黑除恶专项斗争，取得显著成效。三年专项斗争中，最高人民法院、最高人民检察院、公安部、司法部联合出台了十余部司法政策性文件。为进一步总结专项斗争经验，将行之有效的司法政策和工作机制以法律形式固定下来成为巩固专项斗争成效的必然要求。特别是，适应依法治国、依法治理黑恶势力犯罪的需要，制定一部集预防和惩治于一体的专门法律，把黑恶势力犯罪治理纳入法治轨道，成为国家治理体系和治理能力现代化的应有之义。而且，我国是《联合国打击跨国有组织犯罪公约》的缔约国，制定一部专门法律，成为加强与域外国家或地区治理黑恶势力犯罪合作，提升国际刑事司法合作效能的必由之路。为此，2020 年，由中央政法委牵头，

公安部负责,成立《反有组织犯罪法》起草工作领导小组和工作专班。法律草案形成后,全国人大宪法和法律委员会提交第十三届全国人民代表大会常务委员会三次审议后表决通过。

(二)立法思想

《反有组织犯罪法》全方位体现习近平法治思想的核心要义,是习近平法治思想的生动立法实践。一是贯彻"坚持以人民为中心"的思想。该法第一条开宗明义写明保护公民和组织的合法权益是该法的目的和任务,第五条专门规定尊重和保障人权,在有组织犯罪的预防、治理、案件办理的具体条款中均贯彻保护人民利益的要求。特别是,专门规定在校学生与未成年人的特别保护、涉案财产利害关系人财产权益的保护,以及对犯罪嫌疑人、被告人及其扶养家属的权益保护。二是贯彻"坚持中国特色社会主义法治道路"和"坚持建设中国特色社会主义法治体系"的思想。该法丰富和完善了中国特色社会主义法律体系,为社会主义法治国家建设提供了重要遵循。该法立足我国实际,结合我国犯罪治理的成功经验,对政府职能部门、基层自治组织、司法机关等各类主体规定明确具体的工作职责、工作机制、履职要求等,形成了预防、打击、治理有组织犯罪的三位一体完整工作体系,彰显了我国的制度优势和法治特色。三是贯彻"坚持依宪治国、依宪执政"的思想。该法第一条明确写明制定的法律依据是宪法,具体规定中关于各部门、各机关职责任务的规定,都在宪法规定的职责范围之内,符合宪法要求。四是贯彻"坚持在法治轨道上推进国家治理体系和治理能力现代化"的思想。该法的颁布填补了我国有组织犯罪专门立法的空白,建立了治理有组织犯罪的专门法治轨道,为在有组织犯罪治理领域实现国家治理体系和治理能力现代化提供了法律支撑。五是贯彻"坚持依法治国、依法执政、依法行政共同推进,法治国家、法治政府、法治社会一体建设"的思想。该法确立了惩防并举、标本兼治的有组织犯罪治理目标任务和工作原则,明确规定了行政机关、司法机关、基层组织等各类主体的法定职责任务,充分体现了依法治国、依法执政、依法行政共同推进,法治国家、法治政府、法治社会一体建设的思想。六是贯彻"坚持全面推进科学立法、严格执法、公正司法、全民守法"的思想。该法经过严格规范的立法程序，由全国人民代表大会常务委员会审议通过。对执法、司法机关的执法司法活动设定了严格程序和履职要求，明确了相关机关、部门法治宣传职责，设立了法治宣传机制，充分体现科学立法、严格执法、公正司法、全民守法的思想。七是贯彻"坚持统筹推进国内法治和涉外法治"的思想。该法设专章规定反有组织犯罪工作的国际合作，确立我国与其他国家、地区、国际组织开展反有组织犯罪合作的信息交流、警务合作等工作机制，明确刑事司法协助与引渡要求，充分体现了统筹国内法治与涉外法治的思想。八是贯彻"坚持建设德才兼备的高素质法治工作队伍"的思想。该法专门规定建立专业力量，加强人才队伍建设，明确提出执法、司法人员正当履职的特别保护要求，充分体现了建设德才兼备的高素质法治工作队伍的思想。

（三）立法定位

根据我国《立法法》规定，我国法律体系由法律、法律解释、行政法规、地方性法规、自治条例和单行条例、规章组成。法律包括基本法律和其他法律。《立法法》第10条第2款规定，全国人民代表大会制定和修改刑事、民事、国家机构的和其他的基本法律。该条第3款规定，全国人民代表大会常务委员会制定和修改除应当由全国人民代表大会制定的法律以外的其他法律；在全国人民代表大会闭会期间，对全国人民代表大会制定的法律进行部分补充和修改，但是不得同该法律的基本原则相抵触。《反有组织犯罪法》由全国人民代表大会常务委员会制定，属于基本法律之外的其他法律，《刑法》《刑事诉讼法》由全国人民代表大会制定，是基本法律。同时，《反有组织犯罪法》中关于有组织犯罪的刑法规制与诉讼程序内容是对有组织犯罪惩治的刑事实体与程序的特别规定，《刑法》《刑事诉讼法》中关于对有组织犯罪的刑法规制与诉讼程序内容为一般规定。因此，《刑法》《刑事诉讼法》与《反有组织犯罪法》既是基本法律与其他法律的关系，也是一般法与特别法的关系，适用时应遵循特别法优先于一般法、其他法律不得与基本法律相抵触的基本原则。

（四）立法意义

从国内视角看，该法从综合治理、人权保障、国际合作等多方位对有组织犯罪治理进行了系统立法，填补了我国有组织犯罪惩治专门立法的空白，丰富了中国特色社会主义法律体系。从国际视角看，该法建立了治理有组织犯罪立法的中国模式，丰富了世界反有组织犯罪立法方式和立法内容，展现了我国依法治理有组织犯罪的法治姿态，是我国制度自信的重要体现。

二、功能价值

《反有组织犯罪法》是集实体与程序、刑事与行政、国内与国际等多维内容于一体的综合性法律，具有强大功能和重大价值。

（一）促进社会治理

《反有组织犯罪法》的目标任务是预防和惩治有组织犯罪，加强和规范反有组织犯罪工作，维护国家安全、社会秩序、经济秩序，保护公民和组织的合法权益，[1] 是一部有组织犯罪的社会治理法。行政管理是全部内容的主线和主基调。有学者将《反有组织犯罪法》定位为一部以行政管理措施为主的综合性法律。[2] 该法的立法体例与内容均体现了以预防为重点、以行政治理为主线的特点。一是内容设置上体现预防和治理优先。该法共九章，把预防和治理作为第一章"总则"之后的第二章，列于案件办理及相关工作要求之前，凸显预防与治理内容在本法中的重要地位。二是规定综合治理"三个坚持"原则。即：坚持总体国家安全观，综合运用法律、经济、科技、文化、教育等手段，建立健全反有组织犯罪工作机制和有组织犯罪预防治理体系；[3] 坚持四个结合，专门工作与群众路线相结合、专项治

---

① 《反有组织犯罪法》第 1 条。

② 靳高风：《我国有组织犯罪的嬗变与法律制度的完善》，载《理论探索》2020 年第 5 期。

③ 《反有组织犯罪法》第 3 条。

理与系统治理相结合、反有组织犯罪工作与反腐败相结合、反有组织犯罪工作与加强基层组织建设相结合，惩防并举、标本兼治；① 坚持全员参与，有关国家机关、基层组织、企事业单位、公民都有依法参与反有组织犯罪工作的职责、义务和责任。② 上述原则体现了对有组织犯罪进行系统治理、依法治理、综合治理、源头治理的要求，是反有组织犯罪工作应当坚持的基本工作准绳。三是明确职能部门预防和治理有组织犯罪的具体职责。该法第二章专门规定人民政府和有关部门、基层组织在预防和治理有组织犯罪工作中的具体职责。即各级人民政府和有关部门，监察机关、人民法院、人民检察院、公安机关、司法行政机关，教育行政部门、学校，民政部门，市场监管、金融监管、自然资源、交通运输等部门，电信业务经营者、互联网服务提供者，国务院反洗钱行政主管部门、国务院其他有关部门、机构，监狱、看守所、社区矫正机构，行业主管部门，移民管理、海关、海警等部门，出入境证件签发机关、移民管理机构，基层组织等各类主体，在宣传教育，基层组织成员候选人资格审查，行业领域犯罪情况监测与监督，行业管理建议，重点区域、行业领域或者场所管理，信息技术支持，反洗钱督导，安置帮教，个人财产监管，开办企业监管，出入境管理等方面要各负其责，并将职责履行情况纳入考评体系。四是细化与刑事司法措施相衔接的行政管理与处罚措施。该法第三章"案件办理"中详细规定了线索核查的具体措施，包括查询嫌疑人财产信息，紧急止付、临时冻结、临时扣押的紧急措施，以及对不起诉或者免予刑事处罚人员的行政处罚（分）要求。第八章"法律责任"中规定了行政处罚的具体情形，以及对行政处罚和行政强制措施相对人的权利救济措施。五是规定与行政、刑事责任相衔接的党纪政纪处分要求。该法第73条与第75条规定，有关国家机关、行业主管部门以及国家工作人员不正确履行反有组织犯罪职责，尚不构成犯罪的，依法给予处分。根据上述规定，可以对不正确履职的公

---

① 《反有组织犯罪法》第4条。

② 《反有组织犯罪法》第5～8条。

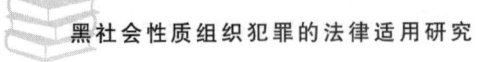

职人员依照党内法规、行政法规给予党纪、政纪处分。

（二）完善刑法规范

《反有组织犯罪法》健全了我国惩治黑恶势力犯罪的刑法规范体系。一是构建黑恶势力犯罪刑法规制的完整体系。提升惩治黑恶势力犯罪的法治化水准是该法中刑法规范的最重要历史价值。[1] 该法在刑法规定黑社会性质组织犯罪惩治规范的基础上，把恶势力组织明确规定为与黑社会性质组织一体惩治的对象，将两种犯罪组织犯罪统称为有组织犯罪，构建起惩治黑社会性质组织犯罪与惩治恶势力组织犯罪紧密衔接的刑事责任体系。[2] 同时，该法对黑恶势力犯罪惩治中罪与刑的刑法规定作出适用要求的指引性规定。如该法第66条、第34条对《刑法》第294条的适用作出细化要求，第68条规定从业禁止要依照《刑法》的规定实施，等等。二是实现刑事政策法律化。该法把宽严相济刑事政策写入办案要求之中，使宽严相济成为刑罚处罚的法定要求，彰显了我国黑恶势力犯罪治理的刑事一体化。三是完善从重处罚情形。该法第50条第2款、第67条规定，国家工作人员组织、领导、参加有组织犯罪的，应当依法[3] 从重处罚；发展未成年人参加黑社会性质组织、境外的黑社会组织，教唆、诱骗未成年人实施有组织犯罪，或者实施有组织犯罪侵害未成年人合法权益的，依法从重追究刑事责任。四是完善涉案财产处置规范。该法从线索核查、侦查、审查起诉到审理、裁判的案件办理全过程对涉案财产处置作出明确规定，形成了涉案财产处置的完整规范体系。特别是，该法第46条把第三人为支持或者资助有组织犯罪活动而提供给有组织犯罪组织及其成员的财产、组织成员实

---

① 黄京平:《扫黑除恶历史转型的实体法标志——〈反有组织犯罪法〉中刑法规范的定位》，载《江西社会科学》2022年第2期。

② 莫洪宪:《〈反有组织犯罪法〉——推进扫黑除恶常态化的保障》，在中国刑法学研究会2022年全国年会暨数字法治大会上的专题报告。

③ "法"指法律、法规、司法解释。如2000年《最高人民法院关于审理黑社会性质组织犯罪的案件具体应用法律若干问题的解释》第4条规定，国家机关工作人员组织、领导、参加黑社会性质组织的，从重处罚。

际用于支持有组织犯罪活动的家庭财产、第三人利用有组织犯罪组织及其成员违法犯罪活动获得的财产及其孳息、收益，纳入依法追缴、没收的财产范围，对《刑法》第64条作出了重要补充。

（三）健全诉讼程序

《反有组织犯罪法》根据有组织犯罪案件的特点，结合三年专项斗争经验，对有组织犯罪案件诉讼程序、诉讼制度作出了专门规定，完善了《刑事诉讼法》的相关规定。一是规定《刑事诉讼法》相关要求的适用方法。如《反有组织犯罪法》第31条规定，办理黑恶势力犯罪案件可以适用《刑事诉讼法》规定的技术侦查措施、实施控制下交付或者由有关人员隐匿身份等特殊侦查措施；第61条至第63条规定证人、污点证人、执法人员、司法人员的特殊保护，等等。二是对《刑事诉讼法》没有规定的内容作出补充规定。其一，规定有组织犯罪案件的线索处置、核查要求。《反有组织犯罪法》第27条规定，公安机关核查有组织犯罪线索，可以查询嫌疑人员的存款、汇款、债券、股票、基金份额等财产信息。公安机关核查黑社会性质组织犯罪线索，发现涉案财产有灭失、转移的紧急风险的，可以对有关涉案财产采取紧急止付或者临时冻结、临时扣押的紧急措施。其二，规定特别羁押措施。《反有组织犯罪法》第30条规定，对有组织犯罪案件的犯罪嫌疑人、被告人，可以采取异地羁押、分别羁押或者单独羁押等措施。其三，规定跨省异地执行刑罚与减刑、假释省级复核要求。根据该法第35条、第36条规定，黑社会性质组织的组织者、领导者或者恶势力组织的首要分子被判处10年以上有期徒刑、无期徒刑、死刑缓期二年执行的，应当跨省、自治区、直辖市异地执行刑罚；对上述人员的减刑以及包含上述人员的所有黑社会性质组织的组织者、领导者或者恶势力组织的首要分子的假释，执行机关提出减刑、假释建议，报经省、自治区、直辖市监狱管理机关复核后，提请人民法院裁定。三是对《刑事诉讼法》相关内容作出特别规定。该法第45条第3款规定黑社会性质组织犯罪违法所得"高度可能"的证明要求，第38条规定把罪犯履行生效裁判中财产性判项、配合处置涉案财产等情况作为执行机关提出减刑、假释建议以及人民法院审理减刑、

假释案件的考量因素，等等。

（四）推动国际合作

《反有组织犯罪法》专章规定国际合作要求，为推动有组织犯罪惩治的国际合作提供了法律遵循。一是建立情报合作机制。该法第 55 条第 1 款规定，国务院有关部门根据国务院授权，代表中国政府与外国政府和有关国际组织开展反有组织犯罪情报信息交流和执法合作。二是建立警务合作机制。该法第 55 条第 2 款规定，国务院公安部门与有关国家和地区建立警务合作机制。边境地区公安机关可以与相邻国家或者地区执法机构建立跨境有组织犯罪情报信息交流和警务合作机制。三是明确涉外证据效力。该法第 57 条规定，通过反有组织犯罪国际合作取得的材料可以在行政处罚、刑事诉讼中作为证据使用。需要注意的是，根据《中华人民共和国国际刑事司法协助法》（以下简称《国际刑事司法协助法》）第 68 条规定，向中华人民共和国提出的刑事司法协助请求或者应中华人民共和国请求提供的文件和证据材料，按照条约的规定办理公证和认证事宜。没有条约或者条约没有规定的，按照互惠原则办理。因此，通过反有组织犯罪国际合作取得的材料在行政处罚、刑事诉讼中作为证据使用时，应当办理公证与认证等确认效力的相关手续。四是规范刑事司法协助、引渡。该法第 56 条规定，涉及有组织犯罪的刑事司法协助、引渡，依照有关法律的规定办理。根据我国现行法律，应当依照的法律及相关要求包括以下三个方面：其一，《国际刑事司法协助法》的相关要求。根据该法规定，国际刑事司法协助，是指我国和外国在刑事案件调查、侦查、起诉、审判和执行等活动中相互提供协助，包括送达文书，调查取证，安排证人作证或者协助调查，查封、扣押、冻结涉案财物，没收、返还违法所得及其他涉案财物，移管被判刑人以及其他协助；向中华人民共和国提出的刑事司法协助请求或者应中华人民共和国请求提供的文件和证据材料，按照条约的规定办理公证和认证事宜。没有条约或者条约没有规定的，按照互惠原则办理。其二，《中华人民共和国引渡法》的相关要求。根据该法规定，我国和外国在平等互惠的基础上进行引渡合作，在没有引渡条约的情况下，请求国应当作出互惠的承诺。其三，《最高人民法院关于适用〈中华人民共和国刑事诉讼法〉的解释》（以下简称《刑事诉讼法司法解释》）的相关要求。根据该解释规定，请求和提供司法协助，应当依照《国际刑事司法协助法》、我国与有关国家、地区签订的刑事司法协助条约、移管被判刑人条约和有关法律规定进行；人民法院请求外国提供司法协助的请求书，应当依照刑事司法协助条约的规定提出；没有条约或者条约没有规定的，应当载明法律规定的相关信息并附相关材料。

三、有组织犯罪组织

《反有组织犯罪法》对有组织犯罪组织作出明确规定，司法实践中，应当准确理解法律精神，严格把握犯罪组织的类型和条件，准确作出司法认定，确保有组织犯罪治理在法治轨道上运行。

（一）有组织犯罪组织的基本类型

《反有组织犯罪法》第 2 条规定，该法所称有组织犯罪，是指《刑法》第 294 条规定的组织、领导、参加黑社会性质组织犯罪，以及黑社会性质组织、恶势力组织实施的犯罪。境外的黑社会组织到中华人民共和国境内发展组织成员、实施犯罪，以及在境外对中华人民共和国国家或者公民犯罪的，适用该法。据此，有组织犯罪组织包括黑社会性质组织、恶势力组织、境外黑社会组织三种。对此，可从以下几方面理解把握：

1. 与境外国家或地区有组织犯罪组织概念基本一致。在境外国家或地区，有组织犯罪组织一般指有组织犯罪集团，英语用 "Criminal Organization" "Criminal Group" 或 "Criminal Gang" 表示。关于有组织犯罪集团的概念，德国警官布格哈特·黑洛德的观点具有代表性，他认为，"有组织犯罪集团是指旨在获取暴利或对公共生活领域施加影响，长期或不定期地实施犯罪活动的组织"[①]，这一定义与《反有组织犯罪法》中对黑恶

[①] 徐久生：《德国犯罪学研究探要》，中国人民公安大学出版社 1995 年版，第 118 页。

势力犯罪组织的定义基本相同。

2. 与联合国公约中有组织犯罪组织的概念一致。《联合国打击跨国有组织犯罪公约》提出，"有组织犯罪集团"系指由三人或多人组成的、在一定时期内存在的、为了实施一项或多项严重犯罪或根据该公约确立的犯罪以直接或间接获得金钱或其他物质利益而一致行动的有组织结构的集团。《反有组织犯罪法》规定的黑社会性质组织和恶势力组织契合这一要求。但是，联合国公约中提出的有组织犯罪组织外延更大，包括但不限于黑恶势力犯罪组织，还包括毒品、恐怖、邪教、传销等犯罪组织。

3. 与我国学者关于犯罪集团学说的观点一致。我国学者关于有组织犯罪组织的定义观点众多，包含了犯罪结伙、犯罪团伙、犯罪集团、黑社会性质组织、黑社会组织等由低级到高级的所有共同犯罪中犯罪人的结合体形式。其中，犯罪集团说认为，有组织犯罪集团是指故意犯罪者操纵、控制或直接指挥和参与，组织结构严密、等级森严或组织成员相对稳定，有特定行为规范和逃避法律制裁的防护体系的犯罪集团。[①] 这一观点契合《反有组织犯罪法》对黑恶势力组织的界定。但是，犯罪集团所定义的有组织犯罪集团的外延与联合国公约类似，包括但不限于黑恶势力犯罪组织。

4. 有组织犯罪组织限定为黑恶势力组织符合我国实际。广义上，恐怖组织犯罪、邪教组织犯罪、传销组织犯罪以及有组织的"黄赌毒盗抢骗犯罪"、危害食品药品安全犯罪、侵犯知识产权犯罪，都是有组织犯罪[②]，由于我国《刑法》《反恐怖主义法》《反间谍法》等法律对上述有组织犯罪已经作出专门规定，足以满足预防和惩治犯罪的需要。因此，没有必要将上述犯罪组织犯罪纳入《反有组织犯罪法》予以规制。而且，将黑恶势力犯罪惩治单独立法，可以凸显对黑恶势力犯罪的专项治理，为常态化开展扫黑除恶斗争提供法律支撑，符合依法治国、把扫黑除恶斗争纳入法治化轨

---

① 康树华：《比较犯罪学》，北京大学出版社1994年版，第269页。

② 陈远鑫、马曼：《我国反有组织犯罪法律制度的重要发展——反有组织犯罪法的立法情况和主要内容》，载《人民检察》2022年第1期。

道的法治要求，契合人民群众关于安全感、幸福感和获得感的期待。

（二）恶势力组织

《反有组织犯罪法》首次把恶势力组织纳入法律规范之中，对恶势力组织的概念作出明确规定。准确认定该法规定的恶势力组织，应当从恶势力组织的概念界定、内涵与外延等维度予以把握。

1. 恶势力组织的概念界定。根据最高人民法院、最高人民检察院、公安部、司法部 2018 年《关于办理黑恶势力犯罪案件若干问题的指导意见》（以下简称《2018 年指导意见》）与 2019 年《关于办理恶势力刑事案件若干问题的意见》（以下简称《2019 年恶势力意见》）规定，恶势力是指经常纠集在一起，以暴力、威胁或者其他手段，在一定区域或者行业内多次实施违法犯罪活动，为非作恶，欺压百姓，扰乱经济、社会生活秩序，造成较为恶劣的社会影响，但尚未形成黑社会性质组织的违法犯罪组织[①]，包括恶势力团伙和恶势力犯罪集团两种组织形式。2020 年 12 月《反有组织犯罪法（草案）》第 2 条第 2 款规定，恶势力组织，是指经常纠集在一起，以暴力、威胁或者其他手段，多次实施违法犯罪活动，为非作恶，欺压群众，但尚未形成黑社会性质组织的违法犯罪组织，既包括恶势力团伙和恶势力犯罪集团，还包括敲诈勒索、组织卖淫等犯罪团伙或集团。与前述规范性文件的规定相比，立法草案降低了恶势力的构成标准。针对"草案关于恶势力组织概念的界定，与扫黑除恶专项斗争中有关指导意见和实践中掌握的标准不尽一致，可能导致将恶势力犯罪泛化到一般的团伙犯罪，打击面过大"[②] 的问题，全国人大宪法和法律委员会经过讨论研究，2021 年 8 月在《反有组织犯罪法（草案）（二次审议稿）》中进行了调整，在恶势力组织的概念中增加"在一定区域或者行业领域内""扰乱经济、社会生活秩

[①]《2018 年指导意见》第 14 条第 1 款、《2019 年恶势力意见》第 4 条。

[②] 周光权:《全国人民代表大会宪法和法律委员会关于〈中华人民共和国反有组织犯罪法（草案）〉修改情况的汇报——2021 年 8 月 17 日在第十三届全国人民代表大会常务委员会第三十次会议上》，载《全国人民代表大会常务委员会公报》2022 年第 1 号。

序，造成较为恶劣的社会影响"的限制条件，并将"尚未形成黑社会性质组织的违法犯罪组织"中的"违法"二字删除，改为"尚未形成黑社会性质组织的犯罪组织"。2022 年 12 月 24 日全国人大常委会审议通过的《反有组织犯罪法》对恶势力组织的规定采纳了二次审议稿的概念，不仅沿袭了规范性文件的限制性条件，而且将恶势力从违法犯罪组织限定为犯罪组织。

综上，恶势力的概念经历了由规范性文件规定的制度化概念到《反有组织犯罪法》规定的法律概念的演进过程。特别是，从《反有组织犯罪法》草案到草案二次审议稿、三次审议通过稿，恶势力组织的概念发生了质的变化，从可能包括一般犯罪团伙的泛化定义或扩张倾向明显的广义恶势力，转变为专指恶势力犯罪组织的法律概念。而且，《反有组织犯罪法》将规范性文件中的"恶势力"改为"恶势力组织"，不仅规范了表述方式，而且规范了恶势力组织的认定条件，实现了与《刑法》第 294 条关于黑社会性质组织规定的衔接。

2. 犯罪集团为惩治规范意义上恶势力组织的组织形式。《反有组织犯罪法》是预防与惩治有组织犯罪的综合性法律，应当从预防与惩治两个层面理解和把握恶势力组织的组织形式。惩治规范意义上的恶势力组织，只有恶势力犯罪集团一种组织形式。因为，《反有组织犯罪法》规定恶势力组织是"犯罪组织"，根据我国《刑法》第 26 条的规定，犯罪组织仅有犯罪集团一种组织形式。而且，《反有组织犯罪法》中关于恶势力组织主要成员的规定中，只规定了"首要分子"，没有规定恶势力团伙主要成员中的"纠集者"，根据我国《刑法》第 26 条的规定，首要分子仅存在于犯罪集团之中，从组织成员维度确定了恶势力组织为犯罪集团。因此，《反有组织犯罪法》施行之后，除非完全符合恶势力组织的法定条件，刑事司法不再有对案件定性为恶势力团伙的刑法依据。①

3. 犯罪团伙为防治规范意义上恶势力组织的组织形式。预防和治理意

---

① 黄京平：《扫黑除恶历史转型的实体法标志——〈反有组织犯罪法〉中刑法规范的定位》，载《江西社会科学》2022 年第 2 期。

义上，恶势力组织包括恶势力犯罪团伙和恶势力犯罪集团。作为一种客观存在的违法犯罪组织形式，恶势力团伙仍然是预防和惩治的对象。特别是，恶势力团伙是恶势力组织的雏形。司法实践中，仍然可以适用"两高两部"关于恶势力团伙的规定依法惩治，只是不适用《反有组织犯罪法》进行惩治而已。换言之，对恶势力犯罪团伙犯罪的预防适用《反有组织犯罪法》的规定，如《反有组织犯罪法》第12条规定的基层群众性自治组织换届选举中的联审机制，对基层自治组织成员候选人资格的审查内容中"因实施有组织犯罪受过刑事处罚"中的"有组织犯罪"，即包括恶势力犯罪团伙实施的犯罪。因为，该条规定在《反有组织犯罪法》第二章"预防和治理"之中，是防治意义上的有组织犯罪。在此意义上，如果不对有恶势力团伙犯罪前科的候选人依照有关规定及时作出处理，就根本不能发挥预防和治理有组织犯罪的基本功能。①

4. 司法文书中的规范表述。司法文书中应当统一到《反有组织犯罪法》的规范表述上，称"恶势力组织"，而不能再使用《反有组织犯罪法》实施前的称谓"恶势力犯罪集团"，对组织成员的称谓也应统一到《反有组织犯罪法》的规范表述上，分为首要分子与组织成员，这是罪刑法定的基本要求。需要特别注意的是，无论违法犯罪行为是否发生在《反有组织犯罪法》实施前后，只要案件裁判时《反有组织犯罪法》已经实施就应当适用该法的规范称谓"恶势力组织"。

（三）境外黑社会组织

《反有组织犯罪法》第2条第3款规定，境外的黑社会组织到中华人民共和国境内发展组织成员、实施犯罪，以及在境外对中华人民共和国国家或者公民犯罪的，适用该法。第31条规定，移民管理、海关、海警等部门应当会同公安机关严密防范境外的黑社会组织入境渗透、发展、实施违法犯罪活动。出入境证件签发机关、移民管理机构对境外的黑社会组织的人

---

① 黄京平：《扫黑除恶历史转型的实体法标志——〈反有组织犯罪法〉中刑法规范的定位》，载《江西社会科学》2022年第2期。

员，有权决定不准其入境、不予签发入境证件或者宣布其入境证件作废。移民管理、海关、海警等部门发现境外的黑社会组织的人员入境的，应当及时通知公安机关。发现相关人员涉嫌违反我国法律或者发现涉嫌有组织犯罪物品的，应当依法扣留并及时处理。《刑法》第294条第2款规定，境外的黑社会组织的人员到中华人民共和国境内发展组织成员的，处三年以上十年以下有期徒刑。与《刑法》第294条相比，《反有组织犯罪法》对境外黑社会组织的规制增加了"到中华人民共和国境内实施犯罪""在境外对中华人民共和国国家或者公民犯罪"的惩治，以及对境外黑社会组织成员的入境行政管理等规定，应当准确理解把握。

1. 境外黑社会组织。境外黑社会组织包括境外国家和地区以及我国港澳台地区^①的黑社会组织，黑社会组织的称谓及认定依该组织所在国家或地区以及我国港澳台地区法律规定，并由所在国家、地区和我国港澳台地区相关机关明确认定为黑社会组织为前提。如意大利黑手党、美国的"拉·科萨·诺斯特拉"、俄罗斯的"斯兰斯卡娅·格鲁皮诺弗卡"、日本的"暴力团"、香港的"三合会"、澳门的"友联馆"、台湾的"竹联帮"，等等。

2. 境外黑社会组织犯罪的惩治。一是境外黑社会组织到我国境内发展组织成员的惩治。该种情形，依照《刑法》第294条第2款的规定，以入境发展黑社会组织罪定罪处罚。二是境外黑社会组织到我国境内实施犯罪的惩治。该种情形是指境外的黑社会组织在我国境内实施我国《刑法》规定的具体犯罪行为，即通常所说的组织犯罪之外的"个罪"，按照我国《刑法》第6条属地管辖的规定，依照我国《刑法》规定依黑社会组织实施行为构成的具体犯罪定罪处罚。三是境外黑社会组织在境外对我国国家或者公民犯罪的惩治。该种情形，按照我国《刑法》第8条保护管辖的规定，

---

① 《最高人民法院关于审理黑社会性质组织犯罪的案件具体应用法律若干问题的解释》第2条第2款规定，港、澳、台黑社会组织到内地发展组织成员的，适用《刑法》第294条第2款的规定定罪处罚。

依照我国《刑法》规定对境外黑社会组织实施的犯罪行为定罪处罚。而且，要满足《刑法》第8条规定的限制条件，即所犯之罪按照我国《刑法》规定最低刑为3年以上有期徒刑，且按照犯罪地的法律应受处罚。

3.《反有组织犯罪法》的适用。《反有组织犯罪法》第2条第3款中的"适用本法"是指适用《反有组织犯罪法》关于对有组织犯罪分子预防、惩治的全部规定进行预防、惩处与治理。如对于境外黑社会组织的涉案财产，应当按照《反有组织犯罪法》关于财产处置的规定予以处理。需要注意的是，对于定罪，应当适用我国《刑法》规定的罪名，《反有组织犯罪法》没有创设《刑法》规定之外的任何罪名。

4.境外黑社会组织成员入境的管理监督。根据《反有组织犯罪法》的规定，移民管理、海关、海警等部门应当会同公安机关采取不准其入境、不予签发入境证件或者宣布其入境证件作废、依法扣留或处置涉案物品等方法，防范和及时处置黑社会性质组织成员入境、实施犯罪活动，最大限度地预防境外黑社会组织到我国境内实施违法犯罪活动。

四、网络有组织犯罪

《反有组织犯罪法》第23条第1款规定，利用网络实施的犯罪，符合该法第2条规定的，应当认定为有组织犯罪。对该条的理解涉及有组织犯罪与有组织犯罪组织的认定，应当审慎把握。

（一）利用网络实施犯罪可以成为有组织犯罪的犯罪手段

根据《反有组织犯罪法》第23条第1款的规定，利用网络实施犯罪可以成为有组织犯罪的犯罪手段，即黑社会性质组织与恶势力组织利用网络实施的组织内犯罪，可以认定为有组织犯罪。需要注意的是，利用网络可以是有组织犯罪组织的犯罪手段，也可以是有组织犯罪组织之外的个人或组织实施犯罪的手段。如电信网络诈骗集团或团伙可以利用网络实施电信网络诈骗，与他人有个人恩怨的人可利用网络实施诽谤、寻衅滋事等犯罪活动。简言之，利用网络实施犯罪不是有组织犯罪组织的特有

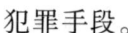

犯罪手段。

（二）利用网络实施有组织犯罪的主要情形

根据《反有组织犯罪法》第 2 条的规定，黑恶势力组织利用网络实施的犯罪活动包含三种情形。一是符合《反有组织犯罪法》第 2 条第 1 款要求，黑社会性质组织、恶势力组织利用网络实施的犯罪应当认定为黑社会性质组织、恶势力组织实施的组织犯罪。二是符合《反有组织犯罪法》第 2 条第 2 款要求，利用网络实施犯罪的主体符合恶势力组织的认定条件，应当认定为恶势力组织实施的犯罪。此款规定内含的基本逻辑为，先对利用网络实施犯罪的组织进行恶势力组织符合性判断，该组织符合恶势力组织认定标准的认定为恶势力组织，其利用网络实施的犯罪认定为恶势力组织实施的犯罪。反之，该组织不符合恶势力组织认定标准的，则不能认定为恶势力组织实施的犯罪。三是符合《反有组织犯罪法》第 2 条第 3 款要求，境外的黑社会组织利用网络发展组织成员、实施犯罪，以及在境外对中华人民共和国国家或者公民犯罪的，属于境外黑社会组织利用网络实施的组织犯罪。

（三）未创设恶势力组织的认定标准

关于《反有组织犯罪法》第 23 条第 1 款是否创设恶势力组织的认定标准，可以从三个维度理解把握。一是从立法体例维度看，《反有组织犯罪法》第 23 条第 1 款设置在该法第三章“案件办理”中，而非第一章“总则”之中，因此，该内容是犯罪手段的规定，而非犯罪组织的规定。二是从立法内容维度看，《反有组织犯罪法》第 23 条第 1 款虽涉及恶势力组织的认定，但该认定内含于有组织犯罪组织的认定逻辑推导过程之中，而不是犯罪组织认定的逻辑结论。简言之，恶势力组织的认定仅仅是该规定的内含隐性要求，而非显性标准设定要求。三是从立法过程维度看，《反有组织犯罪法》第 23 条第 1 款的内容与体例经历了一个调整过程。2020 年 12 月《反有组织犯罪法（草案）》将相关内容规定在第一章“总则”第 2 条第 3 款之中。该款规定，在信息网络空间实施违法犯罪活动，符合前两款规定的，^①可以依法认定。根据这一规定，符合该草案第 2 款规定的，可以认定为恶势力组织，具有恶势力认定标准的规范意义，这一规定可以认为设立了利用网络空间实施违法犯罪活动的恶势力组织认定标准。2021 年 8 月全国人大宪法和法律委员会经过讨论研究，在《反有组织犯罪法（草案）（二次审议稿）》中对内容与体例进行了调整，将该款规定的内容修改为"利用信息网络实施的犯罪，符合该法第 2 条规定的，应当认定为有组织犯罪"，并将该内容从"总则"章第 2 条调整为"案件办理"章第 23 条。2022 年 12 月 24 日全国人大常委会通过的《反有组织犯罪法》采纳了二次审议稿的体例和内容，即将该内容放入第三章"案件办理"中作为有组织犯罪的手段予以规定，^②并将"信息网络"修改为"网络"。上述立法历程清晰地反映出立法机关在是否创设网络恶势力组织认定标准上经历了一个由创设到不创设的变化过程，最终将利用网络实施犯罪作为有组织犯罪的犯罪手段予以规定。

五、"软暴力"有组织犯罪手段

《反有组织犯罪法》第 23 条第 2 款规定，为谋取非法利益或者形成非法影响，有组织地进行滋扰、纠缠、哄闹、聚众造势等，对他人形成心理强制，足以限制人身自由、危及人身财产安全，影响正常社会秩序、经济秩序的，可以认定为有组织犯罪的犯罪手段。该规定与 2019 年《最高人民法院、最高人民检察院、公安部、司法部关于办理实施"软暴力"刑事案

---

① 此处是指《反有组织犯罪法（草案）》第 2 条第 1 款、第 2 款的规定。第 1 款规定了《反有组织犯罪法》所指的有组织犯罪为黑社会性质组织、境外黑社会和恶势力组织实施的犯罪，第 2 款规定了恶势力组织的概念和认定标准。

② 《反有组织犯罪法》第 23 条规定有组织犯罪的特别犯罪手段。第 1 款规定利用网络实施犯罪可以认定为有组织犯罪，第 2 款规定滋扰、纠缠、哄闹、聚众造势等可以认定为有组织犯罪的犯罪手段。

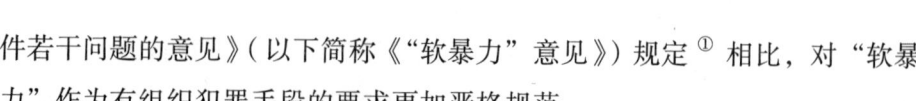

件若干问题的意见》（以下简称《"软暴力"意见》）规定①相比，对"软暴力"作为有组织犯罪手段的要求更加严格规范。

（一）"软暴力"称谓未得到立法确认

《反有组织犯罪法》没有将《"软暴力"意见》中确认的"软暴力"称谓纳入有组织犯罪手段的规定之中，而是仅仅将"两高两部"意见中"软暴力"的具体方式予以吸收，把滋扰、纠缠、哄闹、聚众造势等四种具体手段规定为有组织犯罪的犯罪手段。

（二）"软暴力"手段的认定应当符合组织性要求

根据《反有组织犯罪法》第23条第2款规定，滋扰、纠缠、哄闹、聚众造势必须"有组织地实施"才可认定为"软暴力"犯罪手段。对此，可从两个方面予以把握：一是实施主体应当是黑恶势力组织成员，二是滋扰、纠缠、哄闹、聚众造势在黑恶势力的组织者、领导者、骨干成员、积极参加者、首要分子、重要成员等策划、指挥、指使下实施，既可以多人共同实施，也可以一人单独实施。

（三）"软暴力"对被害人心理强制的程度要求

《反有组织犯罪法》第23条第2款规定中"软暴力"对被害人心理强制程度的要求，由《"软暴力"意见》中规定的"足以使他人产生恐惧、恐慌进而形成心理强制"调整为"对他人形成心理强制"，即将心理强制的程度由"可能形成"提高为"已经形成"。这一调整符合法律的规范性要求，更具可操作性。

（四）"软暴力"对被害人人身自由、财产安全的危害程度要求

《反有组织犯罪法》第23条第2款规定中"软暴力"对被害人人身自由、财产安全的危害程度要求，由《"软暴力"意见》中规定的"足以影

①"两高两部"《关于办理实施"软暴力"刑事案件若干问题的意见》第1条规定，"软暴力"是指行为人为谋取不法利益或形成非法影响，对他人或者在有关场所进行滋扰、纠缠、哄闹、聚众造势等，足以使他人产生恐惧、恐慌进而形成心理强制，或者足以影响、限制人身自由、危及人身财产安全，影响正常生活、工作、生产、经营的违法犯罪手段。

响、限制人身自由、危及人身财产安全"调整为"足以限制人身自由、危及人身财产安全",删除了"足以影响"的情形,提高了危害程度要求。这一调整符合法律的规范性要求,更具可操作性,特别是,可以有效解决"足以影响"标准不明确不统一问题。

（五）"软暴力"危害性中的抽象客体要求

《反有组织犯罪法》第23条第2款规定中对"软暴力"的危害性要求,由《"软暴力"意见》中规定的"影响正常生活、工作、生产、经营"修改为"影响正常社会秩序、经济秩序",意味着"软暴力"手段造成的危害从侵害被害人的正常生活、工作、生产、经营活动,提升为侵害包括被侵害人在内的不特定多人的社会活动或经济活动秩序。这一规定实质上增加了间接危害与间接客体要求,即影响被侵害人之外的他人的社会、经济活动,而且形成对社会秩序与经济秩序的影响。正因如此,"软暴力"犯罪手段与黑恶势力的违法犯罪活动建立起直接联系,使其成为黑恶势力犯罪手段具备了正当性基础。因为,黑恶势力犯罪活动侵害的客体都是具体与抽象双重客体。因此,这一规定使黑恶势力"软暴力"手段的界定更加周延,更具特质,更能发挥定义的识别功能。一言以蔽之,《反有组织犯罪法》第23条第2款规定的是黑恶势力犯罪的"软暴力"手段,而不是所有犯罪的"软暴力"手段。

六、涉案财产处置

《反有组织犯罪法》在涉案财产处置上规定了财产全面调查、等值没收、特殊证明标准、利害关系人财产权利保障、涉案财产先行处置等特别制度或者有针对性的方法措施,应当结合相关法律法规、司法解释准确理解把握。

（一）涉案财产的全面调查

《反有组织犯罪法》第40条规定,公安机关、人民检察院、人民法院根据办理有组织犯罪案件的需要,可以全面调查涉嫌有组织犯罪的组织及其成员的财产状况。"全面调查"可以从财产范围和财产内容两个方面把握。根据《刑法》第 64 条、《反有组织犯罪法》第 46 条规定，参照 2022 年 8 月 26 日公安部公布的《公安机关反有组织犯罪工作规定》第 45 条规定，结合司法实践经验，全面调查的财产包括：有组织犯罪组织的财产，组织成员个人所有的财产，组织成员实际控制的财产，组织成员出资购买的财产，组织成员转移至他人名下的财产，组织成员涉嫌洗钱及掩饰、隐瞒犯罪所得、犯罪所得孳息、收益等犯罪涉及的财产，为支持或者资助有组织犯罪活动而提供给有组织犯罪组织及其成员的财产，有组织犯罪组织成员的家庭财产中实际用于支持有组织犯罪活动的部分，利用有组织犯罪组织及其成员的违法犯罪活动获得的财产及其孳息、收益，其他与有组织犯罪组织及其成员有关的财产。每项财产的全面调查内容包括财产的来源、性质、用途、权属及价值、状态、采取的保全措施等。需要特别注意的是，全面调查是财产处置的前提和基础，是为依法处置采取的必要措施，因此，全面调查的财产范围包括所有可能属于依法处置的涉案财产，与案件裁判时依法处置的财产范围并不完全一致，对经过全面调查、不属于需要依法处置的涉案财产，应当及时解除查封、扣押措施，及时返还权利人。

（二）涉案财产的审查与诉讼

《反有组织犯罪法》第 44 条规定，公安机关、人民检察院应当对涉案财产审查甄别。在移送审查起诉、提起公诉时，应当对涉案财产提出处理意见。在审理有组织犯罪案件过程中，应当对与涉案财产的性质、权属有关的事实、证据进行法庭调查、辩论。人民法院应当依法作出判决，对涉案财产作出处理。对此，应把握以下七点：一是涉案财产是犯罪事实的重要组成部分。证据收集、审查、判断标准除适用高度可能证明标准的情形外，应当与其他案件事实适用相同的证明标准，即证据标准符合真实性、合法性与关联性要求，证明标准达到确实、充分的程度。二是证据的收集主体为公安机关，审查起诉与审判阶段，检察机关、人民法院可以补充收集证据，也可以要求公安机关补充取证。三是侦查机关、检察机关应当提出明确的涉案财产处置意见。公安机关移送审查起诉时应当在起诉意见书中明确提出每项涉案财产的具体处置意见，检察机关移送起诉时应当在起诉书中明确提出每项涉案财产的具体处置意见。四是法庭审理中，出庭公诉人或检察员应当在法庭调查和辩论阶段进行专门的涉案财产举证、质证与辩论，并在公诉词或出庭意见中提出明确的财产处置意见。案外人对涉案财产提出异议的，应当对案外人的异议是否成立提出意见。五是涉案财物应当随案移送。根据《刑事诉讼法司法解释》第440条、第441条规定，作为证据使用的实物，应当随案移送。对不宜移送的实物要移送财物的查封、扣押清单，并附照片及封存手续，注明存放地点；先行变卖的物品，要移送原物照片、清单、变价处理凭证（复印件）等；枪支弹药、剧毒物品、易燃易爆物品及违禁品、危险物品，根据有关规定处理后，应当移送原物照片和清单等。上述物品还应当移送物品价值的鉴定、评估意见。货币、有价证券等，应当移送原物照片、清单或其他证明文件。六是涉案财物应当在裁判中作出明确具体处置。根据《刑事诉讼法司法解释》第444条规定，对查封、扣押、冻结的财物及其孳息，应当在判决书中写明名称、金额、数量、存放地点及其处理方式等。涉案财物较多，不宜在判决主文中详细列明的，可以附清单。判决追缴违法所得或者责令退赔的，应当写明追缴、退赔的金额或者财物的名称、数量等情况；已经发还的，应当在判决书中写明。根据《刑事诉讼法司法解释》第445条第1款、第2款规定，查封、扣押、冻结的财物及其孳息，经审查，确属违法所得或者依法应当追缴的其他涉案财物的，应当判决返还被害人，或者没收上缴国库，但法律另有规定的除外。对判决时尚未追缴到案或者尚未足额退赔的违法所得，应当判决继续追缴或者责令退赔。七是涉案财物的执行。根据《刑事诉讼法司法解释》第445条第3款、第4款、第447条规定，判决返还被害人的涉案财物，应当通知被害人认领；无人认领的，应当公告通知；公告满一年无人认领的，应当上缴国库；上缴国库后有人认领，经查证属实的，应当申请退库予以返还；原物已经拍卖、变卖的，应当返还价款。对侵犯国有财产的案件，被害单位已经终止且没有权利义务继受人，或者损失已经被核销的，查封、扣押、冻结的财物及其孳息应当上缴国库；随案移送的或者人民法院查封、扣押的财物及其孳息，由第一审人民法院在判决生效后负责处理；实物未随案移送、由扣押机关保管的，人民法院应当在判决生效后十日以内，将判决书、裁定书送达扣押机关，并告知其在一个月以内将执行回单送回，确因客观原因无法按时完成的，应当说明原因。

（三）涉案财产的等值没收

《反有组织犯罪法》第 45 条第 2 款规定，依法应当追缴、没收的涉案财产无法找到、灭失或者与其他合法财产混合且不可分割的，可以追缴、没收其他等值财产或者混合财产中的等值部分。等值没收是国际通行的涉案财产没收制度，《联合国打击跨国有组织犯罪公约》以及德国、日本、意大利等国刑法典均作出类似规定。需要注意的是，等值没收不同于罚金刑、没收财产刑等财产性刑罚，前者是为了追缴涉案财产和违法所得，使受到犯罪侵害的原有合法财产状态得到恢复，防止犯罪嫌疑人或者被告人从违法犯罪行为中获得非法利益；而后者则是对其合法财产的惩罚性剥夺。

（四）涉案财产高度可能的证明标准

《反有组织犯罪法》第 45 条第 3 款规定，被告人实施黑社会性质组织犯罪的定罪量刑事实已经查清，有证据证明其在犯罪期间获得的财产高度可能属于黑社会性质组织犯罪的违法所得及其孳息、收益，被告人不能说明财产合法来源的，应当依法予以追缴、没收。对此，应从以下三个方面理解把握：（1）该规定契合国际公约的规定。《联合国打击跨国有组织犯罪公约》第 12 条规定，缔约国可考虑要求由涉嫌犯罪的人证明应予没收的涉嫌犯罪所得或其他财产的来源合法。此规定将财产来源合法的证明责任倒置由被告人承担，与《反有组织犯罪法》规定的涉案财产处置高度可能的证明标准相契合。（2）域外国家有类似立法例。域外一些国家针对一些特殊案件和情况，规定了由犯罪人承担一定程度的财产合法性证明责任，如不能证明财产合法，即推定其为非法并予以没收的制度。如《意大利刑法》规定，一旦发现某人实施与黑手党有关的犯罪且本人未能证明自己所获财产的合法性，那么他的财产将被没收。（3）我国司法解释已有类似规定。我国 2012 年修正的《刑事诉讼法》规定了犯罪嫌疑人、被告人逃匿、死亡案件违法所得没收程序，在该程序的适用中，《刑事诉讼法司法解释》第 621 条第 2 款作出规定，申请没收的财产具有高度可能属于违法所得及其他涉案财产的，应当认定为"申请没收的财产属于违法所得及其他涉案财产"，上述规定确立了特殊涉案财产可以适用"高度可能"证明标准的先例。（4）最高人民法院发布了相关指导性案例。最高人民法院发布的指导性案例 188 号——史某振等组织、领导、参加黑社会性质组织一案中，法院经审理查明，2014 年以来，被告人史某振等人先后实施组织、领导、参加黑社会性质组织，开设赌场，非法拘禁，聚众斗殴，寻衅滋事，妨碍公务等违法犯罪行为。被告人史某振与王某某 2012 年 9 月结婚。2014 年 2 月，史某振、王某某以王某某名义购买路虎越野车一辆。2014 年 12 月，史某振与王某某协议离婚，案涉路虎越野车归王某某所有。路虎越野车已被王某某处分，得款 60 万元。法院经审理认为，被告人史某振前妻王某某名下的路虎越野车系史某振与王某某夫妻关系存续期间（史某振实施黑社会性质组织罪期间）购买，但史某振与王某某均无正当职业，以二人合法收入无力承担路虎越野车的购置费用，可以认定购置路虎越野车的费用属于违法所得，判决路虎越野车的全部卖车款 60 万元作为史某振个人财产的一部分予以没收。① 该案对路虎越野车购车款属于违法所得的认定，即适用了高度可能的证明标准。

司法实践中，涉案财产处置高度可能证明标准的具体适用应把握以下四点：一是适用范围限于黑社会性质组织犯罪案件，恶势力组织犯罪案件不适用该证明标准；二是财产获得时间为被告人实施组织、领导、参加黑社会性质组织犯罪期间。具体而言，对于组织者，是指自组织成立到组织停止实施犯罪活动的期间，对于组织停止实施犯罪活动前离开组织的，则指自组织成立到其离开的期间。对于领导者、参加者，是指自其参加组织

---

① 参见最高人民法院 2022 年 11 月 29 日发布的第 33 批指导性案例——史某振等组织、领导、参加黑社会性质组织一案。

到其离开组织的期间，领导者大多也是组织者，期间的认定基本与组织者相同。三是检察机关承担财产性质"高度可能"的证明责任。具体而言，检察机关有一定数量的证据证明涉案财产可能系违法犯罪所得，被告人及其辩护人所举证据不能推翻检察机关所举证据证明事项的可能性，即认为达到了"高度可能"的证明标准。四是被告人不能说明财产的来源合法。这里的说明包括提供证据说明和提供证据线索说明两种情形。能够提供证据直接证明财产来源合法的，则否定涉案财产违法犯罪所得的高度可能性。提供证据线索的，司法机关应当利用职权进行调查以确定其证据是否存在以及能否证明涉案财产不属于违法所得。

（五）涉案财产的先行处置

《反有组织犯罪法》第43条规定，对下列财产，经县级以上公安机关、人民检察院或者人民法院主要负责人批准，可以依法先行出售、变现或者变卖、拍卖，所得价款由扣押、冻结机关保管，并及时告知犯罪嫌疑人、被告人或者其近亲属：（1）易损毁、灭失、变质等不宜长期保存的物品；（2）有效期即将届满的汇票、本票、支票等；（3）债券、股票、基金份额等财产，经权利人申请，出售不损害国家利益、被害人利益，不影响诉讼正常进行的。对此应按照我国《刑事诉讼法》《刑事诉讼法司法解释》及《中共中央办公厅、国务院办公厅关于进一步规范刑事诉讼涉案财物处置工作的意见》（以下简称《涉案财物处置意见》）等法律和政策性文件要求予以把握。《刑事诉讼法司法解释》第439条规定，审判期间，对不宜长期保存、易贬值或者市场价格波动大的财产，或者有效期即将届满的票据等，经权利人申请或者同意，并经院长批准，可以依法先行处置，所得款项由人民法院保管。《涉案财物处置意见》第7条规定，对易损毁、灭失、变质等不宜长期保存的物品，易贬值的汽车、船艇等物品，或市场价格波动大的债券、股票、基金份额等财产，有效期将届满的汇票、本票、支票等，经权利人同意或者申请，经县级以上公安机关、国家安全机关、人民检察院或者人民法院主要负责人批准，可以依法出售、变现或者先行变卖、拍卖。所得款项统一存入各单位唯一合规账户。可见，最高人民法院的司法解释与"两办"意见均规定上述财产处置需经权利人同意或申请，《反有组织犯罪法》第43条规定中未规定权利人申请或同意的限制条件，仅规定债券、股票、基金份额等财产的出售需经权利人申请，相比最高人民法院的司法解释与"两办"意见，放宽了先行处置的条件。司法实践中，应当正确处理法律、司法解释与政策性文件的关系，慎重把握涉案财产的先行处置。

本书认为，一般情况下，可以参照最高人民法院司法解释和"两办"意见规定，在对涉案财物作出先行处置前，征求权利人的意见，最大限度征得权利人的同意，从而实现《反有组织犯罪法》、最高人民法院司法解释与"两办"意见关于涉案财物先行处置规定实际执行的统一。

（六）经营性财产的代管托管

2020年12月《反有组织犯罪法（草案）》第46条规定，对不宜查封、扣押、冻结的经营性财产，公安机关、人民检察院、人民法院可以报请同级人民政府指定有关部门或者委托有关机构代管或托管，有关部门或者有关机构应当妥善管理。草案征求意见过程中，有人提出，涉案财产代管、托管涉及财产权益处置，涉及企业的经营权，与民法上的占有、使用、收益、处分等所有权的基本权能，与公司法律制度所确立的现代企业内部治理制度都有直接的关系，有的涉案企业股权结构比较复杂，代管托管机制与企业原有的治理决策机制如何衔接，还不明确，我国现行民事、公司法律中没有相关基础性规定，实践中的情况比较复杂，各地做法不尽相同，对于代管、托管双方的权利义务以及造成损失的后果承担、法律责任等问题存在不同认识，目前难以在法律中作出统一规定。全国人大宪法和法律委员会经研究，建议对该问题暂不作规定，可在实践中进一步探索，待取得成熟经验后再在法律中规定。[1]

---

[1]周光权:《全国人民代表大会宪法和法律委员会关于〈中华人民共和国反有组织犯罪法（草案）〉修改情况的汇报——2021年8月17日在第十三届全国人民代表大会常务委员会第三十次会议上》，载《全国人民代表大会常务委员会公报》2022年第1号。

本书认为，虽然《反有组织犯罪法》没有对经营性财产作出可以代管或托管的规定，但是全国人大宪法和法律委员会明确提出可以在实践中进一步探索，因此，仍然可以适用《最高人民法院、最高人民检察院、公安部、司法部关于办理黑恶势力刑事案件中财产处置若干问题的意见》（以下简称《黑恶案件财产处置意见》），对不宜查封、扣押、冻结的经营性财产由相关机关代管或有关机构托管，以积累经验，为该项要求纳入法律规定准备条件。2022 年 8 月 26 日公安部公布的《公安机关反有组织犯罪工作规定》第 52 条对此作出了明确规定，即：对于不宜查封、扣押、冻结的经营性财产，经县级以上公安机关主要负责人批准，可以申请当地政府指定有关部门或者委托有关机构代管或者托管。不宜查封、扣押、冻结情形消失的，公安机关可以依法对相关财产采取查封、扣押、冻结措施。该规定贯彻了《黑恶案件财产处置意见》精神，符合全国人大宪法和法律委员会在实践中探索的要求，契合当前办理黑恶势力犯罪案件妥善处置涉案财产的现实需要。

（七）案外人涉案财产的追缴、没收

《反有组织犯罪法》第 46 条规定，为支持或者资助有组织犯罪活动而提供给有组织犯罪组织及其成员的财产、有组织犯罪组织成员的家庭财产中实际用于支持有组织犯罪活动的部分和利用有组织犯罪组织及其成员的违法犯罪活动获得的财产及其孳息、收益，应当依法予以追缴、没收。根据该规定，符合上述情形的案外人财产应当依法作出追缴、没收处置。

（八）利害关系人的财产权利保障

《反有组织犯罪法》第 49 条规定，利害关系人对查封、扣押、冻结、处置涉案财物提出异议的，公安机关、人民检察院、人民法院应当及时予以核实，听取其意见，依法作出处理。公安机关、人民检察院、人民法院对涉案财物作出处理后，利害关系人对处理不服的，可以提出申诉或者控告。对此，应把握以下三点：一是对案外人的异议应当核实。公安、检察、法院都有核实责任，案外人在哪个诉讼阶段提出即由哪个诉讼阶段的案件承办机关核实，必要时，其他机关应予以配合。二是可以通知利害关系人出庭。《刑事诉讼法司法解释》第 279 条第 2 款规定，案外人对涉案财产提出异议的，人民法院应当听取其意见，必要时，可以通知其出庭。《涉案财物处置意见》中也作出了利害关系人权利救济规定。① 最高人民法院发布的指导性案例——史某振等组织、领导、参加黑社会性质组织一案中，被告人史某振前妻王某某就扣押财物权属提出异议并向法院提供相关证据。审理期间，人民法院通知王某某出庭。该指导性案例的裁判要点提出，在涉黑社会性质组织犯罪案件审理中，应当对查封、扣押、冻结财物及其孳息的权属进行调查，案外人对查封、扣押、冻结财物及其孳息提出权属异议的，人民法院应当听取其意见，确有必要的，人民法院可以通知其出庭，以查明相关财物权属。② 三是正确处理利害关系人的申诉和控告。对利害关系人的申诉，要认真审查，依法作出处理。对利害关系人的控告，要依法受理，及时移送主管机关依法作出处理。2022 年 8 月 26 日公安部公布的《公安机关反有组织犯罪工作规定》第 53 条明确规定，利害关系人对查封、扣押、冻结、处置涉案财物提出异议的，公安机关应当及时予以核实，听取其意见，依法作出处理，并书面告知利害关系人。经查明确实与案件无关的财物，应当在三日以内解除相关措施，并予以退还。公安机关对涉案财物作出处理后，利害关系人对处理不服的，可以提出申诉或者控告。受理申诉或者控告的公安机关应当及时进行调查核实，在收到申诉、控告之日起三十日以内作出处理决定并书面回复。检察机关、人民法院可以参照上述规定，对案外人在审查起诉与审判阶段提出的异议、申诉或者控告进行处置。

（九）违法所得的行政处置

根据《反有组织犯罪法》第 69 条的规定，有参加境外的黑社会组织；

---

① 《涉案财物处置意见》第 13 条规定，完善权利救济机制。人民法院、人民检察院、公安机关、国家安全机关应当建立有效的权利救济机制，对当事人、利害关系人提出异议、复议、申诉、投诉或者举报的，应当依法及时受理并反馈处理结果。

② 参见最高人民法院 2022 年 11 月 29 日发布的第 33 批指导性案例——史某振等组织、领导、参加黑社会性质组织一案。

积极参加恶势力组织；教唆、诱骗他人参加有组织犯罪组织，或者阻止他人退出有组织犯罪组织；为有组织犯罪活动提供资金、场所等支持、协助、便利；阻止他人检举揭发有组织犯罪、提供有组织犯罪证据，或者明知他人有有组织犯罪行为，在司法机关向其调查有关情况、收集有关证据时拒绝提供；教唆、诱骗未成年人参加有组织犯罪组织或者阻止未成年人退出有组织犯罪组织等情形之一，尚不构成犯罪的，违法所得除依法应当返还被害人以外，应当予以没收。需要注意的是，该条规定的没收是行政处罚，而不是刑罚处罚中的财产刑。

七、黑恶势力犯罪的附随后果

黑恶势力组织成员实施黑恶势力犯罪不仅要承担所犯罪行的刑罚责任，而且要承担因受到刑罚处罚产生的附随后果。

（一）《刑法》规定的附随后果

根据我国《刑法》规定，黑恶势力组织成员因实施黑恶势力犯罪受到刑罚处罚后，具有四项附随后果。一是构成前科。我国《刑法》第100条规定，依法受过刑事处罚的人，在入伍、就业的时候，应当如实向有关单位报告自己曾受过刑事处罚，不得隐瞒。犯罪的时候不满18周岁被判处5年有期徒刑以下刑罚的人，免除报告义务。据此，与其他任何组织、个人犯罪相同，黑恶势力组织成员因黑恶势力犯罪受到刑罚处罚的，构成犯罪前科，在入伍、就业时，有向有关单位如实报告的义务。二是构成特别累犯。我国《刑法》第66条规定，危害国家安全犯罪、恐怖活动犯罪、黑社会性质组织犯罪的犯罪分子，在刑罚执行完毕或者赦免以后，在任何时候再犯上述任一类罪的，都以累犯论处。因此，黑社会性质组织成员，在因组织、领导、参加黑社会性质组织罪受到刑罚处罚后，在任何时候再犯危害国家安全犯罪、恐怖活动犯罪、黑社会性质组织犯罪中的一种，都构成累犯，在刑罚处罚时应当从重处罚。三是适用不得假释规定。我国《刑法》第81条第2款规定，对累犯以及因故意杀人、强奸、抢劫、绑架、放火、爆炸、投放危险物质或者有组织的暴力性犯罪被判处十年以上有期徒刑、无期徒刑的犯罪分子，不得假释。因此，黑恶势力组织成员实施暴力性犯罪被判处十年以上有期徒刑、无期徒刑的，不得假释。需要注意的是，不得假释不是适用于所有黑恶势力组织成员，而是仅适用于因实施暴力性犯罪被判处十年以上有期徒刑、无期徒刑的成员。四是适用死缓限制减刑制度。根据我国《刑法》第50条第2款规定，对被判处死刑缓期执行的累犯以及因故意杀人、强奸、抢劫、绑架、放火、爆炸、投放危险物质或者有组织的暴力性犯罪被判处死刑缓期执行的犯罪分子，人民法院根据犯罪情节等情况可以同时决定对其限制减刑。因此，黑恶势力组织成员因实施暴力性犯罪被判处死刑缓期执行的，可以对其限制减刑。

（二）《反有组织犯罪法》规定的特别附随后果

根据《反有组织犯罪法》规定，黑恶势力组织成员因实施黑恶势力犯罪受到刑罚处罚后，具有五项附随后果。一是担任基层组织成员受到限制。《反有组织犯罪法》第12条规定，民政部门应当会同监察机关、公安机关等有关部门，对村民委员会、居民委员会成员候选人资格进行审查，发现因实施有组织犯罪受过刑事处罚的，应当依照有关规定及时作出处理。二是减刑、假释省级复核。《反有组织犯罪法》第36条规定，对被判处十年以上有期徒刑、无期徒刑、死刑缓期二年执行的黑社会性质组织的组织者、领导者或者恶势力组织的首要分子的减刑，以及对黑社会性质组织的组织者、领导者或者恶势力组织的首要分子的假释，执行机关应当依法提出减刑、假释建议，报经省、自治区、直辖市监狱管理机关复核后，提请人民法院裁定。三是财产及日常活动报告。《反有组织犯罪法》第19条规定，对因组织、领导黑社会性质组织被判处刑罚的人员，设区的市级以上公安机关可以决定其自刑罚执行完毕之日起，按照国家有关规定向公安机关报告个人财产及日常活动。报告期限不超过五年。需要注意的是，财产及日常活动报告的组织成员限于黑社会性质组织的组织者、领导者，不包括黑社会性质组织的参加者和恶势力组织成员。四是开办企业、担任企业高管的特别监管。《反有组织犯罪法》第20条规定，曾被判处刑罚的黑社会性质组织的组织者、领导者或者恶势力组织的首要分子开办企业或者在企业中担任高级管理人员的，相关行业主管部门应当依法审查，对其经营活动加强监督管理。需要注意的是，开办企业、担任企业高管的特别监管的组织成员限于黑社会性质组织的组织者、领导者和恶势力组织的首要分子，不包括黑社会性质组织的参加者和恶势力组织的其他成员。五是从业禁止。《反有组织犯罪法》第68条规定，对有组织犯罪的罪犯，人民法院可以依照《刑法》有关从业禁止的规定，禁止其从事相关职业，并通报相关行业主管部门。需要注意的是，从业禁止的组织成员包括所有黑恶势力组织成员。

八、国家工作人员涉有组织犯罪

《反有组织犯罪法》专章规定国家工作人员涉有组织犯罪的处理，司法实践中，应当结合《刑法》《监察法》《公务员法》等法律、相关司法解释、规范性文件的规定准确理解把握。

（一）国家工作人员的认定

国家工作人员与国家机关工作人员、公职人员既有联系，又有区别，应当根据相关法律、司法解释、规范性文件的规定准确认定。

1. 国家机关工作人员。国家机关工作人员是指我国《刑法》第93条第1款规定的国家机关中从事公务的人员。2003年最高人民法院《全国法院审理经济犯罪案件工作座谈会纪要》中明确提出，《刑法》中所称的国家机关工作人员，是指在国家机关中从事公务的人员，包括在各级国家权力机关、行政机关、司法机关和军事机关中从事公务的人员。该纪要同时提出，根据有关立法解释的规定，在依照法律、法规规定行使国家行政管理职权的组织中从事公务的人员，或者在受国家权力机关委托代表国家行使职权的组织中从事公务的人员。在乡（镇）以上中国共产党机关、人民政协机关中从事公务的人员，司法实践中也应当视为国家机关工作人员。2004年全国人大常委会刑法室在对2002年关于组织、领导、参加黑社会性质组织罪立法解释的解读文章《组织、领导和参加黑社会性质的组织的犯罪、境外的黑社会组织的人员到我国境内发展组织成员的犯罪、国家机关工作人员包庇或者纵容黑社会性质的组织的犯罪及其处刑》中指出，立法解释规定的包庇、纵容黑社会性质组织罪的"国家机关工作人员"，是指在国家各级党政机关、权力机关、司法机关和军事机关中执行一定职权的工作人员。综上，国家机关工作人员包括各级党政机关、权力机关、政协机关、司法机关和军事机关中从事公务的人员，在依照法律、法规规定行使国家行政管理职权的组织中从事公务的人员，以及在受国家权力机关委托代表国家行使职权的组织中从事公务的人员。

2.公职人员。2019年《国家监察委员会、最高人民法院、最高人民检察院、公安部、司法部关于在扫黑除恶专项斗争中分工负责、互相配合、互相制约严惩公职人员涉黑涉恶违法犯罪问题的通知》(以下简称《涉黑涉恶违法通知》)要求，严格查办公职人员涉黑涉恶违法犯罪案件。根据《监察法》第15条规定，公职人员包括以下六类：(1)中国共产党机关、人民代表大会及其常务委员会机关、人民政府、监察委员会、人民法院、人民检察院、中国人民政治协商会议各级委员会机关、民主党派机关和工商业联合会机关的公务员，以及参照《公务员法》进行管理的人员；(2)法律、法规授权或者受国家机关依法委托管理公共事务的组织中从事公务的人员；(3)国有企业管理人员；(4)公办的教育、科研、文化、医疗卫生、体育等单位中从事管理的人员；(5)基层群众性自治组织中从事管理的人员；(6)其他依法履行公职的人员。与国家工作人员相比，人员类型更加具体，范围更大，特别是增加了基层群众性自治组织中从事管理的人员。

3.国家工作人员。根据我国《刑法》第93条规定，国家工作人员是指国家机关中从事公务的人员。国有公司、企业、事业单位、人民团体中从事公务的人员和国家机关、国有公司、企业、事业单位委派到非国有公司、企业、事业单位、社会团体从事公务的人员，以及其他依照法律从事公务的人员，以国家工作人员论。因此，国家工作人员包括国家机关工作人员，国有公司、企业、事业单位、人民团体人员，国家机关、国有公司、企业、事业单位委派到非国有公司、企业、事业单位、社会团体的人员，以及其他依照法律从事公务的人员。

4. 三类人员的关系与区分价值。三类人员的区别主要体现在外延不同。公职人员的外延最大，包含国家机关工作人员和国家工作人员；国家工作人员次之，外延小于公职人员大于国家机关工作人员，即国家工作人员包含国家机关工作人员；国家机关工作人员外延最小。区分三者的价值在于准确进行三类人员的刑法犯罪主体和党纪政纪主体评价。具体而言，刑法规范意义上的特殊犯罪主体仅包括国家工作人员和国家机关工作人员，公职人员不是刑法规范意义上的犯罪主体类型，对公职人员进行犯罪评价时，需要进行国家工作人员或者国家机关工作人员的评判归类。但是，公职人员在党纪政纪管理上具有重要的主体价值。在《反有组织犯罪法》防治有组织犯罪的规范中，对有关部门职责的规定中包含公职人员的职责要求。如该法第 9 条第 2 款规定，村民委员会、居民委员会应当协助人民政府以及有关部门开展有组织犯罪预防和治理工作。该规定可以认为把基层群众性自治组织中从事管理的人员作为公职人员赋予了防治职责。

（二）国家工作人员涉黑恶势力组织违法犯罪的处理

对国家工作人员涉黑恶势力组织违法犯罪行为的处理应当重点把握以下三点。一是全面调查违法犯罪行为。根据《反有组织犯罪法》第 50 条第 1 款规定，调查内容包括组织、领导、参加有组织犯罪活动，为有组织犯罪组织及其犯罪活动提供帮助，包庇有组织犯罪组织、纵容有组织犯罪活动，在查办有组织犯罪案件工作中失职渎职，利用职权或者职务上的影响干预反有组织犯罪工作等五种情形。二是准确把握违法犯罪活动的具体情形。其一，准确把握包庇犯罪组织及其组织成员和纵容犯罪活动的表现形式。根据 2000 年《最高人民法院关于审理黑社会性质组织犯罪的案件具体应用法律若干问题的解释》第 5 条规定，"包庇"的方式包括国家机关工作人员为使黑社会性质组织及其成员逃避查禁而通风报信、隐匿、毁灭、伪造证据，阻止他人作证、检举揭发，指使他人作伪证，帮助逃匿，或者阻挠其他国家机关工作人员依法查禁等行为。"纵容"表现为国家机关工作人员不依法履行职责，放纵黑社会性质组织进行违法犯罪活动的行为。其二，准确把握失职与渎职的行为类型。根据《反有组织犯罪法》第52条规定，查办案件失职与渎职行为包括接到报案、控告、举报不受理，发现犯罪信息、线索隐瞒不报、不如实报告，或者未经批准、授权擅自处置、不移送犯罪线索、涉案材料；向违法犯罪人员通风报信，阻碍案件查处；违背事实和法律处理案件；违反规定查封、扣押、冻结、处置涉案财物；以及其他滥用职权、玩忽职守、徇私舞弊的行为。三是做好《反有组织犯罪法》与相关规范性文件的衔接。根据"一委两高两部"《涉黑涉恶违法通知》第4条规定，公职人员实施的直接组织、领导、参与黑恶势力违法犯罪活动；包庇、纵容、支持黑恶势力犯罪及其他严重刑事犯罪；收受贿赂、滥用职权，帮助黑恶势力人员获取公职或政治荣誉，侵占国家和集体资金、资源、资产，破坏公平竞争秩序，或为黑恶势力提供政策、项目、资金、金融信贷等支持帮助；负有查禁监管职责的国家机关工作人员滥用职权、玩忽职守帮助犯罪分子逃避处罚；司法工作人员徇私枉法、民事枉法裁判、执行判决裁定失职或滥用职权、私放在押人员以及徇私舞弊减刑、假释、暂予监外执行；滥用职权，徇私舞弊，包庇、阻碍查处黑恶势力犯罪，以及泄露国家秘密、商业秘密、工作秘密，为犯罪分子通风报信；利用职权打击报复办案人员等犯罪行为的，可以适用《反有组织犯罪法》第50条的规定，进行全面调查，依法依规作出党纪、政纪、行政处罚直至刑事处罚。

（三）依法处理的把握

根据《反有组织犯罪法》的立法主旨、立法内容和目标任务，《反有组织犯罪法》第50条第1款规定的"依法作出处理"，应从以下三方面予以把握。一是作出处理所依据的法，既包括刑事、行政法律法规，也包括中国共产党党内法规。二是作出处理的性质，既包括追究刑事责任，也包括追究行政责任，还包括追究党纪政纪责任，相应地，作出处理的方式，包括刑罚处罚、行政处罚、党纪政纪处罚和组织处理。三是国家工作人员组织、领导、参加有组织犯罪的，应当依法从重处罚。从重处罚的人员为国家工作人员，从重处罚的行为包括组织、领导、参加犯罪三种情形。其中，组织、领导、参加黑社会性质组织的，以组织、领导、参加黑社会性质组织罪和具体犯罪，数罪并罚。组织、领导、参加恶势力组织的，以其组织、领导、参加的具体犯罪定罪处罚，属于首要分子的，按照该组织所犯的全部罪行处罚。属于首要分子以外的主犯的，按照其所参与或者组织、指挥的全部犯罪处罚。属于一般成员的，按照其实施的具体犯罪处罚。从重处罚包括对具体个罪的从重处罚和数罪并罚决定执行刑罚的从重处罚两个方面。

序

  从社会治理视角看，打击黑社会性质组织犯罪已然取得决定性胜利、达到了预期效果。然而在刑法学研究语境的命题下，实践→认识→再实践，螺旋式上升的认识过程刚刚开始。刘振会博士《黑社会性质组织犯罪的法律适用研究》一书着即出版，恰逢其时。

  提及黑社会犯罪，以"黑手党"著名而伴随近、现代国际社会数百年之久，演绎警匪之战影视大片，乃至大量文学作品。然而书中的"黑社会性质组织犯罪"主要指见之于中国刑法的"组织、领导、参加黑社会性质组织罪"、境外黑社会组织到境内发展成员的犯罪。换言之，中国的"黑社会性质组织犯罪"是外延范围与刑法若干章节罪名交叉的学理类罪，而在刑法学意义上与境外的黑社会犯罪相去甚远。当代中国，打击黑社会性质组织犯罪的刑事立法、司法实践说来不过 30 年，总结"涉黑犯罪"刑事审判经验有助于中国特色刑法学理论体系建设，尤其是集刑事法官、研究者于一身的刑法人义不容辞的使命和责任。

  本书作者从事刑事审判与刑事法律、政策研究多年，遂于此书梳理司法实践中关于黑社会性质组织犯罪的定罪处罚存在的诸多疑难、争议问题，进而以问题为导向，运用注释、历史、比较和实证等研究方法，从揭示黑社会性质组织的本质特征和构成要素入手，结合典型案例、审判大数据进行分析，就惩治该等犯罪的刑事政策、刑法规范和有关司法解释的社会背景、立法精神进行系统阐释和说明，提炼裁判疑难案件的思路方法，并提出完善相关立法的建议。

  书中别具一格地提出了认定"黑社会性质组织"的量化标准，构建起黑社会性质组织四特征、十六要素的图谱式要素体系，提出坚持标准法定、形式与实质判断相结合、法律与政策相统一、标准稳定等四项裁判认定规则。关于罪与非罪的评判，此书汲取"四要件"与"三阶层"两大犯罪论体系的要件要素，构建了"客观方面→主体→主观方面→违法阻却事由→责任阻却事由"要件要素认定犯罪与出罪实质判断相结合的理论模型。书中又设专章厘清此类罪与彼类罪（"套路贷"犯罪集团、恶势力有组织犯罪）的界限。此书还从完善罪刑规范体系、健全刑事诉讼制度、建立国际协作机制三方面提出完善我国惩治黑社会性质组织犯罪立法的学理建议。

第 55 届联合国大会于 2000 年 11 月 15 日通过了《联合国打击跨国有组织犯罪公约》，2020 年 12 月 22 日《中华人民共和国反有组织犯罪法（草案）》首次提请全国人大常委会会议审议。中国司法机关"扫黑除恶"专项行动在国际社会打击有组织犯罪过程中居于前沿地位，值此之际关于惩治有组织犯罪的研究具有现实意义。

于阜民

2021 年谷雨时节

自 序

本书是司法工作与理论研究的共同结晶。作为刑事法官，我从 2018 年开始参与"扫黑除恶"专项斗争；作为刑法专业博士研究生，我从 2018 年开始着手博士论文课题研究。专项斗争开展与博士论文课题研究的交汇促使我选择了《黑社会性质组织犯罪的法律适用研究》这一选题。课题研究伴随了专项斗争开展的全过程。课题研究的实践素材绝大部分来自我亲历的黑社会性质组织犯罪案件审判的生动实践，课题研究的每一点成果都直接应用于案件办理接受实践检验，并有效解决了相关司法难题，理论研究与司法实践共同推进，相得益彰。比如，2018 年观摩了基层法院审理的吴某占黑社会性质组织案，该案犯罪组织的性质认定为研究"黑社会性质组织的认定标准和方法"提供了第一手资料，经过对该犯罪组织的深入研究，以案例分析方式提出了黑社会性质组织四个特征的认定标准与方法，在 2019 年《人民司法》第 14 期上发表后被收入北大法宝和《刑事审判参考》，在 2019 年度全国法院优秀案件分析评选活动中获得一等奖；[①] 再如，2020 年，通过理论研究，建构起黑社会性质组织四个特征、十六要素的特征要素体系后，结合司法实践经验，形成了黑社会性质组织的司法认定方法[②]，等等。因此，本书既是我博士论文课题研究的理论成果，也是我参与三年"扫黑除恶"专项斗争实践的经验集成。

本书以问题为导向，按照"什么问题突出就重点研究什么问题"的原则，深入研究黑社会性质组织犯罪治理中理论与实践的突出问题。针对司

[①] 该案例分析收入本书附件（附件 3）。

[②] 该司法认定方法收入本书附件（附件 1）。

法实践中黑社会性质组织认定难问题，本书用两章研究了黑社会性质组织及其与恶势力组织等其他共同犯罪组织的关系，从理论上厘定了黑社会性质组织的内涵特征、司法认定方法以及与其他共同犯罪组织的异同。针对司法实践中黑社会性质组织定罪量刑难问题，专章研究了黑社会性质组织的犯罪构成与处罚原理，系统论证了组织、领导、参加黑社会性质组织罪的犯罪构成和定罪处罚方法，专节论述了组织罪与组织罪中的具体犯罪实行数罪并罚的可行性与必要性。针对司法实践中"套路贷"犯罪、"软暴力"犯罪和"保护伞"犯罪出现的新问题，专章研究了三类犯罪的定罪处罚原理。同时，专章研究了黑社会性质组织犯罪的立法完善问题，提出了解决黑社会性质组织犯罪治理的立法方案。

本书理论与实践相结合，既对黑社会性质组织犯罪治理的实践问题进行理论解答，又以理论的建构为基础，提出解决问题的实践方案。第一章"黑社会性质组织"的研究中，根据司法实践中黑社会性质组织四个特征标准不明确、不具体、不统一的问题，从理论上提出了四特征、十六要素的特征体系，厘定了四个特征的性质、地位和各自的构成要素，在此基础上，对司法实践中存在的特征认定问题进行了深入剖析，提出了标准法定、实质判断、法律政策协调与标准稳定的司法认定方法。第二章"黑社会性质组织与其他共同犯罪组织"的研究中，从理论上对犯罪结伙、犯罪团伙、犯罪集团、有组织犯罪集团和黑社会组织的性质、特征进行了逐一论证界定，对上述犯罪组织与黑社会性质组织的异同进行了比较分析，厘清了不同犯罪组织的界限。特别是，对于司法实践中最容易与黑社会性质组织混淆的恶势力犯罪组织，进行了性质、特征和特征要素的分析论证，逐项明晰了与黑社会性质组织的区别，从理论与实践两个层面提出了两种犯罪组织的识别标准。第三章"黑社会性质组织犯罪的罪与罚"，从理论上分析论证了黑社会性质组织犯罪的生成机理、犯罪构成和罪数评价，提出了五要件、五步骤司法评判要件体系，在违法阻却事由和责任阻却事由的评判中，分别提出了四项出罪事由。第四章"黑社会性质组织的三类犯罪"中，从理论上论证"套路贷""软暴力"和"保护伞"三类犯罪的定罪处罚原理，厘清每一类犯罪的行为特征、定罪要素与处罚原则，为司法适用提供理论支撑。第五章"黑社会性质组织犯罪的立法完善"，考察了联合国、域外国家和我国港澳台地区打击有组织犯罪的立法状况，分析我国黑社会性质组织犯罪立法的成就和不足，结合司法实践中反映出的立法供给不充分、不完备等问题，提出包含实体法与程序法、国内法与涉外法、法律制度与工作机制等内容的系统完善方案。

本书坚持简洁明了的文风，无论是理论阐释，还是实践分析，都力求言简意赅，以最少的文字、最小的篇幅完成意义表达。如对黑社会性质组织本质特征的论述，从哲学、概念、系统和实践四个维度进行的论述仅用2300 余字，每一维度的论述平均字数仅为 500 多字。在理论探索上，既遵循、尊重既有通说理论，又与时俱进，敢于创新。如在组织、领导、参加黑社会性质组织罪的犯罪构成上，既遵循四要件犯罪构成的基本原理，又立足于司法应用的便利，借鉴三阶层犯罪评价体系的方法，提出了五要件、五步骤司法评判要件体系。

惩治犯罪不会止步，理论研究永无止境。"推动扫黑除恶常态化"已经写入我国"十四五"规划和 2035 年远景目标纲要，[①] 我国《反有组织犯罪法（草案）》已经提请全国人大常委会审议，[②] 惩治黑社会性质组织犯罪立法的推进和司法工作的开展，需要理论研究持续深化、理论成果不断推陈出新。但愿本书的研究对黑社会性质组织犯罪的刑法理论建构、司法问题解决与立法完善有些许贡献。

作 者

2021 年 9 月

---

① 2021 年 3 月 11 日，十三届全国人大四次会议表决通过的"十四五"规划和 2035 年远景目标纲要第五十五章第二节"推进社会治安防控体系现代化"中写入"推动扫黑除恶常态化"。

② 2020 年 12 月 22 日，《反有组织犯罪法（草案）》首次提请十三届全国人大常委会第二十四次会议审议。2021 年 8 月，第十三届全国人大常委会第三十次会议对《反有组织犯罪法（草案）》进行第二次审议。

摘　要

实践是理论研究的起点与归宿。理论创新的动力来源于实践需求，理论创新的价值归于解决实践问题。本书坚持问题导向，围绕司法机关惩治黑社会性质组织犯罪中存在的黑社会性质组织认定标准不统一、定罪处罚原则存在理论争论、"套路贷""软暴力""保护伞"等犯罪法律适用方法不明确等问题，从刑法理论与司法方法两个维度进行阐释论证。本书坚持法律实施立场，对我国《刑法》第294条与司法机关先后制定的1个司法解释①、1个立法解释②、2个会议纪要③、9个规范性文件④进行系统完整的理论阐释，提出科学实用的司法适用方法。本书坚持继承与创新相结合，深入研究运用现有刑法理论与法律政策解决现实问题的方法路径，提出完善现有理论与法律政策的思路构想。本书坚持体系完整，以黑社会性质组

---

① 最高人民法院2000年制定的《关于审理黑社会性质组织犯罪的案件具体应用法律若干问题的解释》。

② 全国人民代表大会常务委员会2002年通过的《关于〈中华人民共和国刑法〉第二百九十四条第一款的解释》。

③ 2009年最高人民法院、最高人民检察院、公安部联合印发的《办理黑社会性质组织犯罪案件座谈会纪要》和2015年最高人民法院印发的《全国部分法院审理黑社会性质组织犯罪案件工作座谈会纪要》。

④ 2018—2020年，最高人民法院、最高人民检察院、公安部、司法部联合印发的《关于办理黑恶势力犯罪案件若干问题的指导意见》《关于办理恶势力刑事案件若干问题的意见》《关于办理实施"软暴力"的刑事案件若干问题的意见》《关于办理"套路贷"刑事案件若干问题的意见》《关于办理黑恶势力刑事案件中财产处置若干问题的意见》《关于办理利用信息网络实施黑恶势力犯罪刑事案件若干问题的意见》《关于跨省异地执行刑罚的黑恶势力罪犯坦白检举构成自首立功若干问题的意见》《关于办理非法放贷刑事案件若干问题的意见》《关于依法严惩利用未成年人实施黑恶势力犯罪的意见》。

织为理论研究逻辑主线，以黑社会性质组织本体为研究起点，以黑社会性质组织本体与其他共同犯罪组织的关系、黑社会性质组织犯罪的罪与罚、黑社会性质组织三种犯罪的法律适用为研究重点，以黑社会性质组织犯罪的立法完善为逻辑终点，全部内容形成联系紧密、重点突出、体系完整的逻辑体系。本书围绕着力解决的问题，主要在六个方面提出了理论观点与司法方法。

一、针对司法实践中存在的黑社会性质组织要素不清、标准不明问题，深入研究论证黑社会性质组织的内涵与特征，以系统论方法解析黑社会性质组织的四个法律特征，提出四个特征及其内在联系共同构成黑社会性质组织本质特征的理论观点，结合我国法律与规范性文件的规定，对四个特征具体要素进行定性与定量分析，构建起黑社会性质组织四特征十六要素的图谱式要素体系（见下图）。

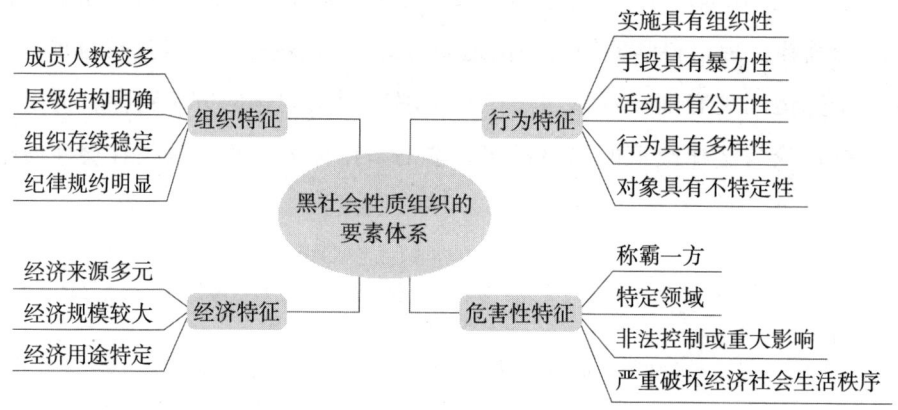

二、针对司法实践中存在的黑社会性质组织认定不精准问题，结合具体案例，从四个特征认定上分别解析存在的主要问题，从法律、政策和司法三个方面深刻剖析存在问题的原因，提出集标准法定、实质判断、法律与政策协调、标准稳定等四原则于一体的司法认定方法。

三、针对司法实践中存在的黑社会性质组织与其他共同犯罪组织难以准确区分问题，分析论证犯罪结伙、犯罪团伙、犯罪集团、恶势力组织、黑社会组织、有组织犯罪集团的内涵、性质和构成要素，逐一比较黑社会性质组织与其他六种共同犯罪组织的区别，厘定黑社会性质组织与其他共同犯罪组织的界限。

四、针对司法实践中存在的黑社会性质组织犯罪定罪处罚理论观点与司法方法不统一问题，深入研究组织、领导、参加黑社会性质组织罪的犯罪构成和黑社会性质组织犯罪的罪数评价，构建评判该类犯罪的理论模型，论证适用数罪并罚的范围及合理性。一是汲取四要件与三阶层两大犯罪论体系的资源要素，构建"客观方面→主体→主观方面→违法阻却事由→责任阻却事由"要件认定与出罪判断相结合的理论模型。二是从立法、司法解释的规定中归纳总结参加黑社会性质组织罪的四种违法阻却事由和四种责任阻却事由，并从理论上进行阐释与证成。三是从辩证唯物主义立法观、实质正义观、法律移植原则和社会治理需要四个维度阐释对犯组织、领导、参加黑社会性质组织罪又有其他犯罪的行为人实行数罪并罚的必要性和合理性。

五、针对司法实践中存在的"套路贷""软暴力""保护伞"三类黑社会性质组织犯罪定罪处罚难问题，对三类犯罪进行刑法理论解析与司法方法论证，提出解决定罪处罚问题的理论观点与司法方法。一是针对司法实践中存在的"套路贷"犯罪集团与黑恶犯罪组织混同问题，对"套路贷"犯罪集团的特征与要素进行理论解析与标准界定，从理论与实务两个维度厘清"套路贷"犯罪集团与黑社会性质组织、恶势力组织三种犯罪组织的界限；二是针对司法实践中存在的"软暴力"性质认识不清、标准不明问题，从表现形式和实质内容两方面进行系统梳理与理论分析，明确界定"软暴力"的行为性质、认定标准以及构成的犯罪类型。三是针对司法实践中存在的黑社会性质组织"保护伞"范围不清、定罪处罚方法不统一等问题，深入研究"保护伞"行为的内涵、外延，将"保护伞"行为总结为十三种行为，将"保护伞"行为构成的犯罪归纳为包庇、纵容型，渎职放纵型和收受贿赂型三种类型，对每种类型犯罪的定罪处罚进行理论解析，根据每种类型犯罪定罪处罚中存在的竞合、牵连等问题，提出从一重处罚与数罪并罚的理论依据与适用方法。

六、针对司法实践中存在的立法供给不足问题，研究联合国、两大法系国家以及我国港澳台地区的立法状况，总结分析我国的立法成就与立法不足，根据我国惩治黑社会性质组织犯罪的需要，从三个方面提出立法完善方案。其一，完善模式上，采取刑法、刑事诉讼法与专门立法三管齐下的综合立法模式；其二，完善内容上，提出从罪名增设、刑罚体系完善到侦查制度、审判制度创设的一揽子设想；其三，国际协作上，对不同犯罪组织犯罪的定罪处罚、国际司法合作等提出具体方案。

综上，本书围绕黑社会性质组织犯罪法律适用中的问题，进行理论阐释与实证分析，形成了涵括黑社会性质组织认定、犯罪评价、刑罚裁量、立法完善等内容的刑法理论与刑事司法方法体系。

关键词：黑社会性质组织；犯罪；法律适用

Abstract

Practice is the origin and end-return of the theoretical research. The motive force of theoretical innovation comes from practical demand, and the value of theoretical innovation belongs to solving practical problems. Adhere to the problem oriented, this book arguments and illustrates problems such as the underworld organization recognized standard is not unified, convicted and punished theoretical guidance is insufficient, law applicable method is not clear about trap loan, soft violence and protecting umbrella, from the two dimension such as the criminal law theory and judicial methods. Adhering to the position of law enforcement, this paper gives a systematic and complete theoretical interpretation of Article 294 of China's Criminal Law and one judicial interpretation, one legislative interpretation, two summary of meetings and nine normative documents successively formulated by legislative and judicial authorities, and proposes scientific and practical judicial application methods. This book insists on the combination of inheritance and innovation, deeply studies the methods and paths of using existing criminal law theories and legal policies to solve practical problems, and puts forward the ideas of improving existing theories and legal policies. In this book, adhere to the system integrity, the logic of research on the theory of underworld organization the main line, with underworld organization ontology as a research starting point, with underworld organization ontology and other joint crime organization's relations, underworld organization crime and punishment of crime, underworld organization's three prominent criminal law application as a research focus, With the legislative perfection of underworld organization crime as the logical end point, all the contents form a logical system with close connection, prominent emphasis and complete system. This book focuses on the problems to be solved, and mainly puts forward the theoretical viewpoints and judicial methods in six aspects.

First, in view of the problem that elements and standards of underworld organizations is unclear in judicial practice, in-depth research and demonstration of the connotation and characteristics of underworld organizations, using the method of system theory to resolve four legal characteristics of the underworld organization, puts forward the theoretical perspectives that the four characteristics and their inner connections construct the substantive characteristics of underworld organization, and builds up the four characteristics and sixteen elements of map system of the underworld organization (see the following chart) through the qualitative and quantitative analysis to the four characteristics of specific elements combined with the provisions of Chinese laws and normative documents.

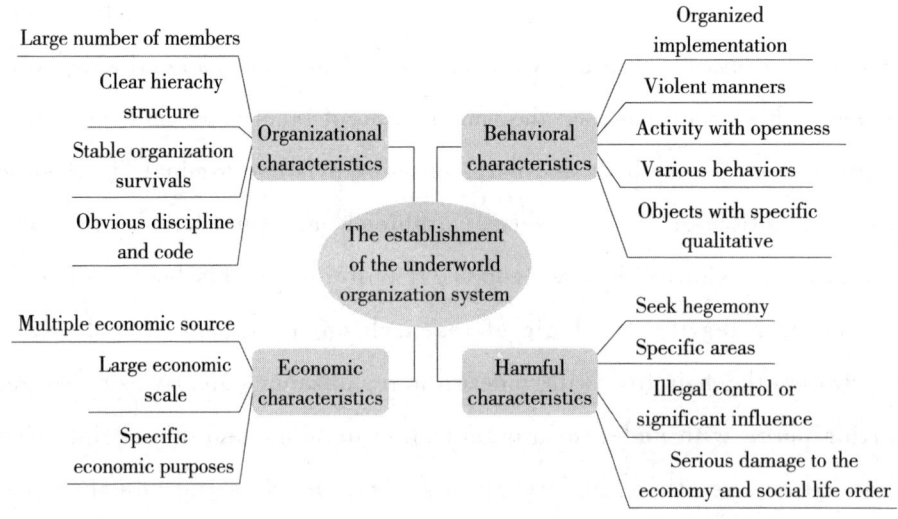

Second, in view of the problem of the inaccurate identification method of underworld organizations in judicial practice, the main problems existing in the current judicial authorities are deeply analyzed from the identification of four characteristics combined with specific cases, and the causes of the problems are deeply analyzed from the three aspects of law, policy and judicial methods. This paper puts forward a judicial determination method integrating the four principles of legal standard, substantive judgment, the harmony of law and policy, and the stability of standard.

Third, in view of the difficulty that the underworld organization and other criminal organizations is not to accurately distinguish in the judicial practice, in-depth analysis of crime gang, gang, a criminal group, evil force, underworld organization, organized crime group as well as the connotation, property and constitutive elements of each one of them, compares and clarifies the difference between the underworld organization and other six joint crime organizations, draw a clear line between underworld organization and the other joint criminal organizations.

Fourth, in view of the existing in the judicial practice of underworld organization crime convicted and punished theory viewpoint and the judicial method is not unified, in-depth study of the thesis of the constitution of crime that contains organizing, leading and participating underworld organization crime and the number evaluation of the underworld organization crime, puts forward the theoretical model to judge such crimes, and demonstrates the range and the rationality of combined punishment for several crimes. First, using four elements and three class two criminal theory system, it builds the identified elements combined with guiltless judgement theoretical model, namely "objective aspect–subject–subjective aspect–justifiable cause–cause of preventive responsibility" . Second, it summarizes four justifiable causes and four causes of preventive responsibility of participating in the underworld organization crime from the provisions of the legislation and judicial interpretation files, and it interprets and proves them theoretically. Thirdly, from the view of dialectical materialism legislation, substantive justice, the principle of legal transplantation and the need of the social governance-four perspectives, it makes an interpretation to the necessity and rationality of combined punishment for several crimes for organizing, leading and participating in the underworld organization crime as well as other crimes.

Fifth, in view of the difficulty in conviction and punishment of three types of triad organized crimes, namely "trap loan", "soft violence" and "protecting umbrella", in judicial practice, the criminal law theory and judicial method are analyzed one by one, and the theoretical viewpoints and judicial methods are put forward to solve the problem of conviction and punishment of all kinds of crimes. One is existing in the judicial practice of "trap loan" criminal group with underworld and evil criminal organizations with problems, to "trap loan" criminal group characteristics and the elements of crime in theory and practice, from two dimensions of theory and practice to clarify the "trap loan" criminal group with the underworld organization, evil forces organization the boundaries of three kinds of crime organization; Second, in view of the unclear understanding of the nature of "soft violence" and the unclear standards of behavior in judicial practice, systematic sorting and theoretical analysis are carried out from the two aspects of manifestation and substance to clearly define the nature of "soft violence" behavior, identification standards and types of crimes constituted. Three is based on the underworld organization in the judicial practice "protecting umbrella" is unclear in the scope, convicted and punished method is not unified, further study of the connotation and extension of "protecting umbrella" behavior, will be summarized as "protecting umbrella" thirteen kinds of behavior, will be summed up as "protecting umbrella" crime type shield, connivance, malfeasance indulgence and taking bribes three types, According to the problems of contesting and implicating in each type of crime, puts forward the method of selecting one or several crimes and punishing them simultaneously.

Sixth, aiming at the problems of shortage of legislation for judicial needs, the book analyzed legislative status of the United Nations, the two legal system countries and China Hong Kong, Macao and Taiwan regions, legislative achievements and deficiency of our country were analyzed and summarized in this book, according to the need of punishing the underworld organization crime in our country, from the three aspects put forward the legislative proposals. First, uses the three-pronged comprehensive legislation pattern, namely the criminal law, the criminal procedure law and the special law upon the pattern of legislation improvement. Second, about the content of the improvement, it comes up with a package of visions created for the improvement from addition of charges, punishment system to investigation system and trial system. Thirdly, upon the international collaboration, it broadens the legislation of the underworld organization crime to organization crime, and comes up with concrete schemes for the conviction and punishment of different organization crimes and the international judicial cooperation.

In conclusion, this book has made the theoretical explanation and empirical analysis towards the theoretical and practical problems in the application to the law of underworld organization crime, formed the system of criminal law theory and criminal justice method that includes organization recognization, evaluation of crime, discretion of penalty and improvement of legislation, and so on.

Keywords: underworld organization; crime; the application of law

目 录

绪 论

第一章 黑社会性质组织

第三章 黑社会性质组织犯罪的罪与罚

第四章 黑社会性质组织的三类犯罪

第五章 黑社会性质组织犯罪的立法完善

余 论

跋

附 件

绪 论

黑社会性质组织犯罪的法律适用是一个体系宏大、内容庞杂的理论与实践问题。开展这一论题研究，需要确立明确的研究目的、科学的研究方法与具体的研究内容。

一、研究目的

研究表明，没有任何社会能够摆脱有组织犯罪。[①] 21 世纪以来，我国黑社会性质组织大量出现，严重危害经济、社会发展秩序和人民群众安全感。中央政法委分别于 2000 年 12 月、2006 年 2 月和 2010 年 6 月，组织开展三次"打黑除恶"专项斗争，打掉了大量黑社会性质组织。[②] 但是，黑社会性质组织犯罪并没有得到彻底铲除，而且，逐步向政治、经济领域更广范围、更深层次渗透，威胁国家安全和社会稳定。2018 年 1 月，中共中央、国务院发出《关于开展扫黑除恶专项斗争的通知》，决定在全国开展扫黑除恶专项斗争。此次专项斗争，改"打黑除恶"为"扫黑除恶"，虽一字之差，但差别巨大，与"打黑除恶"相比，"扫黑除恶"在广度、深度、力度上提出了更高要求。2018—2020 三年扫黑除恶专项斗争期间，全国公安机关共破获涉黑涉恶刑事案件 24.6 万起，打掉涉黑组织 3644 个、涉恶犯罪集团 11675 个，抓获犯罪嫌疑人 23.7 万人，其中，打掉农村涉黑组织 1289 个，农村涉恶犯罪集团 4095 个，依法严惩"村霸"3727 名，打掉欺行霸市等涉黑组织 1128 个，打掉资产在亿元以上的涉黑组织 653 个，依法处置生效涉黑涉恶案件资产 1462 亿元；全国检察机关起诉涉黑涉恶犯罪案件 3.6 万件 23 万余人，全国法院一审判决 3.29 万件 22.55 万人。[③] 总结惩治黑社会性质组织犯罪工作特别是专项斗争经验，厘清黑社会性质组织的构成要素，明确黑社会性质组织犯罪的定罪处罚标准，成为理论和实务界的重大使命和紧迫任务。

---

① See Dae H. Chang, Crime Prevention Strategies by the United Nations: A Global Perspective, International Journal of Comparative and Applied Crimnal Justice, V21(1997):341.

② 仅 2006 年 2 月至 2009 年 9 月 1 日，全国公安机关侦办涉黑案件 1267 起，打掉恶势力 13000 多个，抓获犯罪嫌疑人 8.9 万多名。参见邱格屏：《中国黑社会性质组织犯罪之 60 年回顾》，载《犯罪研究》2010 年第 1 期。

③ 邬春阳：《扫黑除恶成绩单发布——"八个方面"见证专项斗争成效》，载《人民公安报》2021 年 3 月 31 日，第 2 版。

黑社会性质组织犯罪的惩罚和治理，离不开刑法的有力规制，进行此类犯罪组织及其定罪量刑的理论研究，对于构建科学的打击和治理体系具有重要的现实意义和长远建设性意义。本论题主要研究黑社会性质组织的构成要素、黑社会性质组织犯罪的罪刑原理和立法完善等问题，提出有价值的理论创新观点和实践问题解决方法。重点研究五项内容：一是研究黑社会性质组织的构成要素，重点对黑社会性质组织的本质特征、构成要素和司法认定方法进行理论阐释与标准厘定；二是研究黑社会性质组织与其他共同犯罪组织的关系，分别对犯罪结伙、团伙、集团、恶势力组织、黑社会组织等五种共同犯罪组织的性质、特征、构成要素，以及与黑社会性质组织的联系与区别进行分析论证；三是研究黑社会性质组织犯罪的罪责原理，探究黑社会性质组织犯罪的生成机理，分析组织、领导、参加黑社会性质组织罪的犯罪构成，论证黑社会性质组织犯罪中组织成员组织犯罪与具体行为犯罪实行数罪并罚的合理性和必要性；四是研究"套路贷""软暴力"和"保护伞"三类黑社会性质组织犯罪，对三类犯罪定罪量刑的标准方法进行理论分析和标准探究；五是研究黑社会性质组织犯罪的立法完善，对国际组织、域外国家和我国港澳台地区惩治相关犯罪组织犯罪的立法状况进行考察分析，提出完善我国黑社会性质组织犯罪立法的模式、内容和方法路径等意见建议。

二、研究状况

国内外刑法学、犯罪学、社会学等各领域专家学者及实务工作者一直十分重视黑社会性质组织等有组织犯罪的理论与实践问题，取得了丰硕的成果，对推动立法、助力司法发挥了重要作用。

（一）国内研究状况

1.研究成果。黑社会性质组织犯罪是社会的"毒瘤"，对这类犯罪治理的理论研究，一直受到犯罪学、刑法学、社会学等各界学者的重视。从中国知网数据库检索结果看，在期刊数据库中，通过以黑社会性质组织为关键词的检索发现，1990 年至 2020 年 6 月 9 日，各类刊物共发表与黑社会性质组织犯罪相关的学术论文 464 篇，分布在刑法学、社会学、诉讼法学、司法学等各个学科领域。研究黑社会性质组织犯罪的专著有 10 多部，而且大多以有组织犯罪冠名，如何秉松教授的专著《有组织犯罪研究第一卷——中国大陆黑社会性质犯罪研究》，莫洪宪教授的专著《有组织犯罪研究》等。综观研究成果，犯罪学者主要围绕黑社会性质组织犯罪的根源、发展脉络、历史和现状等进行研究；刑法学者研究的重点集中在黑社会性质组织犯罪四个特征的刑法规范解释和理论分析，以及黑社会性质组织犯罪的定罪量刑问题，既有宏观的四个特征整体的研究，也有微观的具体特征或具体问题的研究，主要是运用刑法原理对黑社会性质组织犯罪的定罪处罚进行理论阐释；实务界的专家和司法工作者，从司法学的视角针对黑社会性质组织四个特征的认定标准，从微观、实证角度进行具体标准的探讨，如对于经济特征的经济实力应当以 20 万元为标准还是以 50 万元为标准，对组织特征中的人数是以 10 人为标准还是以 5 人为标准，进行研究论证，提出自己的观点，等等。诉讼法学者围绕侦查措施、特别程序、证人保护等程序制度问题，进行了大量比较研究。

我国黑社会性质组织犯罪的理论研究有以下六个特点：

一是研究成果集中出现在刑事立法或修法前后，以及国家集中开展扫（打）黑除恶专项活动期间。中国知网检索结果显示，1997 年之前，关于黑社会性质组织的学术文章很少，1990—1996 年共计 11 篇，1997 年刑法规定黑社会性质组织犯罪后，数量开始上升，当年达到了 11 篇，之后，随着司法解释、立法解释和司法规范性文件的不断出台，学术文章大幅度上升，平均每年发表学术文章 50 篇。2001 年以来，国家组织开展黑恶势力专项治理期间，研究成果大量出现，其中，2010 年和 2019 年的学术文章超过了 100 篇，分别为 114 篇和 117 篇。

二是研究内容主要集中在黑社会性质组织的特征上。黑社会性质组织是我国独有的概念，自我国黑社会性质组织犯罪进入《刑法》以来，黑社会性质组织的特征一直是理论研究的核心课题。围绕这一核心开展研究取得的成果，推动了我国刑事立法的完善和司法政策的发展。1997 年《刑法》规定黑社会性质组织犯罪后，由于对黑社会性质组织的特征规定不明，理论界开展了大量研究，推动最高人民法院于 2000 年制定了《关于审理黑社会性质组织犯罪的案件具体应用法律若干问题的解释》（以下简称《2000年司法解释》），第一次明确了黑社会性质组织的四个特征，即组织、经济、"保护伞"和危害性四个特征。之后，围绕这四个特征是否适当以及四个特征如何认定等进行研究论证，推动立法机关和司法机关出台一系列立法与司法文件。全国人民代表大会常务委员会于 2002 年通过了《关于〈中华人民共和国刑法〉第二百九十四条第一款的解释》（以下简称《2002年立法解释》），调整了黑社会性质组织的四个特征，将"保护伞"特征不再作为基本特征，而把行为特征作为基本特征，形成了新的组织、经济、行为和危害性四特征。2009 年，最高人民法院、最高人民检察院、公安部联合出台《办理黑社会性质组织犯罪案件座谈会纪要》（以下简称《2009 年纪要》），明确了黑社会性质组织四个特征的标准和认定方法，2011 年《刑法修正案（八）》将《2002 年立法解释》的内容纳入《刑法》第 294 条规定之中，并调整了刑罚设置，2015 年最高人民法院出台《全国部分法院审理黑社会性质组织犯罪案件工作座谈会纪要》（以下简称《2015 年纪要》），进一步细化了四个特征的标准和认定方法。

三是研究成果的针对性和指导性强。我国对黑社会性质组织犯罪的理论研究，一直以问题为导向，围绕我国黑社会性质组织犯罪的实际情况，根据司法实践中需要解决的现实问题进行理论与实证研究。2001 年、2006年、2018 年我国开展三次全国范围内的专项治理活动期间，针对打击涉黑犯罪中不断出现的各种司法疑难问题，围绕黑社会性质组织认定标准、定罪处刑标准等进行了深入研究论证，形成的理论成果推动了司法机关专项治理活动的开展。特别是，2018 年我国开展"扫黑除恶"专项斗争以来，出现了理论研究高潮，专家学者积极投入黑恶势力犯罪理论研究，推出了大量理论成果，在中国知网检索到的 20 多年全部 464 篇文章中，2019 年达 117 篇，占全部文章数量的 25.2%。这些理论成果的大量出现，推动最高人民法院、最高人民检察院、公安部、司法部自 2018 年以来先后联合出台《关于办理黑恶势力犯罪案件若干问题的指导意见》（以下简称《2018 年指导意见》）等 9 个规范性文件①，而且围绕 9 个文件的实施进行了实证研究，形成了大量对司法实践有重要指导价值的理论成果。

四是理论研究与时俱进。着眼于我国不断变化的黑社会性质组织犯罪特点，紧跟我国立法司法改革步伐，积极开展前瞻性和时代性课题研究，形成一系列具有很高实践应用价值的理论成果。如对黑社会性质组织犯罪不一味强调运用严厉的刑罚措施，而是强调运用综合治理的方法，通过对防控体系的研究，建议社会各方面力量共同参与，从源头上消除黑社会性质组织产生的社会土壤。再如，在如何运用刑罚进行犯罪打击上，提倡对黑社会性质组织处理中的分化与瓦解，注重对具体行为人的分析，不倡导对所有参与人适用严刑峻法，以求能够尽量争取一般参与者及时回归社会，实现社会关系的恢复。这一理论观点被立法机关采纳，推动全国人大常委会于 2021 年 12 月通过了对黑恶势力组织犯罪进行综合治理的专门法律——《反有组织犯罪法》。

五是注重开展区域性问题研究。针对一个省或一个市的具体情况和问题，从小问题入手，结合区域性独特的地理、经济与文化等相关因素的综合分析，研究某一地区黑社会性质组织的形成过程与组织结构上的特殊性，为有效打击区域内的黑恶势力犯罪问题找到有效解决路径，以区域性研究成果推动黑社会性质组织犯罪理论研究的整体进步。比如，出现了研究东北地区、西北地区、上海市、山东省、广东省等地区黑社会性质组织犯罪的硕士、博士论文。

---

① 另 8 个规范性文件为《关于办理恶势力刑事案件若干问题的意见》《关于办理实施"软暴力"的刑事案件若干问题的意见》《关于办理"套路贷"刑事案件若干问题的意见》《关于办理黑恶势力刑事案件中财产处置若干问题的意见》《关于办理利用信息网络实施黑恶势力犯罪刑事案件若干问题的意见》《关于办理跨省异地执行刑罚的黑恶势力罪犯坦白检举构成自首立功若干问题的意见》《关于办理非法放贷刑事案件若干问题的意见》《关于依法严惩利用未成年人实施黑恶势力犯罪的意见》。

六是比较研究成果丰硕。很多研究成果建立在国内外、境内外黑社会性质组织与有组织犯罪的比较研究基础之上，对域外黑社会组织、有组织犯罪的立法、司法状况和理论成果进行了深入研究和全面推介，在与我国相应实务问题与相关理论的比较鉴别基础上，充分吸收借鉴人类法治文明有益成果，对我国黑社会性质组织犯罪的立法、司法和国际合作，提出了一系列有价值的建议。如2015年李仲民博士的学位论文《两岸四地黑社会（性质）组织犯罪比较研究》，对我国香港、澳门、台湾三地的法律制度和司法实践与我国大陆的相关立法司法进行了比较分析，提出了改进完善的立法、司法方案。

2.不足之处。理论研究取得的成果，推动了我国立法、司法的发展，但是，有些领域或问题的研究还不到位、不充分，甚至存在空白。

一是研究方向过于集中。大多数研究围绕黑社会性质组织展开，而且主要集中在黑社会性质组织的构成上，中国知网检索到的464篇学术文章中，涉及黑社会和黑社会性质组织的达234篇，占全部文章总数的50.4%。这些文章大部分围绕黑社会性质组织的基本特征、每个特征的认定标准以及何为本质特征上。但是，关于组织、领导、参加黑社会性质组织罪的犯罪构成，黑社会性质组织犯罪的处罚原理、处罚方法等刑法基本理论的研究相对较少。

二是高质量的理论研究成果不够多。研究方向的集中，导致研究论题过分聚焦于某个方向、某个专题，甚至某个微观问题上，如对于黑社会性质组织本质特征的研究较多，理论成果丰硕，理论观点很多，但大多数理论观点实质差别不大，在很大程度上形成了研究资源的浪费。对于组织、领导、参加黑社会性质组织罪的基本刑法理论研究不够深入，针对黑社会性质组织犯罪的个罪特点从刑法基本原理上提出的创新观点不多，黑社会性质组织犯罪的刑法理论还不够完善。在中国知网检索到关于黑社会性质组织犯罪的博士学位论文共8篇，仅有2篇论文涉及黑社会性质组织犯罪的刑法理论研究，但也不是主要研究内容。

三是理论研究与司法实践的结合不够紧密。司法实践中急需解决的问题，理论研究相对滞后，及时性和前瞻性研究不够。如对"保护伞"犯罪的研究，没有与我国扫黑除恶和反腐败工作同步进行，给司法实践和国家反腐败工作提供的理论支持不足。2018年1月开展"扫黑除恶"专项斗争以来，我国把深挖黑恶势力"保护伞"作为一项重点工作，实行一案三查，既要查办黑恶势力犯罪，又要追查黑恶势力背后的"保护伞"，还要倒查党委、政府的主体责任和部门的监督管理责任。① 2018—2020年专项斗争期间，全国纪检监察机关共立案查处涉黑涉恶腐败和"保护伞"案件89742件，立案处理115913人，给予党纪政务处分80649人，移送司法机关10342人。② 国家纪委、监委和司法机关对"保护伞"的查处力度不断加大，但是也出现了如何对"保护伞"进行法律定性、如何对"保护伞"主体进行界定以及如何定罪处罚等问题。由于理论研究跟进不及时，没有形成司法机关普遍接受的理论观点，一定程度上影响了司法机关法律适用标准的统一。

四是研究视野不够开阔。凡是有组织性质的犯罪，犯罪组织的建立均掺杂了经济、文化、社会等多方面的因素，判断一个组织是否属于黑社会性质组织，不是单纯依据某个或某些固定不变的判断标准方法可以做到，需要结合社会各方面因素予以综合判断。由于近年来我国出现了大大小小、形态各异的黑社会性质组织，较为典型的如以"聂磊""刘维、刘汉""孙小果"等为首的黑社会性质组织，这些已经形成一定规模的黑社会性质组织的严重犯罪活动在社会上公布后，引起了很大的震动与反响。这些震动与反响主要源于普通百姓对黑恶势力的恐惧和痛恨，但也受到了舆论宣传的影响，有的媒体特别是自媒体，往往把一些非黑社会性质组织的普通犯罪集团擅自贴上黑社会组织的标签过分渲染，一定程度上造成了社会公众

---

①《扫黑进行时："一案三查"是什么意思？》，载搜狐网，https://www.sohu.com/a/323130848_99936713，2019年9月3日访问。

② 邬春阳：《扫黑除恶成绩单发布——"八个方面"见证专项斗争成效》，载《人民公安报》2021年3月31日，第2版。

对黑社会性质组织的认识混乱，这就需要理论研究给予正确的引导，通过理论成果被媒体执业者接受，在舆论宣传中突出黑社会性质组织犯罪的特殊性，让社会公众形成区别于一般犯罪集团的正确认识。

五是对黑社会性质组织犯罪的财产处置研究不够深入。虽然出现了很多对黑社会性质组织财产刑以及涉案财产处置的研究成果，但总体上仅局限于对《刑法》总则规定的注释性研究，针对黑社会性质组织进行精准经济制裁，根除其经济基础的创新性、实用性研究成果不多。

（二）域外研究状况

1. 研究成果。域外没有黑社会性质组织犯罪，与此类犯罪相对应的是有组织犯罪。通过对外文法律文献网站和高校图书馆的查找，发现主要研究成果中期刊论文 100 多篇，专著 30 多部。总体上看，西方国家的有组织犯罪研究，在研究方法上注重运用犯罪学实证方法，经济学方法等也有所运用，研究人员包括犯罪学家、刑法学家，以及经济学家、历史学家。20世纪 60 年代以后，研究成果大量出现，并有力推动了国家立法。

域外关于有组织犯罪的理论研究主要有以下几个特点：一是重视有组织犯罪事实特征的研究。许多研究围绕有组织犯罪在事实上的变迁及其特点规律展开。如对意大利黑手党的起源、发展、组织特征以及违法犯罪事实等进行研究的成果较多。二是重视有组织犯罪的程序法研究。域外国家对程序正义尤其重视，在打击和治理有组织犯罪的研究中，十分重视司法程序和制度的研究，取得了很多成果，对指导司法实践发挥了重要作用。如秘密侦查、线人、卧底等特殊侦查措施的研究成果推动了相关立法的改进完善，在很多国家建立了证人保护、秘密侦查等特别侦查措施和制度。三是重视有组织犯罪治理政策的研究。由于域外国家没有黑社会性质组织犯罪的专有罪名，对有组织犯罪也很少单独确立一类罪名，因此，域外学者更多地把研究重点放在有组织犯罪的治理上，将刑事政策与社会政策作为研究重点，如美国，很多学者把研究重点放在行政政策对有组织犯罪的打击和治理上，因此，域外学者的研究成果大多是有组织犯罪的综合治理政策，对有组织犯罪刑法规制的研究成果所占比例不大。四是重视跨国有组织犯罪的研究。由于跨国有组织犯罪成为影响世界各国的重大社会问题，域外很多学者把研究重点放在了跨国有组织犯罪打击的相关问题上，在统一有组织犯罪概念、国际刑事司法合作等方面，取得了大量成果，促进了国际间的合作。2000 年 11 月 15 日第 55 届联合国大会在巴勒莫通过的《联合国打击跨国有组织犯罪公约》，各国学者的理论研究发挥了重要推动作用。

2. 研究不足。如上所述，域外国家学者把研究重点放在有组织犯罪的社会综合治理上，对法律规制的研究相对不足。而且，受价值观与意识形态影响，域外国家对有组织犯罪的研究呈现出一些缺陷。美国等西方国家在有组织犯罪研究中存在"国外阴谋论"之类的观念误区以及种族歧视和地域偏见思想，一定程度上影响了研究的科学性和成果转化的效能。如美国很多学者在有组织犯罪研究中坚持外国人阴谋论和族裔承继论。外国人阴谋论主张有组织犯罪是"进口"的，外国人应当为有组织犯罪负责。简言之，有组织犯罪是由移民带来的。族裔承继论则强调移民的地域性，犯罪活动可能会被来自同一地域的人所承继，成为其社会地位上升的途径。这在有关有组织犯罪方面的论文中已经成为很有影响力的一种观点，并深刻地影响了对有组织犯罪的理解以及打击有组织犯罪的公共政策的制定。如美国 1968 年制定的《公共汽车犯罪控制和街道安全法》及 1970 年制定的《有组织犯罪控制法》均受到了外国人阴谋论的影响。有学者指出，"外国人阴谋论"主导了应对有组织犯罪问题的大部分立法，不仅仅在美国，在其他西方国家也是如此。有些国家将有组织犯罪问题定义为"外国"问题，是由"外来者"的渗透而产生的。[①] 同时，域外国家和地区大多把黑社会及类似共同犯罪组织称为有组织犯罪集团，尽管与我国的黑社会性质组织有相似之处，但并不完全相同，有组织犯罪集团的外延更大、范围更广，因此，他们的研究成果不能直接与我国黑社会性质组织犯罪的研究接轨。

---

① 参见［英］迪克·霍布斯、乔治斯·A.安东诺普洛斯：《"外国人阴谋论"与有组织犯罪》，陈波、邬铮译，载《海外犯罪学家》2014 年第 1 期。

三、研究方法

普列汉诺夫将研究方法比喻为"用来发现真理的工具"①。对症下药，因山辟径，才能收到最佳效果。本书根据研究课题的特点和需要，采取了四种研究方法。一是注释研究方法。运用注释研究方法，对黑社会性质组织及其犯罪的基本概念等从文义、学理、目的等视角进行解释与界定，提供论题研究的概念基础。二是历史研究方法。运用历史研究方法，对黑社会性质组织犯罪法律规制的历程进行考察，对相关理论与立法进行总结，分析经验与不足，找出发展规律和发展方向。三是比较研究方法。"比较是我们理解事物唯一可行的手段。"②运用比较研究方法，对黑社会性质组织与其他共同犯罪组织进行特征与要素的比较分析，厘定黑社会性质组织与其他共同犯罪组织的界限。对域外国家和地区黑社会性质组织犯罪法律政策和执法司法实践进行考察，总结各国的经验做法，分析各自的长处和不足，找出有借鉴参考价值的立法、司法和政策内容与模式。四是实证研究方法。运用实证研究方法，通过对大量司法实践做法、数据和司法案件的分析，对当前我国黑社会性质组织犯罪的基本情况、法律政策、司法方法进行深入分析，全面总结当前该类犯罪的立法、司法现状，找出存在的问题和不足，剖析存在问题不足的根源，提出解决司法实践问题的方法和完善相关立法的对策建议。

四、研究内容

1.研究范围。本书研究的黑社会性质组织犯罪，是指黑社会性质组织及其成员实施的所有犯罪行为，包括以下三类：一是我国《刑法》第294

---

① 参见三联书店编辑部：《普列汉诺夫哲学著作选集》，生活·读书·新知三联书店1961年版，第148页。

② ［法］爱弥尔·涂尔干：《社会学与哲学》，上海人民出版社2002年版，第1页。

条第 1 款、第 2 款规定的组织、领导、参加黑社会性质组织罪；二是我国《刑法》第 294 条第 3 款规定的包庇、纵容黑社会性质组织罪；三是黑社会性质组织成员实施或参与的强迫交易罪、寻衅滋事罪、敲诈勒索罪、非法拘禁罪等具体犯罪。第一类因属于组织行为称为组织犯罪，司法实务中一般称为"黑罪"；第二类是国家机关工作人员对黑社会性质组织提供特殊保护的犯罪，一般称为"保护伞"犯罪；第三类是黑社会性质组织成员实施的具体犯罪，司法实务中一般称为涉黑"个罪"。第一类犯罪是第二类、第三类犯罪的构成成因和基础，因此，本书重点研究第一类犯罪，对第一类犯罪进行定罪量刑的全面研究，对第二类、第三类犯罪则有选择地进行某个方面问题的重点研究。

2. 研究内容。本书以解决司法实践中存在的黑社会性质组织犯罪的理论与实践问题为目的，对黑社会性质组织的认定、黑社会性质组织与其他共同犯罪组织的界分、黑社会性质组织犯罪的罪与罚、"套路贷""软暴力""保护伞"三类犯罪的法律适用，以及黑社会性质组织犯罪的立法完善分章进行研究论证。

"黑社会性质组织"一章，主要研究三项内容。第一，厘定黑社会性质组织的本质特征。以系统论方法解析黑社会性质组织的四个法律特征及四个特征的联系，论证四个特征及四个特征的相互联系共同构成黑社会性质组织的本质特征。四个特征在反映黑社会性质组织本质上各具功能，其中，组织特征反映黑社会性质组织的组织体系，经济特征反映黑社会性质组织的目标追求，行为特征反映黑社会性质组织的活动方式，危害性特征反映黑社会性质组织的反社会性。第二，建构黑社会性质组织的成立要素体系。解析四个特征的具体构成要素，其中，组织特征包含四个要素：成员人数较多、层级结构明确、组织存续稳定、纪律规约明显；经济特征包含三个要素：经济来源多元、经济规模较大、经济用途特定；行为特征包含五个要素：实施具有组织性、手段具有暴力性、活动具有公开性、行为具有多样性、对象具有不特定性；危害性特征包含四个要素：称霸一方，特定领域，非法控制或重大影响，严重破坏经济、社会生活秩序。论证十六要素共同构建起黑社会性质组织的图谱式特征要素体系。第三，厘定黑社会性质组织的司法认定方法。论证标准法定、实质判断、法律与政策协调、标准稳定等四项司法认定原则的适用要求和方法。

"黑社会性质组织与其他共同犯罪组织"一章，研究三项内容。第一，黑社会性质组织与犯罪结伙、团伙、集团的概念与特征。犯罪结伙不是规范法律概念，进行类型化界定的价值在于犯罪事实表述的简洁和统一；犯罪团伙是犯罪集团的低级形态，有三个特征，即：成员3人以上、具备一定的组织性、有共同犯罪目的；犯罪集团是刑法规定的共同犯罪组织形式，有五个特征，即：成员3人以上、具有三个层级、集团存续稳固、犯罪目的明确、社会危害性严重。犯罪结伙、团伙、集团与黑社会性质组织存在重大区别。犯罪结伙与黑社会性质组织的主要区别在于犯罪结伙不是法定共同犯罪组织形式，而是实定的共同犯罪事实表达方式；犯罪团伙、犯罪集团与黑社会性质组织的主要区别在于构成要素及其标准不同，黑社会性质组织要求具有组织、经济、行为和危害性四个特征、十六个要素，犯罪团伙不要求具有经济实力和社会控制性要素，犯罪集团在组织程度、行为方式和社会危害性的构成要素与标准上均低于黑社会性质组织。第二，黑社会性质组织与恶势力组织。恶势力组织有组织、行为和社会危害性等三个基本特征，组织特征上具有防治与惩治的双维性，防治维度上包括犯罪团伙和犯罪集团两种形式，惩治维度上只有犯罪集团一种形式。恶势力组织与黑社会性质组织在法律地位、组织结构、经济追求、社会控制或影响等方面存在差别，前者的标准要求低于后者。第三，黑社会性质组织与黑社会组织。黑社会组织是具有交流、整合等功能、类似正规社会组织的犯罪活动组织体，是共同犯罪组织的高级形态，有严密的组织结构、强大的经济实力、暴力性的违法犯罪手段、相对独立的势力范围、坚强的政治庇护、独特的亚文化等六个主要特征。黑社会组织与黑社会性质组织的主要区别在于黑社会组织的构成要素及其标准高于黑社会性质组织，特别是在经济实力和社会危害性上前者远远高于后者。

"黑社会性质组织犯罪的罪与罚"一章，研究三项内容。第一，黑社会性质组织犯罪生成的社会机理。运用犯罪学原理，从行为因素、人格因素和社会因素三个方面，揭示黑社会性质组织犯罪发生的原理和机制。第二，组织、领导、参加黑社会性质组织罪的犯罪构成。根据司法案件的评判需要，汲取四要件与三阶层两大犯罪论体系的资源要素，构建"客观方面→主体→主观方面→违法阻却事由→责任阻却事由"要件认定与实质判断出罪相结合的理论模型。客观方面、主体、主观方面、违法阻却事由、责任阻却事由共同构成犯罪构成的司法裁判五要件，按照"客观方面→主体→主观方面→违法阻却事由→责任阻却事由"的先后顺序依次进行五步骤评判。组织、领导、参加黑社会性质组织罪在客观方面表现为组织、领导、参加黑社会性质组织的行为；犯罪主体具有双重属性，在刑法规定上是一般主体，在构成具体犯罪上是特殊主体，需要具备组织者、领导者或参加者的特定身份；主观方面包括直接故意与间接故意。组织、领导黑社会性质组织罪没有出罪事由。参加黑社会性质组织罪具有四种违法阻却事由和四种责任阻却事由。第三，黑社会性质组织犯罪的罪数评价。从辩证唯物主义刑法观、实质正义法治观、法律移植原则以及社会治理需要等四个视角，论证对犯组织、领导、参加黑社会性质组织罪又有其他犯罪的行为人实行数罪并罚的合理性和必要性。

"黑社会性质组织三类犯罪的法律适用"一章，研究三项内容。第一，"套路贷"犯罪的法律适用。"套路贷"犯罪集团具有组织性强、制造虚假债权债务的手段隐蔽性强、经济实力强、违法犯罪手段以非暴力为主、社会危害具有辐射性等五个主要特征。"套路贷"犯罪集团与黑、恶犯罪组织有紧密联系，有构成恶势力或者黑社会性质组织的可能。对"套路贷"行为构成的多种犯罪，一般情况下从一重处罚，特殊情形下实行数罪并罚。第二，"软暴力"犯罪的法律适用。"软暴力"是暴力、胁迫之外的黑恶势力犯罪手段，包括直接侵害他人权利和间接侵害他人权利两种方式。"软暴力"可以成为六种具体犯罪的手段，分别为组织、领导、参加黑社会性质组织罪，强迫交易罪，寻衅滋事罪，非法拘禁罪，敲诈勒索罪和非法侵入住宅罪。第三，"保护伞"犯罪的法律适用。"保护伞"犯罪主要包括包庇纵容型、渎职放纵型与收受贿赂型等三种类型。包庇纵容型对存在牵连关系的犯罪实行数罪并罚，与玩忽职守罪出现竞合时，以玩忽职守罪定罪处罚；渎职放纵型构成想象竞合犯，择一重处罚；收受贿赂型构成牵连犯，实行数罪并罚。

"黑社会性质组织犯罪的立法完善"一章，研究三项内容。第一，域外立法考察。考察《联合国打击跨国有组织犯罪国际公约》的主要内容，分析美国、英国、意大利、德国、日本等国的立法状况。第二，我国惩治黑社会性质组织犯罪的立法。回顾我国的立法历程，总结立法成就，分析不足之处。第三，惩治黑社会性质组织犯罪立法的完善。根据惩治犯罪需要，借鉴域外立法经验，提出修改《刑法》《刑事诉讼法》《反有组织犯罪法》，完善罪刑规范和诉讼制度，建立国际协作机制的一系列立法构想。

3. 概念使用。黑社会性质组织是我国《刑法》规定的犯罪组织概念，有严格的法定构成条件和标准。黑社会组织是与黑社会性质组织最接近的概念，我国《刑法》规定了入境发展黑社会组织罪，从法律上规定了黑社会组织的称谓，但是没有像黑社会性质组织一样，规定该类犯罪组织的构成条件或认定标准。有学者认为："所谓黑社会性质组织，就是指已具备了黑社会组织这种事物的内在的、质的、规定性的组织，在性质上它已是黑社会组织，直截了当地说，它就是黑社会组织。我们在理论上没有必要给黑社会性质组织和黑社会组织分别下定义，而是应该统一使用黑社会组织的概念，并给它下一个统一的定义。"[1] 本书立足我国《刑法》的现有规定，坚持黑社会性质组织与黑社会组织是两种犯罪组织的观点，借鉴学者学术观点，参照国际组织条约中有组织犯罪的构成条件，经抽象提炼加工，定义了黑社会组织的概念，明确了黑社会组织的特征，以区别于黑社会性质组织。"有组织犯罪"是域外国家和地区对于黑社会组织犯罪或黑社会性质组织犯罪的普遍称谓，但是，域外国家的法律和国际条约中没有单独作出犯罪组织的规定，通常是在有组织犯罪的规定中对犯罪组织的人员数量、

---

① 参见何秉松：《恐怖主义·邪教·黑社会》，群众出版社 2001 年版，第 422 页。

组织形式、犯罪方式、犯罪目的等一并作出规定，① 从各国的法律和国际条约的规定看，这一犯罪组织既包括黑社会组织、黑社会性质组织，也包括其他具有一定人员、一定组织形式的犯罪组织，外延大于黑社会性质组织。综上，黑社会组织、黑社会性质组织与有组织犯罪中的犯罪组织虽不完全相同，但主要内涵相同，主要特征相似。因此，本书对三种犯罪组织在同一性质上使用，在域外立法、司法的比较研究中，三种犯罪组织一体适用。

---

① 在本书对域外国家美国、英国、意大利、德国、日本的立法以及联合国国际公约的考察中，均涉及有组织犯罪组织的法律规定。

第一章
黑社会性质组织

黑社会性质的本体界定是研究黑社会性质组织犯罪问题的逻辑起点。作为我国《刑法》规定的类型化共同犯罪组织，应当从黑社会性质组织的内涵、本质、特征和构成要素等方面进行本体界定。

第一节　黑社会性质组织的内涵与特征

黑社会性质组织是共同犯罪的一种特别组织形式，具有特定的内涵和特征，其本质特征表现为组织、经济、行为、危害性四个特征及其相互关系。

一、黑社会性质组织的内涵

我国《刑法》没有规定黑社会性质组织的概念，仅从识别意义上规定了黑社会性质组织的基本特征，而且规定的特征要素，是以实然视角对司法实践进行的总结，具有鲜明的时代特色。

（一）黑社会性质组织内涵的演变

黑社会性质组织的内涵随着立法、司法的发展变化而不断调整。新中国成立初期，典型的黑社会组织在大陆已不存在，只存在一些具有黑社会组织特点的犯罪集团，这一时期，我国立法没有对黑社会性质组织作出规定，司法实践中也没有对这一组织进行单独界定。改革开放后，随着市场经济的发展，一些横行乡里、为非作恶，欺压、残害百姓的犯罪集团开始出现，在个别地区个别时期甚至相当严重，需要对这类组织及其犯罪活动进行刑法规制。于是，1997 年在《刑法》中规定了组织、领导、参加黑社会性质组织罪，并在罪状中抽象描述了黑社会性质组织的内涵[①]。由于这一

---

① 以暴力、威胁或者其他手段，有组织地进行违法犯罪活动，称霸一方，为非作恶，欺压、残害群众，严重破坏经济、社会生活秩序。

《刑法》规定过于抽象，可操作性不强，影响了司法适用效果。之后，我国先后制定了一系列立法、司法解释和规范性文件，不断调整完善黑社会性质组织的特征及其内涵。《2000 年司法解释》规定，组织特征、经济特征、"保护伞"特征和危害性特征是黑社会性质组织的四个特征。全国人大常委会《2002 年立法解释》将四个特征调整为组织、经济、行为和危害性特征，"保护伞"不再是必备特征。《2009 年纪要》细化了四个特征的构成要素。2011 年《刑法修正案（八）》把立法解释的四个特征规定纳入《刑法》之中。《2015 年纪要》进一步细化了四个特征的司法实践标准。"两高两部"《2018 指导意见》对司法机关的认定标准进行了调整完善。

（二）黑社会性质组织的法律内涵

根据我国《刑法》和"两高两部"《2018 指导意见》等规范性文件的规定，我国黑社会性质组织的基本内涵可概括为：黑社会性质组织是由多人组成、具有比较稳定的内部结构，以追求经济利益为主要目的、具有一定经济实力，有组织地实施暴力、威胁为主要手段的违法犯罪活动，对社会公众形成一定心理威慑和行动约束，具有一定活动范围，对一定活动范围内的经济、社会活动形成一定控制或重大影响的犯罪组织，具有组织、经济、行为和社会危害性四个基本特征。

（三）黑社会性质组织的法律规范价值

在我国，黑社会性质组织是《刑法》规定的共同犯罪组织，构成定罪量刑和刑罚执行的法定主体和法定事实元素，具有强制性、规范性法律评价地位。

首先，具有定罪的规范价值。根据我国《刑法》规定，黑社会性质组织是三种犯罪的定罪基础条件。我国《刑法》第 294 条规定的组织、领导、参加黑社会性质组织罪与包庇、纵容黑社会性质组织罪两种犯罪均以黑社会性质组织为定罪的主体基础，《刑法》第 191 条规定的洗钱罪中把黑社会性质组织犯罪作为事实基础，是洗钱罪的犯罪构成事实条件。而且，黑社会性质组织中的组织者、领导者、参加者等组织身份，以及包庇、纵容等行为是确定具体罪名的事实基础，也是确定犯罪人罪名的主要依据。其中，组织者的罪名为组织黑社会性质组织罪，领导者的罪名为领导黑社会性质组织罪，既是组织者又是领导者的罪名为组织、领导黑社会性质组织罪，参加者的罪名为参加黑社会性质组织罪，包庇者的罪名为包庇黑社会性质组织罪，纵容者的罪名为纵容黑社会性质组织罪，既是包庇者又是纵容者的罪名为包庇、纵容黑社会性质组织罪。

其次，属于量刑的法定情节元素。根据我国《刑法》第66条的规定，黑社会性质组织是特别累犯的构成条件之一，黑社会性质组织的犯罪分子在刑罚执行完毕或者被赦免以后，在任何时候再犯危害国家安全罪、恐怖活动罪、黑社会性质组织罪的，都以累犯论处，系法定的从重处罚情节。根据《刑法》第294条的规定，黑社会性质组织成员在组织中的身份地位，决定该成员的量刑幅度。其中，组织者、领导者的量刑幅度为7年以上有期徒刑，并处没收财产；积极参加者的量刑幅度为3～7年有期徒刑，并处罚金或者没收财产；其他参加者的量刑幅度为3年以下有期徒刑、拘役、管制或者剥夺政治权利，可以并处罚金。

最后，属于刑罚执行制度的法定事实元素。黑社会性质组织犯罪属于有组织的暴力犯罪，根据我国《刑法》第50条、第81条规定，符合条件的黑社会性质组织犯罪分子，属于死缓限制减刑和不得假释的对象。

二、黑社会性质组织的基本特征

我国黑社会性质组织基本特征的确立，经历了一个由模糊到明确、由立法到司法再到立法不断发展完善的过程。

（一）实践总结

1992年10月，公安部在部分省、市、县打击团伙犯罪研讨会（以下简称"1992年研讨会"）上，第一次提出黑社会性质组织（流氓团伙）的六个特征：（1）在当地已形成一股恶势力，有一定势力范围；（2）犯罪职业化，较长期从事一种或几种犯罪；（3）人数一般较多且相对固定；（4）反社会性特别强，作恶多端，残害群众；（5）往往有一定的经济实力，有的甚至控制了部分经济实体和地盘；（6）千方百计拉拢腐蚀公安、司法和党政干部，寻求保护。[1] 以上六个特征，已经涵括了此后《刑法》规定的黑社会性质组织的四个特征，即组织特征、经济特征、非法保护特征、非法控制特征等，甚至作恶多端、残害群众之类《刑法》第294条关于黑社会性质组织描述的用语都已经在上述"1992年研讨会"文件中隐约可见。[2] 公安部对黑社会性质组织六个特征的描述，是根据司法实践中黑社会性质组织的一贯表现总结提炼而成，具有鲜明的实践特色。

（二）抽象概括

1997年《刑法》以罪状表述形式抽象概括了黑社会性质组织的基本特征，即"以暴力、威胁或者其他手段，有组织地进行违法犯罪活动，称霸一方，为非作恶，欺压、残害群众，严重破坏经济、社会生活秩序"。由于黑社会性质组织的特征高度概括，过于抽象，影响了司法机关对黑社会性质组织的认定和黑社会性质组织犯罪的打击。这一时期，司法机关办理的黑社会性质组织案件数量很少。

（三）确立四特征

2000年12月4日，最高人民法院作出《2000年司法解释》，对黑社会性质组织的特征进行细化，明确规定黑社会性质组织一般应具备四个特征：（1）组织结构比较紧密，人数较多，有比较明确的组织者、领导者，骨干成员基本固定，有较为严格的组织纪律；（2）通过违法犯罪活动或者其他手段获取经济利益，具有一定的经济实力；（3）通过贿赂、威胁等手段，引诱、逼迫国家工作人员参加黑社会性质组织活动，或者为其提供非法保护；（4）在一定区域或者行业范围内，以暴力、威胁、滋扰等手段，大肆进行敲诈勒索、欺行霸市、聚众斗殴、寻衅滋事、故意伤害等违法犯罪活动，严重破坏经济、社会生活秩序。上述规定首次确立了黑社会性质组织的四个特征，即组织特征、经济特征、"保护伞"特征和危害性特征。

---

[1] 赵颖：《当代黑社会性质组织犯罪分析》，辽宁人民出版社2009年版，第42页。
[2] 陈兴良：《恶势力犯罪研究》，载《中国刑事法杂志》2019年第4期。

（四）调整四特征

2002 年 4 月 28 日，全国人民代表大会常务委员会作出《2002 年立法解释》，规定黑社会性质组织应当同时具备以下特征：（1）形成较稳定的犯罪组织，人数较多，有明确的组织者、领导者，骨干成员基本固定；（2）有组织地通过违法犯罪活动或者其他手段获取经济利益，具有一定的经济实力，以支持该组织的活动；（3）以暴力、威胁或者其他手段，有组织地多次进行违法犯罪活动，为非作恶，欺压、残害群众；（4）通过实施违法犯罪活动，或者利用国家工作人员的包庇或者纵容，称霸一方，在一定区域或者行业内，形成非法控制或者重大影响，严重破坏经济、社会生活秩序。上述规定对《2000 年司法解释》规定的黑社会性质组织四个特征作出重大调整，将《2000 年司法解释》规定的危害性特征分为行为特征与危害性特征两个特征，"保护伞"不再作为黑社会性质组织的独立特征，而是纳入危害性特征之中，作为该特征的选择性要素，形成新的黑社会性质组织四特征，即组织特征、经济特征、行为特征和危害性特征。

（五）细化特征要素

2009 年"两高一部"联合印发《2009 年纪要》，细化黑社会性质组织的四个特征。组织特征上，要求黑社会性质组织不仅有明确的组织者、领导者，骨干成员基本固定，而且组织结构较为稳定，并有比较明确的层级和职责分工。同时，明确组织者、领导者、积极参加者和其他参加者，以及黑社会性质组织存在时间、成员人数及组织纪律的认定标准。经济特征上，细化黑社会性质组织的敛财方式和认定标准，强调黑社会性质组织敛财方式的多样性。黑社会性质组织不仅通过实施赌博、敲诈、贩毒等违法犯罪活动攫取经济利益，而且还通过开办公司、企业等方式"以商养黑""以黑护商"。无论其财产是通过非法手段聚敛，还是通过合法方式获取，只要将其中部分或全部用于违法犯罪活动或者维系犯罪组织的生存、发展，即可认定为黑社会性质组织财产。明确提出，用于违法犯罪活动或者维系犯罪组织的生存、发展，一般是指购买作案工具、提供作案经费，为受伤、死亡的组织成员提供医疗费、丧葬费，为组织成员及其家属提供工资、奖励、福利、生活费用，为组织寻求非法保护以及其他与实施有组织的违法犯罪活动有关的费用支出等情形。行为特征上，对《2002年立法解释》中规定的暴力、威胁之外的"其他手段"和"黑社会性质组织实施的违法犯罪活动"情形作出细化规定。根据该规定，"其他手段"主要包括以暴力、威胁为基础，在利用组织势力和影响已对他人形成心理强制或威慑的情况下，进行所谓的"谈判""协商""调解"，以及滋扰、哄闹、聚众等其他干扰、破坏正常经济、社会生活秩序的非暴力手段。"黑社会性质组织实施的违法犯罪活动"主要包括组织者、领导者直接组织、策划、指挥或参与实施的违法犯罪活动；组织成员以组织名义实施，并得到组织者、领导者认可或者默许的违法犯罪活动；多名组织成员为逞强争霸、插手纠纷、报复他人、替人行凶、非法敛财而共同实施，并得到组织者、领导者认可或者默许的违法犯罪活动；组织成员为组织争夺势力范围、排除竞争对手、确立强势地位、谋取经济利益、维护非法权威或者按照组织的纪律、惯例、共同遵守的约定而实施的违法犯罪活动；黑社会性质组织实施的其他违法犯罪活动等情形。危害性特征上，细化"一定区域"和"一定行业"的范围和标准。根据该细化标准，区域的大小具有相对性，黑社会性质组织非法控制和影响的对象并不是区域本身，而是在一定区域内生活的人，以及该区域内的经济、社会生活秩序。不能简单地要求"一定区域"必须达到某一特定的空间范围，而应当根据具体案情，并结合黑社会性质组织对经济、社会生活秩序的危害程度加以综合分析判断。黑社会性质组织所控制和影响的行业，既包括合法行业，也包括黄、赌、毒等非法行业，这些行业一般涉及生产、流通、交换、消费等一个或多个市场环节。规定"在一定区域或者行业内，形成非法控制或者重大影响，严重破坏经济、社会生活秩序"的具体情形：（1）对在一定区域内生活或者在一定行业内从事生产、经营的群众形成心理强制、威慑，致使合法利益受损的群众不敢举报、控告；（2）对一定行业的生产、经营形成垄断，或者对涉及一定行业的准入、经营、竞争等经济活动形成重要影响；（3）插手民间纠纷、经济纠纷，在相关区域或者行业内造成严重影响；（4）干扰、破坏他人正常生产、经营、生活，并在相关区域或者行业内造成严重影响；（5）干扰、破坏公司、企业、事业单位及社会团体的正常生产、经营、工作秩序，在相关区域、行业内造成严重影响，或者致使其不能正常生产、经营、工作；（6）多次干扰、破坏国家机关、行业管理部门以及村委会、居委会等基层群众自治组织的工作秩序，或者致使上述单位、组织的职能不能正常行使；（7）利用组织的势力、影响，使组织成员获取政治地位，或者在党政机关、基层群众自治组织中担任一定职务；（8）其他形成非法控制或者重大影响，严重破坏经济、社会生活秩序的情形。上述规定细化了黑社会性质组织四个特征的构成要素，明确了黑社会性质组织每个特征的认定标准。

（六）严格要素标准

2015 年，最高人民法院印发《2015 年纪要》，对黑社会性质组织的四个特征提出了更加严格的要素标准要求。（1）组织特征方面，严格要求组织特征的具体认定要素和标准。首先，提出组织人数的标准。黑社会性质组织应当具有一定规模，人数较多，组织成员一般在 10 人以上。其中，既包括已有充分证据证明但尚未归案的组织成员，也包括虽有参加黑社会性质组织的行为，但因尚未达到刑事责任年龄或因其他法定情形而未被起诉，或者根据具体情节不作为犯罪处理的组织成员。其次，提出黑社会性质组织的三层级结构。要求黑社会性质组织一般要有组织领导者、积极参加者和一般参加者三类组织成员。其中，组织领导者包括组织者和领导者，积极参加者包括骨干成员与其他积极参加者。骨干成员，是指直接听命于组织者、领导者，并多次指挥或积极参与实施有组织的违法犯罪活动或者其他长时间在犯罪组织中起重要作用的犯罪分子，属于积极参加者的一部分。（2）经济特征方面，提出具体数额标准。各高级人民法院可以根据本地区的实际情况，对黑社会性质组织所应具有的"经济实力"在 20 万元～50 万元幅度内，自行划定一般掌握的最低数额标准。（3）行为特征方面，进一步强调违法犯罪活动的暴力性。要求黑社会性质组织所实施的违法犯罪活动，一般应有一部分能够较明显地体现出暴力或以暴力相威胁的基本特征。否则，定性时应当特别慎重。（4）危害性特征方面，提出黑社会性质组织所控制和影响的"一定区域"和"一定行业"的认定标准。"一定区域"应当具备一定的空间范围，并承载一定的社会功能，既包括一定数量的自然人共同居住、生活的区域，如乡镇、街道、较大的村庄等，也包括承载一定生产、经营或社会公共服务功能的区域，如矿山、工地、市场、车站、码头等。司法实践中，应当结合一定地域范围内的人口数量、流量、经济规模等因素综合评判。如果涉案犯罪组织的控制和影响仅存在于一座酒店、一处娱乐会所等空间范围有限的场所或者人口数量、流量、经济规模较小的其他区域，则一般不能视为是对"一定区域"的控制和影响。"一定行业"是指在一定区域内存在的同类生产、经营活动。黑社会性质组织通过多次有组织地实施违法犯罪活动，对"黄、赌、毒"等非法行业形成非法控制或重大影响的，也符合非法控制特征（危害性特征）的要求。上述规定，进一步细化了黑社会性质组织四个特征构成要素的认定标准，黑社会性质组织四个特征的认定标准更加严格。

（七）规范要素标准

2018 年 1 月，"两高两部"联合印发《2018 年指导意见》，对于黑社会性质组织四个特征的要素标准进行了适度调整，确立更加规范、科学的要素标准和认定要求。（1）调整存在时间和成员人数的认定要求。黑社会性质组织一般在短时间内难以形成，而且成员人数较多，鉴于"恶势力"团伙和犯罪集团向黑社会性质组织发展是一个渐进的过程，没有明显的性质转变的节点，对黑社会性质组织存在时间、成员人数不作"一刀切"的要求。（2）调整经济实力的认定要求。由于不同地区的经济发展水平、不同行业的利润空间均存在很大差异，加之黑社会性质组织存在、发展的时间也各有不同，不要求黑社会性质组织的经济实力必须达到特定规模或特定数额。（3）明确"软暴力"可以作为黑恶势力的违法犯罪手段。暴力、威胁色彩虽不明显，但以组织的势力、影响和犯罪能力为依托，以暴力、威胁的现实可能性为基础，足以使他人产生恐惧、恐慌进而形成心理强制或者足以影响、限制人身自由、危及人身财产安全或者影响正常生产、工作、生活的手段，可以认定为《刑法》第 294 条第 5 款第 3 项中的"其他手段"，包括但不限于所谓的"谈判""协商""调解"以及滋扰、纠缠、哄闹、聚众造势等手段。（4）调整"一定区域"的认定要求。鉴于黑社会性质组织非法控制和影响的"一定区域"的大小具有相对性，不要求"一定区域"必须达到某一特定的空间范围，而是要根据具体案情，结合黑社会性质组织对经济、社会生活秩序的危害程度进行综合分析判断。上述规定，把黑社会性质组织四个特征构成要素中的部分确定性标准调整为确定性与幅度性相结合的标准，避免标准的教条和僵化，更加规范、更加科学，更有利于实现对黑社会性质组织犯罪不枉不纵的治理目标。

三、黑社会性质组织的本质特征

关于黑社会性质组织的本质特征，学术界有多种观点，甚至可以说，有多少人研究黑社会性质组织的特征就有多少种观点，这些观点的分歧主要集中在本质特征的归属上，即四个特征中哪个或哪些是黑社会性质组织的本质特征。目前为止，有代表性的观点有以下七种：一是组织特征说。认为组织性是黑社会性质组织的本质特征，具有严密的组织结构是黑社会性质组织区别于其他犯罪组织的根本标志。[1] 二是有组织的暴力特征说。认为有组织的暴力是黑社会性质组织的本质特征，这是因为如果没有有组织暴力的支持和保护，黑社会性质组织便不能存在，正如合法社会能存在的原因在于国家是一种有组织的暴力。[2] 三是组织行为特征说。认为组织特征和行为特征是黑社会性质组织的本质特征。其中，"组织性特征是黑社会性质组织最本质、最鲜明的特征"，而行为特征亦是黑社会性质组织的本质特征之一，二者相结合能够从本质上说明黑社会性质组织的社会危害

---

① 参见李文燕：《黑社会性质组织特征辨析》，载《中国人民公安大学学报》2001年第3期。

② 参见何秉松：《中国有组织犯罪研究》（第1卷），群众出版社2009年版，第230～231页。

性。^① 四是非法控制说（危害性说）。认为"非法控制是黑社会性质组织的本质特征和根本属性"^②。这是因为黑社会是与合法社会相对抗的非法社会，没有对社会的非法控制就没有黑社会，正如没有对社会的合法有效的控制就没有合法社会。^③"非法控制特征集中体现了黑社会性质组织与政府公然对抗的能力和属性，在一定行业或者地域内严重削弱了政府的公共管理权能，其释放的巨大犯罪能量极大地破坏了社会经济以及普通公民的正常社会生活秩序。"^④ 组织特征在内的三个特征都是围绕非法控制特征的证成特征。^⑤ 司法实践多采此观点。《2009 年纪要》中明确提出，危害性特征（非法控制特征）是黑社会性质组织的本质特征，是黑社会性质组织区别于一般犯罪集团的关键所在。^⑥ 因此，一定程度上成为理论与实务界的通说。五是组织恶性说。认为黑恶势力犯罪的本质在于组织体的恶性，"组织体"特征与"恶性"特征共同构成黑恶势力犯罪组织的本质特征。^⑦ 六是三特征说，认为组织特征、行为特征和非法控制特征是三个核心特征，经济特征仅仅是附随性特征。^⑧ 七是四特征整体说。认为四个特征都是本质特征，不能将四个特征单独割裂开来，而应当进行整体评价，作为认识和认定黑社会性质组织，以及与其他相关犯罪组织界分的本

---

① 参见黄京平、石磊：《论黑社会性质组织的法律性质和特征》，载《法学家》2001 年第 6 期。

② 参见张卫兵：《论黑社会性质组织的构成要素》，载《中国审判》2010 年第 12 期。

③ 参见徐跃飞：《黑社会性质组织本质特征探析》，载《山东科技大学学报（社会科学版）》2003 年第 3 期。

④ 参见陈世伟：《黑社会性质组织基本特征的实践展开》，载《河南大学学报（社会科学版）》2012 年第 1 期。

⑤ 参见李林：《黑社会性质组织司法认定研究》，载《河南财经政法大学学报》2013 年第 4 期。

⑥《2009 年纪要》关于黑社会性质组织的认定中第 4 项关于危害性特征的规定。

⑦ 参见周立波：《黑恶势力犯罪组织的本质特征及其界定》，载《法治研究》2019 年第 5 期。

⑧ 参见魏东：《"涉黑犯罪"重要争议问题研讨》，载《政法论坛》2019 年第 3 期。

质特征。[①]

本书认同第七种观点四特征整体说，但该说的分析论证有待深化，应当从哲学、概念、系统与实证等四个维度进行深度阐释。

（一）哲学维度

厘清黑社会性质组织的本质特征，首先应当界定本质与特征的概念及其关系。哲学上，所谓本质，又称"本体"，与"现象"相对，是事物的根本性质（内在规定的根本属性）。任何事物的本质都要通过一定的现象反映出来，而反映本质的现象是经验所提供、借助于感觉获得、根据感知人的认知和表达能力总结和描述出来的东西，是本质的外在表现。[②]"特征"是一事物区别于他事物的特别显著的征象、标志，[③] 是本质的外在表现中最集中、最直接、最具识别性的现象。哲学的抽象概念范畴上，凡是反映事物本质的现象都是本质现象，特征是事物的本质属性中能够集中反映事物本质的现象。因此从哲学的应然意义上，所有事物的特征都是事物的本质体现，而且是最集中、最直接、最有识别价值的现象。在此维度上，黑社会性质组织的四个特征都是本质特征。这是哲学关于事物特征反映事物内在规定性的应有之义。

（二）概念维度

黑社会性质组织的特征是法律明确规定的概念，属于法律概念。法律概念，根据要素关系不同，一般分为分类概念与类型概念。分类概念的构成要素之间不存在内在联系，某一要素的成立与否不受其他要素是否成立、以多大程度成立的影响，只要构成概念的要素逐一达成即可认定。所以，分类概念可以精确地用固定不变的组成特征来加以定义，具有封闭性、逻辑性、抽象性、精确性的特点。类型概念是有联系的、有意义的意义关联，

---

① 参见石经海、李佳：《黑社会性质组织本质特征之系统性理解与认定》，载《法律适用》2016 年第 9 期。

② 参见辞海编辑委员会：《辞海》，上海辞书出版社 2000 年版，第 1458 页、第 1506 页。

③ 参见辞海编辑委员会：《辞海》，上海辞书出版社 2000 年版，第 1571 页。

普遍的事物在其自身中直观地、整体地被掌握。[①] 类型概念存在一个或多个可区分等级的要素，当一个可区分等级的要素在个案中越高程度地被实现，其他可分级的要素所必须被实现的程度便可随之降低。[②] 黑社会性质组织的四个特征之间具有十分密切的联系，组织特征包含经济特征、行为特征中的组织性活动方式要素，危害性特征是组织特征、经济特征与行为特征的集中体现，各特征要素之间互为条件。可以说，四个特征之间是互相依存、互相证成的紧密关系。因此，黑社会性质组织的特征属于类型概念，各个特征是概念的一个组成要素，各个特征的特定要素及其相互间的联系，共同构成可以与其他犯罪组织进行区分的类型概念。也就是说，四个特征及其相互间的联系共同构成黑社会性质组织的完整特征体系，共同反映黑社会性质组织的本质内涵，缺一不可。

（三）系统维度

从我国《刑法》规定看，《刑法》第294条第5款规定的黑社会性质组织四个特征是一个完整的系统。这个系统既有组成要素，也有要素间的关系要求，还有系统的价值功能。要素上规定了四个特征，相互关系上对各特征的要素作了具体要求，价值上规定四个特征是认定黑社会性质组织的必要条件，是进行黑社会性质组织犯罪刑法评价的事实基础。按照系统论的基本原理，一个完整的系统，必须具备特定的要素，而且，要素之间相互关联，共同组成一个有机的整体。要素只有存在于整体中才具有要素的意义，离开系统整体，每个要素都不具有系统功能。在系统功能意义上，各要素是不可能脱离系统单独存在的。也就是说，离开系统的要素只是它自身孤立的存在，而不再是系统要素。系统论原理决定了，在认识和处理事物的时候，不能采取单项因果决定论着眼于局部或部分要素的思维方法，

---

①参见［德］亚图·考夫曼：《类推与事物本质——兼论类型理论》，吴从周译，台湾地区学林文化事业有限公司1999年版，第111～113页。

②参见［德］英格博格·普铂：《法学思维小学堂——法律人的6堂思维训练课》，蔡圣伟译，北京大学出版社2011年版，第25页。

而应是有机整体性的思维方法。我国《刑法》把黑社会性质组织规定为一个完整的系统，黑社会性质组织的四个特征必然是一个有机结合的整体，各个特征具有不同的内涵和价值，只有共同组合在一起，才能实现判断黑社会性质组织是否构成以及是否进行犯罪处罚评价的法律价值。在系统论的整体意义上，各要素同等重要，缺一不可。

（四）实践维度

最高人民法院、最高人民检察院和公安部在黑社会性质组织的认定上，一直坚持四特征同时具备的要求，并在指导性文件中作出明确规定。《2009年纪要》中专门强调了四个特征同时具备的重要性，要求黑社会性质组织必须同时具备"组织特征""经济特征""行为特征"和"危害性特征"。由于实践中许多黑社会性质组织并非"四个特征"都很明显，因此，在具体认定时，应根据立法本意，认真审查、分析黑社会性质组织"四个特征"相互间的内在联系，准确评价涉案犯罪组织所造成的社会危害，确保不枉不纵。① 根据这一要求，黑社会性质组织的四个特征可以不明显、不典型，但必须同时具备，而且，还要具备四个特征的内在联系。《2018年指导意见》仍然坚持了这一要求。② 司法实践中，司法机关在黑社会性质组织特征的把握上，始终坚持四特征齐备标准，无论是侦查、起诉还是裁判，都以四个特征完全具备作为认定黑社会性质组织的条件和标准。截至目前，全国法院判决的黑社会性质组织案件中，凡是认定构成黑社会性质组织犯罪的，黑社会性质组织全部具备四个特征。相反，缺乏一个特征的，则不认定构成黑社会性质组织，也就不构成黑社会性质组织犯罪。如S省人民法院2019年对公诉机关指控的5起黑社会性质组织犯罪案，经审理认为在四个特征上存在缺失，有的不具备组织特征，有的不具备行为特征，有的

①《2009年纪要》第二部分（一）关于黑社会性质组织的认定中作出上述规定。

②《2018年意见》第3条规定，黑社会性质组织应同时具备《刑法》第294条第5款中规定的"组织特征""经济特征""行为特征"和"危害性特征"。由于实践中许多黑社会性质组织并非这"四个特征"都很明显，在具体认定时，应根据立法本意，认真审查、分析黑社会性质组织"四个特征"相互间的内在联系，准确评价涉案犯罪组织所造成的社会危害，做到不枉不纵。

不具备危害性特征，未认定构成黑社会性质组织，最终以恶势力集团或恶势力团伙予认定并作出裁判。①

综上，我国《刑法》规定的黑社会性质组织的四个特征，都反映了黑社会性质组织的本质属性，都是黑社会组织的本质特征。缺少任何一个特征的本质特征说都是不完整、不周延的，因而也是不科学的。

四、黑社会性质组织的特征体系

黑社会性质组织的四个特征，虽然同为黑社会性质组织的本质特征，共同组成有机联系的完整特征体系，共同完成黑社会性质组织本质的描述和识别任务，但是，四个特征在体系内部又是各自独立的，在反映黑社会性质本质上具有特定的角色定位，处于不同的地位，发挥不同的作用，具有独特的价值功能。具体而言，组织特征从人员组成、组织纪律等组织体上反映黑社会性质组织的本质，在与犯罪团伙、犯罪集团、黑社会组织等共同犯罪组织的区别上发挥独特的功能，是黑社会性质组织构成的基础条件。组织特征对于黑社会性质组织犯罪的认定来说，具有首要意义。② 经济特征从组织活动目的、活动基础等方面反映黑社会性质组织的本质，在与恐怖组织、间谍组织、邪教组织等犯罪组织的区别上发挥独特的作用，是黑社会性质组织构成的目的条件。行为特征从违法犯罪活动的组织性、暴力性、公开性、犯罪活动多样性等方面反映黑社会性质组织的本质，在与盗窃集团、诈骗集团、贩毒集团等隐蔽、非暴力违法犯罪组织的区别上发挥独特的作用，是黑社会性质组织构成的活动方式条件。危害性特征从带有势力范围性质的社会控制方面反映黑社会性质组织的本质，在与恶势

---

① 分别是 S 省 DJ 市 DC 区人民法院审理的（2018）L1403 刑初 154 号周某杰等犯罪集团案，S 省 WF 市 WC 区人民法院审理的（2018）L0702 刑初 170 号、171 号关某等犯罪团伙案与姜某鹏等犯罪团伙案，S 省 JN 市 YJ 区人民法院审理的（2018）L0812 刑初 383 号王某庆等犯罪集团案，S 省 J 县人民法院审理的（2019）L1122 刑初 35 号杨某革等犯罪集团案。

② 陈兴良：《论黑社会性质组织的组织特征》，载《中国刑事法杂志》2020 年第 2 期。

力组织等对社会控制要求较低以及与不具有非法控制或重大影响犯罪组织的区别上发挥独特作用，是黑社会性质组织构成的反社会条件。

黑社会性质组织的四个特征相互依存，彼此成就，互为条件，每一个特征的成立都需要另三个特征的证成。就组织特征而言，一方面，组织特征对其他三个特征提供成立的条件，即：经济特征的谋利需要有组织地实施，行为特征的违法犯罪以有组织地实施为前提，非法控制的势力范围是组织活动的结果；另一方面，经济、行为与危害性特征也是组织特征成立的条件，虽然形式上组织特征中没有其他特征的条件要求，但实质上其他三个条件是组织特征的证成条件，离开了哪一个特征都难以认定组织的成立，组织特征也便失去了存在的条件。如行为本身的组织性需要与体现违法犯罪活动的行为特征相结合，才能体现出黑社会性质组织的犯罪特性。如果一个组织成立后没有实施任何违法犯罪活动，那么，司法机关不可能将其认定为黑社会性质组织。[1] 同理，经济特征、行为特征和非法控制特征也是如此。因此，黑社会性质组织四个特征的紧密联系也是构成黑社会性质组织必不可少的重要条件。

综上，黑社会性质组织的四个特征与四个特征之间的联系，共同描述黑社会性质组织的表征现象，共同实现对黑社会性质组织内在规定性的界定，共同组成黑社会性质组织的完整特征体系。

---

[1] 参见王永茜：《论黑社会性质组织犯罪的"组织特征"》，载《北京理工大学学报（社会科学版）》2019年第5期。

第二节　黑社会性质组织的成立要素

　　黑社会性质组织的成立要素蕴含于四个特征的内涵之中，表现为四个特征的构成要素。因此，四个特征的全部构成要素共同组成黑社会性质组织的要素体系。

一、组织特征的"四要素"

　　组织是指有明确的目标导向和精心设计的结构与有意识协调的活动系统。[①] 作为由人以一定的纽带组合起来的全体成员协调行动的组织体，黑社会性质组织的构成要素一般包括组织人数、组织结构、组织纪律等。我国《刑法》规定，黑社会性质组织要"形成较稳定的犯罪组织，人数较多，有明确的组织者、领导者，骨干成员基本固定"[②]。据此，组织特征包含以下四个要素。

　　（一）成员人数较多

　　《刑法》规定的标准为"人数较多"。刑法意义上，"多"指 3 人以上，"较多"则要多于 3 人。而且，黑社会性质组织一般要有三个层级，层级之间一般为金字塔式构造，即越往下人数越多，故总数一定多于 3 人。《2015

---

　　① 参见［美］理查德·L. 达夫特：《组织理论与设计》，王凤彬等译，清华大学出版社 2011 年版，第 12 页。
　　② 我国《刑法》第 294 条第 5 款第 1 项。

年纪要》提出，组织成员一般在 10 人以上。[①]《2018 年指导意见》提出，对黑社会性质组织成员人数问题不宜作出"一刀切"的规定。[②] 可见，在成员人数上不宜以"10 人"为最低人数标准，低于 10 人的也可以认定为黑社会性质组织。但是，根据黑社会性质一般具有三个层级，每个层级人数自上而下逐步增加、形成金字塔结构的特点，三层至少应有 6 人。司法实践中，认定为黑社会性质组织的，成员人员绝大多数为 6 人以上。据统计，2006—2016 年 11 年间，全国法院审理组织、领导、参加黑社会组织罪生效案件 3467 件 29334 人，组织成员平均为 8.46 人。S 省人民法院 2018—2020 年审理的 100 余件黑社会性质组织案件中，仅有个别案件中认定的黑社会性质组织人数在 10 人以下，但没有少于 7 人的，平均人数达 15 人，有的案件甚至达几十人。如韩某峰黑社会性质组织成员达 43 人，张某黑社会性质组织成员达 37 人。[③] 而且组织成员的人数与组织的存续时间成正向比例关系，组织存续时间越长，组织成员越多。

　　根据满足组织结构要求成员一般要达到 6 人的最低数量，以及司法实践中认定的组织成员平均人数达到 8 人的现实情况，本书认为，黑社会性质组织成员的人数应不少于 7 人，对少于 7 人的，认定黑社会性质组织时应特别慎重。

　　（二）层级结构明确

　　根据我国《刑法》规定，组织内部一般具有组织者、领导者，骨干成员、积极参加者，其他成员三个等级。《2009 年纪要》《2015 年纪要》《2018 年指导意见》等规范性文件，对组织内部各个层级人员的地位、作用和认定标准都提出了明确要求。

---

①《2015 年纪要》第二部分关于黑社会性质组织的认定中解决认定组织特征的问题时提出，黑社会性质组织应当具有一定规模，人数较多，成员一般在 10 人以上。

②《2018 年指导意见》第 6 条规定，对黑社会性质组织成员人数不宜作出"一刀切"的规定。

③ 数据来源于个人收集的资料，以下涉及人民法院的案例与数据信息均来源于个人收集的资料。

其一，最高层级是组织者和领导者。组织者与领导者既有相同之处，也有重大区别。组织者在黑社会性质组织的发起、创建和形成中发挥重要作用，是发起者、创建者，而领导者未必是黑社会性质组织的发起者或者创建者，那些在黑社会性质组织形成以后，在黑社会性质组织的犯罪活动中起领导作用的也是领导者。[①] 一般而言，组织者是黑社会性质组织的最高首脑，拥有包括领导者所具有的决策、指挥、协调管理权在内的所有权力，具有对该组织一切事务的绝对主导权和控制力，相当于股份公司的董事长；领导者拥有决策、指挥、协调、管理权，必须服从服务于组织者，相当于股份公司的总经理。二者的相同之处在于，都具有决策、指挥作用，对骨干成员和一般成员的行动具有"事实支配性"。[②] 同时，组织者相较于领导者在黑社会性质组织中的地位更高，作用更大，是领导者的领导者。大多数黑社会性质组织中组织者与领导者为同一人，少数黑社会性质组织中在组织者之外，有独立的领导者。如聂某黑社会性质组织，除组织领导者聂某外，还有刘某玉、姜某、任某、李某、卢某强、熊某等6名独立的领导者。[③] S省人民法院2018—2020年审结的100余件黑社会性质组织案件中，仅有5个黑社会性质组织，在组织者之外有独立的领导者。

其二，中间层级包括骨干成员和积极参加者。根据我国《刑法》规定，骨干成员是组织结构的必备层级，无此层级则不能认定具备组织特征，但是，在刑罚处罚中，我国《刑法》没有规定骨干成员的刑罚档次，而是单独规定了积极参加者独立的刑罚档次，作为同时出现于《刑法》规定中的两种组织成员身份，各自具有独立的刑法价值。两种身份是一般与特殊、包含与被包含的关系，积极参加者中包含骨干成员，骨干成员是积极参加者中的一部分。而且，骨干成员身份具有高于积极参加者的独立要素功能，

---

① 陈兴良：《论黑社会性质组织的组织特征》，载《中国刑事法杂志》2020年第2期。

② 参见王永茜：《论黑社会性质组织犯罪的"组织特征"》，载《北京理工大学学报（社会科学版）》2019年第5期。

③ 参见S省高级人民法院（2012）L刑四终字第63号刑事附带民事裁定书。

是组织特征的必备要素，仅有积极参加者而没有骨干成员的，则组织特征不完备。

其三，最低层级包括一般参加者或者其他参加者。一般参加者与其他参加者是一类成员的两种称谓。一般参加者的称谓来源于《2015年纪要》等规范性文件，① 其他参加者的称谓来源于《刑法》规定，② 二者是完全相同的组织成员。该类成员是指按照组织者、领导者或者骨干成员的安排，实施具体违法犯罪活动的犯罪分子，地位和作用明显小于骨干成员和积极参加者。目前，司法机关在办理案件中，两种称谓并行共存，比较而言，一般参加者的适用更为普遍。

（三）组织存续稳定

所谓"存续稳定"，是指黑社会性质组织存续时间较长、主要成员固定、组织结构稳固。

首先，黑社会性质组织的形成时间明确。黑社会性质组织的形成一般都经历了从量变到质变的渐进过程，质变完成时间是黑社会性质组织的形成时间，是存续时间的起点。根据《2018年指导意见》等规范性文件规定，犯罪组织形成的时间有两种确认方式。一种是确定成立时间，根据犯罪组织举行成立仪式或者进行类似活动的时间认定，仪式举行时间或活动进行时间即为组织成立时间。司法实践中，很少以此标准认定起点时间，因为，黑社会性质组织一直是国家重点打击的对象，没有哪个黑社会性质组织敢大张旗鼓地举行成立仪式，即使变相活动，也很少出现。另一种是确定形成时间，有标志性事件发生时间和首次共同犯罪实施时间两种认定方法。所谓标志性事件，是指能够反映初步形成组织的核心利益或强势地位等非法影响的重大事件。主要包括两种情形：一是能够反映涉案犯罪组织已初

———————

①《2015年纪要》第二部分关于黑社会性质组织的认定中解决认定组织特征的问题时提出，黑社会性质组织一般有三种类型的组织成员，即：组织者、领导者与积极参加者、一般参加者（也即"其他参加者"）。

② 我国《刑法》第294条第1款中规定，其他参加者，处3年以下有期徒刑、拘役、管制或者剥夺政治权利，可以并处罚金。

步形成较稳定的、获利来源的重大事件，如为涉足某一行业而成立公司、企业等经济实体。吴某占等黑社会性质组织案中，吴某占于 2010 年 1 月成立冠县泰昌投资有限公司，从事高利放贷等业务，该公司的成立标志着吴某占开始涉足高利放贷行业，初步形成较稳定的获利来源，法院经审理将该公司成立时间认定为吴某占等黑社会性质组织的形成时间。[①] 二是能够反映涉案组织已经在一定区域或行业初步形成强势地位的重大事件，实践中比较常见的就是逞强争霸、排挤竞争对手过程中具有"一战成名"作用的违法犯罪活动。[②] 所谓首次共同犯罪，是指组织者、领导者与其他组织成员为了组织利益首次共同实施的犯罪行为，而且这一犯罪行为属于黑社会性质组织惯常实施的违法犯罪活动。在标志性事件与首次共同犯罪的适用顺序上，标志性事件优先，有标志性事件的，以标志性事件的发生时间认定组织的形成时间，没有标志性事件的，按照首次共同犯罪时间认定为形成时间。司法实践中，以首次共同犯罪实施时间确定黑社会性质组织形成时间的居多。

其次，黑社会性质组织的存续时间较长。存续时间是指从黑社会性质组织形成到被打击终止犯罪组织活动的时间跨度。《2018 年指导意见》规定，犯罪组织的存续时间要达到"一定时期"的长度要求。[③] 具体而言，应当满足黑社会性质组织实施特定违法犯罪活动，形成特定社会影响的时间要求。司法实践中，一般认为应达到一年以上。近年来，S 省人民法院审结的黑社会性质组织案件，犯罪组织的存续时间均超过一年，有的长达十余年。如聂某黑社会性质组织案中，聂某等人组成的黑社会性质组织自 1998 年形成后至 2010 年案发，存续时间长达 12 年。[④] 而且，存续时间越

① 参见 S 省 LC 市 PCF 区人民法院（2017）L1502 刑初 454 号刑事附带民事判决书。
② 参见戴长林、朱和庆等：《〈全国部分法院审理黑社会性质组织犯罪案件工作座谈会议纪要〉的理解与适用》，载最高人民法院刑事审判一、二、三、四、五庭主办：《刑事审判参考》（第 107 集），法律出版社 2017 年版，第 136～137 页。
③ 《2018 年指导意见》第 6 条中规定，组织形成后，在一定时期内持续存在。
④ 参见 S 省高级人民法院（2012）L 刑四终字第 63 号刑事附带民事裁定书。

长，稳定性越强，犯罪能力越强，社会危害性越大。

最后，主要组织成员稳定。组织者、领导者是组织存在的前提和基础，应当稳定存在于组织之中，除特殊情形外一般不发生变化。骨干成员和积极参加者是犯罪组织的"四梁八柱"，虽然会有个别人员的进出变化，但大多数骨干成员和积极参加者在组织存在时间内保持不变。一般参加者不固定，这些人员的变化或流动，不影响组织的稳定性。而且，骨干成员以上人员在组织中的地位相对稳定，保证犯罪组织层级结构稳固。

（四）纪律规约明显

组织纪律是把组织成员结合起来形成组织体的重要条件，活动规约是组织实施违法犯罪活动时的规矩或约束要求，二者均是组织领导者实现对组织成员有效控制的重要手段，也是维系组织成员间层级关系的重要纽带和组织活动有效实施的保障。《2018年指导意见》明确规定，组织成员按照组织规约、组织惯例实施的违法犯罪活动，应当认定为组织活动。[1] 组织纪律、活动规约既可以是成文规定，也可以是不成文的口头纪律、规约，还可以是长时间共同活动形成的行动习惯或惯例。司法实践中，大多数为不成文的口头纪律、规约或活动惯例。如张某黑社会性质组织，法院经审理查明，该组织的成员在实施违法犯罪活动过程中形成了不成文的规矩和惯例，以张某及其母亲赵某菊的个人意志为组织行事依据，以二人的个人利益为组织核心利益，通过对不听指挥、疑似不忠者施以暴力惩戒，对参加违法犯罪活动表现积极、突出者给予褒奖等方式对组织成员进行控制，组织成员对二人唯命是从。[2]

二、经济特征的"三要素"

经济利益是黑社会组织追求的根本目标，也是实施违法犯罪活动的物

---

① 参见《2018年指导意见》第10条。
② 参见S省FC市人民法院（2019）L0983刑初441号刑事附带民事判决书。

质条件和动力来源。我国《刑法》规定，黑社会性质组织要"有组织地通过违法犯罪活动或者其他手段获取经济利益，具有一定的经济实力，以支持该组织的活动"①。据此，经济特征包含以下三个要素。

（一）经济来源多元

黑社会性质组织的敛财方式具有多样性，既有违法犯罪方式，也有合法经营方式，还有接受资助、使用组织外资产等方式。

首先，违法犯罪是主要敛财方式。主要包括聚众赌博、开设赌场，发放高利贷，组织、强迫妇女卖淫，强迫交易，敲诈勒索等。② 如聂某黑社会性质组织，1999年至2000年上半年，在震泰游戏厅四楼开设赌场，至2007年初，非法获利5000余万元；2008年底，在山东路华美丽园会所开设赌场，至2010年6月初，非法获利5000余万元。2006年12月至2010年6月，在其经营的夜总会组织卖淫，获利人民币5000余万元。③ 随着经济社会的发展，黑社会性质组织的违法犯罪活动敛财方式不断发生变化。近年来，高利放贷、"套路贷"成为重要方式。S省人民法院2018—2020年审理的100余件黑社会性质组织案中，以高利贷、"套路贷"为主要敛财手段的达20余件，其中，曹某东黑社会性质组织案中，该黑社会性质组织通过"套路贷"聚敛的财产达7亿余元。④

其次，合法经营是重要敛财方式。合法经营方式主要有犯罪组织单独或与他人合伙开办工厂、公司等，经营行业包括矿山开采、餐饮娱乐、生产经营、货物贸易等，黑社会性质组织利用这些经济组织的合法经营活动获取经济利益，积累物质条件。如张某玉黑社会性质组织，该组织通过经营金阳农贸有限公司、山东安东卫水产物流有限公司等，获取巨额经济利益。⑤

---

① 我国《刑法》第294条第5款第2项。
② 参见陈兴良：《论黑社会性质组织的经济特征》，载《法学评论》2020年第4期。
③ 参见S省高级人民法院（2012）L刑四终字第63号刑事附带民事裁定书。
④ 参见S省WF市中级人民法院（2018）L07刑初72号刑事判决书。
⑤ 参见S省RZ市中级人民法院（2018）L11刑初21号刑事附带民事判决书。

再次，接受支持或资助是辅助或补充方式。接受支持或资助是指犯罪组织接受组织外单位或个人提供的资金或财物，一般是为实施违法犯罪活动或者保障组织运行急需资金时，向有关单位或个人拆借或接受组织成员提供的个人或家庭资产。如为实施高利放贷及"套路贷"，向组织外单位或个人以借贷方式获取放贷资金。2022 年 5 月 1 日施行的《反有组织犯罪法》中对上述两种方式取得的财物纳入追缴、没收的范围。①

（二）经济规模较大

具有一定的经济实力，要求黑社会性质组织控制和支配的经济资源要达到一定的规模，这种规模既包括直接支配的金钱和财物达到一定数量，也包括控制和支配经济资源的能力达到一定程度。

首先，经济实力的标准达到特定数额。《2015 年纪要》中提出了 20 万元 ~ 50 万元的弹性数额标准，要求最低不低于 20 万元。② 司法实践中，除极个别案件外，绝大多数黑社会性质组织的经济特征都达到了这一要求。S 省人民法院 2018—2020 年审理的 100 余件黑社会性质组织案件，经济实力都远远高于 20 万元，最低的也达到 50 万元，高的可达上亿元，如曹某东黑社会性质组织的组织财产达 7 亿余元。③

其次，经济实力的资产范畴不限于组织实际控制的财产。计入犯罪组织经济实力的资产，不仅包括犯罪组织通过所有途径获得并置于组织及其成员控制下的资金或财物，还包括不在组织及其成员控制下、可能用于支持组织活动的资产。如组织成员主动提供个人或家族资产支持组织活动的，组织成员个人或者家庭资产可以全部纳入组织的经济实力。④ 因为，组织成员主动提供个人或家庭财产中的一部分用于组织活动，说明其主观上具有为组织活动不惜牺牲个人及家庭全部财产的主观心态，在这种心态支配

---

① 《反有组织犯罪法》第 46 条第 1 项、第 2 项。

② 参见《2015 年纪要》第 2 条第 2 项。

③ 参见 S 省 WF 市中级人民法院（2018）L07 刑初 72 号刑事判决书。

④ 《2018 年指导意见》第 8 条规定，组织成员主动将个人或者家庭资产中的一部分用于支持该组织活动，其个人或者家庭资产可全部计入"一定的经济实力"。

下，个人及家庭全部财产都存在用于组织活动的可能。因此，可以将其个人或家庭资产全部计入"经济实力"。但是，评价为"经济实力"的个人或家庭资产，与实际用于支持组织活动的资产不能进行同等法律评价和同等司法处置，实际用于支持该组织违法犯罪活动的个人或家庭财产的部分应当依法予以追缴、没收，未实际用于支持组织活动的个人或家庭财产，可以计入经济实力之中，但不属于应依法追缴、没收的财物。

再次，组织能够支配的组织外资产可以纳入经济实力范畴。支配使用组织外资产是指组织成员调动所任职的组织外公司、企业的资产用于组织活动。如刘某黑社会性质组织案，[①] 1997 年 3 月在绵阳市成立被告单位四川汉龙（集团）有限公司（以下简称汉龙集团），该集团作为一个经济组织，具有较大规模，起诉书没有指控汉龙集团及其关联公司财产为黑社会性质组织财产，但该集团却是在组织领导者刘某的控制之下，为其组织、领导下的涉黑组织的壮大提供经济支撑，因此，该公司的全部资产均是刘某可以调动的经济资源，应当计入刘某黑社会组织的经济实力之中。

（三）经济用途特定

经济用途是组织经济实力用于发展组织规模、实施组织活动的具体方式。

首先，用于维系组织存续和发展。黑社会性质组织成员之所以聚合在一起，根本纽带是以经济利益为主的私人利益。可以说，黑社会组织成员大多出于不劳而获的动机、怀揣迅速暴富的梦想参加组织。没有一定的经济实力，无法聚合起足够的组织成员，难以维系组织的存在，更难以实现发展。因此，豢养成员是组织资产的重要用途，豢养的方式主要有支付工资、奖金、福利，提供日常消费资金，入股分红，分配违法犯罪所得等。对于在组织活动中造成伤害、死亡的组织成员，则支付必要的医疗费、丧葬费、死亡人员亲属抚恤金等，以安抚组织成员及其亲属。如吴某占黑社会性质组织案，组织成员杜某某在向于某母亲非法讨债中，于某实施防卫

---

① 参见 H 省 XN 市中级人民法院（2014）EXN 中院刑初第 9 号、第 10 号刑事判决书。

行为致其死亡，吴某占一次性给付杜某某的亲属 200 万元抚恤金。①

其次，用于实施违法犯罪活动。违法犯罪活动虽然是一本万利，但要付出一定的代价，需要一定的经济支持。一般犯罪成本较低，只需要购买简单的作案工具、提供较少的经费就可以完成。而重大犯罪则需要付出昂贵的代价。如刘某黑社会性质组织，1999 年指使孙某君等杀人后，给予孙某君等 100 万元用于逃匿。2002 年初，预谋杀害史某某时，刘某承诺出资 1000 万元，并实际支付 20 万元交给准备作案的缪某和伍某。②

最后，用于寻求非法保护。黑社会性质组织谋取非法利益和发展壮大的重要手段之一就是向腐败的政府和司法机关官员提供利益而获得保护。特别是，黑社会性质组织在具备一定经济实力之后，为了谋求势力范围进一步扩展、获得更多利益，寻求非法保护的愿望就越强烈，拉拢腐蚀官员的投资就更多。如广西壮族自治区某法院审理的李某黑社会性质组织案，李某为当选政协委员、承担工程，向某县政协主席刘某祥行贿的财物达 147 万余元。③

三、行为特征的"五要素"

无行为则无犯罪，不同的犯罪是对不同行为的法律评价。我国《刑法》规定，黑社会性质组织要实施"以暴力、威胁或者其他手段，有组织地多次进行违法犯罪活动，为非作恶，欺压、残害群众"的行为。④ 据此，行为特征包含以下五个要素。

（一）实施具有组织性

我国《刑法》规定，黑社会性质组织的违法犯罪活动"有组织地进

---

① 参见 S 省 LC 市中级人民法院（2018）L15 刑终 90 号刑事附带民事裁定书。
② 参见湖北省咸宁市中级人民法院（2014）鄂咸宁中院刑初第 9 号、第 10 号刑事判决书。
③ 参见钟春云：《政协原主席充当"涉黑"保护伞获刑》，载《当代广西》2019 年第 8 期。
④ 我国《刑法》第 294 条第 5 款第 3 项。

行"。所谓"有组织地进行"，是指主观上具有谋取或维护组织利益的目的、客观上由代表组织的人员实施。因此，违法犯罪活动的组织性质应当满足主观与客观两个条件。其一，主观上应当具有谋取或维护组织利益的目的。即为树立组织在一定区域或行业内的权威，扩大组织在社会上的影响，特别是在组织控制领域内的影响。其二，客观上应当体现组织意志。组织意志一般通过组织的纪律规约、活动惯例和组织领导者组织实施等方式予以体现。组织成员的行为不直接体现组织意志时，如果组织领导者事前默许和事后认可的，可以推定体现组织意志。这种类推方法，严格意义上，有违罪刑法定原则和刑法谦抑性原则，一般不应适用，特殊情形下必须适用时，应当依靠充分的证据、确凿的事实，通过严密的逻辑推理得出认定与否的结论。无论证据、事实还是逻辑哪一个环节存在瑕疵都应当作出有利于被告人不予认定的结论。其三，主观与客观相统一。认定组织行为时，应当坚持主观与客观相统一的标准，综合评判。只有二者同时具备，协调一致，才能认定符合行为特征的组织性要求。缺乏任何一个条件，都不能认定为组织行为。如李某所黑社会性质组织一案，组织的骨干成员侯某涛出于个人恩怨，持枪报复被害人致人死亡。作案后，组织领导者李某所帮助其寻找藏匿地点，并陪同其一起潜逃一段时间，虽然客观上可以推定李某所认可侯某涛作案，但侯某涛作案与组织利益无关，不符合为谋取或维护组织利益的主观目的要求，因此，法院经审理，依法对该起事实认定为侯某涛个人犯罪，未认定为组织犯罪。[①]

（二）手段具有暴力性

黑社会性质组织的违法犯罪手段包括暴力、威胁或者其他手段。暴力，本质乃强制的力量，[②] 是对人身体上施加的强制力，指行为人对被害人直接施加的物理强制力，主要以可见可感的有形的物理方式存在，并直接作

---

① 参见 S 省 JN 市中级人民法院（2019）L08 刑初 5 号刑事判决书。

② 参见林毓敏：《黑社会性质组织犯罪中的暴力手段及软性升级》，载《国家检察官学院学报》2018 年第 6 期。

用于被害人，直接造成被害人身体的伤害，如拳打脚踢、凶器击打等直接作用于被害人身体致其受伤、死亡的手段。威胁是对人精神上所施加的强制力，指以实施加害被害人及其亲友相要挟，对被害人形成心理强制，可以当面以语言、行为等方式实施，也可以通过电话、短信、微信、邮件等通讯介质以文字、声音或图像等方式实施，并造成被害人心理恐慌、恐惧达到一定程度，因此，威胁具有精神暴力的性质。其他手段是指暴力、威胁之外的与暴力、威胁具有类似功能，造成被害人身体或精神伤害的手段，但这种手段必须由法律或有法律效力的规范性文件作出明确规定。当前，可以作为"其他手段"的主要是《反有组织犯罪法》与"两高两部"规范性文件中作出明确规定的"软暴力"。[①] 需要明确的是，黑社会性质组织的违法犯罪手段虽然包括暴力、威胁和"软暴力"，但是，暴力始终是主要手段或基础手段，因为，黑社会性质组织必须以有形的直接造成伤害被害人、威慑社会公众的暴力手段实施的违法犯罪活动，才能树立非法权威，形成非法控制或者重大影响，仅靠威胁、"软暴力"手段，无法实现上述目的，而且，黑社会性质组织是公开存在于社会公众视野的，实施的违法犯罪活动众多，如果没有暴力手段，威胁、"软暴力"手段则不能产生对被害人的心理强制作用，无法实现对一定行业或一定领域的非法控制。《2015年纪要》提出，在黑社会性质组织所实施的违法犯罪活动中，一般应有一部分能够较明显地体现出暴力或以暴力相威胁的基本特征。否则，定性时应当特别慎重。[②]《2018年指导意见》提出，黑社会性质组织实施的违法犯罪活动包括非暴力性的违法犯罪活动，但暴力或以暴力相威胁始终是黑社会性质组织实施违法犯罪活动的基本手段，并随时可能付诸实施。[③] 因此，对于黑社会性质组织的行为特征，暴力性是必备要素，且这种暴力必须达

---

① 《反有组织犯罪法》《2018年指导意见》《"软暴力"意见》规定了具体表现形式和认定要求，在本书中有关于"软暴力"的专门论述，在此不展开论证。

② 参见《2015年纪要》第2条第3项。

③ 参见《2018年指导意见》第9条。

到一定的严重程度。黑社会性质组织犯罪不能由"软暴力"单独构成。[①]
如最高人民法院发布的指导性案例——史某振等组织、领导、参加黑社
会性质组织一案，该案例的裁判理由提出，犯罪组织以其势力、影响和暴力
手段的现实可能性为依托，有组织地长期采用多种"软暴力"手段实施大
量违法犯罪行为，同时辅之以"硬暴力"，使"软暴力"具有向"硬暴力"
转化的现实可能性，足以使群众产生恐惧、恐慌进而形成心理强制，并已
造成严重危害后果，严重破坏经济、社会生活秩序的，应认定该犯罪组织
具有黑社会性质组织的行为特征。[②] 该裁判理由从"软暴力"与"硬暴力"
的关系上，明确了"软暴力"单独或独立无法构成黑社会性质组织的行为
特征，只有该组织实施过"硬暴力"（裁判理由称之为"辅之以硬暴力"），
"软暴力"以"硬暴力"为依托，有向"硬暴力"转化的现实可能性，才能
认定为行为特征。可见，黑社会性质组织实施过足以让被害人知晓的"硬
暴力"是"软暴力"成为行为特征的前提和基础，因为，只有实施过足以
让被群众知晓的"硬暴力"，"软暴力"才能以"硬暴力"为依托，从而使
群众认识到"软暴力"有转化为"硬暴力"的现实可能性并因此产生恐惧、
恐慌而受到心理强制。离开了"硬暴力"，"软暴力"则不存在依托基础，
无法实现对群众的心理强制，不可能造成严重破坏经济、社会生活秩序的
危害后果。综上，"软暴力"手段可以成为黑社会性质组织的犯罪手段，但
只能是次要或补充手段，而不能成为主要或独立手段。如果没有暴力或者
暴力十分微弱，则不能认定具备黑社会性质组织的行为特征。例如，符某
友等人敲诈勒索、强迫交易、故意销毁会计账簿、对公司企业人员行贿、
行贿案，一审法院判处符某友等人构成组织、领导、参加黑社会性质组织
罪。[③] 二审法院经审理认为，符某友等人利用三友公司和北门劳务组有组

---

① 陈兴良：《论黑社会性质组织的行为特征》，载《政治与法律》2020 年第 8 期。
② 参见最高人民法院 2022 年 11 月 29 日发布的第 33 批指导性案例——史某振等组织、领导、
参加黑社会性质组织一案。
③ 参见 A 省 JD 县人民法院（2012）J 刑初字第 00034 号刑事判决书。

织地在旌德县城北门建设工地上承揽土方工程或沙石材料供应业务，并多次实施强迫交易、敲诈勒索犯罪。仅从触犯的罪名、犯罪的次数以及非法获利数额等方面来看，其行为基本符合黑社会性质组织行为特征中的有组织性、违法性和危害严重性等特点，但是，符某友等人在承揽土石方工程或沙石材料供应的过程中，实施强迫交易、敲诈勒索等违法犯罪手段的暴力色彩极为微弱，既没有带领组织成员实施打打杀杀的行为，也不是通过暴力在旌德县城对人民群众形成事实上的心理威慑。因此，符某友等人违法犯罪行为的暴力性不突出，与黑社会性质组织应有的行为方式存在明显区别，不符合黑社会性质组织的行为特征，因而一审判决将三友公司与北门劳务组认定为符某友统一领导下的黑社会性质组织不当。[①] 二审法院遂撤销一审法院对符某友等人的黑社会性质组织的判决，仅以敲诈勒索，强迫交易，故意销毁会计账簿，对公司、企业人员行贿，行贿等罪名作出判决。司法实践中，黑社会性质组织的势力越大，暴力程度越高，造成的后果越严重。如聂某黑社会性质组织，以暴力手段实施的违法犯罪活动，导致2人死亡、1人重伤、7人轻伤、2人轻微伤；寻衅滋事20起，致6人轻伤、6人轻微伤。[②]

（三）活动具有公开性

通常，犯罪行为人因害怕被司法机关惩处不希望犯罪行为为他人知晓，往往选择隐秘的场所、以秘密的方式进行。黑社会性质组织犯罪则不同，为树立恶名、形成非法权威、实现区域或行业控制，往往以公开方式、在公开场所实施违法犯罪行为，为达到杀一儆百的放大效果，有时甚至采取炫耀性的方式进行。公开性与暴力性相结合，把暴力手段的残忍公之于众，是黑社会性质组织违法犯罪活动的典型表现形式。如张某黑社会性质组织，为了打击胡家沟村村干部刘某友，组织人员连续3天在胡家沟村游街辱骂

---

① 参见 A 省 XC 市中级人民法院（2013）X 中刑终字第 00032 号刑事判决书。
② 参见 S 省高级人民法院（2012）L 刑四终字第 63 号刑事附带民事裁定书。

刘某友，对该村全部村民形成了震慑。① 而且，黑社会性质组织实施的贴报喷字、拉挂横幅、燃放鞭炮、播放哀乐、摆放花圈等"软暴力"手段，主要依靠公开性给被害人造成不良影响形成心理强制。

（四）行为具有多样性

所谓多样性，是指多次实施不同性质的违法犯罪活动，触犯多个罪名。简言之，多样性是指多行为多罪名。其一，多行为。多行为是指实施3次以上的违法犯罪行为，而且，犯罪行为要达到3次以上，如果兼有违法活动的，次数应当达到4次以上。其二，多罪名。对此，学界有不同观点，多数学者持多罪名观点，如陈兴良教授认为，黑社会性质组织通常都是实施多种犯罪行为，涉及数个罪名。如果只是单一罪名，则不能成立黑社会性质组织。② 但也有少数学者持不同意见，如有学者认为，立法之所以没有将违法与犯罪分开表达，是因为立法者虑及黑社会性质犯罪的特殊性和危害性，出于将其消灭于摇篮阶段之目的，故而放松了该特征的认定要求，该组织即便未有犯罪行为但有多次违法活动，亦可以本罪论之。③ 我国规范性文件和司法机关采纳多罪名的观点，要求黑社会性质组织的多种行为应当构成多种犯罪，以构成多种犯罪为行为特征的必要条件，达不到多种犯罪标准的，则不符合行为特征要求而不能认定为黑社会性质组织。如2019年S省某基层检察院指控的关某等12人涉嫌黑社会性质组织犯罪案。关某等12人为垄断游艇码头的石料供应业务，在2017年4月至2017年7月期间，先后4次对运输石料的12辆大货车及1辆轿车进行打砸，对3名司机进行殴打，造成车辆损失价值2万余元，并致一人轻微伤。实施的违法犯罪次数虽然达到了多次，但触犯的罪名只有寻衅滋事一个，法院经审理认为，关某等12人实施违法犯罪的活动比较单一，不符合黑社会性质组织的行为特征，

---

① 参见S省FC市人民法院（2019）L0983刑初441号刑事附带民事判决书。
② 参见陈兴良：《论黑社会性质组织的行为特征》，载《政治与法律》2020年第8期。
③ 参见贾凌主编：《刑事案例诉辩审评：黑社会（性质）组织犯罪》，中国检察出版社2014年版，第44页。

对检察机关的该项指控不予支持，以被告人构成的具体犯罪作出了判决。^①

（五）侵害对象具有不特定性

我国《刑法》在行为特征中规定，黑社会性质组织通过实施违法犯罪活动"为非作恶，欺压、残害群众"。"群众"系集合概念，泛指"人民大众"，集合概念的特性在于"一个集合体，是由许多事物作为部分有机地组成的。一个集合体的部分却不必然具有这个集合体的特有属性"^②。群众作为集合概念，既指这个集合体由多人组成，又指组成这个集合体的个人参与这个集合体是随机的、任意的，具有不特定性。《2018 年指导意见》提出，黑社会性质组织的违法犯罪活动"侵犯不特定多人的人身权利、民主权利、财产权利"^③。因此，黑社会性质组织违法犯罪活动侵害的对象不是指向作为单一个体的具体自然人，而指向一定区域或者行业内的不特定群体中的任何人。而且，实际侵害的人数达到 3 人以上的多数，否则，达不到欺压、残害"群众"这一集合体的标准。司法实践中，黑社会性质组织侵害的具体被害人往往人数众多。S 省人民法院 2018—2020 年审理的 100 余件黑社会性质组织案中，被害人从十几人到几百人不等。如张某黑社会性质组织案，张某黑社会性质组织实施违法犯罪活动 99 起，直接被害人达 100 余人，而且，张某把持一个社区、一个村的基层政权，对该社区、村庄上千人形成危害。^④

四、危害性特征的"四要素"

危害性特征是黑社会性质组织反社会性的直接体现。我国《刑法》规定，黑社会性质组织要"通过实施违法犯罪活动，或者利用国家工作人员的包庇或者纵容，称霸一方，在一定区域或者行业内，形成非法控制或者

---

① 参见 S 省 WF 市 WC 区人民法院（2018）L0702 刑初 170 号刑事附带民事判决书。

② 参见金岳霖主编：《形式逻辑》（重版），人民出版社 2006 年版，第 30 页。

③ 参见《2018 年指导意见》第 10 条。

④ 参见 S 省 FC 市人民法院（2019）L0983 刑初 441 号刑事附带民事判决书。

重大影响，严重破坏经济、社会生活秩序"①。据此，危害性特征包括以下四个要素。

（一）称霸一方

"称霸一方"是指黑社会性质组织在一定区域或一定行业内具有居于普通群众之上的强势地位和非法权威，凭借其自身的强势地位任意侵害普通群众的合法利益，而受害群众不敢反抗，描述的是黑社会性质组织对外部社会的影响、威慑与强制。② 根据其称霸的区域或行业，可以有不同的称谓。在村居区域内称霸的称"村霸"，在海域称霸的称"海霸"，在屠宰行业称霸的称"肉霸"，在海鲜、鱼类市场称霸的称"鱼霸"，等等。而且，"称霸一方"是运用社会化语言对黑社会性质组织非法控制与重大影响的生活化、形象化描述。因为，人们对于横行霸道的个人或组织已经形成了一种概括的格式化、脸谱化的认识。如人们对具有纹身、戴大金链子、长发、长胡须等特征的人，容易与黑社会性质组织联系在一起，甚至有的地方以这些特点作为黑恶势力的标志。③ 因此，"称霸一方"既是非法控制或重大影响的程度体现，也是社会公众对黑社会性质组织的形象认知。

（二）领域特定

所谓特定的领域，是指我国《刑法》规定的"一定区域或行业"。首先，"一定区域"的理解和把握，学者间有不同认识。有学者指出，应当承认"一定区域"的相对性，若非法控制仅存在于一座酒店、一处娱乐会所等空间范围有限的场所或者人口数量、流量、经济规模较小的其他区域，一般不能被视为是对"一定区域"的控制和影响。④ 有学者认为，应

---

① 我国《刑法》第 294 条第 5 款第 4 项。

② 参见魏东、赵天琦：《黑社会性质组织第四项特征的刑法解释》，载《法治研究》2019 年第 5 期。

③ 2018 年济南市公安局公布的黑恶势力 29 种外在表现形式中第一种为：佩戴夸张金银饰品炫耀的人员和以凶兽纹身等剽悍、跋扈人员从事违法活动。虽然这种表述，并不完全准确，但这种总结和表述来源于社会公众，在一定程度上反映了社会公众的普遍认识。

④ 参见周光权：《黑社会性质组织非法控制特征的认定——兼及黑社会性质组织与恶势力团伙的区分》，载《中国刑事法杂志》2018 年第 3 期。

当将"一定区域"限定为"乡镇一级以上"。① 还有学者认为,"一定区域"既应当有社会承载功能、公共服务功能,也应当具有"生态性""开放性""秩序性",即具有经济生态、政治生态、文化生态、制度生态、心理生态等基本社会生态要素,与外部社会交互贯通,有正常的生活、经济等社会公共秩序。② 这些观点都具有一定的科学性,也有各自的局限性。第一种、第三种观点分别从空间与功能两个维度对"一定区域"进行了诠释,第二种观点提出的区域范围不符合我国黑社会性质组织的活动现状。本书认为,"一定区域"不是指物理空间本身,而是指该空间内的人类社会活动。应当从物理空间与社会功能两个方面,结合黑社会性质组织对经济社会生活秩序的危害程度,确定"区域"的大小,避免绝对化和教条化。通常情况下,区域的范围不能小于村庄、矿山、工地、市场、车站、码头等。其次,对于"一定行业"的理解,理论与实务界认识比较一致。通常情况下,"一定行业",是指在一定区域内的生产、流通、交换、消费等市场环节上存在的生产、经营活动,既包括合法行业,也包括黄、赌、毒等非法行业。③

（三）非法控制或重大影响

非法控制和重大影响是黑社会性质危害性特征的核心内涵和刚性要求。无论是非法控制还是重大影响,都是对一定客体施加的作用力。黑社会性质组织的非法控制更强调的是对一定区域或者行业的实际掌控和制约;而黑社会性质组织的重大影响则关注通过违法犯罪活动对一定区域或者行业的危害和破坏。④ 其一,"非法控制"具有特定的刑法学含义。词语本义上,

---

① 参见陈赛:《"扫黑除恶"专项行动视域下黑社会性质组织本质特征研究》,载《山东警察学院学报》2018年第5期。

② 参见魏东、赵天琦:《黑社会性质组织第四项特征的刑法解释》,载《法治研究》2019年第5期。

③ 参见《2009年纪要》第4条、《2015年纪要》第2条第4项。

④ 参见陈兴良:《论黑社会性质组织的非法控制（危害性）特征》,载《当代法学》2020年第5期。

非法控制是指主体运用非法方法使客体处于自己的占有、管理或影响之下。在描述黑社会性质组织社会危害性特征的刑法学意义上，是指黑社会性质组织通过违法犯罪手段实现对一定区域或行业内的人及其经济、社会活动的约束和支配，形成一种非法的社会秩序。非法控制对抗合法控制并削弱合法控制，是黑社会性质组织犯罪的反社会性与反政府性。① 其二，"重大影响"的性质与"非法控制"相同。"重大影响"与"非法控制"，实质都是"支配"，强调的都是犯罪行为对一定地区或特定行业社会关系的控制力、支配力和影响力，② 二者仅存在程度上的差别。"重大影响"是程度较低的"非法控制"，是具有"非法控制"性质的"重大影响"。"非法控制"是达到一定高度的"重大影响"，是升级为"非法控制"的"重大影响"。其三，非法控制和重大影响有特定的表现形式。《2018年指导意见》以列举的方式明确了常见的8种表现情形，③ 每种情形都有各自的标准和要求。其中，第一种情形"不敢通过正当途径举报、控告"的认定，要求被侵害人有举报、控告的愿望却因害怕报复不敢付诸实际行动的事实存在。如张某黑社会性质组织案中，张某的组织成员将被害人刘某友打伤住进了医院，刘某友妻子报了警，民警前往医院调查询问时，刘某友不敢如实陈述，谎

---

① 参见周光权:《黑社会性质组织非法控制特征的认定——兼及黑社会性质组织与恶势力团伙的区分》，载《中国刑事法杂志》2018年第3期。

② 参见何荣功:《避免黑恶犯罪的过度拔高认定：问题、路径与方法》，载《法学》2019年第6期。

③（1）致使在一定区域内生活或者在一定行业内从事生产、经营的多名群众，合法利益遭受犯罪或严重违法活动侵害后，不敢通过正当途径举报、控告的;（2）对一定行业的生产、经营形成垄断，或者对涉及一定行业的准入、经营、竞争等经济活动形成重要影响的;（3）插手民间纠纷、经济纠纷，在相关区域或者行业内造成严重影响的;（4）干扰、破坏他人正常生产、经营、生活，并在相关区域或者行业内造成严重影响的;（5）干扰、破坏公司、企业、事业单位及社会团体的正常生产、经营、工作秩序，在相关区域、行业内造成严重影响，或者致使其不能正常生产、经营、工作的;（6）多次干扰、破坏党和国家机关、行业管理部门以及村委会、居委会等基层群众自治组织的工作秩序，或者致使上述单位、组织的职能不能正常行使的;（7）利用组织的势力、影响，帮助组织成员或他人获取政治地位，或者在党政机关、基层群众自治组织中担任一定职务的;（8）其他形成非法控制或者重大影响，严重破坏经济、社会生活秩序的情形。

称系自己摔伤，并称不需要警方介入。① 刘某友之所以不敢向民警如实陈述、提出控告，是因为住院期间张某组织的成员在医院对其看管，严格监控其行为，随时有受到加害的危险，刘某友的行为符合此种情形。第二种至第七种情形的把握，要根据案件的具体情况，结合造成的人身、财产损害后果以及获取经济利益的情况，综合分析判断。第八种情形为兜底条款，是为实践扩张预留的罪刑法定空间，② 司法人员不能自由裁量。其四，非法控制的判断标准要具体情形具体分析，不能机械套用固定的一成不变的标准。在不同的地区、不同的行业、不同的社会发展阶段应当按照当时当地的经济社会发展情况确定各种情形的成立条件。如成立重大影响的经济损失标准，对一个大型上市公司而言，几十万元甚至上百万元都可能构不成重大影响，但对于一个经济欠发达地区的个体经营者，几万元甚至几千元都可能构成重大影响。

（四）严重破坏经济社会生活秩序

首先，规范意义上，该要素包括两项内容。其一，黑社会性质组织实施的违法犯罪活动作为整体在法益侵害上，侵害的是社会管理秩序中的经济、社会生活秩序，而不是国家安全、政治安全等其他秩序，从而使其具有了和侵害上述秩序的犯罪组织的重大区别。其二，法益侵害要达到"严重破坏"的程度。"严重破坏"的标准就是形成非法控制或者重大影响，使黑社会性质组织与一般犯罪团伙或犯罪集团等共同犯罪组织区别开来，因为，这些低级形态的犯罪组织达不到对经济、社会生活秩序严重破坏的程度。其次，这一要素与"非法控制、重大影响"相互依存。"在一定区域或行业形成非法控制或重大影响"是黑社会性质组织社会危害性的现象描述，"严重破坏经济、社会生活秩序"是社会危害性的法益侵害表达，二者是一个硬币的两面，从客观表现与法律规范上共同完成对黑社会性质组织社会

---

① 参见 S 省 FC 市人民法院（2019）L0983 刑初第 441 号刑事附带民事判决书。

② 参见何荣功：《避免黑恶犯罪的过度拔高认定：问题、路径与方法》，载《法学》2019 年第 6 期。

危害性的全面准确刻画。司法实践中，在黑社会性质组织案件的审理中，一般是以相同的事实认定同时达到"非法控制或重要影响"和"严重破坏经济、社会生活秩序"两项内容，而不是分别以不同的事实予以认定。

综上，黑社会性质组织四个特征共同确定了黑社会性质的内在规定性，四个特征的十六个要素共同构成黑社会性质组织的完整外在表现形式，二者内外结合，共同构建起图谱式组织要素体系（见图1）。

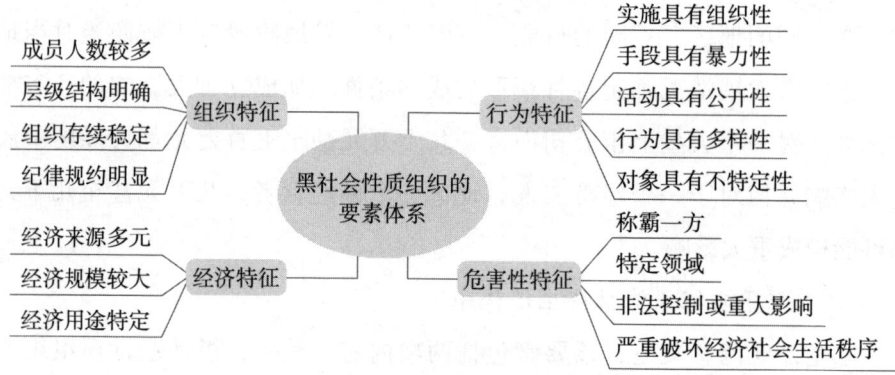

图1　黑社会性质组织的成立要素体系

第三节 黑社会性质组织的司法认定

黑社会性质组织的认定是一项事实甄别、要素比对与标准把握的综合性司法判断活动。司法人员应当准确把握黑社会性质组织的特征与要素要求，严格对照查明的案件事实，逐一进行符合性审查，确保对黑社会性质组织的准确认定。

一、司法认定的主要问题

司法实践中，在黑社会性质组织特征的认定上存在要素不清、特征不全、标准不稳定等问题，影响犯罪组织性质的准确认定。

（一）组织特征认定问题

首先，成立或形成时间认定不准确的问题最为突出。有的案件把不具有社会公开效应的诈骗等犯罪活动实施时间，认定为组织形成时间；有的把不能反映犯罪组织初步形成稳定获利来源的合法公司、企业的成立时间，认定为组织成立时间；有的案件不认定具体形成时间。如王某然黑社会性质组织案，判决书中对组织形成事实认定为：2004 年以来，被告人王某然先后成立三家公司，吸收被告人王某京等 4 人参与公司经营或入职，任命王某京为副总经理，通过入股分红、借款不还等方式实现对上述人员的控制。2009 年，被告人王某然被任命为相公堂村党支部书记，先后将王某三等 4 人发展成为中共党员。2011 年兼任村主任，统揽了基层组织政权。后王某然通过工程发包等方式控制王某博及其手下小弟，逐步形成了以王某然为组织领导者，被告人王某博、王某京、王某三、王某涛等人为积极参加者，王某训等 14 人为一般参加者的黑社会性质组织。上述事实认定，对于组织形成时间究竟是 2004 年还是 2009 年、2011 年，没有作出明确认定。①

其次，组织结构要素把握不准。不重视组织层级结构，把多人参加的犯罪团伙或集团认定为黑社会性质组织。如 S 省某基层检察院指控的周某杰黑社会性质组织案，指控的组织事实为：2009 年 5 月份，被告人周某杰开始实际经营平原县中小企业信用互助中心（以下简称"平原互助中心"），被告人林某某担任该中心的主管会计负责账目管理。自 2012 年起，被告人韩某某、董某某、周某元先后到周某杰处打工，周某杰为三人发放工资，后三人分别于 2015 年、2016 年离职。另外，周某杰还笼络被告人李某、陈某某、马某某、徐某某等人以方便从事违法犯罪活动时随时差遣。2014 年以来逐步形成以周某杰为组织者、领导者，赵某、林某某为积极参加者，韩某某、董某某、李某、陈某某、马某某、徐某某、周某元为参加者的黑社会性质组织。从指控事实看，无骨干成员的组织层级，而且，韩某某、董某某、周某元主观上是到周某某的平原互助中心打工，并因工资等原因于 2015 年、2016 年离职，指控为组织成员显然不当。法院经审理查明，在周某杰等人实施的具体犯罪活动中，周某杰均与其他共同犯罪人一起实施，发挥的是纠集他人共同实施的作用，而不是组织领导者的策划指挥作用，指控的积极参加者赵某和林某某参与的共同犯罪为诈骗、虚假诉讼两种非暴力犯罪，次数较少，分别为 4 次和 2 次，指控的两名参加者均只参与了 1 起具体犯罪。因此，指控的黑社会性质组织不具备组织领导者、骨干成员层级，不符合组织特征中的层级结构要求。加之其他三个特征也不完全具备，法院依法作出判决，对检察机关黑社会性质组织犯罪的指控未予支持。②

再次，组织身份认定不当。对积极参加者认定不当的最多，主要表现为将一般参加者认定为积极参加者，有的案件对多名积极参加者认定错误。

---

① 参见 S 省 BZ 市 BC 区人民法院（2018）L1602 刑初 356 号刑事判决书。
② 参见 S 省 DZ 市 LC 区人民法院（2018）L1403 刑初 154 号刑事判决书。

如朱某彬黑社会性质组织案，公诉机关指控孙某霞、郑某峰、刘某东、李某瑜、李某生、金某浩、孙某龙、石某宝等 8 人为积极参加者，法院经审理认为，孙某霞、郑某峰、刘某东、李某瑜、李某生、金某浩、孙某龙、石某宝等 8 人参加黑社会性质组织的部分违法犯罪活动，在共同实施的部分违法犯罪中起次要和辅助作用，为一般参加者，公诉机关指控为积极参加者不当。① 也有少数案件对组织、领导者认定不当。如吴某占黑社会性质组织案，公诉机关指控吴某占和赵某荣均为组织、领导者，法院经审理认为，赵某荣是吴某占经营公司的会计，负责管理财务，对部分高利放贷形成的债务组织人员实施了非法侵入住宅、非法拘禁等非法讨债违法犯罪活动，不是组织的发起、创建者，也不对组织的发展、运行、活动进行决策、指挥、管理，不属于组织的组织者、领导者，而是积极参加者，以参加黑社会性质组织罪和非法侵入住宅罪、非法拘禁罪数罪并罚判处有期徒刑十年，并处罚金人民币 30 万元。②

最后，存在合法企业与黑社会性质组织混淆的现象。司法实践中，有的案件把企业的人员组织结构认定为黑社会性质组织的层级结构，导致对黑社会性质组织的认定不当。如周某杰被指控涉嫌黑社会性质组织犯罪案中，周某杰招募被告人韩某某、董某某、周某元先后到其经营的"平原互助中心"打工，为他们发放工资。周某杰对他们的管理是一种经营活动中的人事管理，没有对他们运用犯罪组织的纪律规约管理，正因如此，三人分别于 2015 年、2016 年自由离职。因此，不能将"平原互助中心"认定为以周某杰为首的黑社会性质组织。③

（二）经济特征认定问题

首先，经济来源中对组织成员提供或通过其他单位、组织、个人资助取得以及调动用以支持该组织活动的经济资源重视不够。公安机关很少对来源

---

① 参见 S 省 TZ 市人民法院（2019）L0481 刑初 1 号刑事判决书。

② 参见 S 省 LC 市 DCF 区人民法院（2017）L1502 刑初 454 号刑事附带民事判决书。

③ 参见 S 省 DZ 市 LC 区人民法院（2018）L1403 刑初 154 号刑事判决书。

于上述渠道的资金进行侦查取证。S省人民法院2018—2020年审理的黑社会性质组织案件中，检察机关指控的经济特征中全部没有这类经济来源。

其次，经济规模不清。很多案件对于黑社会性质组织积累的财产数额，没有作出准确认定，往往以概括的估堆式方法予以表述。如某县人民法院对王某某黑社会性质组织犯罪案作出的判决中，对经济实力仅表述为"该组织通过非法采矿等手段获取经济利益，具有一定的经济实力"[①]，尽管在证据中列出了获利情况，但事实的缺失使经济特征的认定缺乏说服力。

再次，经济实力认定中组织财产与个人家庭财产混同。有的案件，公安机关侦查中，对与组织成员有关的财产，不区分组织财产与家庭合法财产，全部查封、扣押，纳入组织的经济实力之中，公诉机关起诉时也不予区分，导致法院审理中难以准确区分，无法作出经济实力的认定和涉案财产的精准处置，只能概括性地表述为"黑社会性质组织及其成员违法所得的财产及其孳息、收益，依法予以追缴、没收"[②]。

（三）行为特征认定问题

首先，违法犯罪行为的暴力性要求把握不准。单纯"软暴力"不能构成黑社会性质组织的行为特征在司法机关已基本形成共识。但是，对于暴力违法犯罪行为在涉案组织全部违法犯罪活动中所占比例较小，造成后果不严重的情况，各地掌握标准不一致，公、检、法三机关间意见也不完全一致，司法机关自由裁量的空间较大。如近年来，以涉嫌黑社会性质组织犯罪起诉的案件中，主要以高利借贷、"套路贷"进行非法牟利的犯罪组织，在向被害人收取高额利息时，大量使用"软暴力"手段，有的甚至主要使用"软暴力"手段，在是否认定为黑社会性质组织上，各地司法机关掌握的标准不统一，有的案件认定构成黑社会性质组织，有的案件认定不

---

① 参见S省PY县人民法院（2018）L1326刑初207号刑事附带民事判决书。

② 如聂某黑社会性质组织案、吴某占黑社会性质组织案等，参见S省QD市中级人民法院（2011）Q刑一初字第48号刑事附带民事判决书、S省LC市DCF区人民法院（2017）L1502刑初454号刑事附带民事判决书。

构成黑社会性质组织。

其次，组织违法犯罪行为的时间范围把握不准。有的把黑社会性质组织形成时间之前的行为也作为组织行为，如郭某波黑社会性质组织案，判决书认定组织形成时间为 2013 年 9 月之后，认定的黑社会性质组织的违法犯罪事实中却把 2013 年初的寻衅滋事列为组织犯罪事实。[①]

再次，行为的组织性把握不准。如杨某革一案，公诉机关指控杨某革、杨某龙等 8 人犯组织、领导、参加黑社会性质组织罪，指控该黑社会性质组织或成员个人实施非法拘禁 9 起，抢劫 2 起，敲诈勒索 1 起，强奸 3 起，强制猥亵 1 起，猥亵儿童 1 起，寻衅滋事 54 起，非法侵入住宅 1 起，职务侵占 1 起，聚众斗殴 1 起，妨害作证 1 起。法院经审理查明，被告人杨某革组织、策划、参与的犯罪组织内违法犯罪活动为：非法拘禁 6 起，致 1 人轻微伤，寻衅滋事 16 起，致 2 人轻微伤；被告人杨某龙参与犯罪组织内的违法犯罪活动为：非法拘禁 4 起，致 1 人轻微伤，寻衅滋事 4 起，致 2 人轻微伤。被告人杨某革在犯罪组织之外实施的个人违法犯罪活动为：敲诈勒索 1 起、寻衅滋事 17 起、致 1 人轻微伤；被告人杨某龙在犯罪组织之外实施的个人违法犯罪活动为：非法拘禁 3 起，强奸 2 起，抢劫、强制猥亵、猥亵儿童、非法侵入住宅、聚众斗殴各 1 起，寻衅滋事 15 起、致 1 人轻微伤。可以看出，二被告人实施的违法犯罪活动中，大部分为犯罪组织之外的个人犯罪。犯罪组织实施的犯罪仅有非法拘禁与寻衅滋事两个罪名，不符合多罪名的行为特征要求。而且，杨某革在村委担任一定职务，犯罪组织中的成员大多为本村联防队员，负责该村景区管理、维护治安等事务，公诉机关指控的很多非法拘禁、寻衅滋事事实与他们负责的村内事务有关，不能认定是为犯罪组织利益实施。如公诉机关指控的一起非法拘禁犯罪事实，被害人田某某喝醉酒后到一村民家闹事，该村民因害怕而打电话向杨某革求助，杨某革安排联防队员把田某某带到村警务室殴打并拘禁一个小时。该起犯罪事实中，对被害人的殴打与拘禁虽然违法，但其目的是行使

治安管理的职责，不能认定是为犯罪组织的利益实施。法院经审理依法认定杨某革犯罪组织不构成黑社会性质组织，而是构成恶势力犯罪集团，按照各被告人在集团中的地位、作用和实施的犯罪作出判决。[①]

（四）危害性特征认定问题

首先，区域或行业界定不清。如李某某黑社会性质组织一案的判决中，对非法控制区域或行业的认定为"该黑社会性质组织在某省各地市通过暴力、威胁等手段实施刑事犯罪在全省部分职业院校造成了重大影响"[②]。上述危害性特征的描述，出现了全省各地市和全省部分职业院校两个区域，没有明确的行业，看不出到底是在哪个确定的区域或者哪个确定的行业形成了社会危害。

其次，非法控制或重大影响把握不准。司法实践中，司法机关对非法控制或重大影响的认定，往往把犯罪组织的个罪简单相加，以个罪的犯罪后果总和直接认定，而不对这个结果作出在社会控制或重大影响上的定量与定性分析。如傅某黑社会性质组织案，傅某6年内以借款本息4000余万元的资金规模实施违法犯罪，法院认定构成黑社会性质组织犯罪。[③] 但在本案中，被告人傅某是否对相关特定行业真正形成了控制，难以得出肯定的结论。从行业特征来看，6年内以借款本息4000余万元的资金规模，在一个地区的民间借贷行业中所占的比例不大，难以认定在此行业内形成重大影响。

再次，把工厂、企业等经济组织之间以非法手段进行的不正当竞争等同于黑社会性质组织对行业的非法控制或重大影响。如王某娜等人被控犯组织、领导、参加黑社会性质组织罪一案，检察机关指控王某娜等人在经营石家庄市固瑞特保温材料厂等三个工厂期间，为了垄断市场，攫取巨额利润，王某娜指使他人并纠集社会闲散人员，多次实施违法犯罪活动，构

---

① 参见 S 省 J 县人民法院（2019）L1122 刑初 35 号刑事判决书。

② 参见 S 省 JN 市 LC 区人民法院（2018）L0112 刑初 580 号刑事判决书。

③ 参见湖南省衡阳市中级人民法院（2011）衡中法刑一初字第 58 号刑事附带民事判决书。

成组织、领导、参加黑社会性质组织罪。石家庄市中级人民法院经审理认为，王某娜等人不构成组织、领导、参加黑社会性质组织罪。一审宣判后，石家庄市人民检察院提出抗诉，河北省人民检察院支持抗诉。河北省高级人民法院经审理认为，本案在社会危害特征方面，没有证据证实王某娜公司对石家庄市保温材料行业形成垄断和非法控制，不符合认定黑社会性质组织犯罪要求的在一定区域或者行业内，形成非法控制或者重大影响，严重破坏经济、社会生活秩序的特征，对抗诉意见不予支持。[1] 可以看出，检察机关之所以指控王某娜等人构成黑社会性质组织，就是把具有竞争关系的经济组织之间的非法竞争形成的行业经营优势，等同于对一定行业的非法控制，在非法控制特征上出现了认识偏差。河北省两级人民法院经审理依法不认定王某娜等人构成黑社会性质组织，符合我国《刑法》规定的黑社会性质组织危害性特征的认定要求。

（五）四个特征的完整性认定问题

司法实践中，在四个特征是否必须同时具备上，在不同司法机关和不同司法人员中存在认识分歧。有的司法机关和人员以政策要求中的"打早打小"要求为依据，以《2018 年指导意见》第 3 条的片面理解为依据，[2] 认为不需要四个特征同时具备，只要具备其中的部分特征，特别是危害性特征明显的，则其他特征可有可无，导致司法实践中不断出现四个特征不完备的组织"拔高认定"现象。同时，对四个特征不作要素构成分析，采取"打包式"认定方法，把所有特征事实罗列在一起，笼统地指控或认定构成黑社会性质组织的特征，也是司法裁判中经常出现的现象。这一现象

---

[1] 参见石明辉：《王某娜等人故意伤害、寻衅滋事、非法拘禁、敲诈勒索案——如何根据"非法控制或重大影响"的内在要求准确认定黑社会性质组织的危害性特征》，载最高人民法院刑事审判第一、二、三、四、五庭主办：《刑事审判参考》（第 107 集），法律出版社 2017 年版，第 84 页。

[2]《2018 年指导意见》第 3 条要求四个特征必须同时具备，只是强调司法实践中在四个特征不是都很明显，也就是有的特征不明显时，在认定上要综合其他特征，准确认定。因此，认为该条规定不要求四个特征同时具备的观点，是一种断章取义的误解。

既不利于被告人服判息诉，也不利于社会公众对司法裁判的信服。

二、司法认定问题产生的主要原因

司法实践中黑社会性质组织特征认定与把握上出现的问题，既有立法原因，也有政策和司法原因。

（一）立法内容不具体

我国仅在《刑法》第 294 条中对黑社会性质组织的特征作了粗线条的抽象规定，而且规定中的"称霸一方""欺压、残害群众"等用语，是社会化语言，没有确定的法律内涵。因此，司法实践中，对黑社会性质组织特征认定标准的把握，主要依靠司法人员对既有法条的解释。法律的解释包括形式解释与实质解释，在实质解释上，又有目的解释与体系解释等多种方法。在法律与解释之间从来就是此强彼弱的关系。法律规定越详细，其内涵越确定，直接适用的价值越高，法律解释的空间就越小，法律解释的价值也就相应越低，法的确定性就越高。相反，法律越粗疏，直接适用的价值就越低，法律解释的空间就越大，法律解释的价值就越凸显，法的确定性程度就越低。由于我国对黑社会性质组织的法律规定较少，法律适用者便具有较大的解释空间和自由，从机关、部门，到办案组织、办案人员，都可以作出自己的解释，不同的机关、人员适用标准的不统一也便成为必然。应该说，这是法律适用标准难以统一的根本原因。

（二）司法政策不协调

政策是法律的灵魂。司法政策既可以弥补法律的漏洞，直接作为对法无明文规定事项的裁判依据，也可以为正当地解释法律提供政策依据，进行符合立法意图的扩张或限缩解释。可以说，司法政策是对法律固有的僵化教条缺陷的必要克服，是把法律的稳定性与社会生活的不确定性有效连接的粘合剂。[1] 由于立法的简要，我国黑社会性质组织犯罪的法律适用一

---

① 刘振会：《司法实践中如何对待司法政策》，载《人民法院报》2016 年 5 月 10 日，第 2 版。

直依靠刑事政策的支持。为准确适用法律，适应社会对黑恶势力打击的需要，我国不断出台专门针对黑恶势力的刑事专门政策。从《2009 年纪要》到《2015 年纪要》，再到《2018 年指导意见》，我国先后出台了一系列政策性文件。但是，这些政策性文件由于各自针对不同时期的社会需要，存在内容上的抵触和标准上的冲突，一定程度上造成了司法实践中的适用标准不统一。如《2015 年纪要》中的很多标准，法院之外的机关存在不同认识。而且，司法政策虽然是活的法律，但难免与法律不完全一致，也会在一定程度上造成对法律标准的理解与适用不统一。

（三）司法专业化程度不够高

首先，司法人员的法治精神树立不够牢固。有的司法人员对于打击犯罪与保障人权并重的法治精神认识不到位，不能正确处理依法打击与系统治理的关系，有时把党和国家对整体社会治理的要求片面理解为严厉打击犯罪的要求。比如，2018 年 1 月以来，国家在社会治理层面开展的"扫黑除恶"专项斗争，是针对把持基层政权等突出问题开展的专项治理活动。但是，有的部门和人员，以"运动式"思维办理"黑恶势力"案件，导致专项斗争前后对黑社会性质组织适用不同的司法认定标准。

其次，司法人员专业化程度不够高。一方面，司法人员专业化分工不够，在黑恶势力犯罪案件侦查、起诉与审判上，没有建立稳定的专业化队伍，办案人员流动性大，长期从事黑恶势力犯罪案件办理的人员很少，专业知识、专业技能不能完全适应工作要求，法律理解不到位、特征要求把握不准也就很难避免。

再次，司法人员办案经验不足。"法律的生命不是逻辑，而是经验。"[1]司法人员审查证据、认定事实、适用法律，不仅需要扎实的法学理论和专业知识，还需要具备一定的实践经验。长期以来，黑社会性质组织犯罪案件相对于其他刑事案件数量较少，司法人员办理此类案件缺乏经验。如 S 省人民法院 2018—2020 年审理了 100 多件黑社会性质组织案，平均到全

---

[1]　［美］霍姆斯：《普通法》，冉昊、姚中秋译，中国政法大学出版社 2006 年版，第 1 页。

省 150 多个基层法院，每个法院三年的办案数还达不到一件，有的法院更是长期没有办理黑社会性质组织犯罪案件。因此，办理此类案件的人员办案经验缺乏，只能边学习边办案，难免在法律适用、标准把握上不精准。

三、黑社会性质组织的认定方法

法律的完善、政策的调整是准确认定黑社会性质组织的重要条件和基础，正确的指导思想和原则方法是准确认定黑社会性质组织的核心和关键。

（一）坚持标准法定

黑社会性质组织是我国《刑法》规定的犯罪组织，坚持标准法定是罪刑法定的应有之义。

首先，坚持四特征齐备。这是《刑法》的明文规定，应当始终坚持。对此，《2018 年指导意见》提出了明确要求，即"黑社会性质组织应同时具备《刑法》第 294 条第 5 款中规定的'组织特征''经济特征''行为特征'和'危害性特征'"[1]。至于该意见中提出的"实践中许多黑社会性质组织并非四个特征都很明显"[2]，是指黑社会性质组织在个别特征的要素标准上，有时低于大多数黑社会性质组织，如在组织人数上低于 10 人，在经济实力上低于 20 万元，等等，此种情形下，应当"根据立法本意，认真审查、分析黑社会性质组织'四个特征'相互间的内在联系，准确评价涉案犯罪组织所造成的社会危害"[3]，即：对四个特征齐备，只是个别特征的要素标准较低的，如果达到黑社会性质组织的社会危害性程度，可以认定为黑社会性质组织。

其次，坚持十六要素齐全。组织特征要具备组织人数、组织层级、组织稳定性、纪律规约四个要素，经济特征要具备经济来源、经济规模、经

---

[1]《2018 年指导意见》第 3 条。
[2]《2018 年指导意见》第 3 条。
[3]《2018 年指导意见》第 3 条。

济用途三个要素，行为特征要具备暴力性、组织性、公开性、多样性、侵害对象不确定性五个要素，危害性特征要具备称霸一方，特定领域，非法控制（重大影响），严重破坏经济社会生活秩序四个要素，有"保护伞"特征的还要具备包庇或者纵容要素。犯罪组织在四个特征的任何一个特征上明显不符合法定标准和要求时，不能人为拔高认定为黑社会性质组织。

再次，正确认识"打早打小"①与"打准打实"②的要求。其一，准确把握"打早打小"的基本要求。"早"是指黑社会性质组织产生与发展的早期阶段，在此阶段，形成了一般犯罪团伙、犯罪集团或者恶势力（团伙或集团），但尚未形成黑社会性质组织。"小"是指犯罪组织的人数较少，结构松散，存续不稳定。"早"与"小"从发展阶段与组织体形态两个维度界定了黑社会性质组织形成前的犯罪组织，实现黑社会性质组织形成前后两类犯罪组织的严格区分。"打早打小"是从社会预防的角度，对有发展为黑社会性质组织可能的犯罪组织提出的社会治理要求，此时的打击对象是黑社会性质组织形成前的犯罪组织，因此，"打早打小"的要求是依照法律规定对处于黑社会性质组织雏形或萌芽状态的一般犯罪团伙、犯罪集团或者恶势力犯罪团伙与集团及时进行打击，防止因打击不力使其发展为黑社会性质组织，而不是将这些犯罪组织认定为黑社会性质组织予以打击。其二，准确把握"打准打实"的基本要求。"准"是指对黑社会性质组织的认定准

① "打早打小"在《2009年纪要》和《2015年纪要》中都提出了明确要求。《2009年纪要》提出，要本着实事求是的态度，正确理解和把握"打早打小"方针。在准确查明"恶势力"团伙具体违法犯罪事实的基础上，构成什么罪，就按什么罪处理，并充分运用《刑法》总则关于共同犯罪的规定，依法惩处。对符合犯罪集团特征的，要按照犯罪集团处理，以切实加大对"恶势力"团伙依法惩处的力度。《2015年纪要》提出，"打早打小"，是指各级政法机关必须依照法律规定对有可能发展成为黑社会性质组织的犯罪集团、"恶势力"团伙及早打击，绝不能允许其坐大成势，而不应被理解为对尚处于低级形态的犯罪组织可以不加区分地一律按照黑社会性质组织处理。

② 《2015年纪要》提出，"打准打实"，就是要求审判时应当本着实事求是的态度，在准确查明事实的基础上，构成什么罪，就按什么罪判处刑罚。对于不符合黑社会性质组织认定标准的，应当根据案件事实依照刑法中的相关条款处理，从而把法律规定落到实处。

确，要求依照法定标准作出司法认定。"实"是指对黑社会性质组织的打击落到实处，也就是要依照法律规定予以刑罚处罚，实现对黑社会性质组织及其成员的特殊预防和对社会上有违法犯罪倾向人员的一般预防。"打准打实"是从刑法规制角度，对办理黑社会性质组织犯罪案件提出的司法工作要求，此时的打击对象是黑社会性质组织，而不是黑社会性质组织形成前的犯罪组织，对于不符合黑社会性质组织认定标准的，依法不予认定，依照该犯罪组织的性质和犯罪事实依法处理。因此，"打准打实"的要求是依照法律规定对黑社会性质组织进行准确认定、准确定罪处罚，既有过滤非黑社会性质组织的要求，也有准确打击各类犯罪组织的要求。其三，准确把握"打早打小"与"打准打实"的关系。"打早打小"与"打准打实"是从社会预防与刑法规制两个视角，对黑社会性质组织从萌芽、发展到形成全过程进行治理的政策与法律要求。① 相同之处在于，"打早打小"与"打准打实"的共同要求是依法打击，根据案件事实，依照法律规定，准确认定黑社会性质组织与其他共同犯罪组织。不同之处在于，二者是黑社会性质组织在形成前与形成后的治理要求。"打早打小"强调及早打击，尽早消除发展为黑社会性质组织的隐患；"打准打实"强调准确认定黑社会性质组织，依照刑法规定运用刑罚手段，对黑社会性质组织进行严厉打击，最大限度消除这一严重危害社会的"毒瘤"。

（二）坚持实质判断

黑社会性质组织是有组织地以多人的集合力量谋取集团利益、破坏公共秩序、建立非法秩序的反社会犯罪组织。在完成法定标准的形式甄别基础上，还要进行组织成立与否的实质甄别。也就是说，在完成依法进行的四特征与十六要素核对的基础上，还要进行实质审查。实质审查不是在四特征、十六要素之外另行寻找判断的标准和依据，而是以社会危害性与刑

---

① 《2015年纪要》提出，"打早打小"和"打准打实"是分别从惩治策略、审判原则的角度对打黑除恶工作提出的要求。这一表述表明"打早打小"是政策要求，"打准打实"是法律要求。

罚处罚必要性两个实质评价标准，对形式上符合四特征、十六要素的犯罪组织进行二次审查，是对黑社会性质组织的排除审查，与三阶层犯罪构成评价体中的违法阻却与责任阻却的出罪评价类似，经过实质审查，不符合社会危害性与刑罚处罚必要性要求的，作出不构成黑社会性质组织的评判结论。

首先，进行社会危害性判断。一方面，对于形式上符合黑社会性质组织四特征、十六要素的犯罪组织，对其社会危害性进行二次审查，确认是否形成对社会的非法控制或重大影响，是否具有区别于其他犯罪组织的反社会性。如有的"套路贷"犯罪集团，形式上全部符合黑社会性质组织的特征和要素，但这些犯罪集团只对向其借贷的人实施违法犯罪行为，不对借贷人之外的人实施侵害行为，虽然侵害对象众多，也造成了重大社会影响，但这种影响仅仅局限于对借贷人的生产生活经营秩序的破坏，对借贷人之外的其他社会公众并不产生危害性影响，不具有反社会性，这种"套路贷"犯罪集团，经过社会危害性的实质审查，应当不予认定黑社会性质组织。另一方面，对于形式上符合黑社会性质组织四特征、十六要素的犯罪组织，但并不是所有特征和要素都完全达到特定标准的，也要进行社会危害性的二次审查。对于社会危害性达到黑社会性质组织标准的，可以认定为黑社会性质组织。例如，对于"危害性特征"非常典型、其他特征不十分典型的犯罪组织，要根据案件事实和其他特征的具体情况，进行社会危害性程度的认真审查，达到认定条件的，可以认定为黑社会性质组织。例如，对于一个人口仅有上百人的小山村，存在一个控制该村山货销售的犯罪组织，该组织由父母与三子女组成，以血缘关系为纽带，以父母子女关系为层级，在三年多的时间内通过暴力、威胁等手段迫使本村村民的山货全部由其对外销售，从中获利两万余元。[①] 虽然从组织特征、经济特征上看并不明显，甚至经济特征非常欠缺（与 20 万元的一般认定标准相比差距巨大），但因其在一个村庄内形成了长达三年之久的山货销售非法控制，

---

① 该事例不是真实案例，是本书为说明问题而虚构的事例。

对该村村民的经济、生活秩序造成了严重破坏，形成了在该村的非法控制，社会危害性巨大，可以认定为黑社会性质组织。

其次，进行刑罚处罚必要性判断。刑罚处罚必要性是指以黑社会性质组织进行处罚的必要性，而不是对犯罪行为的刑罚处罚必要性。对于具备四个特征、十六个要素，但与恶势力等其他犯罪组织界限不清、难以区分的，根据刑法谦抑性原则，可以不认定为黑社会性质组织。由于理论上黑社会性质组织与恶势力等其他类似犯罪组织在形式特征上具有高度一致性，没有严格的客观标准界限，司法实践中，黑社会性质组织的认定是司法人员根据法律、司法政策性文件的指引作出的人为判断，对同一犯罪组织不同的机关、不同的人员可能会作出完全不同的结论，从形式上看，可能都不违反当前的法律和政策规定，但刑罚处罚的效果完全不同，应当以刑罚处罚的必要性进行审慎的二次价值判断。

本书认为，黑社会性质组织的认定，对于被告人的处罚特别是财产处置具有重大影响，而且，黑社会性质组织带有很强的社会性标签，对被告人及其亲属具有远远高于恶势力等非黑社会性质组织的社会负面评价和影响，在黑社会性质组织的基本特征虽已具备，但认定黑社会性质组织进行处罚对被告人过于严厉，对被告人亲属影响过大时，可以认定为恶势力等非黑社会性质组织。

（三）坚持法律与政策协调

在坚持法定标准、依法评判的前提下，正确贯彻落实刑事政策关于黑社会性质组织认定的要求，实现法律与政策的衔接与协调，是准确认定黑社会性质组织的重要条件。

首先，在四个特征的要素确定和要素标准上，要充分体现政策要求。本书对四个特征的要素厘定，主要依据"两高两部"制定的相关政策性文件。其中，《2018年指导意见》是核心政策性文件，《2009年纪要》和《2015年纪要》等文件是重要参考，因此，坚持四特征要求和十六要素标准，本身就是落实司法政策的重要体现。而且，应当根据政策的调整，及时调整要素标准。如《2018年指导意见》提出，对"黑社会性质组织存在时间、成员人数问题不宜作出'一刀切'的规定"[1]和"不能一般性地要求黑社会性质组织所具有的经济实力必须达到特定规模或特定数额"[2]的要求，因此，2018年以后，在组织特征的人数标准上，应当从《2015年纪要》的10人调整为可以少于10人，在经济特征中的经济规模标准上，从《2015年纪要》中要求的20万元，调整为可以低于20万元。

其次，在实质判断标准上，要准确把握司法政策的价值功能。政策是刑事法律的辅助与补充。在既有刑事法律不能及时修改完善的情况下，可以弥补法律的漏洞，进行符合立法意图的扩张或限缩解释，实现法律的稳定性与社会生活的不确定性的有效连接。[3]但是，无论如何辅助与补充，在法律实施层面，刑事政策只能以刑事法律为核心、在刑事法律的既有范畴内进行适度的扩张与限缩。如《2018年指导意见》中提出的关于黑社会性质组织在成员人数、存在时间上不搞"一刀切"，经济规模不设定特定数额，非法控制或影响的"一定区域"不要求达到特定空间范围等要求，[4]并非取消人数、时间、经济规模数额、空间范围的特征要素，而是恰恰相反，对上述要求的提出本身就是对特征要素的明确。对具体标准的弹性规定，是针对司法实践中一些不合时宜的固定标准的调整，目的是更好地落实《刑法》第294条规定的四个特征要求，更准确地认定黑社会性质组织。因此，在对黑社会性质组织的评判中，要立足《刑法》的具体规定，以惩治黑社会性质组织为目的，以法律和政策的特征与要素要求为依据，进行社会危害性和刑罚处罚必要性的审慎考量，实现对违法犯罪组织是否为黑社会性质组织的准确评判。

再次，当法律与政策不一致甚至冲突时，应当坚决适用法律。而且，要根据法律适用的效果及时推动修改法律、完善司法政策。如果适用法律

---

① 《2018年指导意见》第6条。

② 《2018年指导意见》第8条。

③ 参见刘振会:《司法实践中如何对待司法政策》，载《人民法院报》2016年5月10日，第2版。

④ 《2018年指导意见》第11条。

的效果不能满足公平正义的要求时，应当推动立法机关及时修改完善法律；如果适用法律的效果可以满足正义需求时，应当及时提出司法建议，推动调整完善司法政策。[①] 我国 1997 年《刑法》没有规定黑社会性质组织的特征，2002 年全国人大常委会作出立法解释规定了黑社会性质组织的四个特征后，"两高两部"先后出台一系列座谈会纪要、指导意见等政策性文件，细化四个特征的认定标准，对法律的实施发挥了重要作用。随着经济社会的快速发展，当政策的调整无法满足打击黑社会性质组织犯罪需要时，需要推动立法完善修改《刑法》关于黑社会性质组织罪的规定。2020 年上半年，在《刑法修正案（十一）》立法修改酝酿过程中，有关机关提出了修改完善《刑法》第 294 条关于黑社会性质组织四个特征的规定的建议，建议将黑社会性质组织特征修改为："黑社会性质的组织系同时具备以下特征的犯罪集团：（一）有明确的组织者、领导者，骨干成员基本固定；（二）以暴力、威胁或者其他手段，有组织地多次进行违法犯罪活动；（三）为谋求获取经济利益，或者为在一定区域、行业或者网络空间，形成非法控制或者重大影响。"[②] 这一刑法修改建议虽然尚未被立法机关采纳，但说明相关机关已经认识到政策调整无法满足司法实践的需要，有必要通过修改《刑法》实现对黑社会性质组织特征的调整。

（四）坚持标准稳定

理论上，凡确定性标准都是不科学的、教条的，都存在天然的不能适应社会变化的缺陷，但是，对于成文法国家，凡确定的又是必要的，特别受到司法机关和司法人员青睐的，因为，只有这样，司法机关和司法人员才可以作出为社会公众接受的裁判。这也是我国司法机关推行量刑规范化的动因。在现实需要与理想之间，选择现实的确定性标准是我们无法回避的无奈选择。既然选择了确定性标准，就要保持这一标准的相对稳定性，

---

① 参见刘振会：《司法实践中如何对待司法政策》，载《人民法院报》2016 年 5 月 10 日，第 2 版。

② 来自相关机关的《刑法》修改征求意见稿。

只有这样，才能实现司法裁判的可预期、可检验，才能最大限度地被社会公众所接受。

首先，法律政策的调整不宜过多过快。我国立法机关一直秉持这一原则，对黑社会性质组织特征的刑法修改十分审慎，2002 年立法机关作出黑社会性质组织四个特征的立法解释后，于 2011 年将立法解释内容纳入《刑法修正案（八）》第 43 条的规定之中，四个特征的内容在近 20 年时间内没有作出修改，保持了相当的稳定性。刑事政策虽进行了一些调整，但调整次数和幅度都不大，也保持了相对稳定。

其次，司法裁量的标准应当保持相对稳定。除法律政策作出明确的调整外，司法机关对黑社会性质组织四个特征和构成要素的认定标准，应在一定时期、一定地区保持相对稳定，不能因人为因素时宽时严。即使法律和司法政策作出了调整，也要在调整范围内尽可能保持与原标准的衔接，选择与以往标准最接近的标准，将变化幅度控制在最小范围内。如对于组织特征中人数的标准，2015 年以来，司法机关一直按照 2015 年最高人民法院会议纪要要求，以"10 人"为最低标准，尽管《2018 年指导意见》提出对人数不宜"一刀切"的要求，也不要调整幅度过大，仍应以"10 人"为参考标准，在 1～3 人幅度内适度调整最低人数标准。对于已经制定了经济特征中获取经济利益数额标准的地区，调整的幅度也要适度，尽可能保持标准的相对稳定性。[①] 只有这样，司法机关作出的裁判才更易于得到被告人的接受，才能更好地为社会公众提供自主评判的标准，更好地发挥对社会的教育引导功能。

---

① 参见刘振会:《黑社会性质组织的认定标准》，载《人民司法》2019 年第 14 期。

第二章
黑社会性质组织与
其他共同犯罪组织

————————————————

理论上，所有的共同犯罪，都是数人结合在一起实施的，只不过人员结合的性质、程度，人数，结合体存在时间的长短不同而已。[①] 根据人员结合的性质、程度，人员数量，结合体存在时间的长短等，共同犯罪组织形式可以分为犯罪结伙、犯罪团伙、犯罪集团、专门犯罪组织，专门犯罪组织是类型化共同犯罪组织，包括恶势力组织、黑社会性质组织、黑社会组织、恐怖组织、间谍组织、邪教组织等。黑社会性质组织与共同犯罪的其他犯罪组织，既有联系，也有区别，需要认真分析甄别。

————————————————

[①] 参见叶高峰主编:《共同犯罪理论及其运用》，河南人民出版社 1990 年版，第 91 页。

第一节　犯罪结伙、团伙、集团、有组织犯罪集团

犯罪结伙、犯罪团伙与犯罪集团是共同犯罪的三种基本组织形式，既是黑社会性质组织等类型化共同犯罪组织形成和发展的组织实体基础，也是分析和判断黑社会性质组织的学理和法理基础。

一、犯罪结伙

犯罪结伙是一种纠合性共同犯罪组织形式，是指为了实施共同犯罪，二人以上结成的犯罪伙伴。[①] 共同犯罪人一般是临时纠合在一起实施犯罪，通常实行一次或者数次犯罪就散伙。犯罪人之间完全平等，不存在组织与被组织、领导与被领导、命令与服从的层级关系，犯罪的次数不固定，可能一次，也可能多次。犯罪结伙有四个基本特征。一是人员少。人数为 2 人以上。在共同犯罪组织形式中，人数要求最低，团伙、集团等其他共同犯罪组织形式均为 3 人以上。二是人员不固定。结伙人员因作案需要随机组成。结伙的成员多数不固定，相对固定的成员不超过 2 人，固定成员超过 2 人，则不再是结伙而是团伙或者集团。三是人员不分层级。成员之间完全平等，不分层级，不分主次，在不同的犯罪行为中，各自的地位作用因作案需要而有所不同，但这种不同是因个人特点与作案需要因案而异，而不是基于在结伙中的地位不同所决定。四是违法犯罪次数和结伙时间要

[①] 参见陈兴良：《共同犯罪论（第3版）》，中国人民大学出版社2017年版，第133～134页。

求低。共同作案的次数可多可少，可以是一次，也可以是多次。结伙的时间可长可短，因结伙作案的需要而定，仅结伙作案一次的，可能一天、几个小时甚至更短。

综上，犯罪结伙是共同犯罪的一种表现形式，虽然在犯罪主体、犯罪危害性等方面，与一般共同犯罪没有本质区别，在法律规制上没有进行单独评价的必要性，但是，作为共同犯罪人的一种结合方式，在罪状表述的概括性和共同犯罪形式的规范性分类上，具有重要价值。因此，这一概念虽然不具有专门的制定法规范性质，却具有重要的实践应用价值。长期以来，这一概念在司法机关的法律文书中被广泛运用。在盗窃案件的刑事判决中，经常出现"被告人某甲与某乙自某年某月至某年某月结伙盗窃多少次，盗窃物品价值人民币多少元，二人均构成盗窃罪"，或者"被告人某甲与某乙、某丙、某丁（还可能更多）自某年某月至某年某月交叉结伙，盗窃多少次，盗窃物品价值人民币多少元，四人（或更多人）均构成盗窃罪"，等等，即是典型的共同犯罪罪状表述。如被告人李某滨等三人盗窃案。法院经审理查明，2019 年 1 月 16 日 10 时许，被告人李某滨、石某宝、关某尚结伙到某早市内，在被告人石某宝、关某尚的配合下，被告人李某滨持镊子将正在买菜的事主黄某羽绒服兜内的粉色 OPPOA5 手机 1 部盗走后离开现场时，被民警抓获。法院经审理认为，被告人李某滨、石某宝、关某尚以非法占有为目的，结伙在公共场所扒窃他人财物，其行为已构成盗窃罪，依法对三被告人各判处有期徒刑八个月，并处罚金人民币2000 元。[①]

二、犯罪团伙

与犯罪结伙相同，犯罪团伙也不是我国法律规定的犯罪组织概念，不具有制定法的法律地位，但是犯罪团伙作为司法机关使用的一个习惯术语，

---

① 参见 B 市 DX 区人民法院（2019）J0115 刑初 990 号刑事判决书。

已经成为一个具有特定含义和法律地位的法律概念。自 20 世纪 70 年代初公安机关在侦破刑事案件时就经常使用这一术语。[①] 最初，犯罪团伙是公安机关在侦查刑事案件中对于共同犯罪的多名犯罪嫌疑人的一种集合称谓，通常是指 3 人以上多次结伙共同实施犯罪的情形。之后，检察机关和人民法院也接受这一称谓，公、检、法三机关便在司法文书中一体使用。1983 年之后，一些中央文件、新闻媒体和司法实务部门的文章中，出现了"团伙犯罪"一词。公安机关开始根据犯罪团伙实施犯罪的性质命名团伙名称，出现了盗窃团伙、抢劫团伙、流氓团伙等称谓。1984 年，最高人民法院、最高人民检察院、公安部联合印发的《关于怎样认定和处理流氓集团的意见》和《关于当前办理集团犯罪案件中具体应用法律的若干问题的解答》中提出，办理犯罪团伙案件，应区分不同情形，分别按照犯罪集团与一般共同犯罪处理。[②] 尽管上述规范性文件没有赋予犯罪团伙独立的法律评价地位，甚至有学者认为，上述文件否定了犯罪团伙的概念。[③] 但是，作为对共同犯罪形式的类型化称谓，事实上已成为司法机关对一种共同犯罪组织形态的特定称谓。

随着司法机关对"犯罪团伙"概念的广泛使用，20 世纪 80 年代初我国刑法学界开始对犯罪团伙进行专门研究，围绕犯罪团伙的法律性质形成了多种观点。有学者认为，犯罪团伙就是犯罪集团；[④] 有学者认为，犯罪团伙

[①] 参见高铭暄：《刑法问题研究》，法律出版社 1994 年版，第 185 页。

[②] 办理犯罪团伙案件，凡是符合犯罪集团基本特征的，应按犯罪集团处理；凡是不符合犯罪集团基本特征的，就按一般共同犯罪处理，并根据其共同犯罪的事实和情节，该重判的重判，该轻判的轻判。

[③] 参见陈兴良：《恶势力犯罪研究》，载《中国刑事法杂志》2019 年第 4 期。

[④] 犯罪团伙已有一定程度的组织，犯罪活动中有预谋和分工，一般都实施了多次犯罪，并共同造成了危害结果，它对社会的危险性和危害性比一般犯罪更大。因此，犯罪团伙就是犯罪集团。如果不把犯罪团伙认定为犯罪集团加以惩治，则有可能放纵罪犯。参见高铭暄主编：《新中国刑法科学简史》，中国人民公安大学出版社 1993 年版，第 134 页。

是一种独立的共同犯罪形式；① 有学者认为，犯罪团伙是结伙犯罪和犯罪集团的总称；② 有学者认为，犯罪团伙包含犯罪集团与一般共同犯罪。③ 有学者认为，对于犯罪团伙，应根据具体案件的情况，有的应认定为一般共同犯罪，有的应认定为集团犯罪，绝对不能将团伙一概说成是集团，或者一概认为非集团。④

综合上述学者的观点，对犯罪团伙可以从广义与狭义两个方面进行阐释或定义。广义上，犯罪团伙包括多人纠集在一起共同实施犯罪活动的所有犯罪结合体，包括狭义的犯罪团伙、犯罪集团、恶势力组织、黑社会性质组织、黑社会组织、恐怖组织、间谍组织，以及其他多人纠集在一起共同实施犯罪活动的犯罪组织。公安机关统计全国的团伙犯罪数字或者说明全国的团伙犯罪活动情况时，使用的都是广义的团伙概念。因为在破获案件时，很难进行犯罪组织性质的准确区分。狭义上，犯罪团伙是指三人以上为多次实施犯罪结合在一起，有固定人员、有较低组织性的共同犯罪组织。由于我国法律没有规定犯罪团伙，因此，犯罪团伙在法律上不是一般共同犯罪和犯罪集团之外的第三种共犯形式，它属于一般共同犯罪形式，是一般共同犯罪形式中的特殊形式，即一般共同犯罪中有组织性，但组织性又非常低的那一部分。⑤

狭义的犯罪团伙具有三个基本特征。第一，人员数量为多人。人数要

---

① 犯罪团伙一方面具有犯罪集团的某些特征，另一方面又保留了犯罪结伙的某些痕迹，它既是一种由犯罪结伙发展起来并向犯罪集团过渡的形式，又是一种相对稳定的独立的犯罪组织形式。参见王希仁：《犯罪团伙与犯罪集团、犯罪结伙》，载《法学》1984 年第 6 期。

② 犯罪团伙既有结伙犯罪的特征，又兼有犯罪集团的特征，有的共同犯罪开始是结伙，以后发展成为犯罪集团。因此，把团伙视为结伙犯罪与犯罪集团的总称是恰当的。参见高格：《关于共同犯罪的几个理念问题的探讨》，载《吉林大学社会科学学报》1982 年第 1 期。

③ 团伙是一个含义比较广泛的概念，它既包括犯罪集团这种有组织的犯罪，也包括结合比较松散尚未达到犯罪集团程度的一般共同犯罪。参见王作富：《中国刑法研究》，中国人民大学出版社 1988 年版，第 249 页。

④ 参见马克昌：《犯罪集团与犯罪团伙》，载《法学杂志》1984 年第 6 期。

⑤ 参见何秉松：《犯罪团伙、犯罪集团、黑社会性质组织、黑社会组织、有组织犯罪集团辨析》，载《浙江师范大学学报》2002 年第 2 期。

达到 3 人以上，多于一般共同犯罪中的犯罪结伙，与犯罪集团的要求相同。第二，具有一定的组织性。虽然还没达到犯罪集团的较高层次的组织性，但与无组织的松散的自发组成的犯罪结伙不同，已经具有一定的组织性，作案时纠集者与被纠集者之间存在领导与被领导的关系，有简单的计划与分工，有较为固定的组成人员。但是，组织程度不高，没有严格的纪律，没有明显的首要分子，作案计划与分工具有临时性和多变性，每次作案人员不固定，而且经常会临时发生变化。司法实践中，经常出现这样的情形，共同犯罪人作案前偶然聚合，临时起意实施犯罪，作案结束后便各奔东西，作鸟兽散。此种情形，不属于团伙犯罪，此种共同犯罪组织形式不是犯罪团伙，因为这种情形下的共同犯罪人是随机组成，不具有固定性。第三，团伙成员结合在一起具有明确的犯罪目的。团伙成员之间的犯意联系较为密切，既有共同的犯罪故意，又在统一的意志支配之下实施具体犯罪，团伙成员知道全部或部分行动计划。

综上，犯罪团伙是由多人为了共同实施犯罪而组成的犯罪集合体，是犯罪集团的低级形态。尽管我国《刑法》没有作为共同犯罪的一种形态予以单独规定，但是，司法机关已经作为一般共同犯罪和犯罪集团之外的第三种共犯形式进行单独法律评价。如《2009 年纪要》中使用了"恶势力团伙"一词，指出"恶势力"是尚未形成黑社会性质组织的犯罪团伙，要及时严惩"恶势力"团伙犯罪。2019 年，"两高两部"《关于办理恶势力刑事案件若干问题的意见》（以下简称《2019 年恶势力意见》），明确将恶势力区分为团伙与集团两种组织形式，并分别规定了具体的认定条件。上述两个规范性文件明确规定，在法律文书的案件事实部分对犯罪组织性质明确表述，在案件审理中可以对犯罪组织性质组织控辩双方进行辩论，在法律文书中进行评析。可见，司法机关已经把犯罪团伙作为共同犯罪的一种独立组织形式，赋予其实质上的法律评价地位。

三、犯罪集团

犯罪集团是共同犯罪的重要组织形式，世界各国、各地区大多在刑事法律中作出了专门规定，我国《刑法》明确规定了犯罪集团的概念，从法律上确立了犯罪集团的构成条件和基本特征。

（一）域外犯罪集团立法

世界各国及地区在法律特别是《刑法》中大多对犯罪集团给予专门规制，但对犯罪集团的人员数量、结合目的、犯罪活动的种类等组织体的要素标准，各国及地区并不完全相同。考察国外立法发现，在《刑法》总则中规定犯罪集团的不多，大多在《刑法》分则中规定犯罪集团及其特征。俄罗斯在《刑法》总则性规范中规定犯罪集团，《俄罗斯刑法》第35条用两款分别规定有组织集团和犯罪团体。根据该国《刑法》第35条第3款规定，所谓有组织集团，是指事先为实施一个或几个犯罪而组织起来的固定集团。[①] 第35条第4款规定，所谓犯罪团体，是指为实施严重犯罪或特别严重的犯罪而成立起来的有严密组织的集团（组织），或者是为此目的而成立的有组织集团的联合组织。[②] 据此，犯罪团体既可以是个人的结合，也可以是有组织集团的联合，是数个人或数个有组织集团依照严密组织要求而组建的共同犯罪结合体。《匈牙利刑法》总则中明确规定犯罪组织的概念。根据该国《刑法》第137条的规定，所谓犯罪组织，是指基于行为分工并且为不断实施犯罪而形成的、以牟取经常的金钱利益为目标的犯罪联盟。该规定对犯罪的目的、集团内部的分工作出限制，但对成员人数并未作出明确界定。加拿大著名的BillC-95规定了犯罪集团的概念，该规定纳入该国《刑法典》第2条的定义部分。根据这一规定，所谓犯罪组织，是

---

① 参见［俄］Н·Ф·库兹涅佐娃、И·М·佳日科娃主编:《俄罗斯刑法教程（总论）》（上卷），黄道秀译，中国法制出版社2002年版，第423页以下。

② 参见［俄］Н·Ф·库兹涅佐娃、И·М·佳日科娃主编:《俄罗斯刑法教程（总论）》（上卷），黄道秀译，中国法制出版社2002年版，第419页以下。

指 5 个或 5 个以上的人正式或非正式地组织在一起形成的任何集团、联合体或其他团体。从结合体的形式上看，该法没有作更多限定，即无论是集团，还是联合体或团体，都不影响犯罪集团的成立。对于这一定义，加拿大学者 Donald Stuart 提出了质疑，认为这一定义扩张到某种诉诸暴力而结合在一起的帮派，但没有对准诸如黑手党之类具有高度组织结构的帮派。它有可能适用于高度组织化的帮派的低层成员，也有可能适用于仅仅松散联系在一起实施犯罪的群体，或者是那些从不具有暴力性的群体。《瑞士刑法》在分则中规定了犯罪集团，根据该法规定，所谓犯罪集团，是指结构和人员组成情况予以保密、目的在于实施暴力犯罪或以犯罪方法获利的组织。要求至少 3 人，具有严密的组织结构，以及存在持久性特征。《意大利刑法》在分则中用两个条文规定了犯罪集团。该法第 416 条（为犯罪而结成集团）第 1 款规定，当 3 人或 3 人以上为实施数项犯罪的目的而结成集团时，对发起、建立或者组织该集团的人员，仅因此行为，处以 3 年至 7 年有期徒刑。[①] 该规定仅对犯罪集团条件作了人数不少于 3 人的限制，并无其他条件要求。该法第 416 条 –2（黑手党型集团）第 3 款规定了黑手党型集团的概念，即当参加集团的人利用集团关系的恐吓力量以及因实施犯罪而形成的从属和互隐条件，以便直接或间接实现对经济活动的许可、批准、承包和公共服务的经营或控制，使自己或其他人取得不正当利益或好处，阻止或妨碍自由行使表决权，或者在选举中为自己或其他人争取选票时，该集团为黑手党型集团。[②] 该规定突出了黑手党型集团的犯罪能力、犯罪领域，强调了此类集团与政治的紧密关系。该条第 1 款规定，黑手党型集团由 3 人或 3 人以上组成，[③] 与其他犯罪集团的人数要求相同。综上，域外国家《刑法》对犯罪集团的定义既有共性，也有差异。在犯罪集团人员数量上，有的国家没有任何限制，有最低人数限制的，具体的数量要求

---

① 黄风译注：《最新意大利刑法典》，法律出版社 2007 年版，第 148 页。

② 黄风译注：《最新意大利刑法典》，法律出版社 2007 年版，第 148 ~ 149 页。

③ 黄风译注：《最新意大利刑法典》，法律出版社 2007 年版，第 148 页。

各不相同，有的国家要求 3 人以上，有的国家则要求最低为 5 人。在犯罪集团的目的上，有的国家规定只要是为实施犯罪而结合在一起即可，有的国家则对实施犯罪的范围或种类作出限定。有的限定为实施特定种类的犯罪，有的要求具有实施某种可起诉罪或严重犯罪等目的。立法的不同反映了不同国家在刑法立场与刑事政策价值取向上的不同。有的国家秉持刑法的谦抑性，在刑事政策上将打击的重点主要对准该国现实存在的黑手党等犯罪组织上，有的国家则强调刑法打击犯罪的社会功能，在刑事政策上将包括黑手党等犯罪组织在内的、有必要予以控制的所有此类非法的结合体均纳入打击惩治范围之内。出现上述差异，主要是由于不同国家集团犯罪的情形以及立法者对集团犯罪的认识不同。

（二）我国犯罪集团立法

我国关于犯罪集团的刑事立法和学界对犯罪集团的研究经历了一个不断发展完善的过程。1979 年《刑法》总则中出现了犯罪集团一词，[1] 在分则中规定了犯罪集团首要分子的法律责任，[2] 但没有对犯罪集团的概念及成立条件作出明确具体规定。刑法学界对犯罪集团进行了理论研究，提出了各种学说。有学者认为，所谓犯罪集团，通常是指为了在相当时期里，经常实施一种或多种犯罪而组织起来的犯罪组织。[3] 有学者认为，犯罪集团是指多人为了实施某种或多种犯罪而紧密纠集起来的犯罪组织。[4] 还有学者认为，犯罪集团是指有较多的人，以长时间地，有组织、有领导地实施一种或多种犯罪为目的而建立起来的犯罪组织。[5] 这些学说描述了犯罪集团在成立目的、人员组合方式等方面的特征，揭示了犯罪集团的实质，但

①该法第 23 条中规定，组织、领导犯罪集团进行犯罪活动的或者在共同犯罪中起主要作用的，是主犯。

②1979 年《刑法》（含特别刑法）在分则中对犯罪集团的规定大约有 16 处。这些规定除了极个别属于独立犯罪外，都属于对犯罪集团的首要分子从重或者提高法定刑幅度的规定。

③王作富：《中国刑法研究》，中国人民大学出版社 1988 年版，第 247 页。

④杨春洗、杨敦先主编：《中国刑法论》，北京大学出版社 1994 年版，第 133 页。

⑤高铭暄、王作富主编：《刑法总论》，中国人民大学出版社 1990 年版，第 236 页。

是，这些理论过于抽象，在人员数量、存在时间、组织结构等方面没有作出具体的描述，无法直接用于指导司法实践。

为准确实施《刑法》，统一司法机关的认识和适用标准，司法机关以规范性文件形式提出了可操作性的把握标准。1983 年 5 月 26 日，最高人民法院、最高人民检察院和公安部联合印发的《关于怎样认定和处理流氓集团的意见》中，明确提出了流氓集团的概念和条件。该意见规定，流氓集团是指 3 人以上经常纠集在一起，在首要分子的组织、策划、指挥下，共同实施流氓犯罪行为，严重危害社会秩序的犯罪集团。构成流氓集团，必须同时具有下列情形：（1）3 人以上出于共同实施流氓犯罪行为的故意而经常纠集在一起；（2）重要成员基本固定，有明显的首要分子；（3）多次共同实施流氓犯罪行为（参与人数有时多，有时少），或者有组织、有计划地进行流氓犯罪活动，情节恶劣，危害严重。1984 年 6 月 15 日，最高人民法院、最高人民检察院、公安部所作的《关于当前办理集团犯罪案件中具体应用法律的若干问题的解答》，描述了犯罪集团的基本特征，要求刑事犯罪集团一般应具备下列基本特征：（1）人数较多（3 人以上），重要成员固定或基本固定；（2）经常纠集在一起进行一种或数种严重的刑事犯罪活动；（3）有明显的首要分子。有的首要分子是在纠集过程中形成的，有的首要分子在纠集开始时就是组织者和领导者；（4）有预谋地实施犯罪活动；（5）不论作案次数多少，对社会造成的危害或具有的危险性都很严重。而且，对于犯罪集团及集团中共同犯罪人的定性处罚作出了具体规定。

以上两个规范性文件出台后，刑法学者围绕上述规定进行了理论研究，提出了关于犯罪集团的两种新观点。第一种观点认为，所谓犯罪集团，一般是指 3 人以上，为了在较长时间内实行某种或多种犯罪而结合在一起的具有相对稳定性的犯罪组织。[①] 第二种观点认为，犯罪集团是指 3 人以上以多次实行某种或某几种犯罪为目的而结合在一起的具有一定组织性的犯

[①] 何秉松主编：《刑法教科书》，中国政法大学出版社 1995 年版，第 297 页。

罪团体。[1] 两种观点都揭示了犯罪集团的本质特征，相比较而言，第二种观点更加周延，更加科学合理，更具可操作性，更为大多数人所接受而成为通说。1997年《刑法》修订时，前三份草案[2] 对犯罪集团作出如下规定：3人以上为共同实施犯罪而组成的较为稳定的犯罪组织，是犯罪集团。[3] 1997年2月17日的《刑法》草案中，对犯罪集团的表述发生了微小的变化，由于立法者认为"固定的犯罪组织"比"稳定的犯罪组织"更能揭示犯罪集团的本质，这一草案将前述概念中的"稳定"改为"固定"，并被1997年《刑法》采纳。

我国1997年《刑法》第26条规定，3人以上为共同实施犯罪而组成的较为固定的犯罪组织，是犯罪集团。刑法学者根据这一规定对犯罪集团进行了大量研究，提出了诸多观点。有代表性的主要是三条件说、四条件说和五条件说。三条件说认为，犯罪集团的成立，需要满足人数为3人以上、有明确的目的性和有较为固定的组织形式三个条件。[4] 四条件说认为，犯罪集团的成立，需要满足3人以上组成、有一定的组织性、共同实施犯罪的目的和相当程度的固定性等四个条件。[5] 五条件说认为，犯罪集团的成立，需要满足犯罪主体的多数性、犯罪形式的组织性、犯罪目的的明确性、结合的稳定性和社会危害的严重性等五个条件。[6] 上述三种观点，基本内涵和主要内容没有本质区别，三条件说与四条件说只是在组织性和固定性

[1] 高铭暄主编：《中国刑法学》，中国人民大学出版社1989年版，第192页；马克昌主编：《犯罪通论》，武汉大学出版社1991年版，第503页；叶高峰主编：《共同犯罪理论及其运用》，河南人民出版社1990年版，第84页。

[2] 1996年12月中旬、12月20日和1997年1月10日的《刑法修订案草案》。

[3] 高铭暄编：《新中国刑法立法文献资料总览》，中国人民公安大学出版社1998年版，第1374页、第1457页、第1550页。

[4] 李文燕主编：《中国刑法学》，中国人民公安大学出版社1998年版，第201页。

[5] 高铭暄主编：《新编中国刑法学》，中国人民大学出版社1998年版，第238页以下；马克昌主编：《犯罪通论》，武汉大学出版社1999年版，第530页以下；叶高峰、刘德法主编：《集团犯罪对策研究》，中国检察出版社2001年版，第34页以下等。

[6] 高铭暄主编：《刑法专论》（上编），高等教育出版社2002年版，第376页以下。

上的表述方式不同，五条件说相较于三条件说、四条件说增加了社会危害性条件。

本书认为，区别于一般共同犯罪的严重社会危害性应当作为犯罪集团的成立条件。因为犯罪集团成员因犯罪目的而联合起来，在首要分子的组织指挥下，成员之间配合协作进行犯罪活动，相对于犯罪分子单独作案或一般共同犯罪，对社会造成的危害或具有的危险都更加严重。从实然意义上，是已经发生的集团犯罪行为所造成的社会危害后果；从应然意义上，是犯罪集团所具有的可以造成严重社会危害后果的犯罪能力，也就是说，犯罪集团应当具有特定的超越一般共同犯罪结合体的强大犯罪能力，而这一犯罪能力以其实施的犯罪行为的特定社会危害性为衡量标准，即具有超越一般共同犯罪结合体的严重社会危害性。可以说，这是对犯罪集团应然抽象犯罪能力的实然具象犯罪后果表达，比之单纯的抽象犯罪能力描述[①] 更具可操作性。我国《刑法》采纳了这一表述方式，在集团犯罪的后果上作了特别的标准规定。如黑社会性质组织这一特定犯罪集团的成立条件上，就规定了危害性条件。[②] 但是，五条件说中，把结合的稳定性修正为结合的稳固性更为妥当。如上所述，我国《刑法》对犯罪集团的规定采纳了固定性的表述，固定性以稳定性为基础和条件，没有稳定性，固定性就无法保障，故把稳固性作为犯罪集团的成立条件更契合我国《刑法》的立法本意。

（三）我国犯罪集团的基本特征

根据我国《刑法》规定，犯罪集团具有集团成员达到多数、集团组成具有层级结构、集团存续稳固、犯罪目的明确、具有严重社会危害性等五个特征。

---

① 在此意义上，这一条件可表述为"犯罪集团应当具有实施严重危害社会犯罪行为的犯罪能力"。

② 我国《刑法》第294条第5款第4项规定，黑社会性质组织通过实施违法犯罪活动，或者利用国家工作人员的包庇或者纵容，称霸一方，在一定区域或者行业内，形成非法控制或者重大影响，严重破坏经济、社会生活秩序。

第一，集团成员达到多数。其一，所谓多数，是指组成犯罪集团的人员为 3 人以上，只有 2 人的，不成立犯罪集团。我国法律自古即将 3 人作为对社会公众集合体的最低人数标准。《晋书·刑法志》曰："三人谓之群"；《唐律·名例六》曰："称众者三人以上。"① 这一人员数量要求，使之与犯罪结伙区别开来。其二，具有刑事责任能力的集团成员达到多数。如果人数虽然为 4 人，但其中 2 人一人 10 岁、一人 11 岁，均不具有刑事责任能力，则不成立犯罪集团。其三，受到刑事处罚的人数并不要求达到多数。具有刑事责任能力只是具有了刑事处罚的条件，是否给予刑事处罚还要综合考虑犯罪性质、情节，以及在集团中的地位和作用等情况，如果部分成员属于犯罪情节轻微不需要判处刑罚的，可以免予刑事处罚，因此，犯罪集团成员为 3 人以上，但受到刑罚处罚的，并不一定达到 3 人，即使在 3 人以下也不影响犯罪集团的成立。换言之，受到刑事处罚的共同犯罪人未达 3 人，并不必然排斥犯罪集团的成立。其四，单位可以成为犯罪集团成员。我国《刑法》规定了单位犯罪，赋予了单位犯罪主体地位，凡是《刑法》规定可以追究单位刑事责任的，单位均可以作为犯罪主体。因此，单位也可以作为一方主体，与其他主体组成犯罪集团，实施特定的犯罪。如我国《刑法》规定单位可以构成制造、运输、贩卖毒品罪，故单位可以成为毒品犯罪集团的成员，而且，单位既可以和自然人组成犯罪集团，单位与单位也可以组成犯罪集团。

第二，集团成员具有层级结构。犯罪集团是一种犯罪组织，组织性是犯罪集团的重要特征。具有层级结构是犯罪集团组织性的核心要素和典型特征。因为，组织是具有共同目标的人所组成的社会集合体，集合体中的每一个人都有特定的地位，充当着特定的角色，集合体成员具有特定的关系，集合体具有特定的组织结构。犯罪集团作为一种组织，必须具有相应的组织结构。一是集团成员分为首要分子、重要成员与一般成员三种身份。首要分子在集团中起组织、策划、指挥作用，重要成员居于承上启下的地

① 王俊平：《犯罪集团研究》，中国人民大学 2003 年博士学位论文。

位，既接受首要分子的指使、安排，也可以对一般成员进行指使、安排，一般成员则在首要分子或者重要成员的指使、安排下实施犯罪活动。对于层级的数量，既可以是两层，也可以是三层或三层以上。如张某杀人抢劫犯罪集团，共有成员8人，7个成员具有同等地位，是一种平等关系，都受张某的领导和指挥，因此，该犯罪集团只有两个层级。规模较大的犯罪集团中间层级则可能较多。如黑恶势力犯罪组织，一般都具有组织领导者或首要分子、骨干成员或重要成员、一般成员三个层级，人员较多的，可能在骨干成员或重要成员中又分为两个或多个层级。二是犯罪集团的重要成员基本固定。虽然可能个别普通成员存在短期加入或不定期退出的情形，但重要成员基本固定不变，而且，在集团内部充当着特定的角色，较之一般成员具有更重要的地位，是介于首要分子与一般成员之间的中坚力量。三是有明确的纪律和规矩。都受首要分子的组织领导，受有形或无形的纪律规矩制约，从而形成稳定的组织结构。

第三，集团存续比较稳固。犯罪集团的稳固性，在我国刑法学界有两种不同的观点。一种观点认为，固定性主要是指成员比较稳定，成员之间存在着领导与被领导的关系。[①] 另一种观点认为，固定性是指犯罪目的稳定，存续时间较长，实施犯罪次数较多。综合两种观点，稳固性的内涵主要包括以下内容。一是人员固定。首要分子和重要成员基本固定，集团的主体成员相对固定。二是犯罪活动固定。犯罪集团一般都是较长时间从事一种或多种犯罪活动，犯罪行为容易出现重复性和专业化甚至职业化的倾向。如从事走私、贩毒等某一种犯罪活动的便形成单一犯罪活动的犯罪集团。从事多种犯罪活动的犯罪集团，如黑恶势力犯罪组织，其犯罪活动也相对集中在一定的范围之内。[②] 三是存在的时间较长。犯罪组织在实施多次犯罪活动之间持续存在。如果3人以上在严密的组织下，实施了一次犯

---

① 参见苏惠渔主编:《刑法学》，中国政法大学出版社1997年版，第229页。
② 如《2019年恶势力意见》第8条规定，恶势力实施的违法犯罪活动，主要为强迫交易、故意伤害、非法拘禁、敲诈勒索、故意毁坏财物、聚众斗殴、寻衅滋事。

罪活动就解散了，即使这次犯罪性质非常严重，社会危害性非常大，也不能认定为犯罪集团。理论上，犯罪组织成立后，仅实施一次犯罪活动就被公安机关全部抓获，犯罪组织彻底瓦解，不影响犯罪集团的成立。因为，其具备实施多次犯罪的条件，未能实施多次犯罪是因为被公安机关抓获成员、瓦解组织。但是，实践中，仅实施一次犯罪活动即被抓获，很难认定犯罪组织的稳定性，因而难以认定犯罪集团的成立。四是犯罪组织的活动方式相对固定。集团成员的分工内容、相互联络的语言、穿着的服装或佩戴的标识、踩点的方式、实施犯罪的方法、从犯罪现场撤出的方式、毁灭罪证的方式等，形成了相对固定的模式。

第四，犯罪目的明确。犯罪集团的成立，必须具有共同实施犯罪的目的。这是犯罪集团成立的前提条件。首先，集团组成以实施犯罪为目的。集团成员之所以结合在一起就是为了长时间多次实施犯罪。其次，犯罪目的内容包括概括的犯罪目的和具体的犯罪目的。集团成员既可因抽象的概括犯罪目的结合在一起，也可因具体的犯罪目的结合在一起；既可以表现为实施某一种犯罪的目的，也可以表现为实施某几种犯罪的目的。司法实践中，以实施某一种犯罪为目的的，称之为单一型犯罪集团，如走私集团、贩毒集团等；以实施几种犯罪为目的的，根据其实施的多种犯罪的特点给予特定的称谓。如以实施寻衅滋事、敲诈勒索、强迫交易、故意伤害等多种欺压百姓犯罪为目的的犯罪集团，称之为恶势力犯罪集团。

第五，社会危害性严重。具有较个体犯罪更为严重的社会危害性，是犯罪集团成立的核心要素和特质条件。一是犯罪能力强。犯罪集团人员多、有预谋、有指挥、有分工，实施犯罪行为的能力远远大于个体犯罪和一般共同犯罪，既遂的几率更高，犯罪的后果更严重。如盗窃集团，在首要分子的组织指挥下，集团成员分工明确，有踩点的，有望风的，有实施盗窃的，有掩护逃跑的，共同完成盗窃行为，既遂的几率远远高于单人盗窃或一般共同盗窃，而且，由于多人分工负责，盗窃财物的数量和价值也更高。二是犯罪后果严重。犯罪集团实施的犯罪活动一般要达到3次以上，较之一般共同犯罪，具有更为严重的犯罪后果。犯罪集团实施的3次以上犯罪行为，不要求必须每次行为独立构成犯罪，如盗窃集团，多次盗窃并不要求每次盗窃数额达到犯罪标准，只要实施的行为性质可能构成犯罪即可。换言之，实施的3次以上犯罪行为可以包括违法行为，但必须整体构成犯罪或者至少一次犯罪活动构成犯罪。但是，对于特定的犯罪集团，犯罪活动的性质和次数则有特定要求。如恶势力集团的认定，要求3次以上的犯罪行为必须单次独立构成犯罪。这种犯罪集团实施的犯罪活动造成的危害后果较一般犯罪集团更为严重。

四、有组织犯罪集团

有组织犯罪是英语"Organized Crime"的中文翻译，域外国家或地区通常用来指具有一定组织性的共同犯罪。有组织犯罪集团是有组织犯罪实施主体，英语用"Criminal Organization""Criminal Group"或"Criminal Gang"表示，其含义包含在有组织犯罪的概念之中。关于有组织犯罪集团的概念，各国学者、立法者、司法者作出了各自的解读，迄今为止没有一个精确的、统一的、得到普遍接受与公认的定义。[1] 甚至可以说，有多少论者就有多少有组织犯罪集团的定义。

从域外学者研究状况看，有代表性的观点主要有以下几种。美国犯罪学家D. 斯坦利·艾兹恩认为："一般意义上，我们将有组织犯罪集团规定为旨在通过非法活动获得经济利益而组织起来的商业企业。这种非法企业要生存下去，至少需要三个相互关联的因素：（1）消费者对非法商品和服务的需求；（2）一个组织能不断生产或提供这些商品和服务；（3）政府官员和司法官员的腐化，为了自己的利益或获得好处对这类非法组织活动提供保护。"[2] 美国1982年出版的《犯罪学词典》解释为：有组织犯罪集团除控制某一政府外，还提供非法商品、非法服务，例如赌博、放高利贷、毒品交

---

① 康树华、魏新文:《有组织犯罪透视》，北京大学出版社2001年版，第3页。
② ［美］D. 艾兹恩、杜格·A. 蒂默:《犯罪学》，群众出版社1998年版，第63页。

易、淫秽物品交易和卖淫，协调和组织国内或跨国犯罪组织攫取最大利润。有组织犯罪集团包括黑手党和有黑社会结构的犯罪组织。[①] 法国犯罪学家安得鲁·博萨认为："有组织犯罪集团实际上表现为一个相对独立的社会。生活在合法团体的外面，有自己的章程、自己的组织、等级和严厉的纪律，利用一切手段实现他们的目的，即最大利润。"[②] 他认为有组织犯罪集团具有持久性、组织性、严格的等级分工和秘密性。德国犯罪学家汉斯·施奈德认为，有组织犯罪集团是指"具有合法目的的组织犯了经济和破坏环境罪，为了更好地逃避打击，犯罪者狼狈为奸，拼凑成为具有犯罪目的的组织"[③]。德国著名警官布格哈特·黑洛德认为，"有组织犯罪集团是指旨在获取暴利或对公共生活领域施加影响，长期或不定期地实施犯罪活动的组织。"[④] 2000 年《联合国打击跨国有组织犯罪公约》明确规定，有组织犯罪集团是由 3 人或多人所组成的，在一定的时期内存在的，为了实施一项或多项严重犯罪或根据本公约确立的犯罪以直接或间接获得金钱或其他物质利益而一致行动的有组织结构的集团。这一规定总结了世界各国有组织犯罪集团的状况，得到签约国的认可。

从我国学者研究状况看，主要有以下几种观点。一是最广义说。认为有组织犯罪集团是指两个以上的人为了某种（或某个、某些）具体的犯罪目的组织起来，共同实施犯罪活动的组织。包括简单凑合、组织松散的团伙，以及内部组织严密，有等级结构和指挥核心，行动计划周密，成员稳定，分工明确，相互配合的犯罪集团。[⑤] 二是广义说。认为有组织犯罪集团是指 3 人或 3 人以上，以非法谋利为主要目的，为了共同犯罪而

---

① Crime Dietionary, De Sola R. N.Y. 1982，转引自俄文版《有组织犯罪——2》，莫斯科犯罪学联合出版社 1993 年版，第 147 页。

②［法］安得鲁·博萨：《跨国犯罪与刑法》，陈正云等译，中国检察出版社 1997 年版，第 109 页。

③［德］汉斯·施奈德：《犯罪学》，中国人民公安大学出版社 1990 年版，第 44 页。

④ 徐久生：《德国犯罪学研究探要》，中国人民公安大学出版社 1995 年版，第 118 页。

⑤ 陈显容：《犯罪与社会对策——当代犯罪社会学》，群众出版社 1992 年版，第 109 页。

结成的犯罪组织。包括松散的犯罪结伙、犯罪集团和带黑社会性质的犯罪组织三种组织形式。① 三是犯罪集团说。认为有组织犯罪集团是指故意犯罪者操纵、控制或直接指挥和参与，组织结构严密、等级森严或组织成员相对稳定，有特定行为规范和逃避法律制裁的防护体系的犯罪集团。② 犯罪集团可分为普通犯罪集团、黑社会性质组织、黑社会组织。③ 四是狭义说。认为有组织犯罪集团是指 3 人以上有一定组织形式、主要犯罪成员基本固定、社会危害性大、反侦查能力强的犯罪集团。包括黑社会性质组织和犯罪集团，而将一般犯罪结伙排除在外。④ 五是最狭义说。此说有两种观点。一种观点认为，有组织犯罪集团是指 3 人以上有一定组织机构和组织关系，内部结构紧密，等级森严，犯罪能量大，自我防护能力强的超集团性犯罪组织。它通常仅指最典型意义的黑社会组织。⑤ 另一种观点将恐怖组织与黑社会组织一同纳入有组织犯罪集团范畴，认为有组织犯罪集团实施的犯罪活动的社会危害不仅侵害个人安全，同时不同程度地侵害公共安全（包括社会经济安全）或者侵害国家安全。因此，在有利于刑事司法实践操作的前提下，将有组织犯罪集团限定于黑社会组织和恐怖犯罪组织为宜。⑥ 根据上述学说，有组织犯罪集团包含了从共同犯罪的最松散结合体——犯罪结伙到犯罪团伙、犯罪集团、黑社会性质组织直到最高级组织形式——黑社会组织（恐怖组织），由低级到高级的所有共同犯罪中犯罪人的结合体形式。

本书认为，犯罪集团说最接近有组织犯罪集团的准确含义。我国《刑法》规定，"三人以上为实施犯罪而组成的较为固定的犯罪组织，是犯罪集

---

① 丁慕英、单长宗:《中国对有组织犯罪——走私罪和洗钱罪的惩治与防范》，载《法学家》1998 年第 2 期。

② 康树华:《比较犯罪学》，北京大学出版社 1994 年版，第 269 页。

③ 高铭暄、马克昌:《刑法学》，北京大学出版社、高等教育出版社 2000 年版，第 175 页。

④ 邓又天、李永升:《试论有组织犯罪的概念及其类型》，载《法学研究》1997 年第 6 期。

⑤ 邓又天、李永升:《试论有组织犯罪的概念及其类型》，载《法学研究》1997 年第 6 期。

⑥ 储怀植:《合理地反击有组织犯罪》，载《甘肃政法学院学报》2009 年第 3 期。

团。"① 根据这一规定，犯罪集团具有 3 人以上、有实施犯罪目的、有一定层级组织结构、稳固存续等特点，与域外国家和地区以及联合国《打击跨国有组织犯罪公约》中有组织犯罪集团的定义最为接近。因此，可以以犯罪集团说为基础，结合联合国《打击跨国有组织犯罪公约》的定义，进行符合我国打击犯罪需要的本土化改造。正如马克昌教授所说，"我国对有组织犯罪如何理解，应当以《打击跨国有组织犯罪公约》的规定为依据。"② 特别是，对于有组织犯罪集团概念的界定关系我国打击犯罪的范围和力度，应当保护刑法的必要谦抑性。德国著名刑法学家汉斯·海因里希·耶塞克提出，为了维护刑罚的严肃性，必须将刑法的犯罪圈限制在维护公共秩序所必需的最低范围之内，应当在自由状态中考验那些轻微甚至中等程度的犯罪行为的人，以便警察和司法机关集中处理较严重的犯罪。③ 综上，在我国，有组织犯罪集团可以定义为：3 人以上为获取非法经济利益或出于其他非法目的而建立的具有内部等级结构与组织纪律的在一定时期内稳固存在的犯罪集团。包括普通犯罪集团、恶势力组织、黑社会性质组织和黑社会组织（恐怖组织）四种。从组织规模、程度和社会危害性上，四种类型是有组织犯罪集团的初级、中级和高级形态，而且，四者之间没有严格的界限，低级形态均有发展为高级形态的可能，直到发展为完善的成熟的犯罪组织。根据我国《刑法》《反有组织犯罪法》的规定，恶势力组织、黑社会性质组织与境外黑社会组织是三类法定有组织犯罪集团。

五、黑社会性质组织与犯罪结伙、团伙、集团及有组织犯罪集团的分野

黑社会性质组织与犯罪结伙、团伙、集团、有组织犯罪集团都属于共

---

① 我国《刑法》第 26 条第 2 款。

② 马克昌：《有组织犯罪及其防治对策研究》，载《法学论坛》2004 年第 5 期。

③ 张远煌：《中国有组织犯罪的发展现状及立法完善对策》，载《法治研究》2012 年第 2 期。

同犯罪的组织形式，都受共同犯罪的法律规制，犯罪组织成员都具有共同的主观故意、实施共同犯罪行为，共同承担法律后果。但是，黑社会性质组织与犯罪结伙、团伙、集团、有组织犯罪集团存在重大区别。只有厘清这些共同犯罪组织间的关系，才能在司法适用上达到协同一致，有效对犯罪进行准确打击。①

（一）黑社会性质组织与犯罪结伙的区别

二者的区别主要表现在两个方面。一是性质不同。前者为法定的共同犯罪组织形式，具有法定的构成条件和法律评价地位，后者为实定的共同犯罪的罪状表达形式，没有区别于一般共同犯罪的法律评价地位；二是构成条件和标准不同。前者需要具备组织特征、经济特征、行为特征和危害性特征四个条件，每个特征需要具备特定的构成要素。后者的构成条件与认定标准则相对较低，仅需2人以上共同实施犯罪即可。

（二）黑社会性质组织与犯罪团伙的区别

二者的区别主要表现在三个方面。一是性质不同。黑社会性质组织是我国《刑法》规定的专门共同犯罪组织，是法定的共同犯罪组织形式；而犯罪团伙仅仅是一种准法定共同犯罪组织形式，虽然已成为司法机关进行单独评价的共同犯罪组织，但在我国《刑法》中没有作为共同犯罪组织形式作出明确规定。二是基本特征和构成要素不同。前者需要具备法律规定的四个基本特征、十六个要素；后者需要具备三个基本特征和相应的人员数量、组织性和目的性等要素。三是构成要素的标准不同。前者在成员人数、组织紧密程度上高于后者，前者要求具有经济实力和特定的社会危害性，而后者则没有这两项要求。

（三）黑社会性质组织与犯罪集团的区别

黑社会性质组织与犯罪集团都是法律规定的共同犯罪组织形式，二者是一般与特殊的关系，黑社会性质组织是犯罪集团的特别组织形式，二者的区别主要表现在三个方面。一是法律评价地位不同。前者具有犯罪构成

---

① 参见梁利波：《有组织犯罪立法的国际谱系》，载《刑法论丛》2014年第3卷（总第39卷）。

的要素地位，是构成黑社会性质组织犯罪的基础条件；后者是一种犯罪处罚评价要素，是对犯罪组织成员刑事处罚的考量因素。二是构成要素的标准不同。人数上，前者一般为 10 人左右，司法实践中，虽不一定都达到 10 人，但一般也接近 10 人；后者则为 3 人以上。层级结构上，前者要求具有组织者、领导者、骨干成员、积极参加者、一般参加者等多个层级，至少具备三个层级；后者一般要求具有首要分子、重要成员和一般成员三个层级，仅有两个层级也可以构成。组织纪律上，前者要求有成文或不成文的组织纪律或者活动规约，后者虽然也有组织纪律，但相对于前者组织纪律的要求较低。犯罪行为上，前者要求具有暴力性、公开性、多样性，后者则没有犯罪行为的特定要求，只要为共同犯罪目的结合在一起实施共同犯罪即可满足行为条件。社会危害性上，前者要求达到对一定区域、行业的非法控制或重大影响，而后者则没有这一特定要求，只要造成了其实施的特定犯罪的社会危害性即可。

（四）黑社会性质组织与有组织犯罪集团的区别

有组织犯罪集团是域外国家对特定犯罪集团的称谓，并已为联合国公约所认可，是国际社会关于共同犯罪组织的通用称谓，黑社会性质组织是我国独有的共同犯罪组织称谓，是具有鲜明中国特色的共同犯罪组织形式。二者均属于共同犯罪组织形式，内涵基本一致，但外延范围不同。有组织犯罪集团的外延更大，包含黑社会性质组织，黑社会性质组织是有组织犯罪集团中的中级犯罪组织，居于普通犯罪集团、恶势力组织与黑社会组织和恐怖组织之间。

第二节　恶势力组织

恶势力组织是 2022 年 5 月 1 日施行的《反有组织犯罪法》确立的有组织犯罪组织形式。该犯罪组织是黑社会性质组织的低级形态，与黑社会性质组织、境外黑社会组织统称为有组织犯罪组织。

一、恶势力组织的概念

恶势力的提法在我国由来已久，然而从一个混沌不清的习惯用语到内涵明晰的规范术语，恶势力概念经历了漫长的演变过程。[①] 恶势力是社会学术语，《现代汉语词典》的解释为：为非作歹、祸害人民的政治力量或社会力量。我国司法机关在办理司法案件中，发现有一种犯罪组织介于黑社会性质组织与一般共同犯罪之间，而且有发展为黑社会性质组织的可能，便借用了社会学术语中的"恶势力"一词，并赋予其特定的内涵和外延，创造性地定义了一类共同犯罪。在相当长一段时期内，恶势力是一个源于司法需求、欠缺明确立法依据的非法定概念。[②] 2022 年 5 月 1 日《反有组织犯罪法》施行后，恶势力组织正式成为法定犯罪组织概念。

（一）社会术语概念阶段

我国司法机关中最早使用"恶势力"一词的是公安机关，用来指扰乱社会秩序、破坏社会治安的违法犯罪分子形成的反社会力量。1992 年 10

[①] 陈兴良：《恶势力犯罪研究》，载《中国刑事法杂志》2019 年第 4 期。

[②] 黄京平：《恶势力及其软暴力犯罪探微》，载《中国刑事法杂志》2018 年第 3 期。

月，公安部在部分省、市、县打击团伙犯罪研讨会上提出，黑社会性质组织（流氓团伙）具有六个特征，其中第一个特征为"在当地已形成一股恶势力，有一定势力范围"①。上述内容出现了黑社会性质组织、流氓团伙与恶势力三个违法犯罪组织称谓。关于犯罪团伙与黑社会性质组织的关系，研讨会认为，犯罪团伙不一定都是黑社会犯罪组织，但黑社会犯罪组织必然产生于犯罪团伙。犯罪团伙危害治安，影响群众安全，同时也是黑社会势力的一种社会基础。②研讨会没有对恶势力作为一种违法犯罪组织进行研讨，此时，恶势力与势力范围是在社会学术语上使用，用来描述黑社会性质组织与流氓团伙的犯罪能力与社会控制程度，指具有一定犯罪能力、拥有一定势力范围的反社会力量。因此，这一时期公安机关系在社会学术语上使用恶势力一词，没有作为一类专门的违法犯罪组织概念使用。

（二）特定违法犯罪组织概念阶段

1995年《国务院政府工作报告》与《最高人民法院工作报告》中出现了"流氓恶势力"一词，提出要严厉打击流氓恶势力。"流氓"一词源于1979年《刑法》第160条规定的流氓罪，是指聚众斗殴、寻衅滋事、侮辱妇女或者其他破坏社会秩序、情节恶劣的流氓活动，也指实施流氓行为的违法犯罪分子。刑法术语"流氓"与社会术语"恶势力"联合使用，指包括流氓在内的扰乱社会秩序、破坏社会治安的违法犯罪分子形成的反社会力量，此时，恶势力虽仍在社会学术语上使用，但因与刑法术语联合使用，成为描述特定违法犯罪组织的专用术语。1996年全国范围开展"严打"斗争中提出，"严打"的主要任务是"坚决打击带有黑社会性质的犯罪团伙和流氓恶势力"。1997年《最高人民法院工作报告》中将带有黑社会性质的集团犯罪和流氓恶势力犯罪并列，作为依法严厉打击的重点犯罪。流氓恶势力成为区别于带有黑社会性质的犯罪团伙（集团）的一种独立犯罪组织形态。1997年《刑法》规定组织、领导、参加黑社会性质组织罪后，法院

---

① 赵颖：《当代黑社会性质组织犯罪分析》，辽宁人民出版社2009年版，第42页。
② 贾宏宇：《中国大陆黑社会组织犯罪及其对策》，中央党校出版社2006年版，第51～52页。

系统不再使用流氓恶势力一词。如 1998 年《最高人民法院工作报告》中仅有关于打击黑社会性质组织犯罪的内容，不再有 1997 年《最高人民法院工作报告》中打击流氓恶势力犯罪的相关内容。因此，这一时期，流氓与恶势力联合使用成为一类特定违法犯罪组织的概念。

（三）犯罪类型概念阶段

1999 年，最高人民法院在《全国法院维护农村稳定刑事审判工作座谈会纪要》（法〔1999〕217 号）中开始使用恶势力犯罪一词。该纪要第 3 条专门规定关于农村恶势力犯罪案件的处理要求。提出：修订后的《刑法》将原"流氓罪"分解为若干罪名，分别规定了相应的刑罚，更有利于打击此类犯罪，也便于实践中操作。对实施多种原《刑法》规定的"流氓"行为，构成犯罪的，应按照修订后《刑法》的罪名分别定罪量刑，按数罪并罚原则处理。对于团伙成员相对固定，以暴力、威胁手段称霸一方，欺压百姓，采取收取"保护费"、代人强行收债、违规强行承包等手段，公然与政府对抗的，应按照黑社会性质组织犯罪处理；其中，又有故意杀人、故意伤害等犯罪行为的，按数罪并罚的规定处罚。根据该纪要的上述要求，对于符合黑社会性质组织特征的农村恶势力以黑社会性质组织犯罪论处，对于不符合黑社会性质组织特征的则按照具体行为所构成的犯罪予以处罚，从处罚原则与具体方法上作出了黑社会性质组织与恶势力犯罪的区分，使恶势力犯罪成为独立于黑社会性质组织犯罪的专门犯罪类型。自 2000 年全国范围内首次开展"打黑除恶"专项斗争开始，我国把恶势力犯罪作为与黑社会性质组织犯罪并列的独立犯罪类型进行专项治理。同时，司法机关开始对黑社会性质组织与恶势力违法犯罪组织进行区分。公安机关在"打黑除恶"专项斗争进度表上对黑社会性质组织、恶势力的数量、成员分别进行计算。例如，据公安机关统计，截至 2003 年 4 月"打黑除恶"专项斗争结束时，全国公安机关共打掉黑社会性质组织 631 个，打掉恶势力团伙 14000 多个，抓获涉案成员 10 万多人，破获刑事案件 15 万多起。[1]

---

[1] 程林杰：《2000 年："打黑除恶"狂飙骤起》，载《人民公安报》2008 年 12 月 6 日，第 4 版。

这一阶段，恶势力犯罪成为司法机关使用的犯罪类型工作术语，指具有与黑社会性质组织犯罪相似危害的团伙违法犯罪，并且开始把恶势力作为实施违法犯罪的组织与黑社会性质组织相提并论，但是，没有对恶势力犯罪及恶势力的概念作出界定。

（四）准违法犯罪组织概念阶段

《2009 年纪要》最早对恶势力相关问题作出系统规定。该纪要首次提出恶势力概念，明确了恶势力的基本特征、认定标准、处罚原则等，[①] 恶势力开始具有法律规范性质。该纪要提出，恶势力是黑社会性质组织的雏形，有的最终发展成为黑社会性质组织。因此，及时严惩恶势力团伙犯罪，是遏制黑社会性质组织滋生，防止违法犯罪活动造成更大社会危害的有效途径。该纪要规定，恶势力是指经常纠集在一起，以暴力、威胁或其他手段，在一定区域或者行业内多次实施违法犯罪活动，为非作恶，扰乱经济、社会生活秩序，造成较为恶劣的社会影响，但尚未形成黑社会性质组织的犯罪团伙；恶势力一般为 3 人以上，纠集者、骨干成员相对固定，违法犯罪活动一般表现为敲诈勒索、强迫交易、欺行霸市、聚众斗殴、寻衅滋事、非法拘禁、故意伤害、抢劫、抢夺或者黄、赌、毒等。该纪要对恶势力的定义是根据实践情况总结、归纳而来的，目的是给办案单位正确区分"黑"与"恶"提供参考。[②] 但是，该纪要将恶势力纳入犯罪团伙之中，作为犯罪团伙的一种形式，未赋予恶势力独立的法律地位，未规定恶势力的特定法律后果。而事实构成和法律后果之间的联结是完整的法律规范首要的、最重要的内容，[③] 因此，该纪要对恶势力的规定虽具有法律规范的性质，但未明确恶势力独立的法律地位。

《2015 年纪要》明确把恶势力确立为一种特定共同犯罪组织。该纪要

---

① 参见《2009 年纪要》第二部分第 2 项第 6 条。

② 高憬宏、周川：《〈办理黑社会性质组织犯罪案件座谈会纪要〉的理解与适用》，载最高人民法院刑事审判第一、二、三、四、五庭主办：《刑事审判参考》（总第 74 集），法律出版社 2010 年版，第 185 页。

③ ［德］伯恩·魏德士：《法理学》，丁晓春、吴越译，法律出版社 2013 年版，第 61 页。

指出，由于黑社会性质组织的形成、发展一般都会经历一个从小到大、由"恶"到"黑"的渐进过程，因此，"打早打小"不仅是政法机关依法惩治"黑恶势力"犯罪的一贯方针，而且也是将黑社会性质组织及时消灭于雏形或萌芽状态，防止其社会危害进一步扩大的有效手段。由此，恶势力成为一种具备黑社会性质组织雏形的犯罪组织，具有发展成为黑社会性质组织的可能，① 具有准确区分普通共同犯罪与有组织的共同犯罪，以及黑社会性质组织不同发展阶段表现形态的功能。恶势力的概念和法律地位向规范化迈进了一步。

《2018 年指导意见》确立了恶势力的法律地位，赋予恶势力法律评价意义上的规范性。其一，赋予恶势力特定违法犯罪组织的法律地位。该意见明确规定，恶势力是一类单独的违法犯罪组织，包括团伙与集团两种具体形式，而不再归类为犯罪团伙，使其在犯罪实施主体上获得了法律评价的独立地位。其二，赋予恶势力特定的法律后果，成为影响定罪量刑的特定因素。定罪上，将恶势力作为特定共同犯罪组织，与黑社会性质组织同等对待，规定黑恶势力实施的滋扰、纠缠、哄闹等"软暴力"行为，可以作为恐吓或者威胁等犯罪手段，从而认定构成寻衅滋事罪、强迫交易罪等特定犯罪，由此，恶势力成为上述特定犯罪罪与非罪、此罪与彼罪的构成要素，具有特定犯罪构成要素的法律评价意义。量刑上，将恶势力作为从严处罚的要素，规定恶势力犯罪应当区别于普通刑事犯罪从严惩处。由是，恶势力成为从重处罚的量刑情节，具有量刑情节上的法律评价意义。其三，赋予其犯罪事实的司法评价地位。该意见规定法律文书中在犯罪事实部分可以对恶势力明确表述，使其具有司法裁判的法律评价独立地位。② 综上，《2018 年指导意见》在实质意义上赋予了恶势力独立的法律地位，使其不仅具有法律评价上的抽象价值，而且具有定罪量刑上的具体评判价值。

《2019 年恶势力意见》规定了恶势力的构成要件、认定标准，违法犯

---

① 参见《2015 年纪要》第一部分第 3 项。
② 参见《2018 年指导意见》第 14 ～ 16 条。

罪活动种类和犯罪事实与法律适用的法律评价等内容，赋予程序性事项诉讼地位，纳入不诉不理和上诉不加刑两大诉讼原则的适用范围，明确了影响量刑的范围和程度，形成了犯罪构成事实与法律后果的法律联结，具备了实体与程序的双重法律地位。特别是，该意见赋予了恶势力对其组织成员犯罪情节评价的三项功能。一是整体评价为适用于全部成员的从严情节。在主刑、附加刑、非监禁刑等的裁量上，应当作出比一般共同犯罪更严的处理。二是区别对待，宽严有别。其一，对于纠集者、首要分子、重要成员以及共同犯罪中罪责严重的主犯，从重处罚，而且在强制措施采取、附加刑适用上从严把握标准、条件。对于恶势力的一般成员，具有法律规定从宽处罚情节的，依法从宽处罚。其二，在首要分子的立功认定上从严把握，在构成立功的从轻幅度上也从严把握。一般成员则从宽把握，只要对司法机关办案发挥积极作用的，都兑现政策，给予相应的酌情从轻处罚。其三，具有从严和从宽处罚情节时，对纠集者、首要分子、重要成员总体从严，对一般成员则总体从宽。[①] 上述规范性文件对恶势力法律地位的评价，属于司法政策的评价范畴，具有准规范性地位。

（五）法定犯罪组织概念阶段

2022 年 5 月 1 日施行的《反有组织犯罪法》把恶势力组织作为有组织犯罪组织的形式之一，明确规定了恶势力组织的概念。该法第 2 条第 1 款、第 2 款规定，有组织犯罪是指《刑法》第 294 条规定的组织、领导、参加黑社会性质组织犯罪，以及黑社会性质组织、恶势力组织实施的犯罪。恶势力组织，是指经常纠集在一起，以暴力、威胁或者其他手段，在一定区域或者行业领域内多次实施违法犯罪活动，为非作恶，欺压群众，扰乱社会秩序、经济秩序，造成较为恶劣的社会影响，但尚未形成黑社会性质组织的犯罪组织。至此，恶势力组织成为与黑社会性质组织具有相同法律地位的法定犯罪组织。

---

① 参见《2019 年恶势力意见》第 13～16 条。

二、恶势力组织的基本特征

根据《反有组织犯罪法》《2018 年指导意见》与《2019 年恶势力意见》等法律、规范性文件对恶势力组织的概念界定，恶势力组织在组织、行为与危害性上具有特定要求，这些要求构成恶势力的主要特征。

（一）组织特征

组织特征是指恶势力在组织程度、组织模式、人员组成等方面的特定要求。

首先，组织程度上居于共同犯罪组织的中间层级。从普通共同犯罪组织到恶势力组织、黑社会性质组织的组织特征变化具有层级性，表现为从行为的组织性到结构的组织性，从临时、松散的组织性到固定、严密的组织性，从内部的组织性到内外部结合的组织性，从人员、物质的组织性到精神、文化的组织性。[①] 从共同犯罪的组织形态看，从低级到高级分为结伙、团伙、集团、恶势力组织、黑社会性质组织、黑社会。恶势力组织在组织性上，高于结伙、团伙和集团，[②] 低于黑社会性质组织和黑社会组织，居于中间层级，而且，接近于黑社会性质组织，具有发展演变为黑社会性质组织的可能性。

其次，组织模式上具有双维性。在防治维度上包含犯罪团伙与犯罪集团两种形式，在惩治维度上仅有犯罪集团一种形式。犯罪团伙型恶势力的组织较为松散，不要求有首要分子，只要求纠集者相对固定、成员较为固定，可以有一定的流动性。犯罪集团型恶势力组织结构比较紧密，有明显的首要分子，重要成员较为固定，核心成员固定性较强。组织成员一般具有三个层级，存在三种分工。居于核心地位的是首要分子，对组织及其活动起指挥、领导作用；重要成员居于中间层级，负责具体违法犯罪行为的实施，是具体犯罪活动的主犯；一般成员居于最下层级，按照首要分子或

---

① 参见杜宇：《刑法体系构建的三种思路》，载《浙江社会科学》2009 年第 7 期。

② 恶势力包括团伙和集团，恶势力团伙和集团在组织性上分别高于一般的犯罪团伙和集团。

重要成员的安排实施违法犯罪活动，参与次数较少，作用较小。而且，组织紧密程度越高，组织成员固定性越强，层级关系越明显，分工越细。按照组织紧密程度，犯罪集团型恶势力可分为松散型、半紧密型和紧密型三个等级。[①]

再次，在组织人数上，一般为 3 人以上。恶势力组织是共同犯罪的团伙或集团形式，3 人是最低人数要求。对于恶势力组织 3 人的最低要求，学界存在不同认识。有学者认为，应该是指相对固定的成员为 3 人以上，而不是指包括被临时纠集者为 3 人以上。[②] 有学者则认为，如果被临时纠集者都构成犯罪的情况下，已经符合《刑法》所规定的 3 人以上（包括 3 人在内）的主体数量要求，不能说还没有达到恶势力犯罪的人数标准。[③]《2019 年恶势力意见》采纳了后一种观点，要求包括纠集者在内，至少应有 2 名相同的成员多次参与实施违法犯罪活动，也就是说，包括临时被纠集的人在内达到 3 人的可以构成恶势力。《反有组织犯罪法》没有作出人数的具体规定，防治维度上的恶势力组织人数要求可以适用《2019 年恶势力意见》的要求，但是，惩治维度上的恶势力组织则应当适用《刑法》第 26 条犯罪集团的人数要求，满足 3 人以上组成较为固定犯罪组织的要求。

（二）行为特征

行为特征是指恶势力组织在行为方式、行为种类、行为次数等方面的特定要求。

其一，违法犯罪活动方式上，表现为暴力、威胁或者其他手段。暴力，是指殴打、捆绑等足以危及人身健康或者生命安全的手段。威胁，是指以使用暴力危及人身健康或者生命安全相要挟，实现对他人精神控制的手段。"其他手段"是指与暴力、威胁手段具有相同危害性的手段。根据《反有组

[①] 参见刘仁文、刘文钊：《恶势力的概念流变及其司法认定》，载《国家检察官学院学报》2018 年第 6 期。

[②] 参见黄京平：《恶势力及其软暴力犯罪探微》，载《中国刑事法杂志》2018 年第 3 期。

[③] 参见陈兴良：《恶势力犯罪研究》，载《中国刑事法杂志》2019 年第 4 期。

织犯罪法》《2018年指导意见》和《2019年恶势力意见》的规定，"软暴力"① 属于黑恶势力犯罪实施违法犯罪的"其他手段"，"软暴力"主要表现为滋扰、纠缠、哄闹、聚众造势四种手段。但是，"软暴力"只是一种辅助性手段，仅有"软暴力"手段，不能产生"为非作恶、欺压百姓"的危害后果，无法形成恶势力组织。软暴力手段与暴力性手段交替使用，暴力、暴力威胁作为经常性手段，暴力性手段居于支配性地位，是恶势力组织影响力的基础，是恶势力的基本行为特征。②

其二，违法犯罪活动次数上，达到"多次"标准。"多次"指3次以上，恶势力团伙与恶势力集团在3次以上违法犯罪活动的标准上有不同要求。恶势力团伙要求的3次以上违法犯罪活动，既包括违法活动，也包括犯罪活动，但在累计的3次活动中至少有一次是犯罪活动。简言之，没有犯罪活动，仅有违法活动，即使达到3次及以上的次数要求，也不符合恶势力团伙的违法犯罪活动要求。恶势力集团要求犯罪活动达到3次以上。违法活动虽然也计入犯罪集团的违法犯罪事实，但违法犯罪事实单独不能作为恶势力集团的构成要素。

其三，违法犯罪活动频率上，符合经常性要求。经常主要表示频率，指一项活动或一种行为在一定时段内反复出现形成累积效应，使人们对该活动或行为形成规律性认识。恶势力组织达到经常纠集在一起实施违法犯罪活动的要求，需要满足频率与效果两个条件。频率上，违法犯罪活动的实施要在一定时段内反复实施，即达到3次以上。效果上，违法犯罪活动的社会影响产生累积效应，即上次违法犯罪活动的影响尚未消失前实施下次违法犯罪活动，从而形成社会影响的持续存在与不断提升。实现这一效果，要求违法犯罪活动的时间跨度既不能太短，也不能太长。《2019年恶势力意见》提出，经常纠集在一起多次实施违法犯罪活动，是指犯罪嫌疑

---

① 本书专节论述"软暴力"犯罪，在此不展开论述。

② 参见黄京平:《黑恶势力利用"软暴力"犯罪的若干问题》，载《北京联合大学学报（人文社科版）》2018年第2期。

人、被告人于 2 年之内多次实施违法犯罪活动。对于"纠集在一起"时间明显较短，实施违法犯罪活动刚刚达到"多次"标准，且尚不足以造成较为恶劣影响的，一般不应认定为恶势力。[①] 本书认为，经常纠集在一起多次实施违法犯罪活动的时间跨度应当在 3 个月至 2 年之间。短于 3 个月无法认定组织持续存在，长于 2 年如果次数过少无法形成持续的社会影响。如以被告人倪某为首的犯罪团伙，2016 年 12 月 26 日至同年 12 月 31 日，该团伙统一购买帽子、口罩进行伪装，并携带砍刀、对讲机等作案工具 3 次到某 KTV 强行收取保护费、强行消费，并有一次故意伤害造成一人轻伤，尽管人员、违法犯罪次数均达到了恶势力的标准，但纠集在一起仅为 6 天，违法犯罪次数刚刚达到 3 次，无法形成为非作恶、欺压群众的社会影响，不能认定为恶势力。

其四，在组织成员的参与度上，具有双层性。恶势力团伙与恶势力集团对于组织成员参与违法犯罪活动的要求具有不同标准。恶势力团伙的标准较低，参与 3 次以上违法犯罪活动的 2 名相同成员可以包括纠集者，而恶势力集团则要求 3 次以上违法犯罪活动的 2 名相同成员不包括首要分子在内，即 3 次以上违法犯罪活动的实施者应当有 3 名以上相同成员。

其五，实施违法犯罪活动的种类上，分主活动与伴随活动两种类型。[②] 根据《2019 年恶势力意见》规定，恶势力实施的违法犯罪活动中，主活动包括强迫交易、故意伤害、非法拘禁、敲诈勒索、故意毁坏财物、聚众斗殴、寻衅滋事，以及具有为非作恶、欺压百姓特征，主要以暴力、威胁为手段的其他违法犯罪活动；伴随活动包括开设赌场、组织卖淫、强迫卖淫、贩卖毒品、运输毒品、制造毒品、抢劫、抢夺、聚众扰乱社会秩序、聚众扰乱公共场所秩序、交通秩序以及聚众"打砸抢"等。[③] 主活动与伴随活动对于认定恶势力犯罪组织的功能作用不同，主活动起主要作用，主活动

---

① 《2019 年恶势力意见》第 7 条。
② 陈兴良：《恶势力犯罪研究》，载《中国刑事法杂志》2019 年第 4 期。
③ 《2019 年恶势力意见》第 8 条。

达到要求的可以认定构成恶势力；伴随活动起辅助或被强作用，仅有伴随活动一般不能认定为恶势力。

其六，违法犯罪活动的领域上，为一定区域或者行业领域。只有在某个特定区域或者行业多次实施犯罪活动，才能对该特定区域或者行业产生严重社会影响。否则，如果不是发生在特定区域或者行业，而是流窜各地实施犯罪活动，或者在较为广泛的区域从事犯罪活动，则难以构成恶势力犯罪。① 与黑社会性质组织的非法控制或重大影响的范围相同，"一定区域"，可以是一个市、县及更大区域，也可以是一个乡镇、办事处，以及一个村、居委会所辖区域。"一定行业"既包括合法行业，也包括黄、赌、毒等非法行业。

其七，违法犯罪活动的侵害客体上，包括具体客体与抽象客体双重客体。恶势力组织实施的违法犯罪活动，直接侵害被害人的人身权利、民主权利、财产权利等具体客体。同时，由于恶势力违法犯罪活动的侵害对象具有不特定性，扰乱一定区域或行业领域内不特定人民群众的正常生活、工作、生产、经营秩序，侵害间接的抽象客体——社会秩序与经济秩序。因此，是否侵害双重客体是判断恶势力违法犯罪活动的重要标准。单纯为牟取不法经济利益而实施的违法犯罪活动，不会对一定区域或行业中的不特定人员造成恐慌，不侵犯间接的经济与社会秩序客体；确属事出有因的违法犯罪活动，因其侵犯的对象具有特定性，不会侵害间接的抽象客体，故以上两种情形，不应认定为恶势力组织的违法犯罪活动。对此，《2019年恶势力意见》明确规定，单纯为牟取不法经济利益而实施的"黄、赌、毒、盗、抢、骗"等违法犯罪活动，不具有为非作恶、欺压百姓特征的，或者因本人及近亲属的婚恋纠纷、家庭纠纷、邻里纠纷、劳动纠纷、合法债务纠纷而引发以及其他确属事出有因的违法犯罪活动，不应作为恶势力案件处理。②

---

① 陈兴良：《恶势力犯罪研究》，载《中国刑事法杂志》2019年第4期。
② 参见《2019年恶势力意见》第5条。

（三）危害性特征

危害性特征是指恶势力组织违法犯罪活动在具体危害与抽象危害上的特定要求。

第一，恶势力组织实施违法犯罪活动一般出于满足精神刺激或者逞强斗狠、扬名立威等动机，具有公开性、张扬性特点。恶势力组织实施违法犯罪活动具有公然性，普通犯罪集团实施犯罪活动在行为方式的公然性等方面与恶势力犯罪集团存在区别，可按犯罪集团处理，但不应认定为恶势力犯罪集团。①

第二，恶势力组织违法犯罪活动的侵害对象，具有随意性和不确定性。恶势力为了追求对社会公众的威慑效果，树立自己的非法权威或影响，往往随机选择侵害对象，客观上表现为欺压无辜群众。

第三，社会危害性达到一定严重程度，直接或间接影响一定区域或行业内人们的社会秩序、经济秩序。恶势力违法犯罪活动的社会危害程度，应当结合侵害对象及其数量、违法犯罪次数、手段、规模、人身损害后果、经济损失数额、违法所得数额、引起社会秩序混乱的程度以及对人民群众安全感的影响程度等因素综合考量。②

第四，社会危害性还没有达到黑社会性质组织犯罪的严重程度。黑社会性质组织通过违法犯罪活动破坏正常的生产、生活秩序，在一定区域或者行业内形成非法控制或造成重大影响，严重削弱政府公共管理职能，甚至替代政府形成超越法律的非法秩序。恶势力虽然也在一定区域或者行业内多次实施违法犯罪活动，造成较为恶劣的社会影响，但这种影响对政府的管理活动造成干扰，还不足以严重削弱政府公共管理职能，没有达到对一定区域或行业形成非法控制或产生重大影响的程度。形成非法影响与形

---

① 参见最高人民法院 2022 年 11 月 29 日发布的第 33 批指导性案例之一吴某等敲诈勒索、抢劫、故意伤害案的裁判要点。

② 可以参考《2018 年指导意见》中关于黑社会性质组织罪危害性特征的判断方法，但在具体标准上适当低于黑社会性质组织的危害性标准，因为恶势力与黑社会性质组织具有同质性。

成非法控制或重大影响的区别，是恶势力组织与黑社会性质组织危害性特征的本质区别。[1]

三、黑社会性质组织与恶势力组织的界分

关于恶势力与黑社会性质组织的关系，不同的学者虽然在表述上会有不同，但基本认可恶势力组织是黑社会性质组织雏形的观点。[2] 恶势力组织与黑社会性质组织都是危害社会公共秩序的反社会共同犯罪组织，二者在组织特征、行为特征、危害性特征上的要素基本相同，实施的违法犯罪活动也基本相同。而且，恶势力具有发展为黑社会性质组织的可能，一旦积累了足够的犯罪经验和雄厚的经济基础，必然向组织结构更为严密、犯罪手段更加恶劣、社会危害更加严重的黑社会性质组织转化，并最终发展为典型的黑社会性质组织。[3] 但是，二者作为两种共同犯罪组织，仍然存在很大差别。

（一）二者法律地位不同

黑社会性质组织既是《反有组织犯罪法》规定的有组织犯罪组织，也是《刑法》规定单独定罪处罚的共同犯罪组织，具有定罪量刑的双重法律评价意义。组织、领导、参加黑社会性质组织罪，包庇、纵容黑社会性质组织罪都以黑社会性质组织的存在为前提，对于组织成员的罪名确定和刑罚处罚，则以成员在黑社会性质组织中的身份、地位和作用为基础，都离不开黑社会性质组织的存在。恶势力组织不是《刑法》规定的犯罪组织，而是《反有组织犯罪法》规定的有组织犯罪组织。《刑法》规范意义上，恶势力组织既没有犯罪构成价值，也没有刑罚处罚价值。恶势力的整体违法

---

① 参见黄京平：《恶势力及其软暴力犯罪探微》，载《中国刑事法杂志》2018年第3期。

② 参见谢勇、王燕飞：《论有组织犯罪研究——十年回顾、评价与前瞻》，载《犯罪研究》2005年第3期。

③ 于天敏：《黑社会性质组织犯罪理论与实务问题研究》，中国检察出版社2010年版，第59页。

犯罪行为只是一种共犯行为而非正犯行为，它只能依附于正犯行为而存在。①《反有组织犯罪法》规范上，恶势力组织具有独立的犯罪组织评价地位，在组织成员的取保候审、缓刑、减刑、假释和暂予监外执行等方面具有重要考量价值。

（二）二者组织结构不同

黑社会性质组织的规模和紧密程度均高于恶势力组织。一是组织人数多。黑社会性质组织一般为 10 人以上，少于 10 人的很少；恶势力组织则为 3 人以上，10 人以下的较多。而且，黑社会性质组织成员较为固定，恶势力组织成员除纠集者、首要分子外，其他成员并不固定，时多时少、时聚时散。二是组织层级多。黑社会性质组织层级为 3 级以上，至少具备组织、领导者，积极参加者（骨干成员）和一般参加者三个层级；恶势力组织的层级则为 2 级以上，只要具备首要分子（纠集者）和参加者即可。而且，黑社会性质组织各层级之间等级严密，下位层级服从上位层级的领导指挥。而恶势力组织成员之间没有严格的等级，除在组织违法犯罪活动时有相对分工外，彼此之间并没形成上下层级的严格控制和管理。三是组织更加严密。黑社会性质组织有明确的组织纪律或者活动规约，组织成员必须严格遵守，组织成员间的关系较为紧密；而恶势力组织则仅要求经常纠集在一起，成员之间的关系较为松散，特别是恶势力团伙，实施违法犯罪活动时聚在一起，不实施违法犯罪活动时，则各自活动。

（三）二者经济追求不同

黑社会性质组织以追求经济利益为目的，通过违法犯罪活动或者合法的经营活动，以及他人的资助，获取足够的经济实力，所获经济利益由组织统一管理、分配，并主要用于招募组织成员，开展合法和非法的组织活动，支持和维系黑社会性质组织自身的生存、发展。恶势力组织则不同，虽然也有部分恶势力组织追求经济利益，但并不是所有的恶势力都追求经济利益，有的恶势力则仅以逞强斗狠、扬名立万为目的。而且，恶势力没

---

① 陈兴良：《恶势力犯罪研究》，载《中国刑事法杂志》2019 年第 4 期。

有稳定的经济来源，不具有积累经济实力的计划性，只靠违法犯罪活动获取一定的非法经济利益，获取的经济利益大多被组织成员即时瓜分，并不由组织管理和使用，无法为组织积累经济实力。因此，恶势力组织不具有特定的经济特征要求。

（四）二者社会控制和影响不同

黑社会性质组织依靠其强大的组织能力，实施大量的违法犯罪活动，或者依靠其强大的经济实力拉拢腐蚀国家机关工作人员，获取国家工作人员的保护，形成对一定区域或行业的非法控制和重大影响，对政府的管理造成直接的破坏，形成重大威胁，严重扰乱经济、社会生活秩序，严重损害政府职能作用的发挥和在人民群众中的公信力。恶势力组织虽然也在一定区域或行业造成一定影响，但尚不足以形成对一定区域或行业的非法控制，也未达到严重削弱或侵蚀政府管理职能的程度，对生产生活秩序的影响仅仅是局部和低程度的，尚未达到对一定区域或行业造成整体上的严重影响。

第三节　黑社会组织

黑社会组织是共同犯罪组织的最高级形态之一，具有高度的组织性、雄厚的经济实力、强大的犯罪能力和反社会的严重社会危害性。黑社会性质组织具备黑社会组织的核心要素，但又不具备黑社会组织的全部或同等程度条件的要素，是不成熟的黑社会组织，二者既有紧密联系，也有重大差别。

一、黑社会组织的概念

黑社会组织简称黑社会。黑社会性质组织的概念，从不同学科的角度有不同的解释，社会学将其作为一种特殊的社会现象，在与其他社会现象相比较中揭示其存在的社会原因，犯罪学从一般性方面阐述这类有组织犯罪的社会危害性和主要表现形式，注重对这类犯罪群体的活动事实进行描述，刑法学则是在社会学、犯罪学研究的基础上，侧重于对这一概念法律特征的描述。[1]　三种概念的内涵之间既有联系也有区别。

（一）黑社会的社会学内涵

黑社会是"黑"与"社会"的合成词。在我国，最早的"社会"一词，可追溯到上古时代，社是祭祀土地神的场所，"会，聚也。"[2] 指多人聚集在

---

[1] 王钧:《"黑社会性质组织"的法学注释》，中国犯罪学研究会第三届会员代表会议——暨第十一届学术研讨会会议论文。

[2]《广雅·释诂三》。

一起。两个字合并使用最初指在土地神庙前会集多人进行的祭祀活动，即聚社而会。如唐代诗人柳棠在《答杨尚书》的诗句"未向燕台逢厚礼，幸因社会接馀欢"中用到了"社会"一词。这里的社会，是指春秋社日迎接土地神的集会。黑社会概念的使用，可以追溯到 19 世纪末 20 世纪初，当时不是作为法律概念使用，而是在一些文学作品中首先出现，用于指以卖淫、盗窃为生的人们，是对有组织犯罪群体的形象比喻。① 现代意义的"社会"一词，是外来语。据考证，日本学者最先将英语"society"一词译为"社会"，依据是中国古代文化中社会的本初含义，并赋予其新的社会学内涵。后来中国学者在翻译日本社会学著作时，沿用了这个词语。可以说，近现代意义上的"社会"一词是发源于中国，出口日本后实现与"society"一词的对接，又返回中国使用的。近现代，社会是指"由在功能上能满足整体需要，从而维护社会稳定的各部分所构成的一个复杂系统"②。"黑"与"白"相对，常态的合法的、公开的制度、活动称为正常的社会，即"白"社会，"黑"则正相反，指秘密、地下的、非法甚至罪恶的制度、活动等。黑社会是一种亚社会组织，有交流、整合、导向、继承与发展等正常社会的功能，这种功能对社会正常经济和社会生活秩序造成重大破坏。

域外黑社会概念也经历了一个发展过程。英语中，与黑社会一词相对应的是 underworld。根据 1914 年哈里斯（W.T.Harris）博士主编的《韦氏新国际英语大词典》第一版的解释，underworld 是指下层社会或下等社会（This lower or inferior world）。1933 年出版的《牛津英语大词典》第一版对 underworld 的解释是：下层的，或最下层的，社会阶层，等等。1976 年出版的《韦氏第三新国际英语大词典》对 underworld 的解释是：被视为处于正常生活和经历之下的社会区域或者社会层；特别是有组织犯罪的社会。这一解释已成为通说。如 1982 年出版的《牛津英语辞典补

---

① 参见黄昌瑞：《黑手党：意大利社会的不治之症》，四川人民出版社 1991 年版，第 2 页。

② 参见［美］戴维·波普诺：《社会学》，李强译，中国人民大学出版社 1999 年版，第 109 页。

编》对 underworld 的解释为：罪犯社会或者有组织犯罪社会（The world of criminals or of organized crime）。1965 年美国牡蛎湾会议上，与会专家提出："黑社会是衍生不断的犯罪通谋，不择手段地（包括正当的与不正当的、合法的与非法的）从社会中攫取超额利润的产物；它在恐吓和腐败中得以生存；它在千方百计地规避法律方面达到某种高水平；它在组织中实行集权制；其生存的方式是当其头面人物们为了规避被刑罚和起诉所引起的危险时对那些从事肮脏工作的属下执行严格的纪律。"① 可见，域外国家"黑社会"的界定与我国"黑社会"所指的亚社会组织的内涵基本一致。

（二）黑社会的犯罪学、刑法学内涵

黑社会的概念在犯罪学、刑法学界没有达成完全一致的共识。有人认为黑社会是具有长久目标、内部等级、帮规会律及成员稳定性的犯罪组织，以谋取经济利益为主要目的，以恫吓、暴力和贿赂腐蚀为基本手段所实施的犯罪行为。② 有人认为，黑社会是有组织的犯罪，而不是犯罪的组织。③ 有人认为黑社会组织，是指为了获取非法的政治、经济利益，纠合众多的人，组成准社会结构特征的、专门从事违法犯罪活动的社会群体。④ 有人认为，黑社会是以追求经济目的为核心，以暴力、威胁为基本手段，对社会区域具有一定控制能力并以特殊组织形式进行活动的犯罪集团。⑤ 联合国 1991 年 10 月莫斯科"反对有组织犯罪国际研讨会"作出的定义为，黑社会犯罪作为有组织犯罪，是由故意犯罪者操纵和控制的，组织结构相对稳定，具有逃避社会控制之防护体系，使用暴力、恐吓、腐蚀和大量盗窃

---

① 邱格屏:《黑社会与黑社会性质组织概念之比较分析》，载《福建公安高等专科学校学报》2003 年第 5 期。

② 参见《西南政法大学教授赵长青黎强案辩护词》，http://www.docin.com/p-474079106.html，2020 年 4 月 27 日访问。

③ 参见黄京平、石磊:《论黑社会性质组织的法律性质和特征》，中国法学会刑法学年会 2001 年论文。

④ 参见冯殿美:《有组织犯罪的几个理论问题》，载《政法论坛》2003 年第 1 期。

⑤ 参见王钧:《黑社会组织的法学注释》，中国犯罪学研究会第三届会员代表会议——暨第十一届学术研讨会会议论文。

等非法手段所实施的集团性犯罪活动，而这些集团性犯罪组织就是黑社会。[1] 上述定义涵括了犯罪学与刑法学意义上黑社会组织的核心内涵。

（三）黑社会组织的基本内涵

综合社会学、犯罪学与刑法学的各种内涵界定观点，黑社会内涵可以概括为：黑社会是具有类似正常社会组织功能的高级形态共同犯罪组织体。这种组织体由多人组成，具有稳定组织系统、经济基础和犯罪活动系统，以亚文化为精神支柱和成员结合纽带，组织成员参与常态社会经济领域中的生产经营活动，具有合法身份与组织身份双重身份，渗透到政府职能部门或与政府官员形成利益同盟，获得保护，以暴力、威胁等手段对社会公众形成心理威慑和行动约束，具有特定活动范围，对特定活动范围内的经济、社会活动形成控制或垄断，是一种对正常经济和社会秩序造成重大破坏的"反社会"势力。黑社会与一般犯罪集团的主要区别在于，它不是个别自然人简单结合构成的共同犯罪组织，而是形成一定程度犯罪活动系统的组织，在社会危害、组织结构的稳定以及犯罪的时间和规模等方面，与一般犯罪集团有实质差别。

二、典型的黑社会组织

国际上黑社会组织有两个公认的渊源：以家族为后盾的意大利黑手党（MAFIA）和以中国儒教文化和俗文化相交织的封建帮会（GANG），前者发展为美国、南美、俄罗斯的黑手党，后者发展为日本、韩国等国的亚裔帮会组织。[2] 意大利、美国、俄罗斯等国家，以及我国民国时期，都存在典型的黑社会组织。

（一）意大利黑手党

意大利黑手党是世界有组织犯罪组织的鼻祖。黑手党的原名"Mafia"

---

① 参见康树华：《当代有组织犯罪与防治对策》，中国方正出版社 1997 年版，第 2 页。

② 参见刘路阳：《论黑社会性质组织》，郑州大学 2001 年硕士学位论文。

（玛菲亚），在最初的西西里方言中，有自豪、自信、自负或勇敢美丽出众等含义。作为黑手党的名称，其来源和含义有多种传奇说法。一种是玛菲亚一词来源于"西西里晚祷事件"[①]，另一种是玛菲亚是一个女巫的名字，[②] 还有一种是玛菲亚一词来源于以马志尼为首的秘密组织，[③] 1862 年朱佩·里佐创作的喜剧《神父住地的玛菲亚》第一次把犯罪组织称为玛菲亚。1865 年巴勒莫行政长官呈给内务部长的官方报告中，第一次使用"Mafia"用来指当时出现在巴勒莫的犯罪组织。1875 年前后，在德语、法语、英语中也开始使用"Mafia"一词来指称意大利的黑手党。现在国际上使用"Mafia"一词既可以用于专指西西里或意大利的犯罪集团，也可以用来泛指一切犯罪集团或犯罪组织，但有时也用来指秘密的政治恐怖组织。[④]

意大利黑手党作为一个犯罪组织，是 19 世纪初期随着社会政治经济情况变化而逐步形成的。1860 年意大利统一后，新兴的地主便组织私人武装，肆意使用暴力，剥削和压迫农民，形成了黑手党的雏形。19 世纪中期，黑手党开始扩展他们的经济实力，他们的经营活动从农村扩展到城市。19 世纪末，黑手党组织性质发生根本性变化，暴力特征更加强化，成为旨在谋求经济利益最大化的邪恶犯罪组织。二战后，黑手党迅速发展，给意大利社会和人民带来巨大危害。20 世纪 70 年代中期以来，意大利黑手党开始向其他国家发展。意大利黑手党是庞大的等级结构组织，根据 1986 年西西里岛一个重要家族的头目——托玛索·布谢塔被捕后的证词，意大利黑手

---

①在西西里的韦斯波里时代，西西里人对法国征服者充满了仇恨。1282 年 3 月 3 日即复活节的第二天晚祷的时候，有一个法国人在教堂门口侮辱一位西西里姑娘，被前来救助的居民打死，这就是历史上所谓的"西西里晚祷事件"。此事发生后，西西里人自发组成一个反法组织，并提出"法国人的死亡，是意大利人民的事业"的口号，这一口号的意大利词语的首字母组成了"mafia"一词。

②1658 年，这个女巫的名字出现在西西里首府巴勒莫市的一份官方异教徒名单上，当时这个词的含义是"勇敢和富有权力欲望"的意思。

③人们对该组织的评价是"马志尼允许偷窃、放火，投毒"，这句话每一个词的首字母组合起来即"mafia"。

④参见陆谷孙主编《英汉大词典》中"mafia"一词的解释。

党以家族为组织实体，有协调组织——老板委员会，包括地区委员会和全国委员会，是一种松散的联盟，主要是协调处理各家族之间的事务；有专门的裁决组织——纠纷委员会；有等级森严的组织结构；有严格的成员加入条件和组织纪律；有一整套黑话暗语，例如：柳条——军用步枪、吹气的——小口径步枪，等等。[①]

（二）美国"拉·科萨·诺斯特拉"

美国是移民国家，存在意大利裔集团、拉丁美洲裔集团、华裔集团、越南裔集团、日本裔集团、黑人集团等各种不同族裔的犯罪组织，其中最大的犯罪组织为意裔黑手党拉·科萨·诺斯特拉（La Cosa Nostra）。[②] 20世纪20年代以来，该组织一直是美国活跃的犯罪组织。该组织以美国纽约市为主要据点，参与实施范围广泛的非法活动。该组织在加拿大、加勒比以及拉美等多个国家和地区活动，而且与这些国家和地区的其他犯罪组织保持合作关系。该组织成立初期实施违法犯罪活动以使用暴力或者暴力威胁为主，后期以腐蚀拉拢政府官员为主，不再以使用暴力或者暴力威胁为常态。该组织从事的活动及业务除了赌博、高利贷、敲诈、贩卖毒品、卖淫以及谋杀外，还包括欺骗、保险欺诈、航空货物盗窃、环境犯罪等非法活动，以及一些美国犯罪组织所特有的行为类型如行业工会欺诈以及建筑、音乐及垃圾废品行业欺诈。

该组织是一个由25个左右的意大利裔美国人所控制的犯罪"家族"（families）组成的全国性犯罪组织，总人数为1700人左右，外加17000人左右的"帮手"。[③]该组织成员具有突出的意大利裔身份特征，每个"家族"具有相同的组织结构，顶层有一位"老板"控制着整个"家族"并进行决策。成为该组织的正式成员需要经过见习期的试用、老板的推荐和所

---

① 参见何秉松：《意大利黑手党（Mafia）的形成与演变》，载《中国刑事法杂志》2001年第8期。

② 李芳晓：《国外有组织犯罪的概念和特征》，载《国外社会科学》2007年第1期。

③ 张远煌：《美国惩治有组织犯罪的法治实践及其对我国的借鉴与启示》，载《山东警察学院学报》2011年第1期。

有其他"家族"的批准，还要举行加入组织的特定仪式。该组织受到不成文的严格纪律约束，对违反誓言的成员要处以重罚以致处死。该组织实施违法犯罪活动的方式最初主要采取殴打和杀害等"显性暴力"手段，后期主要采取暴力威胁这一"隐性暴力"和拉拢腐蚀政府官员充当"保护伞"等手段。

（三）俄罗斯"斯兰斯卡娅·格鲁皮诺弗卡"

苏联解体后，俄罗斯的黑社会组织在国内迅速发展蔓延，而且逐步向国外渗透。这些犯罪组织不仅在东欧拥有势力范围，而且逐步进入西欧、美国、亚洲的部分地区，甚至发展到拉丁美洲。[①] 其中，位于俄罗斯萨马拉地区的黑手党组织"斯兰斯卡娅·格鲁皮诺弗卡"（Syzranskaya Groopirovka）最具代表性。该组织主要从事贩卖毒品活动，经营的毒品主要从阿富汗和塔吉克斯坦获得，与阿富汗的武装政治组织保持着联系，后者为该组织成员提供支持和隐匿场所，毒品销往俄罗斯以及许多西欧国家，垄断俄罗斯萨马拉地区的毒品市场。该组织采取洗钱手段将从非法毒品贸易中获得的收入"漂白"，拥有强大的经济实力。据估计，该组织的年收入约为1500万美元。该组织拥有一个包括发现潜在市场以及监控执法活动在内的较为完善的情报系统。

该组织的成员具有明显的种族特征，18名核心成员中的15人来自塔吉克斯坦，其余3人分别来自塔塔、巴什基尔以及俄罗斯联邦。该组织具有以下特点：稳定性和长期性（表现为长期从事毒品犯罪）；参与者之间划分不同的职能（如在毒品犯罪活动中，核心成员负责毒品的采购、销售以及必要的安全防范措施）；有明确的等级结构，强调领导层的权威，成员对领导层的要求无条件服从；有严格的组织纪律，当成员违反内部纪律时，使用严重暴力予惩治；以在最短的期限内获得最多收益为活动目的；除使用暴力、威胁等手段实施违法犯罪活动外，大量使用贿赂手段收买权力机

---

①［美］路易斯·谢莱:《苏联解体后的有组织犯罪及影响》，载《青少年犯罪研究》1997年第2～3期。

关人员，甚至首要分子直接进入国家机构和社会机构。[①]

（四）民国时期的青帮

中国的黑社会从帮会演变而来。帮会产生于清初到乾隆中叶，主要有天地会（洪门）、青帮和哥老会（红帮）三大帮会。青帮是信奉罗教的漕运水手成立的具有秘密教门性质的行帮组织，随着社会经济活动的变化而不断发展演化，19世纪下叶，青帮组织成员和当地流氓势力结合，逐渐演变为黑社会组织。到民国时期，青帮在上海成为以黄金荣、杜月笙和张啸林为首的最大的黑社会组织，势力遍布各个阶层、各个行业，掌握了强大的政治权力和经济权力，形成了政权、金钱、黑社会势力三位一体的典型的黑金政治。青帮有七个主要特征。一是有严格的等级结构。有翁、钱、潘三个大帮，每个大帮又有自己的分支，都有自己的首领。成员在帮内有固定的辈分。二是有严密的组织纪律。加入青帮有一定的仪式，分平常小香堂和特别正式满堂香堂两种。有十大帮规。对违犯帮规者，给予严厉惩罚，根据不同情形，分别规定了处罚措施，轻则责罚训诫，重者要给予肉体惩罚，最重的可以处死。三是有自己的帮会文化。青帮的等级排序、入帮仪式、帮规戒律等帮会文化是控制帮会成员的精神纽带。四是有势力范围。民国时期，青帮的势力范围主要为浙、赣、苏、皖、鲁、豫等省，其中在上海的势力最大。帮会中的分支或不同的层级，也有相对稳定的活动范围和控制领域。五是以有组织的暴力形成对势力范围内的社会控制。六是不择手段攫取金钱和财富。青帮从事毒品、赌博、色情、走私、敲诈勒索、抢劫等犯罪活动，并向金融等各种合法行业渗透。黄金荣、杜月笙、张啸林都身兼许多公司、企业的董事长或后台老板，许多行业都在他们的控制之下。七是与当时的政府勾结。民国时期许多有名的军阀或官僚政客如吴佩孚、张宗昌、褚玉璞、袁克文、姜桂题、杨宇霆、陈调元、张之江等，都是青帮中的"老头子"，上海的黄金荣、杜月笙、张啸林三大亨集团

---

① ［俄］А·И·科罗别耶夫：《当前俄罗斯的有组织犯罪》，潘效国译，载《西伯利亚研究》2005年第5期。

与蒋、宋、孔、陈四大家族相勾结，控制上海的经济命脉，杜月笙等还长期担任着国民政府的要职，形成了政治与经济的全面勾结，促使帮会势力不断发展壮大。①

三、黑社会组织的主要特征

黑社会组织的特征，学者有多种不同认识。有学者认为，黑社会组织具有垄断的势力范围、严密的组织、追求经济利益的基本目标、隐秘的亚文化，以及勾结官员建立强大的保护伞等五个方面的特征。有学者认为，黑社会组织属于有组织犯罪中的一种形式，其特点是：3人以上，主要犯罪成员基本固定；有一定的组织结构和组织关系，内部结构紧密，等级森严；犯罪能量大，与社会相抗衡，具有严重的社会危害性；具有较强的自我保护能力。② 综合上述观点，结合国内外典型黑社会组织的特点，本书认为，黑社会组织有以下六个主要特征：

（一）组织结构严密

黑社会组织中的重要成员固定，组织内部管理结构严密，为三级以上的"金字塔"形结构层次，即决策层、管理层、行动层，其中行动层又可分为多个层次和团体。决策层是组织领导集团，一般具有双重身份，对外有合法身份，对内掌控黑社会组织，黑社会组织的所有重大决策都由他们作出。管理层按照决策层的分工管理一定的人员或事务，并依照决策层的指示组织实施违法犯罪活动。行动层具体实施违法犯罪活动，以暴力、威胁等手段维护组织利益，拓展组织生存空间。黑社会组织内部有严密的组织规章、严酷的帮规戒律和森严的等级制度，对违反帮规的组织成员有从训诫到处决的一整套惩戒措施。成员的地位层次明显，下层必须绝对服从

---

① 参见何秉松：《中国有组织犯罪研究：中国大陆黑社会（性质）犯罪研究》，中国法制出版社2002年版，第75～78页。

② 参见莫洪宪：《有组织犯罪研究》，湖北人民出版社1998年版，第13页。

上层。有专门的暗语或手势，以方便其实施违法犯罪活动。

（二）经济实力强大

黑社会组织通过非法或合法手段获得稳定的经济来源。初期，大多依靠暴力聚敛资本，达到一定规模后，逐渐从暴力转向非暴力，从与政府对抗转向寻求政府庇护，聚敛财富的领域从非法领域转向合法领域，依其强大的经济和犯罪实力，以及政府官员的庇护，公开、合法地控制或垄断一种或几种行业，积累庞大的社会财富。

（三）暴力手段明显

黑社会组织的违法犯罪手段有多种，以暴力性手段为主。暴力手段是黑社会组织进行社会控制的主要方式，一方面对于反抗者直接以暴力实施压制，另一方面，对于其他普通民众产生心理强制，从而不敢反抗。为增强对普通民众的威慑，黑社会组织往往公开实施暴力违法犯罪活动。而且，在黑社会组织内部，也主要依靠暴力执行纪律，形成组织内的控制，维持组织的统一行动和强大犯罪能力。

（四）势力范围固定

黑社会组织通过实施职业化、组织化程度高的违法犯罪活动，拉拢腐蚀政府官员，开展合法或非法的经济活动，在一定的地区或者行业形成垄断或控制。这种垄断或控制既有一定的地域性，又有某种程度的行业性、专业性，通常表现为"企图在以刑罚等国家强制力为后盾的法律秩序中建立以暴力等犯罪手段为后盾的反社会秩序"[①]，形成独立于政府及其他犯罪组织的固定的势力范围。没有势力范围，形不成地域、行业垄断或控制，就不成其为黑社会。

（五）政治庇护强大

黑社会组织利用色相诱惑、威胁恐吓、财物贿赂等手段，软硬兼施，寻找培植可以提供政治保护的各级政府官员，甚至直接介入政治领域，占据重要职位，编织强大的政治保护网络。据《美国新闻与世界报道》披露，

---

① 参见康树华：《犯罪学——历史·现状·未来》，群众出版社 1998 年版，第 841 页。

美国黑手党甘必诺家族（the Gambink family）曾在 1976 年帮助卡特竞选总统。[①] 但是，黑社会向公共权力机构渗透、寻求庇护，目的是为自己谋取经济利益获得支持和保护，并不以推翻政权、取代政府统治为目的，简言之，黑社会只拉拢腐蚀而不推翻取代政权和政府。反社会而不反政权是黑社会组织与恐怖组织、间谍组织、反动政党组织等具有政治目的犯罪组织的本质区别。

（六）亚文化独特

黑社会组织的亚文化独立于社会主流文化之外，以江湖义气、吃喝享乐、图腾崇拜、地缘文化、宗族血缘观念等为主要内容，是组织成员的行为准则和生活信条。作为犯罪思想根源，他们往往遵循这样的信条：政府可以购买，非法可以迅速致富，诚实和道德的生活准则是傻瓜的陷阱和圈套。[②] 稳定的亚文化，使黑社会组织成员有了统一的精神支柱，形成强大的凝聚力。特别是，在亚文化的支撑下，组织的规章戒律能够得到组织成员的认可和遵守，组织内的等级秩序得到维护，下层成员绝对服从上层成员的管理和指挥。这是一般共同犯罪组织所不具备的特征。

四、黑社会性质组织与黑社会组织的区别

黑社会与黑社会性质组织是同"质"不同"量"的犯罪组织形态。[③] 所谓二者同"质"，是指本质相同，即黑社会性质组织与黑社会组织的构成要素、法律性质基本相同，二者之间具有同质犯罪组织的进阶关系，黑社会性质组织属于不成熟的黑社会组织；黑社会组织是成熟的黑社会性质组织。所谓二者"量"不同，是指黑社会性质组织与黑社会组织在具体的构

---

① 周学艺：《美英报刊文章选读》（上），北京大学出版社 1987 年版，第 22 ~ 23 页。

② See U.S.Congress, House Government Operation, Legal and Monetary Affairs, Federal Efforts Against Organized Crime: Report of Agency Operation, June1968, p.67.

③ 参见武和平：《论黑社会性质组织犯罪的本质特征》，载《吉林大学社会科学学报》2002 年第 5 期。

成要素、法律评价上存在数量与程度的差异，主要表现为以下五点。

（一）二者构成要素不同

黑社会性质组织要求具有组织特征、经济特征、行为特征和危害性特征，具备十六个构成要素。而黑社会组织除具备上述特征和要素外，还要求具有政治庇护与亚文化两个特征。政治庇护使黑社会组织与合法的政府管理相互交织，既侵蚀正常的政府管理职能，又对社会公众形成强大的心理强制，相比于黑社会性质组织具有更加强大的犯罪能力。如意大利黑手党构筑了律师、会计师、商人、军人、政客等在内的强大政治庇护网络，为其实施违法犯罪活动开辟了方便之门。以江湖义气、图腾崇拜、宗族血缘观念为主要内容的犯罪亚文化，是组织成员聚集在一起的精神纽带，对内维护组织的稳定，对外统一组织的行动，相比于黑社会性质组织具有更有力的组织控制能力和更高效的组织活动能力。

（二）二者组织程度不同

黑社会性质组织在组织人数、组织层级、组织纪律等方面的要求均低于黑社会组织。组织人数上，黑社会性质组织大多为十人以上百人以下，仅有少数达到百人以上，少数甚至在十人以下。而黑社会组织则动辄成百上千人，意大利的黑手党、我国民国时期的青帮等黑社会组织，更是多达上万人。组织层级上，黑社会性质组织大多具有三个层级，少数具有三个以上层级，而黑社会组织，则层级众多，如青帮，在帮首之下，仅成员依辈分划分的等级就多达四十余级；组织纪律上，黑社会性质组织大多没有成文的组织纪律或活动规约，仅为口头的约定俗成的活动惯例，虽有约束力，但不具有强制力，而黑社会组织则具有刚性的成文的纪律规约，具有全体成员一体遵循的强制力。如民国时期的青帮，有十大帮规，违反帮规，将受到严厉的处罚。轻则责罚训诫，或请家法重打，重则出帮、不许再进，甚至残伤肢体，以致处死。[1]

---

[1] 参见周育民、邵雍：《中国帮会史》，上海人民出版社 1993 年版，第 35～41 页。

（三）二者经济实力不同

黑社会性质组织的经济实力远远低于黑社会组织，黑社会性质组织的经济实力大多为几十万元至几百万元，少数可达上千万元甚至上亿元。而黑社会组织则动辄几千万元、几十亿元甚至上千亿元，可谓富可敌国。2008 年，意大利黑手党通过犯罪活动赚取的资金达 1300 亿欧元，相当于当年意大利国内生产总值的 8%。[①]

（四）二者行为暴力程度不同

黑社会性质组织违法犯罪活动的暴力程度大大低于黑社会组织。黑社会性质组织实施的违法犯罪活动，暴力造成的直接后果大多为人身伤害或财产损失，很少造成死亡结果；黑社会组织为谋取钱财、打击对手，不惜以暴力直接杀人，甚至为惩戒组织成员，也会直接以暴力处死。如意大利黑手党在 1982—1985 年间，每年杀害上百人，为实施报复，甚至杀害法官、检察官、刑警队长。[②]

（五）二者社会控制程度不同

黑社会性质组织控制的区域、行业，对经济秩序、社会秩序的破坏程度均低于黑社会组织。控制区域上，黑社会性质组织的控制或影响范围最小可以是一个矿山或码头，最大也不过一个省，很少超出一省范围；黑社会组织则不同，控制或影响的范围跨省甚至跨国。如 20 世纪 70 年代中期以来，意大利黑手党开始向美国、加拿大、澳大利亚、俄罗斯等国家发展，成为跨国犯罪集团。民国时期青帮的势力范围达浙、赣、苏、皖、鲁、豫等省和上海市。控制程度上，黑社会性质组织仅仅是严重影响该区域经济秩序、社会秩序，对政府管理造成一定障碍或冲击；黑社会组织则把区域控制变成了自己的势力范围，支配、主导该范围内的特定行业或事务，形

---

① 参见靳高风：《中国反有组织犯罪法律制度研究》，中国人民公安大学出版社 2016 年版，第 101 页。

② 参见李敏焘：《"圣迈克尔闪电行动"之后——对意大利黑手党的大审判及若干启示》，载《国际展望》1987 年第 7 期。

成与政府管理并行的独立管理秩序，严重削弱甚至取代政府管理。在控制行业上，黑社会性质组织大多控制一个特定的行业，对该行业形成一定程度的影响或垄断；而黑社会组织则往往控制多个行业，对控制行业形成完全垄断。如民国时期的青帮控制毒品、赌博、色情、走私等多个非法行业，在其势力范围内进行垄断经营。

第三章
黑社会性质组织犯罪的罪与罚

犯罪行为的发生，是特定条件和因素作用于特定人的结果。犯罪行为的定罪处罚必须以行为具有严重社会危害性为前提，以刑法明文规定为基础。对黑社会性质组织犯罪行为进行刑法规制，需要深入探究犯罪产生的原因，客观评估犯罪行为的社会危害程度，深入辨析犯罪构成要素，准确认定犯罪性质，科学确定刑罚处罚方法。

第一节　黑社会性质组织犯罪的生成机理

黑社会性质组织犯罪是一种特殊的社会现象，产生这种社会现象，既有犯罪人本身的行为与人格等方面的因素，也有社会政治、经济、文化等方面的诸多因素，这些因素存在的样态、产生的原因以及相互关系等，构成黑社会性质组织犯罪的产生机理。

一、黑社会性质组织犯罪产生的基本原理

犯罪现象的解析需要借助科学的理论和方法工具。犯罪学从社会现实出发（而不是从法律规定出发），通过对社会上犯罪事实（而不是法律规定）的实际调查，即实证的（而不是法律的逻辑分析、解释的）方法，研究群体（而不是个体）犯罪现象（而不是行为）的产生、发展变化规律，确定多方面的、有效的（而不是法律的）犯罪对策，[①] 是深层次解析犯罪现象的科学理论和实用方法。西方实证学派从社会责任论、社会防卫论和行为人论的角度对犯罪作了经典阐释。该学派认为，犯罪不是意志的自由选择，而是被内在的心理、生理因素和外在的社会因素决定，刑事责任源自社会责任而非道义责任，所以造成社会危害是犯罪的唯一特征。刑法只是将符合这一本质特征中的一部分规定为犯罪，另一部分具有相同特征的行为却没有规定为犯罪，而它们对社会的严重危害和应当承担的社会责任是

---

① 参见王牧：《犯罪学与刑法学的科际界限》，载《中国法学》2004 年第 1 期。

一样的。[①] 各国犯罪学者从不同视角提出了犯罪产生及其治理的观点，综合起来，主要包括以下内容：（1）决定犯罪与否的唯一标准是"社会危害性"，而"社会危害性"评价标准是由社会发展需要确定的。凡是侵害社会利益、破坏社会秩序等对社会发展具有严重危害和危险的行为，都可以认定为符合犯罪的本质特征而构成犯罪。因此，犯罪是社会主体对社会行为事实的性质和作用所作出的一般性评价，而不仅仅是立法者通过法律作出的评价。（2）犯罪的实质并不完全在于行为已经造成的社会危害，还包括行为人在"反社会危险人格倾向"支配下能够造成的危害；犯罪的可罚性也不完全取决于个别行为造成社会危害的严重程度，还包括对行为人过去、现在和将来的犯罪行为起着支配性作用的"人身危险性"。对犯罪予以严厉的法律制裁只是惩罚过去和现在的行为，而采取必要的措施加以阻止和预防的则是将来的犯罪。因此，"危险人格"是犯罪本质的基本要素。犯罪的实质问题在于支配危害行为的人格因素和社会因素。[②]（3）犯罪通常产生于外在社会因素和内在心理要素的相互作用。社会因素包括社会的政治、经济、文化等各方面。[③] 解决犯罪问题的根本途径并不在于法律的严厉惩罚，而在于改变产生犯罪的社会环境和引导罪犯重新适应社会。

综上，根据犯罪学理论，犯罪的本质特征是社会危害性，导致犯罪发生的因素主要包括行为因素、人格因素和社会因素三大类，行为因素包括行为人实施的具体行为、侵害的对象、造成的后果等可以反映社会危害性的因素，人格因素包括主观恶性、人身危险性，社会因素包括引发犯罪的政治、经济、文化等因素。

[①] 参见陈兴良：《刑法的人性基础》，中国方正出版社1996年版，第104页。

[②] 参见［意］菲利：《实证派犯罪学》，中国政法大学出版社1987年版，第40页。

[③] 参见［德］弗兰茨·冯·李斯特：《德国刑法教科书》，徐久生译，法律出版社2000年版，第8页。

二、黑社会性质组织犯罪的行为因素

行为是犯罪评价的核心要素，黑社会性质组织的犯罪行为包括行为范围、表现形式和行为危害后果等元素。

（一）黑社会性质组织犯罪的行为种类

犯罪学上，无论是组织、领导、参加、包庇、纵容、资助、支持黑社会性质组织的行为，还是为组织利益而实施的寻衅滋事、敲诈勒索、非法拘禁等具体犯罪行为，凡是具有严重社会危害性的行为，无论是否被刑法规定为犯罪，都是黑社会性质组织的犯罪行为。刑法学上，则仅指刑法规定的组织、领导、参加、包庇、纵容黑社会性质组织行为，以及为组织利益实施的具体犯罪行为，这些犯罪均被刑法明确规定为犯罪。可见，犯罪学黑社会性质组织犯罪行为是刑法学犯罪行为的渊源，其范围远远大于刑法学上的犯罪行为。如在我国，为黑社会性质组织提供经济帮助、支持组织活动的行为为黑社会性质组织存在、发展发挥了重要作用，具有和参加黑社会性质组织相同的社会危害性，是犯罪学上的黑社会性质组织犯罪行为，但由于我国《刑法》没有规定资助行为为犯罪行为，对该类行为不能认定为黑社会性质组织的犯罪行为。

（二）黑社会性质组织犯罪行为的表现形式

从现实行为的评价意义上，黑社会性质组织犯罪行为包括以"组织形式"进行犯罪和"有组织地"进行犯罪两种行为，二者相互交织，常常同时具备，不能以二者中的单一标准予以界定，而应当将二者融为一体。一般认为，以组织名义、为组织利益、由组织成员实施的活动，是黑社会性质组织的行为范畴。从单个行为上看，既有合法行为，也有非法行为，既有违法行为，也有犯罪行为，但整体评价上，均为组织、领导、参加黑社会性质组织罪的犯罪行为。也就是说，一部分行为单独不具有社会危害性，只有将其放在黑社会性质组织犯罪的整体行为中，才具有社会危害性。这类行为以黑社会性质组织犯罪聚敛钱财的活动最为明显。如刘某1、刘某2黑社会性质组织，该组织依托汉龙集团、乙源实业公司及其关联企业的经营活动聚敛钱财，积累了雄厚的经济实力，所获取的经济利益部分用于购买枪支、车辆等作案工具，收买国家工作人员，为组织成员购买房屋、车辆，发放工资、奖金，偿还赌债，提供逃跑经费和经济补偿，维系组织的生存、发展。[①] 刘某1、刘某2黑社会性质组织的上述经营行为单独不具有社会危害性，但将其放在该组织的全部活动中评价，则上述行为成为该组织实施违法犯罪活动的经济条件，是整体犯罪行为的重要组成部分。只有把黑社会性质组织经营企业的行为纳入犯罪行为予以打击，才能彻底清除黑社会性质组织的经济基础，从根本上消除黑社会性质组织死灰复燃的条件。同时，打击黑社会性质组织经营企业的行为，也有利于净化经济环境、维护市场经济秩序。2018年以来，我国把经济领域的黑恶势力作为打击重点，查办了一批霸占市场、破坏生产经营的黑社会性质组织，其中，很多以公司、企业的名义，开展经济活动，攫取经济利益。S省人民法院2018—2020年审理的100余件黑社会性质组织案件中，一半以上的黑社会性质组织开办了自己的公司、企业，以公司、企业运营获取的经济利益作为发展组织、实施违法犯罪活动的物质保障。因此，无论黑社会性质组织的公司、企业是否合法经营，其经营公司、企业的行为均应纳入黑社会性质组织的犯罪行为一体进行否定性评价。

（三）黑社会性质组织犯罪的行为后果

犯罪行为的侵害对象与侵害后果是社会危害性的直接体现。与其他普通犯罪不同，黑社会性质组织犯罪的侵害对象与侵害后果具有双重性。黑社会性质组织实施的寻衅滋事、敲诈勒索、非法拘禁等具体犯罪行为，直接侵害特定的被害人，对被害人的人身、民主、财产等权利造成损害，如寻衅滋事犯罪行为造成被害人人身伤害、财产损失，敲诈勒索造成被害人财产损失，等等；而且，黑社会性质组织通过实施具体犯罪行为对一定区域或行业形成或重大影响，建立非法秩序，侵害该区域或行业内的不特定人的人身、民主、财产权利，严重影响人民群众正常的生产、生活秩序。

---

① 参见 HB 省高级人民法院（2014）E 刑一终字第 00073 号、第 00076 号刑事判决书。

如张某刚黑社会性质组织，通过实施寻衅滋事、敲诈勒索等违法犯罪行为强迫其所在区域内的生猪屠宰户到其控制的市场卖肉，抬高猪肉价格牟取非法收益，不仅直接侵害生猪屠宰户的人身、财产权利，造成他们的人身、财产损失，而且侵害其他到该市场买肉的不特定人的财产权利，使他们在购买猪肉时不得不支付高于市场价格的价款，影响该区域内居民的生活。[①]

三、黑社会性质组织成员的人格因素

人格因素主要指驱使黑社会性质组织成员组织、领导、参加该组织，以及实施具体犯罪行为的内心动因元素，是犯罪人的人格特征。

（一）反社会意识

与其他犯罪人实施犯罪行为以对具体人或物进行侵害为目的不同，黑社会性质组织成员是因仇视社会而实施侵犯社会管理秩序的犯罪行为，主观上是一种报复社会、发泄不满的反社会意识。从我国社会的分层变化看，自20世纪90年代开始，我国社会分层从以政治因素直接划分[②] 转向以社会资源、个人财富为主要因素进行划分，致使很多人的社会层级发生重大变化。从下层进入上层的人会得到正向激励产生奋斗动力，但是，从上层进入下层的人则会受到心理挫折产生对社会的不满，更有激进者会产生报复社会心理，具有相同或类似心理的人容易结合在一起形成黑社会性质组织。同时，随着我国市场经济的快速发展，经济社会加速转型，工作、学习与生活等各方面竞争激烈，对人的素质、能力要求日益提高，人的生存能力、社会竞争能力产生明显分层，知识水平高、综合能力强的人脱颖而出成为精英阶层，知识水平中等、综合能力较强的人居于中间层级，知识水平低、综合能力弱的人居于较低层级。中间层级以上的人竞争虽然十分

---

① 参见S省RZ市中级人民法院（2018）L11刑初21号刑事判决书。
② 按政治因素一般划分为：工人阶级、农民阶级和知识分子。

激烈，甚至产生内卷[①]现象，但大多在正常轨道内良性竞争，较低层级的人中绝大多数也凭借自己的努力实现个人价值和层级提升，但其中的少数人会产生消极甚至抵触心理，有的放弃努力、安于现状，过躺平[②]生活，极少数人把自己的境遇归咎于他人和社会，产生对社会的不满，进而产生铤而走险，以违法犯罪方法攫取财富、实现层级跃升的想法。有相同或类似心理的人也会结合在一起形成黑社会性质组织。如学者对2012—2018年中国裁判文书网上的32起黑社会性质组织案件中108名犯罪人的基本情况进行统计分析发现，文化程度方面，除去20名文化程度不详的犯罪人，88名犯罪人中文盲4人，小学学历19人，初中学历50人，中专学历10人，高中学历1人，大专学历4人。大专以下学历的占比达到了95%以上；职业方面，73名职业信息齐全的犯罪人中，无业46人，占比63.9%；农民12人，占比16.7%；个体经营者10人，占比13.9%。[③]S省人民法院2018—2019年两年中审理的黑社会性质组织案件中，组织领导者共80人，其中，初中以下文化程度53人，占比66%（详见图2）。可以看出，黑社会性质组织成员文化程度普遍不高，无稳定职业者居多，处于新的社会分层中的下层。

---

① 内卷，网络流行语，原指一类文化模式达到了某种最终的形态以后，既没有办法稳定下来，也没有办法转变为新的形态，而只能不断地在内部变得更加复杂的现象。经网络流传，很多高等学校学生用其来指代非理性的内部竞争或"被自愿"竞争。现指同行间竞相付出更多努力以争夺有限资源，从而导致个体"收益努力比"下降的现象。可以看作是努力的"通货膨胀"。载百度百科网，https://baike.baidu.com/item/%E5%86%85%E5%8D%B7/54275161，2022年12月30日访问。

② 躺平，网络流行词，指无论对方作出什么反应，你内心都毫无波澜，对此不会有任何反应或者反抗，表示顺从心理。在部分语境中表示为：瘫倒在地，不再热血沸腾、渴求成功了。躺平看似是妥协、放弃，但其实是"向下突破天花板"，选择最无所作为的方式反叛裹挟。载百度百科网，https://baike.baidu.com/item/%E5%86%85%E5%8D%B7/54275161，2022年12月30日访问。

③ 参见张旭：《黑社会性质组织犯罪实证研究——以32例黑社会性质组织犯罪刑事判决书为样本》，载《上海公安高等专科学校学报》2019年第1期。

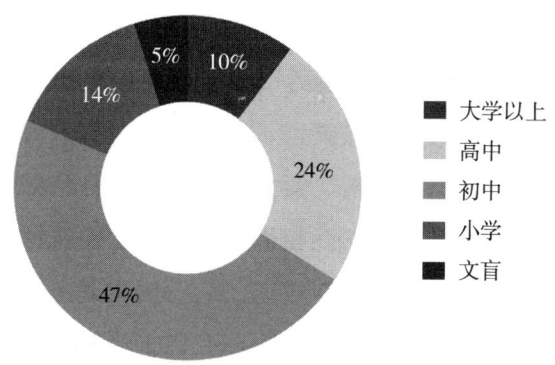

图2　S省2018—2019年黑社会性质组织案件罪犯文化程度情况

（二）畸形心理

黑社会性质组织成员大多具有不劳而获、一夜暴富、扬名一方、称雄一地的畸形需要，他们为追求金钱、地位、名誉等不择手段。由于他们的畸形需要与社会的法律道德规范严重对立，他们的行为会受到强烈的道德谴责和严厉的法律制裁，因此，他们经常处于应对被打击风险的巨大压力之下，心理上具有强烈的不安和焦虑，导致他们急于寻找同类、抱团取暖，应对他们感到的危险，对抗外来的打击，实现他们的非法目的。刑满释放人员、违法越轨青少年，因为难以迅速融入社会，面临生存与实现个人价值的巨大心理压力，容易形成或加入黑社会性质组织。S省人民法院2018—2019年两年中审理的80余件黑社会性质组织案件中，955名组织成员中有违法犯罪前科的人员共258人，占组织成员总人数的27%。其中，65名组织领导者中，32人有违法犯罪前科，占比达49.2%（详见图3）。

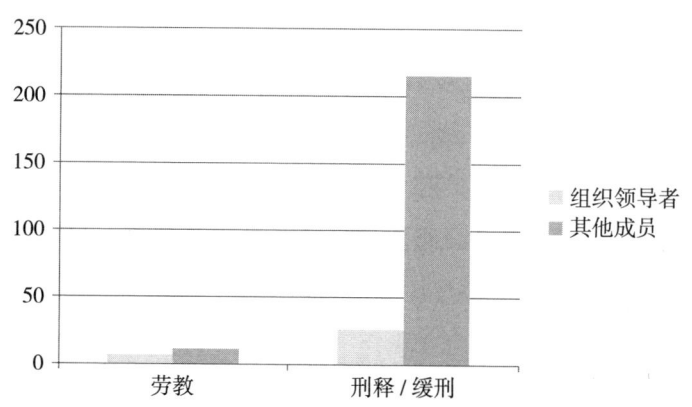

图3　S省2018—2019年黑社会性质组织案件罪犯违法犯罪前科情况

（三）群体偏执

群体偏执，是指个别组织成员的反社会观点或意识得到其他群体成员的肯定，由个体认识升格为群体共识，产生群体偏执的现象。黑社会性质组织本身就是组织成员取得认同、安身立命的精神栖息地和获取生存资源的现实依托，他们聚集在一起，互相认同，可以增强仇视社会的意识，坚定发泄不满、实施违法犯罪活动的意志，从而使犯罪组织的同化意识与社会的主流价值观相背离。群体成员敌视社会、报复社会的意识，成为共同的犯罪意志，是组织形成以及有组织地实施报复社会行为的共同犯罪心理。这在有犯罪前科人员中尤为明显，由于都有犯罪经历，很容易产生心理认同而组成黑社会性质组织。如梁某黑社会性质组织案，梁某有过违法犯罪前科，回到社会后纠结大批刑满释放人员及社会无业闲散人员，形成了黑社会性质组织。①

（四）群体思维

"群体思维"的形成，是由于组织成员具有很强的认同感，形成了共同的反社会意识，加之长期共同实施违法犯罪活动的需要，逐步在行为方式、思考方式等方面产生共鸣效应，成为组织成员共同的思维方法和思维模式，这种群体共同的思维模式，会削弱或消除组织成员实施违法犯罪活动的负罪感，增强和巩固对组织的信赖和服从，促进组织的发展。这种思维在把持基层政权的黑社会性质组织中作用尤为突出。把持基层政权的黑社会性质组织往往利用宗族势力或金钱贿赂取得村（居）委会基层组织领导职务，使黑社会性质组织的身份与基层组织成员身份产生混同，组织成员往往会因其具有的正当合法领导职务的身份对其产生信服和盲从，即使有不同意见也敢想而不敢言。如张某黑社会性质组织案，张某 2012 年 6 月任青云社区党委书记后，吸纳组织成员进入社区"两委"，任意决定入党人选，实现对青云社区基层政权的把持，组织成员对张某唯命是从，在实施的 99 起违

---

① 参见罗高鹏：《中国东北三省黑社会性质组织犯罪实证研究》，吉林大学 2011 年博士学位论文。

法犯罪活动中，组织成员都积极表现自己，没有人敢提出不同意见。[①]

四、黑社会性质组织犯罪的社会因素

社会因素是黑社会性质组织犯罪产生的社会条件，蕴含于政治、经济、文化等社会各方面的因素之中。

（一）政治因素

犯罪的产生和发展与国家政权的社会控制能力和管理水平密切相关。如意大利黑手党产生于社会混乱、政治控制薄弱的西西里岛。民国时期上海的青帮等黑社会组织产生于民国政府控制力较弱的上海，等等。20世纪80年代以来，我国之所以出现黑社会性质组织，是因为我国在政治体制改革过程中，出现了"官僚主义""官员腐败"等问题，政府公共权力弱化，导致社会管理缺位和管理制度缺失，形成了社会管理的真空地带，从而为黑社会性质组织的产生、发展提供了社会土壤。在农村地区，由于基层组织实行群众自治，政府对基层组织的控制力相对较弱，成为黑社会性质组织犯罪高发区域。2018—2020年3年扫黑除恶专项斗争中，把"村霸"、宗族恶势力作为打击重点，就是基于对农村黑恶势力把持基层政权问题进行治理的需要。

（二）经济因素

"对财富的贪欲是人类有史以来的一般性观念。获利的欲望、对金钱的追求，存在于并且一直存在于所有人的身上，尘世中的一切国家、一切时代的所有的人，不管其实现这种欲望的客观可能性如何，全都具有这种欲望。"[②] 黑社会性质组织是以追求利益最大化为犯罪目的的高级形态犯罪组织，逐利性决定了这类组织产生必须具有快速牟取不法利益的经济环境

---

① 参见 S 省 FC 市人民法院（2019）L0983 刑初 441 号刑事判决书。

② 参见［德］马克斯·韦伯：《新教伦理与资本主义精神》，上海三联书店出版社1987年版，第 7 页。

或条件。如黑社会性质组织通常会利用政府管理的疏漏从事黄、赌、毒等非法暴利行业，也会利用市场经济规则，以企业经营的合法身份进行一些貌似合法的生产经营活动，掩饰其犯罪活动进行非法牟利。近年来，由于民营经济的快速发展，融资需求增大，国家金融机构的融资无法完全满足他们的需要，一些小微公司、企业便通过民间借贷满足资金需求。由于民间借贷形式灵活，利息约定弹性大，政府监管难度大，一些黑社会性质组织便趁机进入民间借贷领域，大量实施高利借贷、"套路贷"等违法犯罪活动，成为影响社会稳定、经济发展的突出问题。《2018年指导意见》中，明确提出把"非法高利放贷、暴力讨债的黑恶势力"作为重点打击对象。①

（三）文化因素

文化有主流文化与亚文化之分，被社会所有成员普遍接受、反映社会主流价值观的是主流文化。不同地域、不同时代，社会主流文化有不同的内容。封建社会反映"忠、孝、节、义"等主流价值观的是主流文化。在当代中国，反映"富强、民主、文明、和谐，自由、平等、公正、法治，爱国、敬业、诚信、友善"社会主义核心价值观的是主流文化。在一定区域或群体中奉行的独立于主流文化之外的价值理念和行为准则是社会亚文化。当亚文化为犯罪群体共享时，就成为犯罪亚文化。与主流文化一样，亚文化内容具有时代性、地域性。当代中国，黑社会性质组织的亚文化包括以"江湖义气""仪式、制度、隐语、手势"等为标志的帮会文化遗存，以及全球化、市场经济发展中形成的金钱至上、享乐主义、暴力色情等价值观念和行为方式。亚文化的传播在一定程度上能够催化和加速黑社会性质组织的产生。20世纪80年代改革开放以来，欧美国家以及我国港、澳、台地区的影视文学作品大量涌入大陆，特别是进入21世纪，互联网信息传输的发达，微信、微博、抖音等自媒体的迅速发展，给文化市场管理带来了巨大困难，现代文化市场的繁荣和信息传播技术的发展，丰富了人们的

---

① 参见《2018年指导意见》第2条。

精神生活，满足了人们的多元文化需求，但是，也给犯罪亚文化的传播提供了条件，暴力、色情、江湖义气、黑社会等负能量的信息大量广泛传播，很难有效管控，给传统的道德观念和守法意识造成了巨大冲击，很容易对具有反社会意识、对自身处境不满以及鉴别能力和抵抗能力较弱的青少年产生误导和诱惑，从而使部分人员走入违法犯罪的歧途。

第二节　组织、领导、参加黑社会性质组织罪的犯罪构成

组织、领导、参加黑社会性质组织罪是我国《刑法》规定的罪名，犯罪的成立与否，应当立足刑法学犯罪构成的基本原理，遵循司法裁判的规律，运用科学的分析方法，准确作出评判。

一、犯罪成立理论与司法评判要件体系

我国刑法学的犯罪构成（成立）理论大体可区分为"四要件"[1] 和"三阶层"[2] 两大理论体系。总体上，"四要件"与"三阶层"体系的优势抑或不足在我国理论与实务界虽然多有争论，但基本上平分秋色，不分伯仲，是我国并行的两种主流或通说犯罪构成（成立）理论学说。[3] 上述两种理论学说在司法裁判过程中不是非此即彼地择其一而用，而是应当遵循司法裁判规律，在两种理论学说共同指引下，追寻现行法律制度蕴含的犯罪构成要素和逻辑路径，形成犯罪构成的司法评判要件体系。

（一）我国犯罪构成（成立）理论简述

我国《刑法》上的犯罪构成理论以 2000 年前后为界，大体可分为两个

---

[1] 参见高铭暄、马克昌主编：《刑法学》，北京大学出版社、高等教育出版社 2010 年版。

[2] 参见陈兴良主编：《刑法学》，复旦大学出版社 2008 年版。

[3] 2009 年国家司法考试大纲（刑法）采纳"三阶层犯罪论"体系，2010 年的考试大纲又恢复"四要件犯罪构成"理论，参见于阜民：《犯罪论体系研究》，科学出版社 2014 年版。

阶段。① 1979 年《刑法》颁布至 2000 年前后为第一个阶段。这一阶段沿用 20 世纪 50 年代引入的苏联刑法学理论，包括"主体、客体、主观方面、客观方面"的四要件理论体系是犯罪构成通说。

2000 年前后至今为第二个阶段。这一阶段，刑法学界开始引介在德国、日本居于通说地位的"构成要件符合性—违法性—有责性"的三阶层犯罪论体系，② 并不断进行深化研究，形成了一系列新的理论学说。黎宏教授提出了"犯罪构成客观要件—犯罪构成主观要件"的两层次、递进式犯罪构成体系。客观要件是成立犯罪所必须具备的外部条件，是表明行为所具有的客观社会危害性的有无以及大小的事实；主观要件是成立犯罪所必须具备的内部条件，是表明行为人实施行为时的主观责任的有无及其轻重的事实。③ 陈兴良教授提出了"罪体—罪责—罪量"的阶层化体系。罪体是犯罪构成的客观要件，指《刑法》分则条文规定的、表现为客观外在要素的不法构成要件；罪责是行为人主观上的罪过，是在具备罪体的前提下行为人主观上所具有的可归责性；罪量是在具备犯罪构成本体要件的情况下，表明行为对法益侵害程度的数量要件。④ 张明楷教授提出了"不法—责任"的两阶层体系。犯罪构成由违法构成要件与责任构成要件组成。违法构成要件表明行为具有法益侵害性，包含违法性阻却事由；责任构成要件表明行为具有非难可能性，包含有责性阻却事由，有责性阻却事由包括积极的责任要素和消极的责任要素。⑤ 周光权教授提出了"犯罪客观要件—犯罪主观要件—犯罪排除要件"的三阶层体系。客观要件包含实行行为，危害后果，因果关系，行为的时间、地点、方式等反映犯罪客观方面的构成要

---

① 参见李强:《改革开放四十年中国刑法学犯罪构成理论的变迁》,载《中国法律评论》2018 年第 5 期。

② 参见［日］西田典之:《日本刑法总论》(第二版),王昭武、刘明详译,法律出版社 2013 年版。

③ 参见黎宏:《刑法学总论》,法律出版社 2016 年版。

④ 参见陈兴良:《本体刑法学》,中国人民大学出版社 2011 年版。

⑤ 参见张明楷:《刑法学》,法律出版社 2007 年版;张明楷:《刑法学》(上),法律出版社 2016 年版。

件要素；主观要件包含故意、过失、认识错误、无罪过的事件以及动机、目的等构成要件要素；犯罪排除要件包括违法阻却事由和责任阻却事由。[①]于阜民教授提出了"两要件、二阶层"犯罪构成要件与出罪评价相结合的犯罪成立模型。"两要件"是指犯罪客观要件和犯罪主观要件；"二阶层"是指将运用该犯罪成立理论模型评判刑事案件的全过程划分为第一、第二阶层。第一阶层证明主、客观两方面构成要件是否齐备，不符合犯罪全部构成要件的即应当出罪；满足了某种犯罪全部构成要件的，转入第二阶层。第二阶层用于出罪评判，即运用犯罪客体范畴的实质判断功能作社会危害性大或不大的评判，危害性大者应当认定指控罪名成立，危害性不大的应当宣告被告人无罪。[②]

学者在第二个阶段提出的上述犯罪构成理论都是对三阶层理论的发展与再造，总体上属于三阶层的理论范畴。这一时期，三阶层犯罪构成理论影响逐步扩大，大体形成了与传统范式并立的新的理论范式。[③]

（二）四要件与三阶层构成理论辨析

四要件体系与三阶层体系的价值取向、功能作用基本相同，都是评价人的行为，维持规范的有效性或者保护法益，为刑法规范的司法适用提供一套可重复、可检验的方法和准则，换言之，都是为评价犯罪现象而产生，能够发挥评价犯罪的作用。尽管如此，两种体系在方法论上有很大不同。

一是两种体系的立论基础不同。四要件体系是以事实为立论基础，以犯罪现象的客观存在为考察基点，进行犯罪本体的要件元素解构；三阶层体系则以规范为立论基础，以规范为标尺对犯罪现象进行不法和责任的二元评价，而且，无论是四要件中的事实还是三阶层中的规范，都是以刑法明文规定为前提。也就是说，四要件中的事实基础是刑法规定的法定事实，

---

① 参见周光权：《犯罪论体系的改造》，中国法制出版社 2009 年版。

② 参见于阜民：《犯罪论体系研究》，科学出版社 2014 年版。

③ 参见李强：《改革开放四十年中国刑法学犯罪构成理论的变迁》，载《中国法律评论》2018 年第 5 期。

三阶层中的规范基础是刑法的既有规定，不法与责任都是刑法规定的不法与责任。

二是两种体系对犯罪出罪事由的处理方式不同。四要件体系中的犯罪事实构成要件是对犯罪事实进行入罪积极事由与出罪消极事由二元解构与出罪消极事由过滤后的实质入罪事实要件，不包括出罪消极事由，因为按照四要件体系的逻辑，出入罪是犯罪构成要件的功能，而不是犯罪构成本身的元素，正当防卫、紧急避险等事由在四要件评价体系中，本就是无罪事由，立法上进行出罪事由的明确规定是为了突出立法的导向功能和便于司法人员认识与操作，因此，按照四要件体系的逻辑，出罪事由的立法规定是对四要件出罪评价结果的立法确认，不是四要件体系的不足，恰恰是四要件体系的优势。阶层体系是以规范为基础，对符合犯罪现象形式要件的事实进行不法与责任的分层评价，因而在要件符合性阶层中既包括入罪积极要件，也包括出罪消极事由，出罪消极事由经过不法与责任两阶层的评价得以排除。把出罪事由纳入犯罪构成之中进行不法与责任的分层评价予以排除是阶层体系的存在基础，也是阶层体系与四要件体系的主要区别所在。

三是两种体系的要件顺序设置要求不同。以事实论为基础的四要件体系，各要件之间是平行关系，不存在先后顺序，而以规范论为基础的三阶层体系，三阶层之间是层层递进的关系，必须确立先后关系，即构成要件符合性为第一阶层，违法为第二阶层，责任为第三阶层，前一阶层是后一阶层的基础和条件，前一阶层不符合则不需要进入下一阶层的规范评价。

四是两种体系的评价模式不同。四要件体系是平面评价模式，三阶层体系是立体评价模式。四要件体系中，将要件符合性的评价置于要件成立之中，在每一要件的成立中都将符合性评价作为前提，主体要件要求主体符合刑法规定的具有刑事责任能力的自然人或法人条件，主观方面要求具有刑法规定的故意、过失的主观罪过，客体要件要求侵犯了刑法所保护的社会关系，客观方面要求行为人实施了符合刑法规定的危害社会的不法行为。三阶层体系中，第一阶层为要件符合性评判，对犯罪现象的形式要素全部符合的，判断为形式上构成犯罪；第二阶层为不法性评判，对第一阶层评判为犯罪的行为进行不法性评析，对其中属于违法阻却事由的（如不可抗力、意外事件等），判断为不具有违法性，进行入罪排除，不评价为犯罪；第三阶层为责任性评判，对经过第二层不法评价过滤的行为进行责任评析，对其中属于责任阻却事由的（如行为人未达刑事责任年龄、不具有刑事责任能力等），判断为不具备有责性，予以入罪排除，亦不评价为犯罪。因此，按照三阶层体系，对犯罪的评价是按照一、二、三阶层的顺序进行递进的一次入罪、两次出罪的立体评价。

（三）司法评判要件体系理论模型构建

从以上分析可以看出，四要件体系与三阶层体系在方法论上存在事实与要素评价组合方式的差别，四要件体系是一种先进行事实评价、后确定组成要件的实质的要件组成模式，三阶层体系是一种先确定形式要件事实，再进行分层实质评价的修正的要件组成模式，但在犯罪构成要素上并没有实质差别。四要件体系的构成要素包括主体、客体、客观方面、主观方面；三阶层体系的构成要素为行为、行为人、行为人的主观罪过、违法阻却事由、责任阻却事由。其中，四要件体系中的主体、客观方面、主观方面三要件与三阶层体系中的行为、行为人、行为人的主观罪过三元素的内涵基本相同，只是三阶层中的上述三元素外延更大，包含了违法阻却事由、责任阻却事由等出罪元素，而四要件中的上述三要件仅包括入罪元素。四要件体系的优势在于入罪构成要件上更清晰，三阶层体系的优势在于出罪要素上更明确。

本书认为，司法裁判者在犯罪构成理论的运用上，可以采两种理论在出罪、入罪评价上的各自优势，根据裁判的需要，对犯罪构成要素进行组合与重构。

首先，整合两种体系的全部要素，形成"客观方面、主体、主观方面、违法阻却事由、责任阻却事由"五要件裁判分析体系。其一，由于四要件中的犯罪客体即刑法所保护的社会关系，可以在四要件的客观方面与三阶层的行为及其社会危害性中进行评价，将其作为客观方面的内容，不再作为独立的犯罪构成要件；其二，四要件中的客观方面、主体、主观方面分别与三阶层中的行为、行为人和行为人的主观罪过进行融合重组，将四要件中的客观方面、主体、主观方面中的外延扩展到包括所有形式上符合要件评价标准的事实，形成包含三阶层中的行为、行为人和行为人的主观罪过全部内容的新的客观方面、主体、主观方面三个裁判分析要件。也就是说，司法裁判中，对客观方面、主体、主观方面只进行形式审查，不作实质犯罪符合性评判。其三，将四要件中不评价为构成要件的事实[1] 与三要件中的违法阻却事由、责任阻却事由相融合，形成包含四要件中实质评价中不作为构成要件事实内容的违法阻却事由、责任阻却事由两个裁判分析要件。

其次，司法裁判五要件以出入罪的不同功能分为入罪要件与出罪要件。入罪要件包括客观方面、主体、主观方面，出罪要件包括违法阻却事由和责任阻却事由。

再次，五要件在司法裁判中确定固定的评判顺序。其一，按照入罪要件在前、出罪要件在后的顺序，将五要件中的客观方面、主体、主观方面排在违法阻却事由与责任阻却事由之前；其二，在入罪要件中按照事实元素组成的规律进行排列，确立"客观方面→主体→主观方面"的先后顺序。而且，前一要件适格是后一要件评判的前提，前一要件不适格，则无需进入下一要件进行评判。具体而言，分三步进行：第一步，进行客观方面的评判。客观方面的行为及其后果是犯罪构成的评判基础，所有的构成要件都以这一要件的存在为前提，无此要件，则无须进行其他要件的评判；第二步，进行主体评判。主体是客观方面行为的实施者，是主观方面故意或过失的载体；第三步，进行主观方面的评判。经过前两个步骤的两要件评判，确定发生了危害社会的行为，找到了实施危害行为的主体，则必然要求进行主观方面的评判，以确定行为主体是否具有主观罪过的可归责性。经过三个要件的三步评判，即可完成入罪要件的形式评判，三个要件齐备

---

[1] 指四要件中进行实质评价后不构成犯罪要件的内容。

的，进入下一步出罪要件的实质评判，三要件不齐的，则直接作出出罪评判，无须进入出罪要件评判。其三，在出罪要件中按照不法与责任的逻辑顺序进行排列，确立"违法阻却事由→责任阻却事由"的先后顺序，因为不法是责任的前提，排除了不法自然就排除了责任，但排除了责任，未必能排除不法。综上，根据司法评判的要件和顺序，组成"客观方面→主体→主观方面→违法阻却事由→责任阻却事由"的五要件、五步骤司法评判要件体系理论模型。

司法实践中，五要件裁判评判体系模型已经在司法裁判中得到应用。如 2019 年最高人民法院再审改判的顾某军等人虚报注册资本案，对于广东省佛山市中级人民法院原审认定的虚报注册资本罪，最高人民法院再审认为，原审认定原审被告人顾某军、刘某忠、姜某军、张某汉在申请顺德格林柯尔变更登记过程中，使用虚假证明文件以 6.6 亿元不实货币置换无形资产出资的事实存在，但顾某军等人虚报注册资本的行为，系当地政府支持顺德格林柯尔违规设立登记事项的延续，未使公司的资本总额发生减损，而且，由于本案侦查期间《公司法》已经对包括无形资产在内的非货币财产作价出资比例的上限作出了修改，由原来的 20% 提高至 70%，使该案以不实货币置换的超出法定上限的无形资产所占比例由原来的 55% 降低至 5%，故顾某军等人虚报注册资本的行为情节显著轻微、危害不大，不认为是犯罪。原审认定顾某军、刘某忠、姜某军、张某汉的行为构成虚报注册资本罪，属适用法律错误，应依法予以纠正。① 该案再审裁判中，最高人民法院对顾某军等人虚报注册资本罪的犯罪评价，体现出积极要件与消极要件共同适用、分步评判的犯罪构成分析方法。对于顾某军等人虚报注册资本的事实与原审认定相同，即客观方面、主体和主观方面符合犯罪构成的入罪要件，具备了形式上的犯罪构成，但与原审不同的是，最高人民法院没有因为符合形式入罪要件即认为构成犯罪，而是又进行了一次出罪要件的不法评判，认为顾某军等人的行为具有"情节显著轻微，危害不大"

---

① 参见最高人民法院（2018）最高法刑再 4 号刑事判决书。

的违法阻却事由，不具备违法性，不应评价为犯罪行为，作出了不构成犯罪的出罪评价和裁判。

二、组织、领导、参加黑社会性质组织罪的入罪要件

根据司法裁判的五要件犯罪构成评判体系模型，组织、领导、参加黑社会性质组织罪的入罪要件包括客观方面、主体和主观方面，而且在司法评判的顺序上，按照"客观方面→主体→主观方面"的先后顺序依次评判。

（一）客观方面

组织、领导、参加黑社会性质组织罪的客观方面，表现为组织、领导、参加黑社会性质组织的行为。因此，首先进行行为的符合性评判。

1.组织行为。组织，通常理解为安排分散的人或事物，使其具有一定的系统性或整体性。[1] 根据《2018 年指导意见》等规范性文件的规定，组织行为包括发起、创建、合并、分立、重组五种行为，具有五种行为之一的，即构成组织行为，相当于公司、企业的设立行为。实践中，常见的组织行为主要是发起、创建，而且，发起、创建一般同时具备，仅仅有发起行为，没有创建行为，则难以认定构成组织行为。也就是说，仅有发起行为，尚未建立起组织的行为，理论上可以认定为组织行为，但实践中很难认定。截至目前，还没有出现仅有发起行为被认定为组织黑社会性质组织的案件。S 省人民法院 2018—2020 年审理的 100 余件黑社会性质组织案件，组织行为全部包括发起与创建两种行为。合并、分立与重组仅存在于少数黑社会性质组织案件中。如朱某彬黑社会性质组织犯罪案，检察机关指控朱某彬、金某光、米某等 17 人构成黑社会性质组织，同时指控米某纠集金某光及其他 4 名组织成员，实施敲诈勒索、寻衅滋事等犯罪活动，构成恶势力犯罪集团。法院经审理，依法将米某纠集金某光等组织成员实施违法

---

① 参见黄文忠、郭小亮：《黑社会性质组织犯罪的主体辨析》，载《铁道警察学院学报》2019年第 3 期。

犯罪的行为与在朱某彬组织中的行为共同认定为组织行为，以黑社会性质组织罪作出了裁判。① 该案中，金某光与朱某彬同为黑社会性质的组织领导者，米某为骨干成员，米某纠集金某光及其他组织成员实施独立于朱某彬黑社会性质组织的行为，具有另立组织独立活动的性质，应当认定为黑社会性质组织的分立，而不宜认定为更低形态的恶势力犯罪集团。

2. 领导行为。领导，通常理解为率领并引导组织成员共同完成一项事业或任务。根据《2018 年指导意见》等规范性文件的规定，领导行为包括决策、指挥、协调、管理四种行为，具有其中一种行为，即构成领导行为，相当于公司、企业的运营行为。实践中，四种行为一般不会单独存在，通常会具有其中的两种以上行为，大多数情况下四种行为同时具备。在大多数黑社会性质组织中，领导行为往往依附于组织行为存在，只在少数规模较大、存续时间较长的黑社会性质组织中单独存在。S 省人民法院 2018—2020 年审理的 100 余件黑社会性质组织案件中，领导行为独立于组织行为之外存在的仅有 9 件。

3. 参加行为。"参加"即参与、加入。黑社会性质组织犯罪属于刑法规定的必要共犯，参加本质上属于共同犯罪行为。② 根据《2018 年指导意见》等规范性文件的规定，参加行为包括加入和接受领导、管理两个要素。

首先，加入的方式既可以是参与特别仪式，也可以是参加违法犯罪活动，还可以是参加黑社会性质组织开办的公司、企业的经营活动，如担任财务人员等。当黑社会性质组织举行成立或宣示仪式，行为人参与该仪式的，可以直接认定为参加黑社会性质组织。③ 行为人参与敬酒、敬茶、磕头、摆宴席、送红包等"拜师""入门""入会"仪式的，也可以直接认定为参加黑社会性质组织。如朱某普黑社会性质组织，朱某普以传授梅花拳

———————

① 参见 S 省 TZ 市人民法院（2019）L0481 刑初 1 号刑事判决书。

② 参见何荣功：《准确认定黑恶犯罪的方法论思考》，载《武汉大学学报（社会科学版）》2020 年第 2 期。

③ 参见何荣功：《准确认定黑恶犯罪的方法论思考》，载《武汉大学学报（社会科学版）》2020 年第 2 期。

的名义，于 2004 年 11 月在李村镇加油站附近一饭店内举行拜师仪式，招收王某友、钮某涛、王某腾、杨某峰等人为徒弟，王某友、钮某涛、王某腾、杨某峰参加招徒仪式，即可认定为参加朱某普黑社会性质组织。[①] 司法实践中，参加黑社会性质组织实施的违法犯罪活动是最普遍的加入方式，这种方式通常被称为向黑社会性质组织递交"投名状"。"投名状"的方式大多为实施组织安排或认可的违法犯罪活动，也可以向组织提供资助或有价值的信息。

其次，接受领导、管理，需要具备主、客观两方面的条件。主观上，行为人要有置于组织管理和控制之下的意愿，否则，行为人即使有参与黑社会性质组织的违法犯罪行为，也不能认定为参加黑社会性质组织。如李某庆黑社会性质组织案中，公诉机关指控姜某希参加了一起黑社会性质组织实施的违法犯罪行为，构成参加黑社会性质组织罪。法院经审理查明，黑社会性质组织的组织领导者李某庆以田格庄村村党支部书记、村委会主任的身份，多次组织召开党员会议、村委会议，决定将其以村集体名义非法采矿所得的 90394 立方米河砂以人民币 120 万元的底标拍卖转让。2016 年 10 月 20 日，李某庆指使同村村民姜某希等人参加叫标，并事先约定叫标价格，帮助李某庆把非法所采河砂转为合法占有。姜某希长期在外地干工程，李某庆之所以从外地将其叫回参加叫标，在于姜某希有一定经济实力，别人不会怀疑其参与叫标的真实性。姜某希按照李某庆安排参与叫标，是因为不敢得罪李某庆，主观上仅仅是帮助李某庆实现掩饰、隐瞒犯罪所得的意图，而没有参加李某庆黑社会性质组织的意愿，因此，不能认定姜某希构成参加黑社会性质组织罪，法院经审理，认为姜某希不构成参加黑社性质组织罪，仅以掩饰、隐瞒犯罪所得罪判处其判处有期徒刑 3 年，缓刑 5 年，并处罚金人民币 5 万元。[②] 客观上。行为人要有听从组织领导和指挥的具体表现。一般表现为进入组织的一个具体层级，接受具体组织成

[①] 参见 S 省 JY 县人民法院（2019）L1724 刑初 13 号刑事判决书。

[②] 参见 S 省 LX 市人民法院（2018）L0285 刑初 378 号刑事判决书。

员的直接领导、管理，并在组织成员领导下实施具体的组织活动。也就是说，在组织中要有固定的领导与被领导的层级隶属关系，成为某个上级成员的"马仔""小弟""跟班"，否则，即使参与黑社会性质组织实施的违法犯罪活动，也不能认定参加该组织。如吴某伟黑社会性质组织案，公诉机关指控苟某学参加黑社会性质组织，理由是参加了一起犯罪活动，法院经审理认为，苟某学虽然参与了吴某伟黑社会性质组织实施的一起以危险方法危害公共安全犯罪，但苟某学参与犯罪具有偶然性，现有证据不能证实苟某学自觉接受该组织的领导和管理，故不认定为组织成员，仅以具体犯罪——以危险方法危害公共安全罪判处其判处有期徒刑 3 年。[①]

综上，加入与接受领导、管理两个要素，除参与特别仪式可以即时完成加入行为外，大多数情况下，两要素在成就时间上往往有一定的间隔，应当进行两要素各自成就条件的分析，准确作出"参加"与否以及"参加时间"的判断。

（二）主体

组织、领导、参加黑社会性质组织罪的犯罪主体具有一般主体与特殊主体的双重性，在三种不同的罪名中犯罪主体有各自的具体要求。

1. 主体类型。根据我国《刑法》规定，黑社会性质组织成员包括组织者、领导者、骨干成员、积极参加者和一般参加者五种类型。根据《2018年指导意见》《2015 年会议纪要》等规范性文件的规定，五种黑社会性质组织主体类型分别具有自己的成立条件。

（1）组织、领导者。组织者系发起、创建黑社会性质组织，或者对黑社会性质组织进行合并、分立、重组的行为人。[②] 具有对黑社会性质组织发起、创建、合并、分立、重组五种行为中的一种或多种，均成立组织者。领导者系对黑社会性质组织的发展、运行、活动进行决策、指挥、协

---

① 参见 S 省 DY 市 DY 区人民法院（2017）L0502 刑初 481 号刑事附带民事判决书。
② 《2018 年指导意见》第 4 条。

调、管理的人。① 具有对黑社会性质组织存续及活动进行决策、指挥、协调、管理四种行为中的一种或多种，均成立领导者。黑社会性质组织的组织者、领导者的产生方式，既包括通过一定形式产生的有明确职务、称谓的组织者、领导者，也包括在黑社会性质组织中被公认的、事实上的组织者、领导者。②

（2）骨干成员。骨干成员系直接听命于组织者、领导者，并多次指挥或积极参与、实施有组织的违法犯罪活动或者其他长时间在犯罪组织中起重要作用的犯罪分子。③ 成立骨干成员需具备两个条件。一是居于组织的第二层级，是组织者、领导者的直接下级；二是具有多次指挥或积极参与实施违法犯罪活动或长期发挥重要作用三种情形之一。

（3）积极参加者。积极参加者系多次积极参与黑社会性质组织的违法犯罪活动，或者积极参与较严重的黑社会性质组织的犯罪活动且作用突出，以及在组织中具体主管黑社会性质组织的财务、人员管理等事项，在黑社会性质组织中起重要作用的行为人。④ 具有多次积极参与违法犯罪活动、积极参与较严重犯罪活动且作用突出，以及主管黑社会性质组织财务、人员管理等在黑社会性质组织中起重要作用等三种情形之一，即构成积极参加者。

（4）一般参加者。参加者系知道或者应当知道是以实施违法犯罪为基本活动内容的组织，仍加入并接受领导和管理的行为人。⑤ 成立参加者需要具备知道或应当知道参加的组织为违法犯罪组织、加入该违法犯罪组织与接受该组织领导或管理三个条件，三个条件必须同时具备，缺一不可。一般参加者是指参与违法犯罪次数较少或者在违法犯罪活动中作用较小的参加者。需要注意的是，所有组织成员均成立参加者，其中，组织、领导

---

① 《2018 年指导意见》第 4 条。
② 《2018 年指导意见》第 4 条。
③ 《2015 年会议纪要》第 2 条第 1 项。
④ 《2018 年指导意见》第 5 条。
⑤ 《2018 年指导意见》第 5 条。

者地位最高、作用最大，骨干成员与积极参加者地位较高、作用较大，一般参加者地位最低、作用最小。

2. 主体价值。组织、领导、参加黑社会性质组织罪的主体具有双重性，需要满足双重标准。作为一般主体，犯罪人需要达到刑事责任年龄、具备刑事责任能力。作为组织犯罪的特殊主体，对组织成员的定罪量刑均需要具备组织内的特定身份。在此意义上，行为人成立黑社会性质组织的身份犯。一方面，组织者、领导者和骨干成员是黑社会性质组织的必备身份要素。缺乏三者中的一种人员身份，则不构成黑社会性质组织。另一方面，组织者、领导者、骨干成员、积极参加者和一般参加者是定罪与量刑的双重身份要素，既是定罪要素也是量刑要素。具体而言，定罪上的身份犯体现为不同的身份构成不同的犯罪，组织者构成组织黑社会性质组织罪，领导者构成领导黑社会性质组织罪，组织、领导者构成组织、领导黑社会性质组织罪，积极参加者、骨干成员、一般参加者构成参加黑社会性质组织罪。量刑上的身份犯体现为不同组织身份对应不同的量刑刑档。组织者、领导者的量刑刑档为 7 ~ 15 年有期徒刑，并处没收个人财产；骨干成员、积极参加者的量刑刑档为 3 ~ 7 年有期徒刑，并处罚金或者没收财产；一般参加者为 3 年以下有期徒刑、拘役、管制或者剥夺政治权利，并处罚金。[①]

（三）主观方面

组织、领导、参加黑社会性质组织罪的主观方面是故意，包括直接故意和间接故意。因组织成员的组织身份不同而有所不同。

1. 直接故意。黑社会性质组织的组织者对黑社会性质组织进行发起、创建、合并、分立、重组，需要进行精心的谋划和长期的有计划地实施，主观上是直接故意；领导者对黑社会性质组织的发展、运行、活动进行决策、指挥、协调、管理，也是精心预谋和策划的结果，主观上也是直接故意。骨干成员直接听命于组织领导者，直接组织实施违法犯罪活动；积极

---

① 我国《刑法》第 294 条第 1 款。

参加者接受黑社会性质组织的领导和管理，多次参加违法犯罪活动，或者在犯罪组织中具有管理财务或人事的重要地位作用，主观上也是直接故意。虽然，有学者认为，接受黑社会性质组织的领导和管理并不是积极参加者的主观意志要素，① 但是，从其多次参加违法犯罪活动或者主管组织的财务、人事等重要事项的客观行为看，其主观上完全能够认识其参加组织的违法性和其实施行为对该组织存续发展的重要性，因此，即使不具有参加组织的意志要素，也具备认识该组织违法性和自己行为后果的意识要素，主观上仍然是直接故意。

2. 直接故意或者间接故意。一般参加者的主观故意包括直接故意和间接故意。根据"两高两部"《2018 指导意见》的规定，参加者主观上"知道或者应当知道"其参加的组织是以实施违法犯罪为基本活动内容的组织。其中，"知道"是刑法意义上的"明知"，是直接故意。关于"应当知道"的理解，有人认为是故意，也有人认为是过失。持过失观点的人认为，应当知道是指具有正常智识、生活在特定区域中的人，应当知道该组织的主要活动内容，并可以据此判断出组织的性质，但是由于自己疏忽大意或者过于自信，没有认识到该组织的性质而参加该组织并接受他人领导和管理。本书认为，这种理解把"应当知道"混淆为过失中的"应当预见"，并不恰当。因为"知道"与"预见"并不相同，"知道"是对已经存在的事物的认识，而"预见"则是对尚未发生的事实的认识。对于尚未发生的事实可以因为疏于判断或侥幸心态而成立过失，对于已经存在的事物应当知道而不知道，只能是视而不见、假装没看见，也就是不计后果，是故意中的放任心态。特别是，参加黑社会性质组织罪是行为犯，行为犯不要求有特定的后果，而过失犯是结果犯，必须造成特定的犯罪后果才成立犯罪，行为犯主观上只能是故意。故参加黑社会性质组织罪的行为人主观罪过包括直接故意和间接故意，但不包括过失。

3. 故意的内容。行为人知道或者应当知道的内容，不要求知道或应当

---

① 参见陈兴良：《论黑社会性质组织的组织特征》，载《中国刑事法杂志》2020 年第 2 期。

知道其组织、领导、参加的是黑社会性质组织，只要其知道或者应当知道其组织、领导、参加的是以实施违法犯罪为基本活动内容的组织即可。因为，黑社会性质组织是一种司法认定结果，在没有经过审判确认为黑社会性质组织前，没有人知道或者应当知道是黑社会性质组织。因此，行为人主观罪过的内容是知道或者应当知道组织、领导、参加的是一个以实施违法犯罪为主要活动的组织。司法实践中，黑社会性质组织犯罪案件中的被告人及其辩护人提出辩解、辩护意见最多的就是主观上不知道该犯罪组织是黑社会性质组织，如果要求必须明知该组织的性质，则大多无法认定构成此罪。

三、参加黑社会性质组织罪的出罪要件

组织、领导黑社会性质组织罪的社会危害性严重，不存在出罪事由。而参加黑社会性质组织罪则社会危害性相对较小，根据定罪处罚的必要性，我国司法机关以司法解释或规范性文件的方式，从违法性与有责性两个方面分别确立了出罪事由。

（一）违法阻却事由

《2000年司法解释》第3条第2款明确规定，对于参加黑社会性质的组织，没有实施其他违法犯罪活动的，或者受蒙蔽、胁迫参加黑社会性质的组织，情节轻微的，可以不作为犯罪处理。《2015年纪要》规定，对于参加黑社会性质组织后仅参与少量情节轻微的违法活动的，可以不作为犯罪处理。由是，参加黑社会性质组织罪，存在四种违法阻却事由。

1.参加黑社会性质的组织，没有实施其他违法犯罪活动。此事由中的"其他违法犯罪活动"是相对于参加组织的行为而言，也就是说，行为人参加黑社会性质组织已经构成违法，如果没有实施其他违法犯罪活动，则阻断其犯罪意义上的违法性，不作为犯罪处理。例如，A明知B等人为黑社会性质组织，为获取经济利益自愿加入该组织，B将A安排到该组织合法开办的一大型超市中当收银员，案发之前A没有参与该组织实施的任何违

法犯罪活动，则可以不认定 A 构成参加黑社会性质组织罪。

2.受蒙蔽参加黑社会性质的组织，情节轻微。此事由成立需要满足"受蒙蔽"与"情节轻微"两个条件。"受蒙蔽"通常是指黑社会性质组织及其成员隐瞒该组织的性质和主要活动内容的真相或者编造谎言进行欺骗，使行为人产生错误判断而参加该组织。也就是说，行为人参加涉黑组织不是出于自己的主观愿望，而是误入歧途或被骗上贼船，但是，行为人参加该组织后便知道或应当知道该组织的性质，而不是一直不知道或无法知道，否则，主观上不具有参加涉黑组织的主观故意，则不具备主观罪过，不必进行违法阻却事由的评价。此种情形，行为人是"被骗入伙"。

"情节轻微"通常是指参加涉黑组织后在组织中处于最低层级，实施少量违法犯罪活动，造成的后果较轻，社会危害性不大，在具体案件中，要根据行为人在组织中的地位、作用、实施违法犯罪活动的具体表现、作用等多种因素综合判断。例如，某甲是一名会计，从网上看到某黑社会性质组织开办的公司招聘会计的广告后，便到该公司应聘。应聘时，招聘人员对其宣称公司从事合法放贷业务，入职后发现该公司放贷业务并未取得国家相关部门许可，是非法的高利放贷，而且，以暴力、威胁等方法催收债务，意识到该公司的经营者及其参与者为从事违法犯罪活动的组织，但考虑到该公司给其的待遇比较优厚，另找工作并不容易，便仍在该公司工作，参与了非法放贷的记账等工作。某甲即属于受蒙蔽参加黑社会性质组织，其从事的工作对于高利放贷的非法活动所起作用不大，可以认定为情节轻微，从而不以参加黑社会性质组织罪对其定罪处罚。

3.受胁迫参加黑社会性质的组织，情节轻微。此种事由，要具备"受胁迫"与"情节轻微"两个要素。"受胁迫"，通常是指受到黑社会性质组织及其成员的要挟而产生心理恐惧，形成心理强制，被迫参加黑社会性质组织。也就是说，行为人并非自愿参加，而是被迫参加。此种情形，行为人是"被逼入伙"。但是，行为人主观上仍然明知是参加黑社会性质组织，具有参加涉黑组织的主观罪过。"情节轻微"的成立与受蒙蔽中的"情节轻微"类似，也要通过对行为人在该组织中的地位、作用、实施违法犯罪活动的具体表现、作用等多种因素进行综合考量。特别是，这里的情节要把受胁迫的方式、程度作为重要的考量因素。如以刀枪棍棒等凶器逼迫行为人参加和单纯以言语相威胁，应当在认定参加组织的情节上作出不同的评价。

4. 参加黑社会性质组织后，仅参与少量情节轻微的违法活动。该事由的成立需要具备三个要素。一是仅参与了"违法活动"，指行为人参与的活动单次不构成犯罪，综合评价也不构成犯罪。二是参与了"少量"违法活动，一般是指一到两次，达到三次以上，则不是"少量"。三是参与违法活动"情节轻微"，指在违法活动中作用不大、行为造成的后果较轻、社会危害性较小。具体案件中，要根据行为人在违法犯罪活动中的具体作用、表现等进行判断。如邹某志黑社会性质组织案，公诉机关指控慕某元为该组织的一般参加者，法院经审理认为，被告人慕某元参加该组织后仅参与了一起索要高利贷的寻衅滋事违法活动，且在该起寻衅滋事违法活动中以威胁、纠缠等方式讨债，属于参加黑社会性质组织后仅参与少量情节轻微违法活动的出罪事由情形，可以不作为犯罪处理，对检察机关指控的参加黑社会性质组织罪不予支持。①

（二）责任阻却事由

达不到刑事责任年龄和不具备刑事责任能力是我国《刑法》规定的两种责任阻却事由，适用于所有犯罪人。除上述事由外，我国司法机关开始尝试从刑罚的谦抑性和惩罚必要性上将几种特殊情形作为参加黑社会性质组织罪的专门责任阻却事由，对行为人进行出罪处理。《2015 年纪要》和

---

① 参见 S 省 LC 市 DCF 区人民法院（2019）L1502 刑初 1222 号刑事判决书。

《2018 年指导意见》规定了三种责任阻却事由，^① 2020 年 4 月 23 日，最高人民法院、最高人民检察院、公安部、司法部联合印发的《关于依法严惩利用未成年人实施黑恶势力犯罪的意见》（以下简称《利用未成年人犯罪意见》）规定了一种责任阻却事由。^② 由上，参加黑社会性质组织罪存在四种责任阻却事由。

1. 主观上没有加入黑社会性质组织的意愿，受雇到黑社会性质组织开办的公司、企业、社团工作，未参与黑社会性质组织的违法犯罪活动。该事由的成立包含三个要素。一是主观上没有加入黑社会性质组织的意愿。意愿即意志与愿望，没有意愿是指没有直接故意，并不排除间接故意。也就是说，行为人不具有加入黑社会性质组织的意志因素，但具有认识到该组织为从事违法犯罪活动组织的意识因素，在具有认识因素的前提下，受雇到该黑社会性质组织开办的公司、企业、社团工作，主观上对其可能参加黑社会性质组织是放任的间接故意。二是受雇为黑社会性质组织工作。工作的单位是黑社会性质组织开办的公司、企业、社团或其他经济或社会活动组织体。从黑社会性质组织的整体活动上看，行为人已经参加了黑社会性质组织，并为该组织服务。三是没有参与黑社会性质组织的违法犯罪活动。行为人仅从事组织开办单位工作范围内的事务，没有参与所在单位工作范围之外的黑社会性质组织实施的具体违法犯罪活动。需要注意的是，

①《2015 年纪要》规定，以下人员不属于黑社会性质组织的成员：（1）主观上没有加入黑社会性质组织的意愿，受雇到黑社会性质组织开办的公司、企业、社团工作，未参与或者仅参与少量黑社会性质组织的违法犯罪活动的人员；（2）因临时被纠集、雇佣或受蒙蔽为黑社会性质组织实施违法犯罪活动或者提供帮助、支持、服务的人员；（3）为维护或扩大自身利益而临时雇佣、收买、利用黑社会性质组织实施违法犯罪活动的人员。上述人员构成其他犯罪的，按照具体犯罪处理。《2018 年指导意见》规定，没有加入黑社会性质组织的意愿，受雇到黑社会性质组织开办的公司、企业、社团工作，未参与黑社会性质组织违法犯罪活动的，不应认定为"参加黑社会性质组织"。

②《利用未成年人犯罪意见》规定，被黑社会性质组织、恶势力犯罪集团、恶势力利用，偶尔参与黑恶势力犯罪活动的未成年人，按其所实施的具体犯罪行为定性，一般不认定为黑恶势力犯罪组织成员。

此种情形中，参与少量黑社会性质组织违法犯罪活动不构成责任阻却事由。《2015年纪要》将行为人仅参与少量黑社会性质组织的违法犯罪活动与未参与违法犯罪活动同样对待，都作为责任阻却事由。例如，刘某1、刘某2黑社会性质组织案中，汉龙公司财务人员刘某、赖某某因履行职务而实施了骗取贷款、金融凭证犯罪，但并未被认定为黑社会性质组织成员。[1]《2018年指导意见》修改了上述规定，未将该种情形纳入责任阻却事由，因此，自2018年1月该意见施行之后，该种情形不再属于责任阻却事由。

2. 因临时被纠集、雇佣或受蒙蔽为黑社会性质组织实施违法犯罪活动或者提供帮助、支持、服务。该事由包含行为原因与行为表现两个要素。行为原因包括临时被纠集、雇佣和受蒙蔽三种。临时被纠集是指行为人与黑社会性质组织没有固定或长期合作关系，组织成员也没有发展行为人为成员的主观愿望，仅仅是出于实施特定违法犯罪活动的需要，借助与行为人的特定关系（如同学、朋友等）纠集行为人参与实施特定违法犯罪活动，完成该活动，即结束合作关系。如在被告人樊某等人涉黑案中，被告人李某林、李某国仅在黑社会性质组织成员张某的纠集下，参与一起寻衅滋事犯罪，属于临时被纠集，构成参加黑社会性质组织的违法阻却事由，故二人仅构成具体个罪，不构成参加黑社会性质组织罪。法院经审理，依法作出裁判，对被告人李某林、李某国追究寻衅滋事罪的刑事责任。[2]临时被雇佣是指行为人与黑社会性质组织没有长期合作关系，黑社会性质组织在组织实施特定的违法犯罪活动中，因特殊需要，以支付报酬的方式临时雇佣行为人参与违法犯罪活动，该活动完成，双方即结束雇佣关系。"受蒙蔽"是指黑社会性质组织及其成员隐瞒组织性质和活动内容的真相或者编造谎言进行欺骗，使行为人产生错误判断而参加该组织活动。行为表现包括为黑社会性质组织实施违法犯罪活动和提供帮助、支持、服务两种情形。其中，为黑社会性质组织实施违法犯罪活动中，行为人实施的违法犯罪活

---

① 参见H省XN市中级人民法院（2014）EXN中刑初字第9号、第10号刑事判决书。

② 参见J省YC市中级人民法院（2008）Y中刑一初字第1号刑事判决书。

动，已经超出了违法阻却事由中"情节轻微"的程度，在社会危害性上达到了参加黑社会性质组织罪的入罪标准，具备了违法性，对其出罪，只能从责任承担上进行阻却评价；为黑社会性质组织提供帮助、支持、服务，是指不直接参加黑社会性质组织实施的违法犯罪活动，仅因临时被纠集、雇佣或受蒙蔽，为黑社会性质组织提供了一定的资金支持、行动便利等。如因临时被纠集或雇佣为黑社会性质组织运送人员提供了车辆，因受蒙蔽对黑社会性质组织开办的公司投资入股，提供资金支持，等等。这些行为形式上具有参加黑社会性质组织的性质，实质上对黑社会性质组织的发展及其违法犯罪活动的实施发挥了重要作用，具有达到入罪标准的社会危害性，不作为组织成员追究其参加黑社会性质组织罪，是从责任阻却上予以出罪评价。

3. 为维护或扩大自身利益而临时雇佣、收买、利用黑社会性质组织实施违法犯罪活动。该事由包含目的和行为两个要素。目的要素要求行为人出于维护或扩大自身利益的目的。如行为人为了报复自己的仇人或打击竞争对手，雇佣黑社会性质组织及其成员实施伤害他人的行为。行为要素要求满足两个条件。其一，行为人与黑社会性质组织没有固定或长期的组织关系，实施的雇佣、收买、利用行为是临时性的。临时性是责任阻却的关键因素，因为行为人雇佣、收买、利用黑社会性质组织实施违法犯罪活动的行为，事实上构成了参加黑社会性质组织，只有这种参加是临时行为时，才可以因其社会危害性小而从责任阻却上予以出罪评价。否则，如果不是临时性的行为，而是固定的或长期的合作关系，则其参加黑社会性质组织的行为则不能免除刑罚处罚。其二，违法犯罪活动是黑社会性质组织成员应行为人要求实施，组织成员和行为人构成具体犯罪活动的共犯。如在被告人樊某等人涉黑案中，樊某的外甥涂某伟，请求樊某帮助索要财物。樊某安排黑社会性质组织成员伙同涂某伟，实施打砸、殴打行为，强行索要财物。该案中，涂某伟为了实现自己报复他人的目的，利用樊某黑社会性质组织对他人实施犯罪，这种利用具有临时性，构成责任阻却事由，故对涂某伟仅构成具体个罪，不构成参加黑社会性质组织罪。法院经审理，依法作出裁判，对被告人涂某伟追究敲诈勒索罪的刑事责任。[①]

4.未成年人被黑社会性质组织利用，偶尔参与黑社会性质组织犯罪活动。该事由包含三个主客观要素。一是主体为未成年人。根据我国《刑法》规定，指已满16周岁不满18周岁的人。二是未成年人参加黑社会性质组织的原因是被黑社会性质成员利用。所谓被利用，是指未成年人在黑社会性质组织成员的欺骗、蛊惑下加入黑社会性质组织。虽然客观上行为人实施了加入该组织的行为，但是，由于行为人是未成年人，心智发育不成熟，是非判断能力不强，在他人的欺骗下产生错误认识、形成错误判断而加入该组织。而且，他人的误导与其实施加入行为具有直接因果关系，起决定性作用。如果他人的误导只是其实施加入行为的多种因素之一，而且该因素并不起决定作用，则不能认定其被利用加入。三是未成年人加入组织后仅偶尔参与黑社会性质组织犯罪活动。所谓"偶尔"，是指未成年人加入黑社会性质组织后，不经常参与该组织的犯罪活动，只是随机地、无规律地参与少量的犯罪活动，也就是说，实施犯罪活动的频率低、次数少。一般而言，实施犯罪活动的间隔不能少于10日，次数不能多于3次。否则，就不能认定为偶尔参与犯罪活动。而且，在参与的犯罪活动中是按照组织成员的安排被动参加，主观上不积极，客观上作用不大，否则，如果主观上主动要求，参与谋划，实施的行为在犯罪活动中具有重要作用，则其具备了组织成员的主客观条件，不能否定其组织成员身份，不成立责任阻却事由。

四、组织、领导、参加黑社会性质组织罪的评判

按照五要件司法评判体系，组织、领导、参加黑社会性质组织罪的司法评判基本进路为：客观方面（组织、领导、参加行为及其后果）→主体（组织者、领导者、参加者）→主观方面（组织者、领导者、参加者的主观

[①] 参见 J 省高级人民法院（2008）G 刑一终字第 86 号刑事裁定书。

故意）→违法阻却事由→责任阻却事由。其中，入罪评判包括三要件、三步骤：组织、领导、参加行为→组织者、领导者、参加者的身份→组织者、领导者、参加者的主观故意；出罪评判包括两要件、两步骤：违法阻却事由→责任阻却事由。

（一）入罪要件评判

入罪要件评判包括客观方面、主体和主观方面三项内容。一是客观方面评判。主要评判组织、领导、参加行为是否存在以及是否达到认定标准。根据公诉机关指控的被告人触犯的罪名，评判罪名对应的犯罪行为是否存在。对组织黑社会性质组织罪，评判组织行为是否存在；对领导黑社会性质组织罪，评判领导行为是否存在；对参加黑社会性质组织罪，评判参加行为是否存在；组织、领导、参加行为的认定标准即本书在入罪要件中阐释的要素及其标准。二是主体评判。主要评判组织者、领导者、参加者三种组织身份是否成立。与客观方面的行为相对应，对组织者，主要评判其是否因实施组织行为产生了组织后果、形成了在组织中的组织者地位；对领导者，主要评判其是否因实施领导行为产生了相应后果、形成了在组织中的领导者地位；对参加者，主要评判是否因实施参加行为产生了相应后果、成为组织成员。而且，根据参加组织的时间、参加组织行为的次数、在组织中的地位、作用，对参加者进一步进行分类评判，确定属于骨干成员、积极参加者还是一般参加者。三是主观方面评判。主要评判组织者、领导者、参加者主观故意的类别和内容。对于组织者，评判是否具有组织违法犯罪组织与实施组织活动的故意；对于领导者，评判是否具有在组织中发挥领导作用、实施组织活动的故意；对于参加者，分类评判不同身份参加者的主观类别与内容。骨干成员和积极参加者，评判是否具有参加违法犯罪组织和自觉服从组织纪律规约、接受指挥管理、实施组织活动的意愿。对于一般参加者，首先评判是直接故意还是间接故意，即主观上是"知道"加入的是违法犯罪组织，还是"应当知道"加入的是违法犯罪组织；其次判断故意的内容是否符合参加者的故意内容，即是否具有加入

违法犯罪组织、接受组织管理、服从组织指挥、实施组织活动的意识。①

（二）出罪要件评判

对于符合入罪要件的组织、领导黑社会性质组织罪的组织者、领导者，由于我国法律和规范性文件没有设定出罪的违法和责任阻却事由，不需要进行违法阻却事由和责任阻却事由评判。对于符合入罪要件的参加黑社会性质组织罪的参加者，则要进行违法阻却事由与责任阻却事由的出罪评判。首先，进行违法阻却事由评判。对照本书论证的四种违法阻却事由，进行符合与否的评判，具备其中一种事由，则阻断违法性，作出出罪评价。不具备违法阻却事由的，进入责任阻却事由的评判。其次，进行责任阻却事由评判。对照本书论证的四种责任阻却事由，进行符合与否的评判，具备其中一种事由，则阻断其责任承担，作出出罪评价。

（三）评判路径

入罪评判的三要件内容是一个有机统一的整体，缺一不能入罪；顺序上按组织、领导、参加行为→组织者、领导者、参加者的身份→组织者、领导者、参加者的主观故意的顺序依次进行，前一要件不符合标准，则直接作出出罪评价，不需进入下一要件评判。出罪评判的两要件仅具有"违法阻却事由→责任阻却事由"评判顺序上的先后关系，不具有评判要件的内在联系。经违法阻却评判作出出罪评价的，不需进入下一要件评判；进入责任阻却评判后，经评判具备阻却事由的，作出出罪评价。综上，五要件五步骤的依次评判中，在哪个要件评判环节作出出罪评价的，直接得出出罪结论，不需进入下一要件评判，经过对全部要件的依次评判，在任何一个步骤都不能作出出罪评价的，则评判为构成组织、领导、参加黑社会性质组织罪。

---

① 意识区别于意愿的不同在于，意愿为直接故意，意识则包括直接故意和间接故意。

第三节　黑社会性质组织犯罪的罪数评价

我国《刑法》规定，黑社会性质组织犯罪的行为人，在刑罚处罚上实行组织犯罪与具体犯罪的数罪并罚，[①] 即通常所称的"重复评价"或者"双重处罚"。一个行为进行一次犯罪评价实行一次刑罚处罚，是《刑法》定罪处刑的一般原则。黑社会性质组织犯罪，具有特殊社会危害性，对行为人实行组织犯罪与具体犯罪并罚符合罪责刑相适应原则，具有社会防卫的正当性。

一、禁止重复评价原则评析

禁止重复评价原则起源于古罗马法，[②] 确立于 17 世纪、18 世纪启蒙运动之后。基本要义是：对于实施了危害社会的犯罪行为的犯罪人，应当根据法律规定，进行一次评价、判处一次刑罚。如果对犯罪人的一种行为进行了两次以上的评价，就会放大犯罪人的罪行，使其承担过多法律风险、受到过重的刑罚处罚。禁止重复评价原则是罪刑法定与罪刑均衡原则的继

---

① 我国《刑法》第 294 条第 4 款规定，犯前三款罪（组织、领导、参加黑社会性质组织罪，入境发展黑社会性质组织罪，包庇、纵容黑社会性质组织罪）又有其他犯罪行为的，依照数罪并罚的规定处罚。

② 乌尔比安在《论告示》第 18 编中指出："数个针对同一事实相竞合的诉讼，尤其是刑事诉讼，相互吸收。"保罗也在其《论诉讼竞合》单编本中提到："如果某人以侵辱方式殴打他人奴隶，因这个事实，他触犯了阿奎利亚法并卷入侵辱之诉。侵辱产生于意愿，损害产生于过错，所以两者都可以管得着。但是，选择一者后，另一者被吸收。"

承和发展，是上述两原则的派生原则，理论依据为宪法的比例原则。该原则是宪法中基本权利限制的实质性要件，从目的导向、手段选择和价值导向三方面规范国家权力的行使及其与目的之间的关系，与刑罚目的等刑法基本内容之间具有高度共通和契合之处。[①] 禁止重复评价原则的价值导向在于保持定罪、量刑与行为社会危害性、行为人可谴责性之间的均衡，属于比例原则在刑法中的实施方法。

在学理研究领域，我国学者普遍认为禁止重复评价原则对于保障人权具有重要价值，应当在我国刑事立法与司法中得到贯彻执行。对于禁止重复评价原则的内涵，不同的学者从不同的视角进行了不同的解读。陈兴良教授以犯罪构成事实为基点，认为禁止重复评价原则应该是在"定罪量刑时禁止对同一犯罪构成事实予以二次或二次以上的法律评价"[②]，张明楷教授以是否对被告人有利为基点，认为禁止重复评价原则是指"禁止对于同一事实或者情节在定罪或量刑上作不利于被告人的重复评价"[③]。石经海教授以罪责刑相适应原则为基点，认为刑法上所禁止重复评价的事实应是能够为刑法评价的所有事实，包括定罪事实和量刑事实。[④] 叶小琴教授以刑法规范的性质为基点，认为禁止重复评价原则属于刑法的裁判规范，功能在于指导司法工作人员认定犯罪事实及定罪量刑的全部裁判过程。既包括运用证据材料查明法律事实的评价，也包括对法律事实适用刑法进行定罪量刑的评价。[⑤] 可以看出，不同学者对禁止重复评价原则内涵从不同视角作了不同的解读，各种学说的阐释不存在重大冲突，可以从包含上述各种观点的更大外延上概括为：禁止重复评价原则是一种裁判规范要求，实质

[①] 参见于改之、吕小红：《比例原则的刑法适用及其展开》，载《现代法学》2018年第4期。

[②] 参见陈兴良：《禁止重复评价研究》，载《现代法学》1994年第1期。

[③] 参见张明楷：《刑法格言的展开》，北京大学出版社2013年版，第526～527页。

[④] 参见石经海：《黑社会性质组织犯罪的重复评价问题研究》，载《现代法学》2014年第6期。

[⑤] 参见叶小琴：《禁止重复评价原则与黑社会性质组织存续时间起点的认定》，载《国家检察官学院学报》2018年第6期。

要义是对犯罪行为进行客观公正的刑法评判，实现对犯罪行为的事实、性质、情节和社会危害程度，犯罪人主观恶性、人身危险性、再犯可能性，以及刑罚的种类、轻重等的准确恰当评判，核心要义是避免对犯罪行为、刑事责任和刑罚处罚作出不利于犯罪人的评判，评价的内容包括犯罪构成事实，以及犯罪构成事实之外的所有影响定罪量刑的事实。评价的过程，既包括运用证据对法律事实的评价，也包括根据法律对行为性质及行为人刑事责任进行的评价。评价的结果，既体现在裁判文书的查明事实部分，也体现在法律适用和裁判结果部分。

二、我国刑法对禁止重复评价原则的扬弃

我国刑法接受了禁止重复评价原则的精神。考察我国刑事立法可以看出，无论是刑法还是司法解释，对于法条竞合或想象竞合的处断，大多数情况下，规定了择一重处断原则，不进行重复评价。如我国《刑法》第149条规定，生产、销售伪劣商品行为中一行为触犯两罪名的从一重处断。而且，我国刑法对于为实现一个犯罪目的，实施了两个以上行为，构成牵连关系的犯罪行为，规定了从一重处断原则。如我国《刑法》第238条规定的非法拘禁罪，第247条规定的刑讯逼供、暴力取证罪，实施这些犯罪行为过程中同时实施了其他构成犯罪的行为，均规定从一重处断，最高人民法院、最高人民检察2013年《关于办理盗窃刑事案件适用法律若干问题的解释》第10条规定了采用破坏性手段盗窃公私财物同时构成盗窃罪和其他犯罪的从一重处断。但是，应当明确的是，我国刑事立法没有明确规定禁止重复评价原则，没有在《刑法》总则中作出严格的无条件适用禁止重复评价原则规定，而是将该原则的基本精神贯彻落实到具体犯罪处断方法之中，并根据我国社会管理和法治现状，在特定犯罪中对特定犯罪分子作出了不适用该原则的例外规定。如《刑法》第120条规定的组织、领导、参加恐怖组织罪，第300条第1款规定的组织、利用会道门、邪教组织、利用迷信破坏法律实施罪，均规定实施主罪过程中又实施其他犯罪的，实行

数罪并罚。从立法规定看，是对主罪之中的特定或不特定其他犯罪作出了两次刑法评价规定。

"任何国家法律制度的变化都是以价值观、世界观以及意识形态的变化为基础的。"[1] 我国《刑法》没有照抄照搬其他国家法律将禁止重复评价原则规定在总则之中，并适用于所有犯罪，而是将禁止重复评价原则精神落实到具体犯罪的刑法处罚规定之中，并对特定犯罪作出不适用这一原则的例外规定，符合我国的辩证唯物主义刑法观、实质正义法治观、法律移植原则和社会治理需要。

其一，我国在刑事立法哲学观上，坚持辩证唯物主义。辩证唯物主义认为，世界上包括物质和意识在内的任何事物，都是相对的，而不是绝对的，任何理论和规律都只是对同类事物或活动的最大限度的总结和归纳，可适用于绝大多数对象或情形，但不可能包容一切，适合任何对象或情形，都有不能适用的特例存在。因此，凡是把一种理论或学说绝对地、毫无例外地运用于所有对象之上的做法都是逆规律的、不科学的。禁止重复评价原则也是如此，这一原则的适用在绝大多数情况下可以实现刑罚目的，但在特殊情况下会放纵罪犯，此时，就需要设置不适用的特殊情形，才可以实现刑罚目的。

其二，我国在公平正义观上，始终坚持实质正义。虽然随着法治进程的推进，我国开始重视程序正义，并已逐步建立起保障程序正义的正当程序制度体系，但是，我国重视实体公正、追求实质正义的公平正义观没有变化，也不会变化，这是由我国特有的文化基因与传统道德决定的，这一社会基础在短期内不会变，长远看既没有必要变也没有条件变。因为追求实质正义是所有社会公平正义的终极理想追求，域外国家所倡导的程序正义观是在无法实现实质正义的情况下退而求其次的次优选择。也就是说，在不能实现或者无法实现实质正义的情况下，实现程序正义是一种可以接受的正义，而不是他们追求的终极正义目标。退一步讲，以程序正义为法

---

[1] 参见［德］魏德士:《法理学》，丁晓春、吴越译，法律出版社 2005 年版，第 23 页。

治追求的国家是接受了无法实现实质正义的现实，而不再为追求实质正义而努力的消极做法。而社会主义的中国，有着五千多年深厚中华文化积淀和制度传承，实质正义的追求具有坚实的制度基础和根深蒂固的文化基因，建设法治国家，构建法治秩序，仍然是以实质正义为理想目标和不懈追求，即使在短时间内无法实现，也不会放弃这一最高正义理想追求。在这一进程中，我们接受程序正义，开放地虚心学习和借鉴吸收域外法治国家的程序正义观和法律制度，但我们始终坚持从实际出发，立足我国的道路、理论、制度与文化特色，以实质正义为体，以程序正义为用。一定意义上，这既是我国"四个自信"的体现，也是我国社会主义法治的优越性和先进性所在。厘清了我国法治的实质正义观，禁止重复评价原则的适用范围与适用方法就迎刃而解、水到渠成了。实质正义观，落实在刑事法治领域，必然要求对犯罪人的行为与刑事责任的刑法评价，实事求是、准确恰当，既不能仅从追究犯罪人刑事责任的单向维度上不加节制地予以追责处罚评价，也不能仅从保护犯罪人权利的单向维度上对犯罪人进行罪责宽缓评价，而是要根据犯罪人的犯罪事实、性质、情节和社会危害性，按照我国《刑法》对所有犯罪的一体评价标准进行罪责刑评价，决定犯罪人的刑罚处罚。因此，是否重复评价，应当根据罪责刑相适应的实质正义原则，具体犯罪具体对待，不能绝对地全部适用，也不能绝对地全部不适用。同时，对于犯罪行为的罪责刑评价不仅是一个理论问题，更是一个实践问题，是一个实践中的司法技术问题。因为，在刑事司法领域，对犯罪人罪责刑的准确评价必须按照一定的标准，通过一定的方法才能实现。在此意义上，重复评价也是一种司法方法，是否科学应当作为司法技术予以考量。从应然意义上讲，纯粹的重复评价仅指对同一犯罪行为进行两次或两次以上的定罪量刑评价，这种评价主要存在于法条竞合或想象竞合之中，无论从理论上，还是从方法上都应当予以否定，即应当绝对禁止。但是，从实然意义上，各国通行的共识则是除上述竞合情形外，还包括对相互关联行为的一体评价，如具有牵连关系的手段与目的行为的一体评价，这种评价虽然也称为一次评价，但实质上是对手段行为和目的行为进行了两次平行的评价，并且在两次评价得出结论之后又进行了一次比较评价，得出两者孰轻孰重的结论之后选择较重的予以处罚，并把较轻的作为量刑"从重"情节予以评价，从过程看，进行了三次评价，从结果看进行了一次评价。可见，此种情形下的一次评价是一种结果意义上的称谓，而不是过程意义上的全部评判活动的称谓。而选择这种结果意义上的一次评价，是出于简化司法过程、便于司法裁判、易于当事人和社会公众接受的功利考虑，或者说是一种司法经济的便利选择，是司法技术的优化。因此，无论理论上，还是实践上，重复评价都是相对的，而不是绝对的，禁止重复评价都不能无条件地适用于一切犯罪和所有司法裁判，是否适用要取决于能否实现对犯罪人罪责刑的准确评价。

其三，我国在移植域外法治理论与制度上，坚持吸取精华与保持本土特色相结合原则。凡是移植或借鉴产生于域外的法律或制度，都要进行本土政治、经济、生活条件和文化传统等诸多社会元素的恰适性考量，取其精华，实现外来制度文化的本土化改造，否则，不仅达不到移植的效果，还可能出现南橘北枳的不良后果。因此，我国在移植借鉴禁止重复评价原则这一产生于域外国家的法律原则时，应当进行适应我国实际的本土化改造，接受限制司法擅断与法官恣意、避免犯罪人被不当处罚的内容，并对机械保护犯罪人权利而不惜放纵犯罪人的绝对禁止重复评价方法进行改造，增加在特定情形下允许重复评价的内容，只有这样，才能适应我国的主流价值观和实质正义观，实现这一法律原则移植的成功。

其四，我国在刑法的罪刑设置上，坚持与社会治理需要相协调。刑法的犯罪界定、罪名确立和刑罚设置，都是以社会治理需要为出发点和落脚点，并随着社会发展的变化不断调整。契合社会治理需要，始终是刑法的首要价值取向。从历史的纵向维度看，无论奴隶社会、封建社会、资本主义社会还是社会主义社会，刑法都带有所处历史阶段与社会形态的烙印，因而才有了刑法的社会属性（也有人称为阶级属性）。从现实的横向维度看，世界上不同性质的国家、处于不同发展阶段的国家，刑法的性质、内容各不相同，都带有明显的社会属性。从新中国建立后刑法的发展变化看，虽然我国刑法的性质、任务没有发生根本变化，但不同的发展阶段，刑法的内容因社会治理模式和治理阶段的不同，发生了很大的变化，而且，因应我国社会治理方式的变化，刑法始终保持与治理方式变化的同频共振。1997 年对 1979 年《刑法》进行整体修正后，截至 2021 年，进行了十一次修正，平均每两年进行一次修正。正是因应社会治理的现实需要，我国刑法在 1997 年《刑法》修订时增设了组织、领导、参加恐怖组织罪与组织、领导、参加黑社会性质组织罪，并规定了两类犯罪中犯罪人整体行为所犯的组织罪与具体行为所犯之个罪实行数罪并罚，而且在之后的刑法修正案中不断提高两罪的刑期，并增设财产刑。1997 年《刑法》设立组织、利用会道门、邪教组织、利用迷信破坏法律实施罪时，没有规定与实施的具体特定犯罪数罪并罚。2014 年《刑法修正案（九）》增加了犯组织、利用会道门、邪教组织、利用迷信破坏法律实施罪，又有奸淫妇女、诈骗财物等犯罪行为的，实行数罪并罚的规定。上述三种犯罪之所以对整体行为规定为犯罪之后，又规定与整体行为中的具体个罪进行数罪并罚，是由于上述三种行为在严重侵犯特定被害人的人身权利、财产权利和民主权利的同时，又严重破坏经济、社会生活秩序，严重影响政府合法管理活动的权威和公信。单独以整体行为所犯之罪处罚或者单独以具体行为所犯之罪处罚，都不能实现对犯罪人犯罪行为社会危害性罚当其罪的评价与处罚。而且，如果以一罪处罚，虽然可以通过提高刑罚设置与增设从重处罚情节的方法实现刑罚处罚上的罚当其罪，但以一罪处罚，则对另一罪的刑法否定性评价无法体现，不能实现对该罪刑法规范上的明示社会引导。

综上，我国总体上吸收借鉴禁止重复评价的法治精神，在刑事立法中规定法条竞合或者想象竞合择一罪处罚原则，以及犯罪人具有牵连或者其他关联关系的两个或两个以上行为的情形时，择一重处罚原则，符合人权保障的现代刑事法治理念，契合便利经济的刑事司法技术要求。同时，根据我国实际，规定对具有严重社会危害性的特定犯罪行为实行整体行为与具体行为分别定罪，数罪并罚，允许进行两次评价，符合我国辩证唯物主义刑法观、实质正义法治观、法律移植原则以及社会治理需要。

三、我国黑社会性质组织犯罪的重复评价辨析

关于我国黑社会性质组织犯罪是否存在重复评价，学界一直存在争论，肯定说与否定说并行，尚未形成共识或通说。为论述方便，借用司法实践中的称谓，将涉黑社会性质组织犯罪称为"黑罪"，黑社会性质组织范畴内实施的具体犯罪称为"个罪"。肯定说认为，"黑罪"是从"个罪"中总结概括出来的，两组犯罪的法律事实基本相同，"黑罪"与"个罪"分别定罪处罚，必然导致重复评价。有学者提出，我国黑社会性质组织犯罪存在数罪并罚型、酌定从重型和实质累加型三种类型的重复评价。[①] 数罪并罚型是指"个罪"行为，既作为"个罪"构成要件予以评价，又作为"黑罪"构成要件予以评价，属于重复评价。酌定从重型是指将黑社会性质组织犯罪及其组织领导者身份视作酌定从重处罚情节予以适用，形成了重复评价。具体而言，《最高人民法院关于贯彻宽严相济刑事政策的若干意见》（下文简称《意见》）和最高人民法院刑三庭《在审理故意杀人、伤害及黑社会性质组织犯罪案件中切实贯彻宽严相济刑事政策》（因该文件是对《意见》的阐释，下文简称《阐释》），要求对黑社会性质组织犯罪从重处罚。[②] 主要包括三种情形：一是对所有黑社会性质组织成员从重处罚，即在实施相同犯罪行为的情况下，黑社会性质组织成员的处刑要高于那些不具有黑社会性质组织成员身份的人；二是将组织领导者、骨干成员作为酌定从重处罚对象，在法定刑幅度内处以较重的刑罚；三是数罪并罚时，酌定从重，与

[①] 参见石经海：《黑社会性质组织犯罪的重复评价问题研究》，载《现代法学》2014 年第 6 期。

[②]《意见》第 7 条要求"对于黑社会性质组织犯罪，要作为严惩的重点，依法从重处罚"，《阐释》中要求"对于组织者、领导者应依法从严惩处，其承担责任的犯罪不限于自己组织、策划、指挥和实施的犯罪，而应当对组织所犯的全部罪行承担责任"，且"对于组织者、领导者检举、揭发与该黑社会性质组织及其违法犯罪活动有关联的其他犯罪线索，即使依法构成立功或者重大立功，在考虑是否从轻量刑时也应当从严予以掌握""对于积极参加者，应根据其在具体犯罪中的地位、作用，确定其应承担的刑事责任。确属黑社会性质组织骨干成员的，应依法从严处罚"。

单个犯罪的酌定从重形成双重从重。上述从重处罚要求，使黑社会性质组织成员在刑事立法上已经作出从重处罚规定的基础上，又整体上酌情从重处罚，构成两次从重评价。实质累加型是指，某项刑法规定，本身不具有重复评价性，但在案件已适用了黑社会性质组织犯罪定罪处罚上的重复评价规范情况下，该规定的适用实质上加剧了这些黑社会性质组织成员从重处罚程度，形成事实上的重复评价。这种重复评价，存在于我国《刑法》关于特别累犯与限制假释的规定之中。我国《刑法》第66条不仅把"黑社会性质组织犯罪"规定为特别累犯，而且将"危害国家安全犯罪、恐怖活动犯罪、黑社会性质的组织犯罪"这三类犯罪中的众多具体犯罪都纳入了构成累犯的范畴，提高了认定为累犯的概率和对这些犯罪的从重处罚程度，对符合上述条件构成累犯的犯罪人，又形成了一次量刑从重情节的评价。根据我国《刑法》第81条规定，黑社会性质组织犯罪作为有组织的暴力性犯罪，纳入了不得假释的范围，对符合上述条件的黑社会性质组织犯罪分子，又形成了一次刑罚执行制度上的评价。①

否定说认为，"黑罪"与"个罪"分别评价、数罪并罚，形式上有重复评价之嫌，但实质上两次评价的内涵、标准和逻辑均不相同，故不构成重复评价。有学者认为，黑社会性质组织犯罪中应当区分组织犯罪、组织意志内犯罪、组织意志外犯罪。首先，组织意志之外犯罪以组织存续为标准可分为三类。一类是组织成立之前即组织雏形阶段相关成员实施的犯罪，另一类是组织存续期间相关成员实施的与组织意志无关的犯罪，还有一类是组织消亡之后相关成员实施的犯罪。这三类犯罪的相关法律事实应根据组织存续时间的起点与终点分别认定。其次，"个罪"以组织存续为前提，"黑罪"与"个罪"法律事实的评价逻辑不同。黑社会性质组织成立这项法律事实是将某个行为评价为组织意志之内犯罪的前提。评价逻辑上组织的行为特征包括"个罪"犯罪行为，但也包括违法行为，"黑罪"成立并不必

---

① 参见石经海：《黑社会性质组织犯罪的重复评价问题研究》，载《现代法学》2014年第6期。

然要求具备一定数量的"个罪"法律事实；"黑罪"的组织、经济及非法控制特征并非全部来源于"个罪"事实，还包括违法事实。因此，评价顺序是先认定组织成员每一项违法与犯罪活动的全部法律事实，既包括违法犯罪活动是否有组织策划，并反映团体意志的相关事实，也包括具体犯罪活动是否构成犯罪行为的事实。然后，结合组织的四个特征认定是否存在组织这项法律事实，并根据刑法规定对犯罪事实进行定罪评价。最后，对全案各行为人进行定罪量刑评价。如果认定存在组织这项法律事实，结合组织的存续时间起点，组织成立之前的犯罪活动属于组织意志之外犯罪，组织存续期间基于组织意志实施的犯罪属于组织意志之内的"个罪"。综上，"黑罪"是从犯罪事实层面评价是否存在"有组织的违法犯罪活动"，将犯罪活动与违法活动、其他活动根据时间序列进行综合评价，以确定是否存在事实层面的有组织性欺压、残害群众活动，评价目的在于确定是否存在具备行为等特征的法律事实。因此，同样的犯罪活动，"黑罪"层面进行何时具备各项组织特征的法律事实评价，具体行为则进行是否构成犯罪的定罪评价，二者的对象及目的并不相同。①

本书认为，肯定说与否定说，都结合理论与实践，从一个侧面，根据一定的逻辑进行了学理阐释，均具有一定合理性，但都不完全准确，都不完全符合我国的立法与司法实际，都没有切中立法本意与司法真谛。肯定说，在结论上是正确的。如前所述，我国刑法对于具有特殊社会危害性的特定犯罪与其构成犯罪的关联行为，作出了分别评价、数罪并罚的规定，黑社会性质组织犯罪就是其中之一。因此，我国刑法已经从法律上作出了黑社会性质组织犯罪应当重复评价的明确规定，司法解释与规范性文件对重复评价的方法作出了具体的指引性规定。但是，肯定说中的某些观点值得商榷。上述学者提出的数罪并罚型、酌定从重型和实质累加型三种类型的观点，并不完全准确。数罪并罚是我国刑法的明确规定，属于重复评价。

---

① 参见叶小琴：《禁止重复评价原则与黑社会性质组织存续时间起点的认定》，载《国家检察官学院学报》2018年第6期。

但是，酌定从重型和实质累加型则并不准确。首先，酌定从重型所列举的规范性文件依据和司法实践做法，都不能得出双重评价的当然结论。其一，《意见》和《阐释》等规范性文件所提出的酌定从重要求，属于刑事政策的范畴，不具有创设法定或酌定情节的效力。刑事政策是指导法律实施的方法和策略，本身并不具有法律的性质，即使其具有指导立法、司法的强大功能，但其功能作用只能体现在法律之中，立法、司法机关贯彻政策只能将其精神落实到具体的立法与法律实施活动中。因此，《意见》和《阐释》的要求不具有形成与刑法规定相同层级从重情节的法律效果，其提出的从重要求，司法实践中只能在刑法规定中予以落实。也就是说，只能在刑法关于黑社会性质组织罪的从重规定中予以体现，是刑法评价的具体内容，包含在刑法评价之中，不构成单独评价，故形不成双重评价。其二，肯定说所列举的三种酌定从重情形，是司法机关对黑社会性质组织成员定罪量刑分析判断过程的片段截取，每种情形对黑社会性质组织犯罪分子的量刑评价都必须与其他法定、酌定情节相互结合才能完成，不构成独立的法律评价，故不存在重复评价。其次，实质累加型所列举的特别累犯与限制假释属于法定从重和刑罚执行情节，与犯罪构成事实的评价，不存在重复内容，不产生重复效果，故不构成重复评价。

否定说，在整体或者结论上是不成立的。如前所述，在我国刑法中，对黑社会性质组织犯罪规定了重复评价，而且，规定重复评价符合我国的辩证唯物主义刑法观、实质正义法治观、法律移植原则以及社会治理需要。否定说所谓"'黑罪'与'个罪'分别评价、数罪并罚，形式上有重复评价之嫌，但实质上两次评价的内涵、标准和逻辑均不相同"的观点难以成立，因为，虽然"黑罪"犯罪构成事实的评价是从整体上对黑社会性质组织全部事实的评价，事实的内容既包括"个罪"的事实，也包括组织意志内的违法事实，还包括组织意志内或组织利益内的合法事实，甚至还包括学者提出的组织意志之外但与组织特征中组织成员聚集、层级关系形成等相关的事实，其范围与内容均与"个罪"不同，但是，"个罪"的犯罪构成事实全部包含在"黑罪"事实之中是不争的事实，因此，对"个罪"的犯罪构成事实而言，无疑进行了"个罪"与"黑罪"的两次评价，尽管从逻辑上讲，没有"个罪"事实，也可以构成"黑罪"，但是，没有"个罪"事实的"黑罪"在法理上与现实中都是不成立的。从法理上看，没有实施"个罪"事实的犯罪组织无法认定黑社会性质组织，因为黑社会性质组织作为犯罪集团的高级形态，必须是为实施共同犯罪而组成的稳定的犯罪组织，因此，认定其成立黑社会性质组织必然要求实施犯罪活动，即"个罪"。司法实践中，我国对黑社会性质组织行为特征的认定要求，必须有"个罪"。关于否定说中学者提出的"同样的犯罪活动，'黑罪'层面作何时具备各项组织特征的法律事实评价，具体行为则进行是否构成犯罪的定罪评价，二者的对象及目的并不相同"的说法也不成立，因为，组织特征的法律事实是"黑罪"犯罪构成事实的组成部分，法律事实评价是犯罪构成定罪评价的重要内容，与具体行为进行"个罪"定罪评价具有相同性质。关于评价对象与目的不相同，并不能否定重复评价。因为，对象与目的不相同，是由"黑罪"与"个罪"的犯罪性质与犯罪构成所决定的，与是否对同一行为进行重复评价并不矛盾，而且，正是因为对象与目的不同，才有重复评价的可能性与必要性。

综上，我国对于黑社会性质组织犯罪从立法到司法都承认和确立了重复评价原则。重复评价符合我国实际，契合我国罪责刑相适应的刑罚处罚原则，具有合理性和必要性。在重复评价的内容上，仅限于"个罪"犯罪行为，对于"个罪"犯罪行为以外的事实、情节只进行一次定罪量刑的法律评价，不进行重复评价。

第四章
黑社会性质组织的
三类犯罪

　　"套路贷"犯罪、"软暴力"犯罪是近年来黑社会性质组织经常实施的两类新型犯罪，"保护伞"犯罪是国家工作人员涉黑社会性质组织犯罪，实现对三类犯罪的有效惩治，需要从理论上厘清三类犯罪的定罪处罚原理与司法方法。

第一节　"套路贷"犯罪

"套路贷"犯罪是我国近年来出现的新型犯罪样态，逐步发展成为黑恶势力经常实施的违法犯罪活动，社会危害性极大，[1] 应当进行有效的刑法规制。

一、"套路贷"的法律性质

"套路贷"既不是一个法律概念，也不是一个政策概念，而是在办案实践中对假借民间借贷之名、非法占有他人财物的类型化违法犯罪活动的概括性称谓，[2] 具有特定的法律性质。

（一）"套路贷"的基本内涵

"套路贷"是社会化术语。"套路"是"圈套"与"路数"的合成词，"圈套"是指引诱人受骗上当、受害的计谋或者诱捕动物用的装置，"路数"是指处理一类问题的常规的、固定的方式方法。因此，"套路"是有固定范式、效果在预期之中的处理问题方式方法。近年来，这一词语随着竞技游戏的出现逐渐成为网络流行语，在性质上偏中性并在具体语境中含有贬义，其贬义主要来源于"圈套"的本义，即指引诱人上当受骗的行为模式。"套

---

① 参见朱和庆、周川、李梦龙：《〈关于办理"套路贷"刑事案件若干问题的意见〉的理解与适用》，载《人民司法》2019年第19期。

② 参见朱和庆、周川、李梦龙：《〈关于办理"套路贷"刑事案件若干问题的意见〉的理解与适用》，载《人民司法》2019年第19期。

路贷"是"套路"与"借贷"的合成语，其中的"套路"是用其贬义，指诱人上当受骗的"圈套"，"借贷"是其表现形式。因此，文义上，"套路贷"是指假借"借贷"之名，行"套路"之实，达敛财之目的，也就是说，行为人以"借贷"为名，通过设计某种诱惑或陷阱引诱借贷人上当，从而实现非法占有借贷人财物的目的。2019 年 4 月 9 日，最高人民法院、最高人民检察院、公安部、司法部联合发布的《关于办理"套路贷"刑事案件若干问题的意见》（以下简称《"套路贷"意见》）中，对诱惑和陷阱的具体形式、取得被害人财产的方式进行了列举，明确了"套路贷"基本内涵的四项内容。一是以非法占有为目的；二是制造民间借贷假象。以诱惑或强迫的方式与被害人签订"借贷""抵押""担保"等民事协议；三是制造虚假债权。采取虚增借贷金额、恶意制造违约、肆意认定违约、毁匿还款凭证等方式形成对被害人的虚假债权；四是非法占有财物。占有的方式包括被害人在不明真相的情况下自愿交付，以及通过诉讼、仲裁、公证或者采用暴力、威胁以及其他手段强制被害人交付两种方式。[①]

（二）"套路贷"的构成要素

从静态的"套路贷"行为的构成要素看，有学者提出，构成"套路贷"行为要具备制造民间借贷假象、制造银行流水痕迹、肆意制造或认定违约、恶意垒高债务、软硬兼施索债五个要素，五个要素环环相扣、层层递进。逻辑上，如果不具有前一阶段的要素，就不需要进一步判断行为人的行为是否具备后一阶段的要素，可直接否定"套路贷"犯罪的成立。[②] 这一观点，是对"套路贷"行为的表现形式、发生过程的逻辑分析，较好地概括了套路贷行为的要素及相互间的逻辑关系。从动态的"套路贷"行为的实施过程看，一般要经历形成虚假债权债务与占有被害人财物两个阶段。第一阶段是"套路"被害人阶段，通过设计"套路"、实施"套路"、完成

[①]《"套路贷"意见》第 1 条。

[②] 参见彭新林：《论"套路贷"犯罪的刑事规制及其完善》，载《法学杂志》2020 年第 1 期。

"套路"，实现与被害人形成虚假债权债务的目的，这一阶段包括制造民间借贷假象、制造资金走账流水等虚假给付事实、故意制造违约或者肆意认定违约和恶意垒高借款金额等四个要素；第二阶段是占有被害人财产阶段，采用诉讼、仲裁、公证等合法方式或者通过暴力、威胁、软暴力等多种非法手段向被害人索要非法债务，实现占有被害人财物的目的，这一阶段主要是实施软硬兼施的"索债"行为。综上，构成"套路贷"行为需要具备五个要素，完成"套路贷"行为需要经历两个实施阶段。简言之，"套路贷"行为包括五要素、两阶段。

需要说明的是，"套路贷"行为的成立，不要求五个要素同时具备、两个阶段全部完成。从行为组成要素上看，仅有前四个要素即可构成"套路贷"行为，第五个要素是否具备不影响"套路贷"行为的成立。而且，前四个要素中的故意制造违约或者肆意认定违约和恶意垒高借款金额也不是必备要素，只要具备制造民间借贷假象和制造资金走账流水等虚假给付事实，就可以形成与被害人的虚假债权债务，实现对被害人的"套路"，故意制造违约或者肆意认定违约和恶意垒高借款金额等是对被害人进一步欺骗的"套路"，与制造民间借贷假象的"套路"并无实质区别，这一"套路"的有无并不影响形成虚假债权债务基本"套路"的成立。从阶段上看，只有第一阶段即可成立"套路贷"，因为第一阶段已经完成了对被害人的"套路"放贷行为，形成了与被害人间的虚假或虚高债权债务。如果被害人未经催讨就还清债务的，行为人已经实现了非法占有他人财物的目的，"套路贷"行为构成诈骗犯罪的既遂。如果被害人在这一阶段没有自动还清债务，行为人没有实现非法占有他人财物的目的，则构成诈骗犯罪的未遂。但是，只有第二阶段却无法成立"套路贷"，因为第二阶段行为是实现非法占有他人财物的手段行为，该行为真实存在，不存在对被害人的"套路"欺骗行为，也就是说，第二阶段行为是实现第一阶段"套路"目的的手段行为，自身并不存在"套路"。

（三）"套路贷"的行为模式

实践中，"套路贷"的行为模式多种多样，并随着社会经济的发展不断发生变化。当前，主要有"蒙骗型""胁迫型""暴力型"三种模式。"蒙骗型"行为模式在被害人不能偿还时，一般采取民事诉讼方式催讨债权。"胁迫型"行为模式是指以威胁、要挟方式使被害人产生心理恐惧，实现对被害人精神强制，从而实现侵财目的。有时有一定程度的暴力介入，但暴力只是威胁的手段，暴力本身没有达到强制被害人实施特定行为的程度。如向被害人亲朋好友群发短信，到被害人家中辱骂、泼油漆，等等。"暴力型"行为模式是指在"套路贷"活动中，行为人使用的暴力程度达到了强制被害人实施特定行为的程度，暴力主要发生在恶意垒高债务和暴力催讨债务过程中。如以匕首、手铐、催泪喷射器等凶器恐吓、致伤被害人，威逼其签订虚高债务合同，归还虚高债务。根据贷款性质的不同，还可分为信用贷款型、消费贷款型、车辆抵押贷款型、房产抵押贷款型等不同行为模式。

（四）"套路贷"的行为性质

"套路贷"不是一个刑法概念，也不是一个犯罪构成或者某个犯罪的构成要件，更不是一个独立的罪名。[1] 行为性质应当从具体行为的社会危害性与法律规定性两个维度综合分析评判。首先，目的行为具有诈骗性质。行为人实施"套路贷"的目的是非法占有他人财物，为实现这一目的，采取假借民间借贷之名，进行虚假宣传、承诺，诱使被害人在不明真相的情况下进入行为人事先设计的圈套，从而取得被害人的财产，因此，目的行为符合诈骗罪的构成要件，是诈骗行为在民间借贷领域的具体表现形式。"两高两部"《"套路贷"意见》中对"套路贷"概念的表述与刑法理论中对诈骗行为的定义基本相同，[2] 事实上认可了"套路贷"的诈骗性质。其次，手段行为具有构成多种犯罪的可能。在不能实现被害人自愿交付财物的情

---

[1] 参见张明楷：《不能以"套路贷"概念取代犯罪构成》，载《人民法院报》2019年10月10日，第5版。

[2] 高铭暄、马克昌主编的《刑法学》对诈骗罪的概念定义为：诈骗罪，是指以非法占有为目的，用虚构事实、隐瞒真相的方法，骗取公私财物，数额较大的行为。参见高铭暄、马克昌主编：《刑法学》，北京大学出版社2010年版，第569页。

况下，行为人往往不会放弃占有他人财物的目的，而是改变取得财物的方式，变"骗取"为"索取"，"文戏演完上武戏"。[①] 索取的方式或者说"武戏"的内容，主要有诉讼、仲裁、公证或者暴力、威胁以及其他手段，因此，行为的性质要根据行为手段予以认定。从司法实践看，行为人主要是通过威胁或者要挟他人形成心理强制，从而直接取得财物，根据其实施的具体行为可能构成敲诈勒索、抢劫等犯罪。其中，当场劫取被害人财物的，构成抢劫罪；以要挟方式逼迫他人事后交出财物的，构成敲诈勒索罪；以暴力、胁迫或者其他方法逼迫被害人将自己的工厂、房屋等财产低价转让或折价抵债的，构成强迫交易罪。如曹某某"套路贷"案件中，曹某某逼迫被害人将价值上亿元的大型商场折价抵偿"套路贷"形成的非法债务，该行为构成强迫交易罪。[②]

二、"套路贷"犯罪集团的主要特点

"套路贷"既可以由个人单独实施，也可以由多人共同实施。多人共同实施的构成共同犯罪，其中，符合团伙条件的，构成犯罪团伙，符合集团条件的，构成犯罪集团。"套路贷"犯罪团伙区别于一般共同犯罪团伙的主要特征为以牟利为目的，以诈骗为主要犯罪手段，以暴力、威胁等手段为辅助手段，具有构成多种犯罪的可能性。"套路贷"犯罪集团除具备成员人数多、层级明确、稳固存续、目的明确、社会危害性严重等犯罪集团的基本特征外，还具有组织、行为等方面的五个特征。

（一）组织性强

首先，人数众多。"套路贷"集团实施设计民间借贷套路、诱人进入套路、形成虚假债权债务、非法讨债等一整套行为，需要多人分工实施，特别是非法讨债环节，往往需要多人形成人数优势才能对被害人及其亲属形

---

① 参见上海市人民检察院：《"套路贷"，你被套路了吗？》，载《方圆》2017 年第 16 期。
② 参见 S 省 WF 市中级人民法院（2018）L07 刑初 72 号刑事判决书。

成压力，实现非法讨债目的。司法实践中，"套路贷"集团人数大多在 10 人以上。如李某某"套路贷"案，李某某犯罪集团人数达 25 人。①

其次，层级分明。"套路贷"集团大多以公司为依托，有公司老板、中层领导、普通员工三个层级。公司老板负责筹集犯罪资金（套路贷本金）、设计套路、管理集团等事项，中层负责人按照老板要求负责组织人员实施套路被害人、非法讨债等活动，员工按照老板、中层负责人的组织、指挥实施具体违法犯罪活动。各层级人员分工明确，各负其责。规模较大的集团还会对集团人员进行内部分工，如李某某"套路贷"集团把人员分为业务人员、财务人员和清欠人员等。②

再次，组织严密。集团有明确的组织纪律、活动规约和奖惩办法。如李某某"套路贷"集团，对集团成员衣着、体貌等进行规定，要求清欠人员穿貂皮衣服、纹身、理光头，要求业务人员、财务人员使用名牌手机、电脑，以显示公司威慑力和经济实力，制定了严格的管理制度，要求集团成员进行思想汇报、写心得体会等，有明确的奖惩制度，业务部放款数额和清欠部收款数额与集团成员的收入挂钩，以组织外出游玩，举办球赛、年会、生日宴会，签订保密和禁止竞业合同，制作使用"天鹏商会"会旗、会标等形式笼络、控制集团成员，为逃避打击，安排集团成员就如何规避法律进行培训。③ 由于"套路贷"犯罪具有鲜明的组织性，犯罪能力强，社会危害性大，我国把"套路贷"犯罪纳入了"扫黑除恶"专项斗争的重点打击犯罪之中。④

（二）制造虚假债务手段隐蔽性强

第一，制造合法形式假象，具有欺骗性。一方面，"套路贷"集团大多披着公司的"合法"外衣，冠以合法公司名头，制造金融借贷业务或者以

---

① 参见 S 省 JN 市 LC 区人民法院（2018）L0112 刑初 580 号刑事判决书。
② 参见 S 省 JN 市 LC 区人民法院（2018）L0112 刑初 580 号刑事判决书。
③ 参见 S 省 JN 市 LC 区人民法院（2018）L0112 刑初 580 号刑事判决书。
④ 参见彭新林：《论"套路贷"犯罪的刑事规制及其完善》，载《法学杂志》2020 年第 1 期。

小额贷款公司发放借款的幌子，欺骗他人落入其圈套陷阱。由于"套路贷"宣传极具诱惑性，加之借贷人金融安全知识不足，很容易上当受骗。而且，有的"套路贷"集团成立多家公司，在借贷人不能按期偿还债务时，假借帮助借贷人融资还债之名，帮助借贷人向自己的另一家公司再次借贷，借贷人急于还债，很容易再次落入"圈套"，再次垒高债务。如付某某"套路贷"集团，先后成立东升投资公司、腾飞投资公司、宜信投资公司，诱使被害人从东升投资公司借款后，到期不能归还时，迫使被害人从另两家公司借款还债，从而将被害人的债务不断垒高。① 另一方面，有形式上合法的借贷合同。"套路贷"集团与被害人签订的合同，无论是借贷、担保还是抵押合同，形式上完全符合法律规定。为此，很多"套路贷"集团聘请专业律师，甚至有的直接把律师发展为成员，由律师专门负责借贷法律文书制作、广告推广事宜策划，以及签约、平账等事宜处理，制造民间借贷假象的过程完全流程化、模式化，达到了一定的专业化程度。

第二，真实债务与虚假债务混杂，具有迷惑性。"套路贷"虽然制造虚假债权债务，但虚假债权债务的产生是以真实债权债务为前提和基础的，虽然真实部分是诱饵，从法律评价上是违法犯罪事实的一部分，不受法律保护，但是，对被害人而言，却真实地从"套路贷"行为人手中得到了借款。从社会公众的视角，往往只看到双方有形式上的借贷关系，并不知道双方是否存在虚假债权债务，会常识性地认为欠债还钱是天经地义之事，对于双方的争议，一般认为是民事经济纠纷，而不认为是违法犯罪。

第三，借贷人自陷圈套，具有自愿性。向"套路贷"集团借款的人，除一部分被"套路贷"集团的虚假广告或"套路贷"人员蒙骗外，很大一部分借贷人明知向国家金融机构以外的人或公司借款有风险。有的被害人出于个人生活或公司经营需要，难以通过正常借贷途径借到急需的资金时，便铤而走险，向"套路贷"集团借贷。如有的民营企业为向银行贷款，向"套路贷"集团借款充当"过桥"资金，偿还到期贷款，一旦不能顺利从银

---

① 参见 S 省 QD 市 JM 区人民法院（2019）L0282 刑初 163 号刑事判决书。

行贷到足额资金，就会陷入"套路贷"陷阱，有的甚至因此导致企业破产。有的被害人为满足自己的虚荣心，追求超出正常经济承受能力的高消费，向"套路贷"集团借贷。"部分消费者特别是金融消费者的消费心理和消费行为缺乏理性，是造成其陷入'套路贷'犯罪圈套，成为被害人的一个不可忽视的重要原因。"① 还有一部分借贷人，出于非法占有目的，借到钱之后便溜之大吉，让"套路贷"集团无法向其索要借贷资金。这部分人的行为属于典型的"黑吃黑"。从近年来公安机关侦破的案件看，"套路贷"集团借出钱后，借款人手机停机、行踪不定，无法找到的情况时有发生。这也是"套路贷"集团犯罪手段不断升级的原因之一。综上，借贷人要么贪图小利，轻易落入骗局；要么明知有风险，出于侥幸或冒险心理陷入圈套；要么出于非法占有的不法目的而主动进入圈套，主观上均不同程度存在过错。一定意义上，借贷人向"套路贷"集团借款是参与非法活动，如果主观上是明知，则涉嫌违法犯罪，也应当受到相应处罚。

第四，借助诉讼、仲裁、公证等合法途径讨债，具有误导性。"套路贷"集团用尽讨债手段无法实现虚假债权时，便通过诉讼、仲裁、公证等合法途径向借贷人索债。这种情形下，"套路贷"人员从加害人变成了受害人，借贷人从受害人变成了违约人，由于"套路贷"人员在实施套路行为制造民间借贷假象时，进行了精心的设计，得到了专业的指导，借贷形式要件非常完备规范，掌握借贷形式上合法的充分证据，因此，他们在穷尽索债手段不能实现目的时，便向法院提起民事诉讼，借助法院裁判实现非法占有他人财物的目的。相反，被害人对"套路贷"行为进行违法犯罪举报和在民事诉讼中被司法机关查明"套路"行为，并作为刑事案件处理的比例不高，涉"套路贷"案件呈现出"民多刑少"的特点。有学者在裁判文书网上进行智能检索，共检索出 2019 年 9 月 18 日之前的 6469 份涉"套路贷"裁判文书。其中，民事裁判文书 5841 份，占 84.73%；刑事裁判文

---

① 参见许恋天：《遏制套路贷要打好组合拳》，载《法制日报》2018 年 4 月 20 日，第 12 版。

书 462 份，占 7.14%。①

（三）经济实力强大

首先，"套路贷"集团具有强大的经济实力。因为，从事以民间借贷为名的"套路贷"违法犯罪活动，必须有一定的资金作为借贷诱饵，没有一定经济实力无法从事这一违法犯罪活动。实践中，很多"套路贷"集团的首要分子都有一定经济实力，在利益驱使下从民间借贷到高利借贷一步步发展到"套路贷"。如以李某某为首的"套路贷"集团，最初从事高利放贷牟利，在高利放贷中胃口越来越大，便不再满足于获取高额利息，逐步发展到实施"套路贷"犯罪牟取不法利益。②

其次，敛财速度快、数额大。如某"套路贷"集团对被害人借款仅仅 3 万元，短短一年竟变成了 800 万元。③"套路贷"一般都为短期借贷，在很短的时间内，犯罪分子就可以聚敛起大量财富。如曹某某"套路贷"集团，假借民间借贷之名，采用敲诈勒索、强迫交易、寻衅滋事等一系列"套路贷"违法犯罪活动，非法获取巨额财富。2011 年 9 月 27 日至 2017 年 11 月 6 日期间，非法获利近 2 亿元，案发时尚有近 1 亿元对外借款未收回，而且，非法占有他人价值数亿元的房产、厂房设备等财物。不足 10 年间，其资产扩张以百倍计。④

再次，以经济利益支持集团违法犯罪活动。"套路贷"集团以经济利益为纽带组织在一起，从首要分子到一般成员都是以获取非法利益为唯一目的，而且都抱着不劳而获、快速暴富的心态集合在一起，获取高额财富是他们实施违法犯罪活动的动力，因此，首要分子一般以分红、底薪、提成等方式，向成员支付经济报酬，并由首要分子支付非法犯罪活动经费。如庞某某"套路贷"集团，自 2016 年 12 月至 2018 年 3 月，非法获利 700 万

① 参见彭新林：《论"套路贷"犯罪的刑事规制及其完善》，载《法学杂志》2020 年第 1 期。

② 参见 S 省 JN 市 LC 区人民法院（2018）L0112 刑初 580 号刑事判决书。

③ 参见方敏：《诱人"套路货"连环被害人》，载《人民日报》2018 年 5 月 7 日，第 11 版。

④ 参见 S 省 WF 市中级人民法院（2018）L07 刑初 72 号刑事判决书。

余元，用所获资金给成员发报酬、奖励，为在押或受伤的成员提供生活费、医疗费，笼络、控制集团人员。[①]

（四）违法犯罪手段以非暴力为主

"套路贷"集团的违法犯罪行为包括主行为与伴随行为。其中，主行为表现为设计、实施"套路"，形成虚假债权债务，是诈骗行为，实施该行为的手段是诈骗手段。伴随行为是在诈骗主行为不能得逞的情况下，实施索取非法债务行为，手段包括软暴力和暴力等，在手段选择上首选软暴力，其次才是暴力。因此，主行为与伴随行为整体上看，"套路贷"集团违法犯罪的主要手段是骗，其次是软暴力，最后是暴力。在实施的顺序上是先骗取、后索取。在骗取的手段上，有时借助司法机关，通过虚假诉讼、公证、仲裁途径实现占有他人财物的目的。在索取的方式上先软暴力，后暴力。暴力是"套路贷"集团在用尽欺骗手段、用完软暴力手段之后的最后手段，甚至可以说，暴力是"套路贷"集团不愿使用、而其他手段又不能实现侵财目的而不得不使用的手段，他们的目的是侵财，不追求侵财之外的非法目的，更不愿出现侵财之外的人员伤亡等违法犯罪后果，因为那样会增加侵财成本，增加被打击的风险。因此，"套路贷"集团大多对集团成员统一培训讨债手段和方法，这些方法主要是制造不利于借贷人的影响、形成心理强制的软暴力，在暴力的使用上大多要求谨慎使用。软暴力的方式以侮辱、制造影响的手段为主，影响由低到高、方式不断推陈出新。软暴力手段主要有喷油漆字、打砸门窗玻璃、持扩音器广播、上门滋扰、关铁笼、冬天洗凉水澡、半夜向院子里扔东西、拿扩音喇叭跟随损坏名誉、喷涂墙面制造影响、摆花圈撒纸钱等。从学者对"套路贷"案件的统计分析看，裁判文书网上的 462 份刑事裁判文书中，判决构成诈骗罪或者敲诈勒索罪的裁判文书有 397 份次，占比约 86%。[②] 可见，非暴力手段占绝大多数。

---

① 参见 S 省 JN 市 LW 区人民法院（2019）L1202 刑初 66 号刑事判决书。

② 参见彭新林：《论"套路贷"犯罪的刑事规制及其完善》，载《法学杂志》2020 年第 1 期。

（五）社会危害具有辐射性

所谓辐射性，是指"套路贷"违法犯罪行为本质上是非法占有他人财物，但"索债"行为会侵犯他人的人格尊严、人身健康等权利，造成被害人被迫辍学、卖房、离婚甚至自杀等严重后果，还可能侵害被害人亲属、朋友等特定关系人的权利。司法实践中，有的"套路贷"集团在与借贷人签订借贷合同时，便逼迫借贷人设立隐私名目，形成被掌握的隐私把柄，如逼迫借款人在借款用途中书写"打胎""给女友打胎""看病"等隐私事由。在非法索债过程中，更是花样繁多，对借贷人及其亲友用尽侮辱、威胁、恐吓手段，导致借贷人及其亲友精神崩溃、失业、辍学等严重后果。如李某某"套路贷"案，"套路贷"集团成员对被害人朱某某非法拘禁，迫使其家人凑钱还债，其母亲因心理压力过大，喝药自杀身亡，被害人张某某吞服安眠药自杀（未果），毛某某在学生宿舍割腕自杀被同学制止，周某某因不断受到电话骚扰和威胁，致使精神失常。[1] 再如付某某"套路贷"案，"套路贷"集团成员不仅对借款人直接实施伤害，还经常殃及周围邻居，肆无忌惮的打砸行为在相关乡镇、村庄造成群众心理恐慌，安全感下降。其中，被害人李某的邻居宫某某、矫某某两家被打砸玻璃、喷字，宫某某被迫在夏季用木板封窗，并在木板上书写"宫某某家"，以示不是李某家。[2] "套路贷"违法犯罪行为社会危害性的辐射效应一定程度上影响经济、社会生活秩序。

三、"套路贷"犯罪集团与黑恶势力组织的关系

关于"套路贷"犯罪集团与黑恶势力犯罪组织的关系，实务与理论界有两种不同观点。一种观点认为，"套路贷"集团就是黑恶势力，甚至有人将"套路贷"集团与黑社会性质组织等同起来。这一观点在"扫黑除恶"

---

[1] 参见 S 省 JN 市 LC 区人民法院（2018）L0112 刑初 580 号刑事判决书。
[2] 参见 S 省 QD 市 JM 区人民法院（2019）L0282 刑初 163 号刑事判决书。

专项斗争初期被部分司法人员所接受，导致部分案件中将"套路贷"集团认定为黑社会性质组织。如吴某等人"套路贷"犯罪集团案，公诉机关认定该"套路贷"犯罪集团为黑社会性质组织，法院经审理认为，该犯罪集团不符合黑社会性质组织的危害性特征，未认定为黑社会性质组织。[①] 另一种观点认为，"套路贷"是一些黑恶势力常用的犯罪手段，"套路贷"犯罪与黑恶势力犯罪之间存在相互交织的情形。"套路贷"犯罪集团很多情况下符合黑恶势力组织认定标准。后一种观点是主流观点，在理论与实务界已基本形成共识，本书亦认同这一观点。根据此观点，"套路贷"犯罪集团与黑恶势力犯罪组织既有相似之处，也有重大区别。

（一）"套路贷"犯罪集团与黑恶势力组织具有相似性

两类犯罪组织的组织特征、行为特征、社会危害性特征和经济特征具有相似性。一是组织特征相似。人数都是 3 人以上、都有一定的层级结构；二是行为特征相似。行为都包括主行为与伴随行为，行为手段都包括暴力、威胁、软暴力等，实施的违法犯罪活动都包括寻衅滋事、敲诈勒索、非法拘禁等；三是危害性特征相似。都具有侵犯多种法益、侵害多个被害人以及扰乱经济、社会秩序的严重社会危害性。四是经济特征相似。虽然恶势力不以经济特征为必备特征，但获取经济利益也是恶势力犯罪的重要目的之一，而黑社会性质组织与"套路贷"犯罪集团在经济特征上具有高度的相似性，都具有强大的经济实力，都以违法犯罪活动为主要经济来源，都以经济实力支持违法犯罪活动。而且，在敛财手段上都以"套路贷"行为聚敛财富。

（二）"套路贷"犯罪集团与黑恶势力组织具有本质区别

"套路贷"犯罪集团与黑社会性质组织、恶势力组织虽然具有诸多相似之处，但三种犯罪组织具有重大差别。三者虽然同属于较高形态的共同犯罪组织，但在共同犯罪组织的类别上属于三种各自独立的犯罪组织类别，三者同属不同类。主要表现在以下几方面：一是犯罪目的不同。恶势力组

---

① 参见 S 省 RZ 市 DG 区人民法院（2019）L1102 刑初 896 号刑事判决书。

织的目的包括逞强耍横、扬名树威、欺压百姓、获取经济利益等内容，以扬名树威为主要目的；黑社会性质组织的目的包括控制、影响一定行业、区域，称霸一方，获取经济利益等内容，以获取经济利益为主要目的；"套路贷"犯罪集团则以获取经济利益为唯一目的，不具有逞强树威、称霸一方等目的，可以说，该组织主观上更希望"闷声发大财"，而不希望树大招风、引起社会公众和司法机关注意。犯罪目的单一是该类犯罪集团归入单类犯罪组织的主要原因。二是经济特征不同。经济特征不是三者共有的特征，恶势力组织的构成不要求有经济特征。黑社会性质组织的经济来源渠道宽于"套路贷"集团，除违法犯罪所得外，还包括组织成员家庭财产资助，组织外的单位、个人资助等方式获得。"套路贷"集团的经济来源主要为"套路贷"违法犯罪所得。三是行为特征不同。首先，行为内容存在重大差别。恶势力与黑社会性质组织的违法犯罪活动为惯常实施的故意伤害、敲诈勒索等七类主要违法犯罪活动和开设赌场、组织卖淫等十二种伴随行为；① 而"套路贷"组织的主行为是设计民间借贷"套路"、诱使或迫使借贷人落入陷阱的诈骗行为，伴随行为包括黑、恶犯罪组织的主行为与伴随行为中的一种或几种。可见，"套路贷"集团与黑社会性质组织、恶势力组织在主行为上完全不同，三者的共同行为仅存在于"套路贷"组织的伴随行为之中。其次，行为手段存在重大差别。虽然三种犯罪组织的行为手段都包括暴力、威胁和软暴力，但三种手段在三种组织中的地位和作用不同。暴力是黑、恶犯罪组织的主要行为手段，而且是其他手段的必要支撑，在实施的顺序上，暴力是第一位的首选手段。"套路贷"集团则不同，该集团的主行为是诈骗手段，而不是暴力或软暴力手段。在伴随行为中，以软暴力为主，以暴力为辅。四是社会危害性不同。黑社会性质组织、恶势力组

---

① 根据《2019年恶势力意见》第8条规定，主行为包括强迫交易、故意伤害、非法拘禁、敲诈勒索、故意毁坏财物、聚众斗殴、寻衅滋事等7种违法犯罪行为，伴随行为包括开设赌场、组织卖淫、强迫卖淫、贩卖毒品、运输毒品、制造毒品、抢劫、抢夺、聚众扰乱社会秩序、聚众扰乱公共场所秩序、交通秩序以及聚众"打砸抢"等12种违法犯罪行为。

织违法犯罪行为的社会危害性，既包括具体犯罪行为侵害被害人的人身、财产等权利造成的具体社会危害，也包括在一定行业或区域内形成控制或影响，扰乱经济、社会生活秩序，妨害社会管理等抽象社会危害。"套路贷"集团则不同，该类犯罪组织违法犯罪行为的社会危害性主要是侵犯被害人的财产权，虽然也具有侵害被害人亲属合法权益、影响社会生活秩序等辐射性社会危害，但辐射性危害只存在于该类犯罪集团索债过程中实施的违法犯罪活动之中，而且，不要求形成一定区域或行业的控制或较大影响。

（三）"套路贷"集团与黑恶犯罪组织具有密切联系

"套路贷"犯罪集团可能构成恶势力组织，也可能构成黑社会性质组织，三者具有交叉重合的紧密联系。总体上，"套路贷"犯罪集团构成恶势力的概率较高。因为，"套路贷"犯罪集团的非法索债行为与黑、恶势力组织的违法犯罪行为基本相同，达到恶势力组织认定标准的概率较高。但是，"套路贷"犯罪集团构成黑社会性质组织的概率不高。因为，"套路贷"犯罪组织很难达到黑社会性质组织的非法控制或重大影响的危害性特征标准。从区域上看，"套路贷"不以行政区域为活动范围，被害人选择具有随机性、随意性，非常分散，难以形成在一定区域的非法控制或重大影响。从行业上看，"套路贷"活动领域是民间借贷，除个别活动时间长、经济实力特别强大的"套路贷"组织外，绝大多数难以达到对民间借贷行业的控制或重大影响。而且，对于"套路贷"行为侵害的生产、经营行业而言，一类行业的融资量巨大，"套路贷"集团很难形成对一类行业的控制或重大影响。因此，"套路贷"集团可以扰乱一定区域或行业的经济、社会生活秩序，形成一定影响，但一般达不到黑社会性质组织要求的社会影响严重程度。综上，"套路贷"集团构"恶"易而构"黑"难。2017 年至 2019 年的609 篇"套路贷"犯罪判决书反映，"套路贷"犯罪组织，构成恶势力团伙的占 12.48%，构成恶势力犯罪集团的达 35.63%，构成黑社会性质组织的仅为 5.25%；[①] 在 462 份"套路贷"刑事裁判文书中，被告人构成组织、领

---

① 参见周圆圆：《"套路贷"犯罪司法适用问题研究》，安徽大学 2020 年硕士学位论文。

导、参加黑社会性质组织罪的裁判文书共 24 份，仅占 5.19%。[①]

四、"套路贷"犯罪的刑罚处罚

"套路贷"犯罪行为包括单一行为与复合行为两种情形。单一行为是指仅有骗取财物一种性质的行为。复合行为是指包括骗取与索取两种性质的复合行为，其中，骗取财物行为是主行为，索取财物行为是伴随行为，主行为与伴随行为，按先后关系可称为前行为与后行为，二者都是目的行为——占有他人财物整体行为的手段行为。对于单一性质的"套路贷"行为仅涉及诈骗一种罪名，而涉及复合行为的"套路贷"行为，则因手段行为涉及多个罪名，应当根据不同行为之间的关系，按照罪责刑相适应原则，在定罪处罚上审慎把握。

（一）创设新罪名之辩

有学者认为，以现有的侵犯财产罪名对"套路贷"犯罪定罪处罚，难以准确反映"套路贷"行为的罪质和所侵犯的法益，不能有效实现罪责刑相适应，提出了通过修改《刑法》增设"套路贷"诈骗罪的具体设想。[②]本书不认同这种观点，因为，现行《刑法》规定的罪名与处罚方法可以满足对该类犯罪的规制需要，没必要创设新的罪名。

其一，现有罪名可以满足对该行为罪质的评价需要。对一类新的危害社会行为是否需要创设新的罪名进行刑法规制，主要看现有《刑法》规定的罪名能否准确评价该类行为的社会危害性。首先，"套路贷"行为整体上可以用诈骗定罪。从我国现有《刑法》规定的罪名看，"套路贷"行为整体上完全契合诈骗罪对该类行为的罪质评价，在罪状表达上，"套路贷"行

[①] 参见彭新林：《论"套路贷"犯罪的刑事规制及其完善》，载《法学杂志》2020 年第 1 期。

[②] 参见彭新林：《论"套路贷"犯罪的刑事规制及其完善》，载《法学杂志》2020 年第 1 期。

为完全符合诈骗罪的行为描述，因此，诈骗罪可以实现对"套路贷"行为的罪质评价。其次，现有刑法规定的敲诈勒索、强迫交易、寻衅滋事、抢劫等罪名可以准确评价"套路贷"中索取非法债务的手段行为，没有出现《刑法》现有罪名无法准确评价的行为。再次，对于具有特别严重社会危害性的行为，我国《反有组织犯罪法》《刑法》规定的恶势力组织犯罪与黑社会性质组织犯罪可以满足对该种情形的罪质评价。

其二，现有《刑法》处罚方法可以对该类行为进行适当的刑罚处罚，能够实现罪责刑相适应。能否罚当其罪、实现罪责刑相适应是考量应否创设新罪名的重要因素。我国《刑法》对复合犯罪行为规定从一重处罚、数罪并罚等处罚方法，可视不同情形根据处罚需要决定适用的方法。对"套路贷"复合犯罪行为，整体行为与部分行为《刑法》明确规定从一重处罚的，按《刑法》规定处罚；构成黑社会性质组织犯罪的，实行数罪并罚；构成恶势力组织犯罪的，从重处罚；对于既不构成黑恶势力犯罪，《刑法》又没有规定从一重处罚的复合犯罪行为，既可以数罪并罚，也可以从一重处罚，根据具体情形选择处罚方法，实现对该类行为的准确处罚。

其三，创设新的罪名不符合刑法稳定性和立法经济原则。《刑法》的相对稳定性是《刑法》教育、引导功能的必然要求。社会发展的日新月异与《刑法》的相对稳定之间的矛盾，应当主要依靠刑法理论的完善和《刑法》的科学解释予以解决，而不应当频频修改《刑法》。因为，修改《刑法》需要付出一定的代价，不管是增设新的法条，还是修改原有的法条，都要进行深入的调研、周密的论证，以及反复的研究讨论，需要耗费大量的人力、物力。综上，现有《刑法》设立的罪名及其刑罚处罚可以满足对"套路贷"犯罪进行刑法规制的需要，在《刑法》中创设新的罪名既不经济、也无必要。

（二）刑罚处罚方法之辨

关于"套路贷"犯罪过程中多个犯罪行为的处罚适用数罪并罚还是从一重处罚方法，应当认真辨析、准确厘定两种方法的功能价值和适用原则。

首先，要厘清数罪并罚与择一罪从重处罚的功能价值。对于犯罪最强有力的约束力量不是刑罚的严酷性，而是刑罚的必定性。[①] 凡犯罪必处罚，犯多少罪就以多少罪处罚，是刑罚的基本要求，也是刑罚的基本功能价值。数罪并罚符合这一要求，可以有效实现对犯罪人的刑罚处罚。但是，实践中，行为人的数个行为可能存在目的与手段、原因与结果等密切关系，理论上称之为牵连关系。如果数个存在牵连关系的行为分别构成不同的犯罪，但各自构成的犯罪相互包含，分别定罪，数罪并罚，就会产生对某些行为的重复评价，造成重复处罚，加重行为人的刑罚负担，有违罪责刑相适应原则。从一重处罚方法可以有效避免对行为人加重刑罚的风险，因此，对于具有牵连关系的两种以上犯罪行为，除法律明确规定实行数罪并罚外，可以适用择一重处罚方法，但适用这一方法存在减轻行为人刑罚的可能，对这种方法的适用应当以不减轻行为人的刑罚为限度。

其次，要厘清两种方法的适用原则。其一，坚持罪刑法定原则。刑罚处罚方法是罪刑法定的重要内容，必须以法律的明确规定为首要标准。对于法律作出明确规定的，必须依照法律规定采取数罪并罚或者从一重处罚的处罚方法。如对于黑社会性质组织犯罪、恐怖组织犯罪等，我国《刑法》明确规定数罪并罚，则不得适用从一重处罚方法。对于非法搜查罪、非法侵入住宅罪，我国《刑法》规定司法工作人员滥用职权犯上述两罪的，从重处罚，则应当以滥用职权与非法搜查或非法侵入住宅罪从一罪重处。其二，坚持有利于被处罚人原则。对于法律没有作出明确规定的，应当坚持人权保障要求，以有利于被处罚人为原则，适用从一重处罚方法。对于想象竞合情形，属于实质的一罪，应当适用从一重处罚方法，并在裁判中进行明确阐释，充分发挥其明示功能。对于牵连犯，除法律作出明确规定数罪并罚外，一般适用从一重处罚方法。

（三）刑罚处罚方法之用

"套路贷"犯罪中多个行为的处罚采取数罪并罚还是从一重处罚方法，不能一概而论，应当根据两种方法的功能价值和适用原则，区别不同情况，

[①] ［意］切萨雷·贝卡里亚：《论犯罪与刑罚》，黄风译，中国方正出版社 2004 年版，第 57 页。

适用不同方法。我国司法机关充分认识到不同刑罚处罚方法的价值与局限，在"套路贷"犯罪行为的处罚中，采取折中方式进行处理，尝试建立个别化的处罚模式。如上海高院认为，行为人实施"套路贷"行为时，既采取了诈骗手段，又采取了暴力、威胁、虚假诉讼等手段，同时构成多种犯罪的，依法数罪并罚或择一重罪处罚。[①] 重庆市高院则分三种情况予以处理：如果行为人以起诉的方式索债，同时触犯诈骗罪、虚假诉讼罪的，依照处罚较重的规定定罪从重处罚。如果行为人采用暴力、胁迫、威胁、绑架、滋扰、纠缠、哄闹、聚众造势等手段强行索取"债权"，同时构成多种犯罪的，依照处罚较重的规定定罪处罚。如果行为人采用故意杀人、故意伤害、非法拘禁、故意毁坏财物等手段强行索取"债务"，同时构成诈骗罪、故意杀人罪、故意伤害罪、非法拘禁罪、故意毁坏财物罪等犯罪的，依法数罪并罚。[②]

《"套路贷"意见》也采取了折中方法，规定：没有明显的暴力或者威胁手段的以诈骗罪定罪处罚；多种手段并用，分别构成诈骗、敲诈勒索等多种犯罪的，根据具体案件情况实行数罪并罚或者择一重处。[③] 因此，在具体案件的裁判中，应当采用个别化处罚模式，区分不同情况、适用不同处罚方法。一是对于构成黑社会性质组织犯罪的"套路贷"犯罪，依法对组织犯罪与具体犯罪实行数罪并罚。对于构成恶势力组织犯罪的，依法从重处罚。二是对"套路贷"关联行为之间构成牵连关系的，择一重罪处罚。具体而言，行为人实施"套路贷"犯罪时，实施诈骗行为之外，索债过程中又实施了敲诈勒索、寻衅滋事、强迫交易、抢夺、抢劫等伴随行为，前后行为是在非法占有他人财产的同一主观故意支配下实施的，有目的与手段的关系，构成牵连犯，择一重处。三是对虽有先后联系但不具备牵连

---

① 参见《上海市高级人民法院、上海市人民检察院、上海市公安局关于本市办理"套路贷"刑事案件的工作意见》（沪公通〔2017〕71号）。

② 参见《重庆市高级人民法院关于办理"套路贷"犯罪案件法律适用问题的会议纪要》（渝高法〔2018〕136号）。

③《"套路贷"意见》第4条。

关系的犯罪行为，实行数罪并罚。包括以下情形：（1）伴随行为侵害的对象与主行为不同时，伴随行为已经超出了行为人实施主行为时主观故意的范围，不再是一个故意支配下的不同阶段行为，而成为新的故意支配下的单独行为，不构成牵连关系，不适用从一重处罚方法，应当单独定罪，数罪并罚。如索债人在向借贷人索债过程中，对被害人的亲友实施了故意伤害、非法拘禁等犯罪行为，应当对故意伤害、非法拘禁等伴随行为单独定罪，与主行为构成的诈骗罪实行数罪并罚。（2）伴随行为与主行为不具有原因与结果、目的与手段等关系时，伴随行为与主行为不构成牵连关系，而是完全独立的犯罪行为，应当单独定罪，数罪并罚。如索债人在非法讨债过程中，因为其个人原因，实施了故意杀人、强奸等犯罪行为，此种情形，其索债行为构成的犯罪与其在索债之外实施的故意杀人、强奸犯罪完全独立，应当数罪并罚。

司法实践中，除上述少数情形适用数罪并罚外，大多数情形从一重处断，判处罪名上，诈骗罪最多，因为在未使用非法手段、使用的手段虽违法但不构成犯罪以及虽构成犯罪但可能判处的刑罚轻于诈骗罪三种情形下，均以诈骗罪处罚；其次是敲诈勒索罪、寻衅滋事罪、非法拘禁罪等。2017—2019 年的 609 篇"套路贷"刑事判决中，以诈骗罪、敲诈勒索罪定罪处罚的占比分别为 67.32% 和 47.12%，[1] 其次是非法拘禁罪，寻衅滋事罪，虚假诉讼罪，非法侵入住宅罪，组织、领导、参加黑社会性质组织罪，抢劫罪等罪名（详见表1）。[2]

（四）财产处置之要

"套路贷"犯罪案件涉案财产性质复杂，既有犯罪人的财产，也有被害人的财产，还有案外人的财产；犯罪人的财产中，既有非法财产，也有合法财产；被害人的财产中，既有借款人的财产，也有担保人的财产，还有

---

① 部分案件涉及多罪名，故罪名总数高于判决书篇数，各罪名占判决书篇数的比例之和大于100%。

② 参见周圆圆：《"套路贷"犯罪司法适用问题研究》，安徽大学 2020 年硕士学位论文。

表1　2017—2019年"套路贷"判决书中涉及罪名

罪名	2017年（篇）	2018年（篇）	2019年（篇）	合计（篇）	罪名数占篇数的比例（%）
诈骗罪	4	53	353	410	67.32
敲诈勒索罪	1	47	239	287	47.12
非法拘禁罪	2	17	81	100	16.42
寻衅滋事罪	0	12	65	77	12.64
组织、领导、参加黑社会性质组织罪	0	6	25	31	5.09
虚假诉讼罪	1	3	14	18	2.95
非法侵入住宅罪		1	16	17	2.79
抢劫罪	1	6	5	12	1.97

被害人近亲属的财产；案外人的财产中，既有案外人主动投资、入股的，也有与犯罪人或被害人财产混同的，等等。应当根据财产的来源、性质、权属、用途等，分别作出处理。根据我国《刑法》第64条、《反有组织犯罪法》第46条和2019年"两高两部"联合制定的《关于办理黑恶势力刑事案件中财产处置若干问题的意见》（以下简称《财产处置意见》），涉案财产应当分五种情形分别处置。

第一，犯罪嫌疑人、被告人实施"套路贷"违法所得的一切财物，应当予以追缴或者责令退赔。对于有证据证明依法应当追缴、没收的涉案财产无法找到、被他人善意取得、价值灭失或者与其他合法财产混合且不可分割的，可以追缴、没收其他等值财产。

第二，被害人的合法财产，应当返还或责令退赔。对于现实存在的财产，已经采取查封、扣押、冻结等措施，或者已经查清财产占有人，具有返还可能性的，依法予以返还。对于已经灭失、被他人善意取得或者无法找到的被害人财产，则依法责令退赔。

第三，有证据证明是犯罪嫌疑人、被告人为实施"套路贷"而交付给被害人的财产，如果赔偿被害人损失后仍有剩余财产，对剩余财产应依法予以追缴、没收。因为这部分财产是犯罪人实施犯罪行为所用的本人财物，属于依法应当追缴、没收的财物。

第四，对于犯罪嫌疑人、被告人已将违法所得的财物用于清偿债务、转让或者设置其他权利负担的，应当区别不同情形分别处理。财产占有人属于善意取得的，不予追缴，但要责令犯罪嫌疑人、被告人以其他财产赔偿受害人。财产占有人取得财产不属于善意取得的，应当予以追缴。包括四种具体情形，一是第三人明知是违法所得财物而接受的；二是第三人无偿取得或者以明显低于市场的价格取得违法所得财物的；三是第三人通过非法债务清偿或者违法犯罪活动取得违法所得财物的；四是其他非善意取得应当依法追缴的情形。

第五，特定情形下案外人的特定财产应当追缴、没收。对于"套路贷"集团构成黑恶势力组织的，根据《反有组织犯罪法》第46条的规定，三种情形下的案外人财产应当追缴、没收。一是为支持或者资助"套路贷"集团犯罪活动而提供给"套路贷"集团及其成员的财产；二是"套路贷"集团成员的家庭财产中实际用于支持"套路贷"集团犯罪活动的部分；三是利用"套路贷"集团及其成员的违法犯罪活动获得的财产及其孳息、收益。

司法实践中，"套路贷"案件财产的处置难度很大，由于财产性质、来源和价值情况复杂，侦查机关很难做到对涉案财产状况完全查清，不仅难以查清涉案的全部财产，而且对已经扣押的财产，财产的性质、归属、价值等情况也难以完全查清，导致司法裁判难以作出详细准确处置。如曹某某黑社会性质组织案，由于涉案财产多，判决书中财产部分的附页便达27页，仅房产即有177套，还有大量象牙、汽车等物品，总价值上亿元。即便如此，仍有很多财产没有查清，判决中只能作出"未收缴在案的各被告人违法所得及收益，依法继续追缴、没收，上缴国库，其中属于被害人个人合法财产的，依法予以返还"的笼统模糊判项。[①]

---

① 参见S省WF市中级人民法院（2018）S07刑初72号刑事判决书。

第二节　"软暴力"犯罪

近年来，黑恶势力在实施违法犯罪活动中，"软暴力"的使用越来越多，已经成为黑恶势力犯罪的常用手段。通过对黑恶势力犯罪及"软暴力"刑事案件的裁判文书数据分析发现，近五年（2014—2018年）的3万件黑恶势力犯罪案件中，以"软暴力"为犯罪手段的占10%左右。① 因此，厘清"软暴力"的性质、内容及其构成的犯罪等法律适用问题，具有重要的理论与实践价值。

一、"软暴力"的法律性质

"软暴力"法律性质的界定，需要探究"软暴力"的渊源、发展，厘定"软暴力"的内涵。

（一）"软暴力"的渊源

"软暴力"源于犯罪学的观察和刑事政策的指引，是司法机关对新时期新型违法犯罪手段的事实描述性称谓。《2000年司法解释》把"滋扰"规定为黑社会性质组织实施违法犯罪活动的手段之一，② 2013年，最高人民法院、最高人民检察院、公安部联合印发的《关于依法惩处侵害公民个人

---

① 参见程雷:《在法治轨道上精准打击"软暴力"犯罪》，载《人民法院报》2019年4月13日，第2版。

② 《2000年司法解释》第1条第4项规定：在一定区域或者行业范围内，以暴力、威胁、滋扰等手段，大肆进行敲诈勒索、欺行霸市、聚众斗殴、寻衅滋事、故意伤害等违法犯罪活动，严重破坏经济、社会生活秩序。

信息犯罪活动的通知》(以下简称《惩处侵害公民个人信息犯罪通知》)中,首次使用"软暴力"一词,表述为"滋扰型'软暴力'新型犯罪"①。《2009年纪要》和《2015年纪要》对"软暴力"的表现方式作出规定。②《2018年指导意见》正式使用"软暴力"一词,并规定"软暴力"手段可以构成的犯罪类型。③2019年,最高人民法院、最高人民检察院、公安部、司法部联合印发的《关于办理实施"软暴力"的刑事案件若干问题的意见》(以下简称《"软暴力"意见》),把"软暴力"明确界定为一种与暴力、威胁手段并列的违法犯罪手段。由此,"软暴力"概念从源于办案实践需求的法律修辞,拥有了半正式制度的地位。④2022年5月1日施行的《反有组织犯罪法》把"滋扰、纠缠、哄闹、聚众造势"四种"软暴力"手段规定为有组织犯罪的犯罪手段。⑤"滋扰、纠缠、哄闹、聚众造势"等"软暴力"手段成为法定犯罪手段。但是,"软暴力"一词没有得到法律确认,仍然是规范性文件确认的违法犯罪手段称谓。

(二)"软暴力"的内涵

"软暴力"是一种新型违法犯罪手段,主要通过语言暴力、精神暴力或黑恶势力的力量展示等形式体现出来,但无论是语言暴力、精神暴力,还

---

①《惩处侵害公民个人信息犯罪通知》第1条中提出,非法调查公司根据这些信息从事非法讨债、诈骗和敲诈勒索等违法犯罪活动。此类犯罪不仅严重危害公民的信息安全,而且极易引发多种犯罪,成为电信诈骗、网络诈骗以及滋扰型"软暴力"等新型犯罪的根源,甚至与绑架、敲诈勒索、暴力追债等犯罪活动相结合,影响人民群众的安全感,威胁社会和谐稳定。

②《2009年纪要》第二部分中提出,根据司法实践经验,《立法解释》中规定的"其他手段"主要包括:以暴力、威胁为基础,在利用组织势力和影响已对他人形成心理强制或威慑的情况下,进行所谓的"谈判""协商""调解";滋扰、哄闹、聚众等其他干扰、破坏正常经济、社会生活秩序的非暴力手段。《2015年纪要》第二部分中提出,黑社会性质组织实施的违法犯罪活动包括非暴力性的违法犯罪活动。

③《2018年指导意见》第4项规定的标题为"依法惩处利用'软暴力'实施的犯罪",并明确规定软暴力可以成为寻衅滋事、强迫交易、敲诈勒索、非法拘禁的犯罪手段。

④参见黄京平:《黑恶势力利用"软暴力"犯罪的若干问题》,载《北京联合大学学报(人文社会科学版)》2018年第2期。

⑤《反有组织犯罪法》第23条第2款。

是黑恶势力的力量展示,本质上都能对他人形成心理强制,进而影响他人的生产、工作和生活。① 软暴力"的内涵主要体现在《2018 年指导意见》《"软暴力"意见》和《反有组织犯罪法》之中。

《2018 年指导意见》规定了"软暴力"内涵的五项内容。一是主体特定,实施主体是黑恶势力组织成员;二是目的特定,具有谋取不法利益或形成非法影响的主观目的;三是方式特定,包括但不限于所谓的"谈判""协商""调解"以及滋扰、纠缠、哄闹、聚众造势等手段;四是条件特定,这些行为的实施以黑恶势力组织的势力、影响为依托或者以暴力、威胁的现实可能性为支撑;五是后果特定,产生两个"足以"的危害后果,即足以使他人产生恐惧、恐慌进而形成心理强制或者足以影响、限制人身自由、危及人身财产安全或者影响正常生产、工作、生活。②

《"软暴力"意见》丰富完善了"软暴力"的内涵。一是实施主体为一般主体,不限于黑恶势力组织成员这一特定主体;二是明确了行为种类为直接侵害和间接侵害两类行为,包括直接对他人实施和在有关场所实施两种方式;三是形式更加丰富,包括对他人进行滋扰、纠缠和在有关场所哄闹、聚众造势两种;四是拓展了后果内容,将"足以影响正常生产、工作、生活"拓展为"足以影响正常生产、工作、生活、经营",增加了影响"经营"内容。③

《反有组织犯罪法》明确规定了"软暴力"的内涵。④ 一是"软暴力"实施具有组织性特征。表现为在黑恶势力组织成员的策划、指挥下有计划有预谋地实施。二是提高了"软暴力"对被害人心理强制的程度要求。由

---

① 参见卢建平:《软暴力犯罪的现象、特征与惩治对策》,载《中国刑事法杂志》2018 年第 3 期。

② 《2018 年指导意见》第 9 条、第 17 条。

③ 《"软暴力"意见》第 1 条。

④ 该法第 23 条第 2 款规定,为谋取非法利益或者形成非法影响,有组织地进行滋扰、纠缠、哄闹、聚众造势等,对他人形成心理强制,足以限制人身自由、危及人身财产安全,影响正常社会秩序、经济秩序的,可以认定为有组织犯罪的犯罪手段。

《"软暴力"意见》规定的"足以使他人产生恐惧、恐慌进而形成心理强制"调整为"对他人形成心理强制",即将心理强制程度由"可能形成"提高为"已经形成"。三是提高"软暴力"对被害人人身自由、财产安全的危害程度要求。由《"软暴力"意见》中规定的"足以影响、限制人身自由、危及人身财产安全"调整为"足以限制人身自由、危及人身财产安全",提高了危害程度要求。四是增加"软暴力"危害性中的抽象客体要求。由《"软暴力"意见》中规定的"影响正常生活、工作、生产、经营"调整为"影响正常社会秩序、经济秩序",增加了侵害不特定多人社会活动或经济活动秩序的抽象间接客体要求,"软暴力"手段更加契合黑恶势力犯罪的危害性要求。《反有组织犯罪法》的规定使黑恶势力"软暴力"手段的界定更加周延,更具特质,更能发挥定义的识别功能。

（三）"软暴力"的法律性质

关于"软暴力"的法律性质,刑法学者提出了两种理论观点。

第一种是暴力说。主张"软暴力"本质上是暴力,而且,根据"软暴力"是否仅存在于黑恶势力犯罪中,存在两种不同观点。卢建平、林毓敏等认为"软暴力"仅存在于黑恶势力犯罪中,以黑恶势力的存在为前提;[①]何荣功等认为"软暴力"可以存在于普通刑事犯罪中,并以非法拘禁为例,认为不管是"软暴力"还是硬暴力,只要非法剥夺他人的人身自由,情节严重的,就不排除可以构成非法拘禁罪。[②]

第二种是非暴力说。主张"软暴力"本质上属于非暴力,而且,根据"软暴力"是否仅存在于黑恶势力犯罪中,也形成两种观点。司法机关大多持存在于黑恶势力犯罪中的观点,《2018年指导意见》规定"软暴力"的实施主体是黑恶势力,意在强调"软暴力"由黑恶势力实施才具有严重的

---

① 参见卢建平:《软暴力犯罪的现象、特征与惩治对策》,载《中国刑事法杂志》2018年第3期;林毓敏:《黑社会性质组织犯罪中的暴力手段及软性升级》,载《国家检察官学院学报》2018年第6期。

② 参见何荣功:《软暴力可以构成非法拘禁罪》,载《检察调研与指导》2018年第5辑。

社会危害性和刑罚可罚性,《"软暴力"意见》也是在黑恶势力犯罪范畴内界定采用软暴力手段可能构成的犯罪;齐文远、黄京平、陈毅坚等学者认为"软暴力"并不是黑恶势力独有的、特定的违法犯罪手段,而是可以适用于所有符合特定罪名构成要件的行为主体。[①]

本书认为,"软暴力"的法律性质应从法律事实与法律规范两个方面分别界定。首先,"软暴力"在法律事实上具有犯罪与违法事实两个层级。犯罪事实层面,"软暴力"是一种新型犯罪手段,是犯罪构成中客观方面犯罪行为的重要内容,这与同为犯罪手段的暴力、威胁、要挟、胁迫等完全相同。违法事实层面,"软暴力"符合行政法规违法性的,构成违法行为。其次,在法律规范上分为刑事法律与行政法规两个层级。《刑法》规范中,"软暴力"是非暴力,即暴力以外的手段。[②] 具体而言,"软暴力"是具有胁迫、恐吓等非暴力性质的犯罪手段,是胁迫、恐吓等犯罪手段的表现方式。《反有组织犯罪法》规范中,"滋扰、纠缠、哄闹、聚众造势"等"软暴力"是黑恶势力犯罪的法定犯罪手段。《2018年指导意见》和《"软暴力"意见》等规范性文件规定的"软暴力"手段及其构成的犯罪可以认定为《反有组织犯罪法》实施层面的表现形式。行政法规范上,"软暴力"属于违法手段,根据我国《治安管理处罚法》等行政法规的规定进行违法处理。从外在表现形式看,"软暴力"与暴力、暴力威胁明显不同,甚至有些"软暴力"在形式上不具有明显的违法性。[③] 综上,"软暴力"的法律性质,在事实与规范上,均存在犯罪与违法两个层级。法律事实上,"软暴力"是犯罪构成客观方面的行为事实,在违法事实上是违法行为事实;在法律规

---

① 参见《刑法学》编写组:《刑法学》(下册·分论),高等教育出版社2019年版,第124页;黄京平:《软暴力的刑事法律意涵和刑事政策调控——以滋扰性软暴力为基点的分析》,载《新疆师范大学学报(哲学社会科学版)》2019年第6期;童碧山、刘宁宁、刘晋:《〈关于办理实施"软暴力"的刑事案件若干问题的意见〉的阐释》,载《人民检察》2019年第11期;陈毅坚:《软暴力刑法性质的教义学展开》,载《中国刑事法杂志》2020年第4期。

② 参见陈兴良:《论黑社会性质组织的行为特征》,载《政治与法律》2020年第8期。

③ 参见童碧山、刘宁宁、刘晋:《〈关于办理实施"软暴力"的刑事案件若干问题的意见〉的阐释》,载《人民检察》2019年第11期。

范上，"软暴力"是《刑法》规范上具有胁迫性质的犯罪手段与《反有组织犯罪法》规范中的法定犯罪手段。在行政法规意义上是侵害他人合法权益、扰乱社会秩序的违法手段。

二、"软暴力"的司法认定

根据《反有组织犯罪法》与《"软暴力"意见》等规范性文件的规定，构成"软暴力"手段，需要具备特定主体、特定方式、特定类型、特定危害四个条件。

（一）特定主体

根据《反有组织犯罪法》规定，"软暴力"的实施主体为黑恶势力组织，根据"两高两部"规范性文件的规定，包括三种情形：一是黑恶势力实施的。二是以黑恶势力名义实施的，包括由多人实施的，编造或明示暴力违法犯罪经历进行恐吓的，或者以自报组织、头目名号、统一着装、显露纹身、特殊标识以及其他明示、暗示方式，足以使他人感知相关行为的有组织性的。三是行为人曾因组织、领导、参加黑社会性质组织、恶势力犯罪集团、恶势力以及因强迫交易、非法拘禁、敲诈勒索、聚众斗殴、寻衅滋事等犯罪受过刑事处罚的。具体实施"软暴力"的行为人不符合第一种、第三种情形，但雇佣者、指使者或者纠集者符合的，可以认定符合该种情形。上述情形的认定，应当以雇佣者、指使者在"软暴力"手段实施的现场为必要条件，因为如果雇佣者、指使者或者纠集者不在现场，不可能对被害人产生心理强制。

（二）特定方式

根据《反有组织犯罪法》规定，"软暴力"手段的实施方式应当符合"有组织实施"的组织性要求。一是实施主体为黑恶势力组织成员，或者以黑恶势力组织成员名义实施等足以让被害人认为实施者为黑恶势力组织成员的情形；二是实施方式为在黑恶势力的组织者、领导者、骨干成员、积极参加者、首要分子、重要成员的策划、指挥、指使下，有计划有预谋地实施，既可以多人共同实施，也可以一人单独实施。

（三）特定类型

"软暴力"的法定手段为"滋扰、纠缠、哄闹、聚众造势"等四种类型，主要表现为四种形式。一是侵犯人身权利、民主权利、财产权利的手段，包括但不限于跟踪贴靠、扬言传播疾病、揭发隐私、恶意举报、诬告陷害、破坏霸占财物等；二是扰乱正常生活、工作、生产、经营秩序的手段，包括但不限于非法侵入他人住宅、破坏生活设施、设置生活障碍、贴报喷字、拉挂横幅、燃放鞭炮、播放哀乐、摆放花圈、泼洒污物、断水断电、堵门阻工，以及通过驱赶从业人员、派驻人员据守等方式直接或间接地控制厂房、办公区、经营场所等；三是扰乱社会秩序的手段，包括但不限于摆场架势示威、聚众哄闹滋扰、拦路闹事等；四是通过信息网络或者通讯工具实施，符合"软暴力"认定条件的违法犯罪手段。关于上述四种形式之外的其他方式，虽然在《"软暴力"意见》中作出了指引性规定，提出其他符合"软暴力"条件的手段也可以认定。但是，上述指引性规定系规范性文件根据周延性需要作出的兜底规定，司法人员自主认定时应特别慎重。

（四）特定危害

根据《反有组织犯罪法》规定，"软暴力"手段的危害程度应当达到三项要求。一是形成对被害人的心理强制。二是足以限制被害人的人身自由或者危及被害人的人身财产安全。三是影响正常社会秩序、经济秩序，既直接影响被害人的生产、经营、生活、工作，也影响被害人之外不特定多人的生产、经营、生活、工作，而且达到对社会秩序、经济秩序造成影响的程度。需要特别注意的是，危害程度的判断，应当以实际发生的危害后果为依据，而不能以可能发生的后果为依据。如黑恶势力组织成员在非法索债过程中，实施了一次电话滋扰行为，虽然对被害人在心理上造成了一定的恐慌，但之后没有实施其他滋扰或恐吓行为，既没有形成对被害人的心理强制，也没有造成对被害人的实际危害后果，更没有对被害人所在区域造成影响，则该行为不宜认定为"软暴力"。

三、"软暴力"构成的犯罪

根据《2018 年指导意见》等规范性文件的规定，"软暴力"可能构成的犯罪主要有六种。

一是构成组织、领导、参加黑社会性质组织罪。"软暴力"属于《刑法》规定的黑社会性质组织实施犯罪的"其他手段"，黑社会性质组织实施"软暴力"，同时符合其他犯罪构成条件的，构成组织、领导、参加黑社会性质组织罪。需要特别注意的是，尽管有学者认为，对主要或者单纯采用"软暴力"手段进行违法犯罪的犯罪组织，可以认定为黑恶势力组织。[①] 但是，主要或单纯以"软暴力"为违法犯罪手段的犯罪组织认定为黑社会性质组织应当特别慎重，因为，主要或单纯以"软暴力"为违法犯罪手段很难形成对一定区域或行业的非法控制或重大影响，因此，"软暴力"一般是与暴力、威胁等手段共同构成组织、领导、参加黑社会性质组织罪的犯罪手段，而且"软暴力"的实施以硬暴力手段为依托，具有随时转化为硬暴力的可能。如最高人民法院发布的指导性案例——龚某文等组织、领导、参加黑社会性质组织一案，法院在该案的裁判要点中提出，犯罪组织以其势力、影响和暴力手段的现实可能性为依托，有组织地长期采用多种"软暴力"手段实施大量违法犯罪行为，同时辅之以"硬暴力"，"软暴力"有向"硬暴力"转化的现实可能性，足以使群众产生恐惧、恐慌进而形成心理强制，并已造成严重危害后果，严重破坏经济、社会生活秩序的，应认定该犯罪组织具有黑社会性质组织的行为特征。[②] 该裁判要点强调"软暴力"构成黑社会性质组织犯罪手段，应当以有"硬暴力"为前提，并以暴力手段的现实可能性为依托。

二是构成强迫交易罪。在强迫交易中，"软暴力"属于该罪犯罪手段中

[①] 参见靳高风：《"软暴力"及采用"软暴力"手段的涉黑涉恶犯罪认定》，载《人民法院报》2019 年 4 月 15 日，第 2 版。

[②] 最高人民法院 2022 年 11 月 29 日发布的第 33 批指导性案例之一。

的"威胁"手段的具体表现形式。如吴某占黑社会性质组织案中，为争夺建筑工程，被告人吴某占电话威胁中标公司经理程某某，后纠集郭某刚等人到中标公司驻地，将程某某拉到小区外，用扩音喇叭播放辱骂程某某的音频，逼迫其把工程转让给他。后吴某占强行承揽该工程，领取工程款256万余元。该起事实中，吴某占与其他组织成员实施播放辱骂音频等"软暴力"手段，强行承揽程某某公司中标的工程，构成强迫交易罪。吴某占等人还以类似手段强行承揽另一项工程，法院经审理依法以强迫交易罪判处吴某某判处有期徒刑六年，并处罚金人民币20万元。①

三是构成寻衅滋事罪。"软暴力"属于寻衅滋事犯罪手段中"恐吓"的表现形式。如李某某恶势力组织案，2011年至2017年，被告人李某某与李某隆、李某帅、李某寅、冯某等人，交叉结伙，采取辱骂、跟踪、向借款人或担保人大门上泼粪、墙上喷字或派人在其家中吃住等"软暴力"手段，先后向鄄城县某村村民张某某等人追债，共计作案10起，严重影响了他人的生活或生产经营，法院依法以寻衅滋事罪，判处李某某有期徒刑二年。②

四是构成非法拘禁罪。黑恶势力有组织地短时间内多次以"软暴力"手段非法拘禁他人的，属于《刑法》第238条规定的"以其他方法非法剥夺他人人身自由"。非法拘禁他人3次以上、每次持续时间在4小时以上，或者非法拘禁他人累计时间在12小时以上的，可以非法拘禁罪定罪处罚。如丁某某黑社会性质组织案，2016年7月21日至31日，被告人丁某某以"软暴力"迫使李某每天到其金典投资有限公司报到，逼迫李某还债，要求8时30分许到公司，20时30分许才能离开，连续11天每天限制李某人身自由12小时，构成非法拘禁罪，法院经审理依法以非法拘禁罪判处丁某某有期徒刑一年六个月。③

---

① 参见S省LC市DCF区人民法院（2017）L1502刑初454号刑事附带民事判决书。
② 参见S省JC县人民法院（2019）L1726刑初314号刑事判决书。
③ 参见S省WH经济技术开发区人民法院（2018）L1092刑初271号刑事判决书。

五是构成敲诈勒索罪。"软暴力"属于该罪犯罪手段中"要挟"的表现形式。如鲁某某恶势力组织案，被害人曹某某通过鲁某某向于某某借款7500元，实际到手4800元，打借条15000元。因曹某某未能按时还款，鲁某某让彭某某、郑某某等人到其家中催收，在其村里用高音喇叭喊话，并在其家门口用红油漆写字相要挟，迫使曹某某还款263元，向曹某某勒索财物10200元未遂，法院经审理依法以敲诈勒索罪判处鲁某某有期徒刑六个月，并处罚金一万元。①

六是构成非法侵入住宅罪。以"软暴力"手段非法进入或者滞留他人住宅，同时符合其他犯罪构成条件的，构成非法侵入他人住宅罪。如宗某某恶势力组织案，2015年8月的一天，为向担保人张某某索要张某峰所欠的高利贷，宗某某与他人强行更换被害人张某某家的大门门锁，后张某峰将门锁换回。2015年8月21日宗某某再次更换张某某家的门锁，并把张某某家中的冰箱、电脑、电脑桌等物品拉走。后宗某某两次用电焊将张某某家大门焊死，致使张某某及其家人两年多不能回家居住，宗某某用更换门锁方式控制被害人住宅并进入被害人家中，法院经审理依法以非法侵入住宅罪判处宗某某有期徒刑二年。②

---

① 参见 S 省 JN 市 CQ 区人民法院（2019）L0113 刑初 187 号刑事判决书。
② 参见 S 省 G 县人民法院（2019）L1525 刑初 187 号刑事判决书。

第三节 "保护伞"犯罪

"保护伞"犯罪是黑社会性质组织犯罪的重要组成部分,对此类犯罪的定罪处罚,需要对犯罪范围、触犯罪名,以及刑罚处罚的规则等进行理论证成和法律适用标准界定。

一、"保护伞"的内涵

"保护伞"本义是指保护自己不受伤害的外部屏障和条件,喻指保护某些人或某一势力,使其利益不受损害或不受干涉的力量,多含贬义。"保护伞"成为打击黑恶势力犯罪的正式用语最早出现在 2002 年 4 月 12 日《最高人民检察院关于开展"打黑除恶"立案监督专项行动的实施意见》中,该意见提出要深挖严查黑恶势力的后台和"保护伞"。此后,《2009 年纪要》《2015 年纪要》和《2018 年指导意见》等规范性文件都使用"保护伞"一词,并对"保护伞"的惩处作出专门规定,"保护伞"事实上成为一个重要的准刑法概念。①

黑社会性质组织犯罪的"保护伞",是指为黑社会性质组织及其成员提供便利或非法保护,包庇、纵容黑社会性质组织实施违法犯罪活动的人,有广义与狭义之分。广义上,凡是实施包庇、纵容黑社会性质组织违法犯罪活动的人,都是"保护伞",既包括实施具体行为的人,也包括特定的组

---

① 参见何荣功:《准确认定黑恶犯罪的方法论思考》,载《武汉大学学报(社会科学版)》2020 年第 2 期。

织、部门和单位；既包括国家公权力机关及其工作人员，也包括社会组织、群众自治组织及其工作人员，还包括具有特定身份或具有特定影响的人大代表、政协委员、退休干部等。这里所说的人大代表、政协委员专指非国家机关工作人员中的人大代表、政协委员，如民营企业、社会团体以及群众自治组织等领域的人大代表、政协委员。这些人员利用自己的身份所形成的便利为黑社会性质组织"站台"或"疏通关系"，并从中谋取利益的，也属于"保护伞"。退休干部仍然可以为违法犯罪活动发挥包庇、纵容作用，也可以成为"保护伞"。狭义上，仅指国家机关中从事公务的人员。包括党政机关、权力机关、司法机关、军事机关中依法从事公务的人员，以及我国《刑法》第93条规定以国家机关工作人员论的人员。我国在社会治理层面采用"保护伞"的广义内涵，在刑法规制层面采用狭义内涵。

　　一般而言，成立黑社会性质组织的"保护伞"，应当具备四个条件。一是具有国家机关工作人员的身份。二是主观上具有包庇、纵容的故意。行为人明知黑社会性质组织从事的是违法犯罪活动而予以包庇或者纵容。其中包庇黑社会性质组织，行为人主观方面是直接故意；纵容黑社会性质组织违法犯罪的，行为人存在放任黑社会性质组织实施违法犯罪的情形，其主观方面可以是直接故意，也可以是间接故意。至于故意的内容，是否要求行为人明确知道其包庇的是黑社会性质组织或者纵容的是黑社会性质组织的违法犯罪活动，理论与实务界存在不同认识。有学者认为，包庇、纵容的故意内容，必须是主观上明确认识到所包庇、纵容的是黑社会性质组织或其违法犯罪活动。有学者认为，包庇、纵容的故意内容，应当作宽泛性解释，不需要行为人明知是黑社会性质组织及其活动，只要行为人知道包庇、纵容的是违法犯罪组织及其犯罪活动即可。从司法实践看，黑社会性质组织一般在短时间内难以形成，从一般共同犯罪组织及恶势力组织向黑社会性质组织发展是一个渐进的过程，没有明显的性质转变节点。某些黑社会性质组织为了增强隐蔽性，还会通过开办公司、企业等"合法"方式"以商养黑"，而且一些黑社会性质组织的领导者、组织者具有国家工作人员、人大代表、政协委员等身份。因此，认定一个犯罪组织是否为黑社会性质组织，需要司法人员以专业的知识，结合案件具体情况进行严格复杂的职业判断才能得出结论。实施包庇、纵容行为的人很难准确认识到其包庇、纵容的对象是黑社会性质组织及其活动，如果将其故意内容限定为明知是黑社会性质组织及其活动，既不符合认识规律，也会给包庇、纵容行为性质的认定造成困难，甚至成为行为人逃避法律制裁的理由。因此，我国司法机关采用了宽泛解释方法。《2009 年纪要》明确规定，"只要行为人知道或者应当知道是从事违法犯罪活动的组织，仍然对该组织及其成员予以包庇，或者纵容其实施违法犯罪活动，即可认定本罪。至于行为人是否明知该组织系黑社会性质组织，不影响本罪的成立。"① 三是客观上实施了包庇、纵容行为。行为的方式既可以是作为，也可以是不作为。行为的内容，既包括利用职权实施的行为，也包括利用职权、身份形成的便利和影响实施的行为。四是具有获得非法利益的目的。行为人实施包庇、纵容黑社会性质组织及其违法犯罪行为，是为了直接或间接获得非法利益，满足个人的私欲，利益的种类既包括物质利益也包括非物质利益。

二、"保护伞"的法律价值

"保护伞"是我国黑社会性质组织的选择性特征或补充性特征，虽然在黑社会性质组织的构成上不具有独立要件价值，但具有重要补强价值。黑社会性质组织可以有"保护伞"特征，也可以没有这一特征，但有这一特征的，黑社会性质组织更典型。

"保护伞"特征价值定位经历了一个发展变化的过程。《2000 年司法解释》将"保护伞"作为黑社会性质组织的要件特征，要求黑社会性质组织应当"通过贿赂、威胁等手段，引诱、逼迫国家工作人员参加黑社会性质组织活动，或者为其提供非法保护"② 。该解释施行过程中，由于"保护伞"

---

① 《2009 年纪要》第二部分第 2 项第 1 条。
② 《2000 年司法解释》第 1 条第 3 项。

特征事实取证、认定难度大，司法机关之间产生了重大分歧，公安机关和检察机关对"保护伞"特征提出质疑，认为"保护伞"不应成为黑社会性质组织的特征，否则，不利于及早惩治黑社会性质组织犯罪。如在《2000年司法解释》实施后的一年中，最高人民检察院汇集地方检察机关反映的具体情况经研究认为，最高人民法院的司法解释将"保护伞"特征规定为"黑社会性质组织"的必备特征，超出了《刑法》第294条规定的立法原意。① 2002年全国人大常委会作出《2002年立法解释》，将"保护伞"特征进行了调整，不再作为黑社会性质组织的独立特征，而是纳入危害性特征中，使其成为选择性要件，即"通过实施违法犯罪活动，或者利用国家工作人员的包庇或者纵容，称霸一方，在一定区域或者行业内，形成非法控制或者重大影响，严重破坏经济、社会生活秩序"。2011年《刑法修正案（八）》采纳了《2002年立法解释》的内容，将《立法解释》规定的四个特征纳入《刑法》第294条之中。

综上，《2002年立法解释》作出后，"保护伞"特征不再是黑社会性质组织的要件特征。但是，这一特征仍然是选择性或补强性特征，司法实践中成为司法机关认定黑社会性质组织的重要参考。特别是，司法机关并未因"保护伞"不是必要特征而放松对"保护伞"的查处。相反，把"保护伞"作为选择性特征之后，形成了对黑社会性质组织犯罪与"保护伞"查处的双轨机制，提升了对查处两类犯罪的效能。一方面，黑社会性质组织犯罪不受"保护伞"存在与否的影响，降低了侦查、公诉机关的取证、举证责任，有利于及时查处黑社会性质组织犯罪；另一方面，查处"保护伞"也不受黑社会性质组织犯罪案件是否办结的影响，放宽了对"保护伞"查处的时间要求，为提高侦查取证、提起公诉质量创造了条件，有利于深挖彻查"保护伞"违法犯罪，在一定程度上有利于推动我国反腐败工作，促进国家机关廉政建设。

---

① 张穹:《关于"严打"整治斗争中的法律适用问题》，载《检察日报》2001年7月23日，第3版;《张穹副检察长解说"严打"新问题》，载《检察日报》2001年5月23日，第1版。

三、"保护伞"犯罪的定罪处罚

"保护伞"犯罪的定罪处罚,应当根据"保护伞"行为的种类,构成犯罪的类型,犯罪的事实、性质、情节和对社会的危害程度,立足法律的既有规定,结合刑法基本原理,作出恰当的定罪量刑评价。

(一)"保护伞"的行为种类

"保护伞"行为人实施的包庇、纵容黑社会性质组织及其违法犯罪活动行为具有很强的时空性,不同国家、不同地区、不同历史时期,"保护伞"行为的表现形式有很大不同。

近年来,相关机关根据我国打击和治理黑社会性质组织违法犯罪的实践经验,把"保护伞"行为总结归纳为十三种类型。一是出资分红型,在黑社会性质组织设立的公司、企业入股分红、合伙经营。二是提供便利型,为黑社会性质组织提供犯罪时间、条件等便利。三是阻挠查办型,为黑社会性质组织的犯罪分子隐匿、毁灭、伪造证据等帮助其逃避法律制裁。四是站台撑腰型,为黑社会性质组织排除异己、谋取利益违规立案、越权执法、违法办案。五是打击报复型,对举报黑社会性质组织违法犯罪活动的人进行打击报复。六是有案不查型,对黑社会性质组织违法犯罪不查、不诉、不审、不执行。七是通风报信型,向黑社会性质组织犯罪分子通风报信。八是开脱罪责型,创造条件为黑社会性质组织成员开脱罪责。九是枉法裁判型,不依法履职,使黑社会性质组织犯罪分子逃脱或减轻法律制裁。十是追赃不力型,对黑社会性质组织违法所得不予查扣、追缴。十一是串通案情型,为黑社会性质组织犯罪嫌疑人串通案情提供便利条件。十二是违规减刑型,违规为黑社会性质组织犯罪分子创造减刑条件。十三是说情干预型,违规违法说情打招呼,干预他人办理黑社会性质组织犯罪案件。[①]

---

① 参见《黑恶势力"保护伞的十三种类型》,载 https://www.360kuai.com/detail?url=9a71ecc 0d820a9525&cota=4&kuai_so=1&tj_url=so_rec&sign=360_57c3bbd1&refer_scene=so_1,2020 年 5 月 27 日访问。

上述归纳虽不十分精准和周延，但基本概括了当前"保护伞"行为的主要种类。

2019年10月20日，《国家监察委员会、最高人民法院、最高人民检察院、公安部、司法部关于在扫黑除恶专项斗争中分工负责、互相配合、互相制约严惩公职人员涉黑涉恶违法犯罪问题的通知》（以下简称《涉黑涉恶违法通知》）中规定了公职人员涉黑涉恶违法犯罪的七类案件。一是公职人员直接组织、领导、参与黑恶势力违法犯罪活动的案件；二是公职人员包庇、纵容、支持黑恶势力犯罪及其他严重刑事犯罪的案件；三是公职人员收受贿赂、滥用职权，帮助黑恶势力人员获取公职或政治荣誉，侵占国家和集体资金、资源、资产，破坏公平竞争秩序，或为黑恶势力提供政策、项目、资金、金融信贷等支持帮助的案件；四是负有查禁监管职责的国家机关工作人员滥用职权、玩忽职守帮助黑恶势力犯罪分子逃避处罚的案件；五是司法工作人员徇私枉法、民事枉法裁判、执行判决裁定失职或滥用职权、私放在押人员以及徇私舞弊减刑、假释、暂予监外执行的案件；六是公职人员滥用职权，徇私舞弊，包庇、阻碍查处黑恶势力犯罪的案件，以及泄露国家秘密、商业秘密、工作秘密，为犯罪分子通风报信的案件；七是公职人员利用职权打击报复办案人员的案件。[①] 上述七类案件中的违法犯罪行为都具有对黑恶势力组织及其违法犯罪活动的支持、帮助作用，都属于"保护伞"行为。相比上述十三种行为，增加了泄露国家秘密、商业秘密、工作秘密等行为。

（二）"保护伞"的犯罪类型

"保护伞"的犯罪类型，是指"保护伞"行为构成的犯罪种类。与"保护伞"行为的范围相对应，"保护伞"犯罪也有广义与狭义之分。

广义上，凡是支持、帮助、参与黑社会性质组织的国家机关工作人员犯罪，都属于"保护伞"犯罪。可以概括为收受贿赂型，包庇、纵容型，

---

①《涉黑涉恶违法通知》第4条。

渎职放纵型，组织领导型，积极参与型五种。[①] 这五种犯罪，包括了直接参加、直接保护与间接保护三种情形。其中，组织领导型和积极参与型犯罪，是直接参加情形，属于组织犯罪，不是严格意义上的"保护伞"犯罪。收受贿赂型犯罪，属于间接保护的情形，该种犯罪是实施包庇、纵容等保护行为的原因和条件，只有与包庇、纵容行为结合起来才产生保护作用，是包庇、纵容犯罪的附随犯罪。

狭义上，仅指我国《刑法》规定的包庇、纵容黑社会性质组织犯罪。所谓包庇，是指为使黑社会性质组织及其成员逃避查禁，通风报信，隐匿、毁灭、伪造证据，阻止他人作证、检举揭发，指使他人作伪证，帮助逃匿，或者阻挠其他国家机关工作人员依法查禁的行为，[②] 是行为人积极实施的庇护黑社会性质组织及其成员的行为。包庇行为上，既包括掩饰黑社会性质组织的性质，帮助其隐匿、毁灭违法犯罪证据或者作假证明的行为，还包括为他们提供隐藏处所、财物，向他们通风报信，替他们说情、游说等一切妨害查处、惩办、打击黑社会性质组织的行为。包庇方式上，既包括利用职权、地位、影响等国家机关工作人员身份条件实施的包庇行为，也包括没有利用上述条件实施的包庇行为。所谓"纵容"，是指不依法履行职责，放纵黑社会性质组织进行违法犯罪活动的行为，[③] 是行为人放弃、背离其职责范围内阻止、抑制、查究、惩治黑社会性质组织违法犯罪行为的义务，放纵、容忍他们实施违法犯罪活动的行为。包庇与纵容行为构成的犯罪直接对黑社会性质组织及其成员产生保护作用，是严格意义上的"保护伞"犯罪，包括包庇、纵容型，渎职放纵型和收受贿赂型三类犯罪。本书在此严格意义上分析探究"保护伞"三类犯罪的法律适用。

（三）"保护伞"犯罪的定罪处罚

三类严格意义上的"保护伞"犯罪分别包含不同的犯罪种类，在罪名

---

① 参见何涛:《涉黑"保护伞"研究》，西南政法大学 2010 年硕士学位论文。
② 参见《2000 年司法解释》第 5 条。
③ 参见《2000 年司法解释》第 5 条。

确定与刑罚处罚上各有其特定标准和原则方法。

1.包庇、纵容型犯罪的定罪处罚。包庇、纵容黑社会性质组织罪是行为犯，只要实施了包庇、纵容行为就构成该罪，不要求包庇或者纵容产生特定的后果。包庇、纵容黑社会性质组织罪是选择性罪名，行为人实施包庇行为或者纵容行为的，以其实施的具体行为确定罪名，实施包庇或纵容一种行为的，分别以包庇或纵容黑社会性质组织罪定罪，行为人实施了包庇、纵容两种行为的，则以包庇、纵容黑社会性质组织罪定罪，但仍是一种犯罪，不能以两种犯罪数罪并罚。"一委两高两部"《涉黑涉恶违法通知》对此作出了明确规定。[①] 如陈某志案，2016 年 2 月至 2017 年，陈某志在浙江省苍南县宜山派出所担任民警期间，因黑社会性质组织的组织领导者白某宝请求帮忙，利用出警处置辖区内涉赌警情的机会，为白某宝在宜山某地开设的赌场通风报信。2016 年上半年，陈某志将宜山派出所协警戴某介绍给白某宝认识，同年 5 月至 2017 年初，戴某多次为白某宝开设在宜山一带的赌场通风报信，陈某志明知而未予制止。2016 年下半年，白某宝开设赌场，梁某某知道情况后告知陈某志，陈某志未予制止。2017 年，陈某志将浙江省综合查询及执法办案平台的数字证书交由戴某保管，指使或任由戴某查询与白某宝有关的案件基本信息。法院经审理以包庇、纵容黑社会性质组织罪判处陈某志有期徒刑六年。[②] 本案中，陈某志既有对黑社会性质组织的组织领导者白某宝开设赌场不予查处的纵容行为，也有为黑社会性质组织通风报信、查询案件信息、帮助其逃避查处的包庇行为，法院以包庇、纵容黑社会性质组织罪进行处罚，定罪准确，处罚适当。

2.渎职放纵型犯罪的定罪处罚。根据我国《刑法》规定，国家机关工作人员渎职放纵黑社会性质组织的行为可能构成的犯罪，包括滥用职权罪，帮助犯罪分子逃避处罚罪，徇私枉法罪，私放在押人员罪，徇私舞弊减刑、

---

①《涉黑涉恶违法通知》第 6 条第 1 款规定，国家机关工作人员包庇黑社会性质的组织，或者纵容黑社会性质的组织进行违法犯罪活动的，以包庇、纵容黑社会性质组织罪定罪处罚。

②参见 J 省 CN 县人民法院（2019）J0327 刑初 631 号刑事判决书。

假释、暂予监外执行罪，诬告陷害罪，窝藏、包庇罪，徇私舞弊不移交刑事案件罪，放纵走私罪，商检徇私舞弊罪，放纵制售伪劣商品犯罪行为罪等。上述渎职犯罪行为，同时构成包庇、纵容黑社会性质组织罪，是一种行为触犯两种罪名，属于想象竞合犯，应当择一重处罚，包括择一重罪处罚和择一罪从重处罚两种情形。"一委两高两部"《涉黑涉恶违法通知》对此作出了明确规定。[①] 司法实践中，应当根据法律的具体规定，结合触犯的罪名、犯罪事实、情节等，综合分析评判。如许某案，被告人许某经宁夏回族自治区永宁县人事劳动局批复录用为永宁县公安局合同制工人，案发前，在永宁县公安局城关派出所工作，经派出所领导指派，带领辅警处警、办理值班期间发生的案件。2016 年 5 月 2 日，以伍某涛为首的黑社会性质组织成员耿某等人因琐事殴打魏某致魏某受伤。当日，被告人许某带领辅警处警，未对耿某等人采取措施、未上报审批刑事立案。2016 年 5 月 19 日凌晨，伍某涛因与朱某言语不和持匕首将朱某捅伤。当日，被告人许某带领辅警处警，明知伍某涛系该案嫌疑人，未对案件开展调查取证工作，未上报审批立案，并多次与伍某涛联系，为伍某涛逃避法律制裁提供了时间和条件。2017 年 1 月 1 日，黑社会性质组织成员任某等人殴打宋某某等人。当日，被告人许某带领辅警处警，未对案件调查、收集证据。法院经审理认为，被告人许某属其他依照法律从事公务的人员，应以国家机关工作人员论。许某明知伍某涛等人是黑社会性质组织成员，仍与伍某涛等人交往密切，多次纵容伍某涛、任某、耿某等人逃避法律制裁，情节严重，依法以纵容黑社会性质组织罪判处其有期徒刑七年。[②] 该案中，许某三次放纵黑社会性质组织成员的行为，同时构成滥用职权罪与纵容黑社会性质组织罪，根据其犯罪情节，纵容黑社会性质组织罪比滥用职权罪处刑更

---

① 《涉黑涉恶违法通知》第 6 条第 3 款规定，国家机关工作人员包庇、纵容黑社会性质组织，该包庇、纵容行为同时还构成包庇罪、伪证罪、妨害作证罪、徇私枉法罪、滥用职权罪、帮助犯罪分子逃避处罚罪、徇私舞弊不移交刑事案件罪，以及徇私舞弊减刑、假释、暂予监外执行罪等其他犯罪的，应当择一重罪处罚。

② 参见 N 自治区 YN 县人民法院（2019）NO121 刑初 59 号刑事判决书。

重，法院以纵容黑社会性质组织罪进行处罚，定罪准确，处罚适当。再如萧某案，2011 年至 2016 年，被告人萧某在担任珠海市公安局红旗派出所社区中队中队长期间，负有收集、掌握社区社会治安动态及信息，及时发现、报告各类不安定因素和苗头及影响社会政治、治安稳定的情报信息的工作职责。被告人萧某收受李某某、罗某的财物后，对工作中发现的李某某、罗某开设赌场等行为提供保护，未依其工作职责向相关领导或相关部门进行报告，致使李某某、罗某等人在开设赌场犯罪活动中实施其他犯罪行为，并形成黑社会性质组织。法院审理认为，被告人萧某滥用职权，致使国家和人民利益遭受重大损失，其行为构成滥用职权罪。被告人萧某为罗某、李某某的犯罪行为提供保护，可以酌情从重处罚，以滥用职权罪判处有期徒刑一年。[①] 该案中，萧某不依法履行职责，放纵黑社会性质组织成员实施违法犯罪活动，构成滥用职权和纵容黑社会性质组织罪，根据其犯罪的事实、情节，两罪的处罚大体相当，法院以滥用职权罪定罪，并充分考虑被告人萧某为罗某、李某某的犯罪行为提供保护的情节，酌情从重处罚，适用的是择一罪从重处罚方法。同时，该案也可以纵容黑社会性质组织罪定罪，考虑滥用职权对职务正当性造成的侵害，酌情从重处罚。两种定罪处罚方法均属于择一罪从重处罚，都可以实现罪责刑相适应。

3. 收受贿赂型犯罪的定罪处罚。与渎职放纵型不同，收受贿赂型的行为人收受贿赂的行为，本身不构成纵容黑社会性质组织罪，只有行为人接受贿赂后，实施了包庇、纵容行为，才构成包庇、纵容黑社会性质组织罪。此种情形下，收受贿赂犯罪与包庇、纵容行为具有因果关系，受贿行为是因，包庇、纵容行为是果，二者构成牵连关系。根据我国《刑法》第 294 条规定，对符合此种情形的行为人，实行数罪并罚。如肖某案，2011 年肖某被桂林市公安局任命为刑事侦查支队四大队大队长。2016 年初，桂林市公安局刑侦支队对永福县李某涉嫌黑社会性质组织犯罪的案件线索进行研判，肖某参加了相关会议。之后肖某向李某通风报信，分三次收受李某及

---

① 参见 G 省 ZH 市 XZ 区人民法院（2018）Y0402 刑初 1610 号刑事判决书。

其妻子吕某给予的人民币共计 50 万元。法院经审理，依法以包庇、纵容黑社会性质组织罪判处肖某有期徒刑 5 年，以受贿罪判处其有期徒刑 3 年，并处罚金 20 万元，两罪并罚，决定执行有期徒刑 7 年，并处罚金 20 万元。[①] 该案中，肖某既实施了包庇、纵容黑社会性质组织的行为，又实施了受贿行为，实行数罪并罚，符合我国《刑法》规定。

四、"保护伞"犯罪与相关犯罪的界分

包庇、纵容黑社会性质组织犯罪与包庇罪、玩忽职守罪、滥用职权罪等相关犯罪既有联系也有区别。司法实践中，应当准确把握相关犯罪的罪质要求，根据罪刑法定、罪责刑相适应等原则，进行定罪处罚的准确评判。

（一）包庇黑社会性质组织罪与包庇罪

首先，两罪都属于妨害社会管理秩序罪，具有相同的罪质。一是主观罪过相同，均为直接故意；二是犯罪目的相同，行为人都具有帮助犯罪人逃避法律制裁的目的；三是侵害的客体相同，都侵害司法机关的正常活动；四是客观方面有相同之处，都有作伪证帮助犯罪人开脱罪责的行为。

其次，作为两种不同的犯罪，具有不同的犯罪构成条件。一是犯罪主体不同。前者的主体是特殊主体，只有国家机关工作人员才可构成；后者则是一般主体，任何达到刑事责任年龄、具有刑事责任能力的人均符合主体条件。二是犯罪客观方面不同。前者为包庇黑社会性质组织及其成员的行为；后者则表现为作假证明包庇犯罪人。二者虽都为包庇犯罪，但包庇在两罪中的含义不完全相同。在方式上，前者之包庇广于后者，即不限于作假证明一种方式，还包括其他一切妨害有关机关查办、惩处、打击黑社会性质组织的行为；在包庇对象上，前罪之包庇范围小于后者，即前者仅限于黑社会性质的组织及其成员，不包括其他犯罪组织或犯罪人，而后者则包括所有的犯罪组织和犯罪人。三是犯罪主观方面不同。前罪的包庇既

包括事先有通谋，也包括事先无通谋；而后罪的包庇只包括事先无通谋的事后帮助行为。换言之，对于后罪，如行为人与其所包庇的对象事先有通谋的，则应按其所包庇的犯罪人的共犯论处，而前罪则要根据行为人所构成的犯罪进行罪数评价后决定定罪处罚方法。因为，包庇黑社会性质组织犯罪的行为人事先与包庇对象有通谋的，既构成被包庇人犯罪的共犯，也构成包庇黑社会性质组织罪，还构成包庇罪，是一行为触犯三罪名。三罪名的关系应当分两个层次、两个步骤予以评判：第一层（第一步），包庇罪与包庇黑社会性质组织罪是一行为触犯两个法条，构成法条竞合关系，应当按照特别法优于一般法的原则，以包庇黑社会性质组织罪定罪处罚；第二层（第二步），包庇黑社会性质组织罪与被包庇犯罪人实施的具体犯罪是一行为触犯两个罪名，构成想象竞合关系，应当择一重处罚。如果被包庇人实施的行为构成故意杀人等重于包庇黑社会性质组织罪的犯罪，则对包庇者以故意杀人罪定罪处罚；如果被包庇人实施的行为构成危险驾驶等轻于包庇黑社会性质组织罪的犯罪，则对包庇者以包庇黑社会性质组织罪定罪处罚。

（二）包庇、纵容黑社会性质组织罪与玩忽职守罪

两罪都属于国家机关工作人员职务犯罪，主体都是特殊主体，侵害的客体都是职务的正当性，客观方面都表现为不正确履行职责，都包含不作为的行为方式。但是，两罪属于不同类型的犯罪，在罪质上有本质区别。

一是犯罪的客观方面不同。首先，前者的行为方式仅表现为包庇或者纵容黑社会性质组织及其成员进行违法犯罪活动的行为；后者则包括一切不履行或者不正确履行职务的玩忽职守行为。其次，前者是行为犯，只要实施包庇、纵容行为，即可构成犯罪；后者是结果犯，不仅要有玩忽职守的行为，还要造成公共财产、国家和人民利益重大损失的危害结果才构成犯罪。

二是犯罪的主观方面不同。前者是故意犯罪，后者是过失犯罪。主观方面质的不同决定两罪既不会出现竞合情形，也不会出现牵连情形。如凡某案，被告人凡某原系安徽省凤台县公安局尚塘派出所所长。2006年7月29日，原凤台县公安局尚塘派出所民警赵某某（另案处理）接凤台县公安

局 110 指挥中心指令称：凤台县城北乡村妇崔某某在尚塘"聚良"浴池，被孙某等人扣留，要求家人拿钱来赎。赵某某和协警计某某处警赶到现场将崔某某解救，并将崔某某和在场其他两名女子带回尚塘派出所进行询问分别制作笔录。2006 年 7 月 31 日，赵某某将案件情况向被告人凡某进行了汇报，被告人凡某作为派出所所长，没有安排人员深入认真调查取证，查获犯罪嫌疑人，使该起案件既没有及时移交刑侦部门办理，也没有在尚塘派出所得到及时正确处理，导致该案犯罪嫌疑人孙某等长期逍遥法外，参加黑社会性质组织并继续实施违法犯罪活动。法院审理认为，被告人凡某身为凤台县公安局尚塘派出所所长，不履行自己的工作职责，造成孙某等人犯罪得不到及时处理，长期逍遥法外，参加黑社会性质组织犯罪并继续实施违法犯罪活动，其行为构成玩忽职守罪。① 本案中，凡某主观上没有放纵犯罪嫌疑人孙某的故意，只是由于粗心大意，没有认识到孙某可能参加黑社会性质组织并继续实施违法犯罪活动，是一种过失的主观罪过。客观上，其行为造成孙某参加黑社会性质组织并继续实施违法犯罪活动，产生恶劣社会影响的严重后果。虽然，凡某玩忽职守的行为与孙某参加黑社会性质组织实施违法犯罪活动存在因果关系，客观上为孙某参加黑社会性质组织实施违法犯罪活动提供了条件，但由于凡某不具有包庇孙某的主观故意，不构成包庇犯罪，只能以玩忽职守罪定罪处罚。

（三）纵容黑社会性质组织罪与滥用职权罪

首先，两罪都属于国家机关工作人员职务犯罪，都侵害职务的正当性，主观上都是故意，客观方面都表现为不正确履行职责，具有相同的罪质。

其次，二者是两种独立的犯罪，有重大差别。一是客观方面不同。纵容黑社会性质组织罪客观方面表现为放弃管理、查究、惩治黑社会性质组织活动的义务，放任他们实施违法犯罪活动，行为方式上是不作为；滥用职权客观方面表现为超越职权、擅自处理无权处理之事，或者不按职责要求，任意处理有权处理之事，行为方式上包括作为和不作为。二是犯罪后

---

① 参见 A 省 FT 县人民法院（2013）F 刑初字第 8 号刑事判决书。

果要求不同。纵容黑社会性质组织罪是行为犯，只要实施了纵容行为即构成该罪，不要求造成特定后果；滥用职权罪是结果犯，造成法律规定的"致使公共财产、国家和人民利益遭受重大损失"的特定后果才构成该罪。

再次，二者可以形成竞合关系。行为人以不作为的方式滥用职权，放纵黑社会性质组织及其人员实施违法犯罪活动时，同时触犯滥用职权与纵容黑社会性质组织罪两个罪名，构成想象竞合犯，应当择一重处罚。如邹某案，2017 年 2 月至 2019 年 2 月，被告人邹某在任会昌县水利局副科级干部、会昌县水利系统工会主席期间，在分管水行政执法工作过程中，对非法采砂行为不履行监管职责，致使李某某、吴某某、黑社会性质组织首要分子罗某 1 等人在会昌县相关河道非法采砂，造成国家矿产资源损失人民币 3104999.6 元。其中，2017 年 10 月至 2018 年 5 月间，邹某不认真履行职责，未对罗某某等人的砂场采砂行为进行监管，致使黑社会性质组织的组织领导者罗某 1 纠集罗某 2、罗某 3 等人在会昌县站塘乡站中大桥和站塘大桥之间河段法定禁采区非法采砂，造成国家矿产资源损失人民币 328968 元。该案中，被告人邹某对黑社会性质组织的组织领导者罗某 1 等人在 2017 年 10 月至 2018 年 5 月长达 8 个月时间内的非法采砂行为不履行监管职责，主观上是一种放纵的间接故意，客观方面是不履行管理职责，纵容罗某 1 等人非法采矿的不作为，后果上造成了国家矿产资源的重大损失，增长了罗某 1 黑社会性质组织的经济实力，既构成滥用职权罪，也构成纵容黑社会性质组织罪，应当在两罪中择一重处罚。①

---

① 参见 J 省 XW 县人民法院（2019）G0734 刑初 77 号刑事判决书。

第五章
黑社会性质组织犯罪的立法完善

立法是法律适用的基础，完善的立法是有效惩治黑社会性质组织犯罪的重要条件。随着经济社会的发展变化，我国黑社会性质组织犯罪不断出现新情况、新变化，为有效惩治和预防黑社会性质组织犯罪，应当立足我国实际，借鉴域外国家、地区、国际组织以及我国港澳台地区的立法经验，不断进行立法调整与完善。

第一节　域外立法考察

国际上黑社会组织与黑社会性质组织犯罪统称为有组织犯罪。域外国家、地区以及国际组织关于黑社会性质组织犯罪惩治的立法，包含在反有组织犯罪立法之中。考察他们的立法模式与立法经验，对完善我国黑社会性质组织犯罪惩治立法具有重要借鉴价值。

一、联合国公约

联合国对惩治有组织犯罪十分重视。1985 年在意大利米兰召开的第 7 届联合国预防犯罪和罪犯处遇大会上通过《有组织犯罪决议》，对各成员国采取措施，加强打击有组织犯罪提出具体要求。1990 年在哈瓦那召开的第 8 届联合国预防犯罪和罪犯处遇大会上通过《预防和控制有组织犯罪的准则》，提出预防和控制有组织犯罪的指导方针。1994 年 4 月在意大利那不勒斯召开的跨国有组织犯罪部长会议上通过《那不勒斯政治宣言》和《打击跨国有组织犯罪全球行动计划》。《那不勒斯政治宣言》列举了有组织犯罪的六个特征，即：成立组织的目的是实施犯罪；组织领导人采取等级结构形式或者人际关系来控制该集团；通过实施暴力、威胁以及腐败来获得收益或者控制地盘或市场；将非法收益予以洗钱，以继续犯罪活动以及向合法经济渗透；具有跨国边境拓展非法活动的能力；与其他跨国犯罪集团进行合作。2000 年 11 月 15 日，第 55 届联合国大会在巴勒莫通过《联合国打击跨国有组织犯罪公约》（以下简称《公约》），149 个参会国中的 123 个国家参会代表在会议上签署公约。我国于 2000 年 12 月 12 日签署该公约，2003 年 8 月 27 日，全国人大常委会批准该公约，2003 年 10 月 23 日，该公约对我国生效。[①]

《公约》共 41 条，对打击有组织犯罪的执法司法提出明确要求。

一是规定有组织犯罪集团的定义。有组织犯罪集团系指由三人或多人组成的、在一定时期内存在的、为了实施一项或多项严重犯罪或根据该公约确立的犯罪以直接或间接获得金钱或其他物质利益而一致行动的有组织结构的集团，这一集团不要求确定成员职责，也不要求成员的连续性或完善的组织结构。

二是规定参加跨国有组织犯罪的三种情形。其一，为直接或间接获得金钱或其他物质利益而与一人或多人约定实施严重犯罪；其二，明知有组织犯罪集团的目标和一般犯罪活动或其实施有关犯罪的意图而积极参与有组织犯罪集团的犯罪或其他活动；其三，组织、指挥、协助、教唆或参谋实施涉及有组织犯罪集团的严重犯罪。

三是规定洗钱的三种情形。其一，明知财产为犯罪所得，为隐瞒或掩饰该财产的非法来源，或为协助任何参与实施上游犯罪者逃避其行为的法律后果而转换或转让财产；其二，明知财产为犯罪所得而隐瞒或掩饰该财产的真实性质、来源、所在地，处置、转移所有权或有关的权利；其三，在得到财产时，明知其为犯罪所得而仍获取、占有或使用。

四是规定腐败行为的种类。其一，直接或间接向公职人员许诺、提议给予该公职人员或其他人员不应有的利益，以使该公职人员在执行公务时作为或不作为；其二，公职人员为其本人或其他人员直接或间接索取或接受不应有的利益。

五是规定没收财产的范围和措施。没收的财产包括犯罪所得或价值与其相当的财产，以及用于或拟用于犯罪的财产、设备等工具。缔约国对没收财产具有合作义务，对一国提出的没收财产协助请求，被请求国应当提供必要的司法协助。

[①] 赵赤：《中外惩治有组织犯罪比较研究》，中国政法大学出版社 2017 年版，第 165 页。

六是规定两类妨害司法犯罪行为。一类是在诉讼中使用暴力、威胁、恐吓，或者许诺、提议给予或给予不应有的好处，以诱使他人提供虚假证言；另一类是使用暴力、威胁或恐吓手段，干扰司法或执法人员执行公务。

七是规定法人的刑事责任。法人参与涉及有组织犯罪集团的严重犯罪和实施有组织犯罪，洗钱、腐败犯罪和妨碍司法犯罪，都应承担刑事、民事或行政责任。在追究法人责任的同时，还可以处罚在法人中担任领导职责的自然人。

八是规定处罚原则。惩处跨国有组织犯罪应当遵循处刑相当性、严厉处罚、诉讼便利、延长追诉时效和不引渡就起诉等原则。

九是规定证人保护制度。在力所能及的范围内采取适当措施，为证人及其亲属等提供有效保护。

十是阐述社会防卫等政策思想。社会防卫的核心观念是，刑罚不是预防犯罪的唯一手段，甚至不是主要手段，应注重运用经济、社会、行政、教育等多种手段预防犯罪。

十一是规定国家间司法协助要求和预防有组织犯罪措施。缔约国之间应当相互给予刑事诉讼上的帮助、支持和便利。缔约国应当制定预防跨国有组织犯罪的政策，采取有力措施促使犯罪人重新融入社会，防止重新犯罪。[①]

综上，《公约》是联合国制定的专门打击跨国有组织犯罪的第一部国际刑事法律政策公约，对有组织犯罪的概念、术语、实体法、程序法、预防和惩治政策措施等作出全面规定，首次将法人犯罪法定化，把法人犯罪列为公约管辖范围，把腐败行为获利的外延拓展到有形财产之外的利益，提出惩治跨国有组织犯罪的基本原则，阐述惩治有组织犯罪的系统政策思想，确立了一套统一的刑事定罪标准以及预防、侦查和起诉跨国有组织犯罪的

[①] 参见靳高风：《中国反有组织犯罪法律制度研究》，中国人民公安大学出版社2016年版，第49～55页；赵赤：《中外惩治有组织犯罪比较研究》，中国政法大学出版社2017年版，第165～169页。

法律机制模式，是打击有组织犯罪全面系统的立法、执法、司法和社会治理的纲领性文件，为世界各国打击有组织犯罪的立法、司法及国家间合作提供了重要国际法遵循。

二、英美法系国家立法

美国和英国作为英美法系国家的典型代表，为打击有组织犯罪，立足自身实际进行了专门立法。

（一）美国立法

美国的有组织犯罪，最初是以移民团体为基础的街头帮派。19 世纪末期，意大利西西里黑手党成员移居美国，向美国社会各个领域发展渗透，不断发展壮大。"西方的黑社会犯罪始于意大利，但是更加有组织的犯罪、更大范围的黑社会，或者说更具有当代有组织犯罪特点的犯罪组织却是在美国形成和发展起来的。"[1] 21 世纪以来，有组织犯罪威胁到美国的经济、国家安全等多个领域。[2] 到 2018 年 7 月，美国活跃的黑帮组织达到了 3.3 万个。[3]

美国反有组织犯罪立法始于 20 世纪 50 年代。1950 年，田纳西州参议员艾斯迪斯·凯弗维尔（Esstes Kefauver）首次提出治理有组织犯罪方案，要求设立议会特别委员会以查处赌博和敲诈犯罪。该方案通过后，凯弗维尔成为议会"查处各州商务活动中有组织犯罪特别委员会"的主席。20 世纪 60 年代，美国惩治有组织犯罪立法继续推进。1965 年，约翰逊总统宣布成立总统执法和司法行政委员会，下设 9 个专门工作组，其中一个工作

---

① 参见康树华主编：《当代中国有组织犯罪与防治对策》，中国方正出版社 1998 年版，第 56 页。

② 参见靳高风：《中国反有组织犯罪法律制度研究》，中国人民公安大学出版社 2016 年版，第 109 页。

③《关于美国联邦调查局对美国黑帮类型的划分》，载 https://www.fbi.gov/investigate/violent-crime/gangs，2020 年 8 月 31 日访问。

组为有组织犯罪工作组。该工作组经过调查研究，提出了制定证人保护制度、特别联邦大陪审团制度以及允许实施电子监控等立法建议，并建议将有组织犯罪的表述从"黑手党"（Mafia）改为"拉·考萨·诺斯特拉"（La Cosa Nostra，意思是"我们的事业"）。1968 年，美国制定《犯罪综合控制与城市街道安全法》，规定法庭批准的电话窃听以及电子监控等新型侦查措施。

1970 年，美国先后制定《反勒索及受贿组织法》（以下简称 RICO）和《有组织犯罪控制法》。RICO 是专门针对有组织犯罪的单行法律，将通过敲诈或共谋方式参与犯罪组织的行为人纳入处罚范围，[1] 并对有组织犯罪规定了严厉的刑罚。该法规定，有组织犯罪的被告人最高可处以 20 年监禁刑，并处最高 25 万美元罚金；对法人犯罪，可处 50 万美元以下罚金或非法所得或利润 2 倍以下罚金；被告人违法所得的一切收益都可以没收；被害人可以提出损失额最高 3 倍的赔偿请求。[2]《有组织犯罪控制法》包含 RICO 的内容，集刑事实体法与刑事程序法为一体，确立了一系列惩治有组织犯罪的刑事法律制度，奠定了美国打击有组织犯罪的法律基础。一是规定有组织犯罪组织的概念。有组织犯罪组织是指"从事提供非法商品和非法服务，其中包括但不限于赌博、卖淫、高利贷、毒品、劳工欺诈以及其他该组织成员的非法活动的高度组织化、纪律化的社团"[3]。二是规定证人豁免及保护制度。对有组织犯罪案件中作证或者有作证可能的人员提供安全保护，对有组织犯罪的证人准予免予起诉；三是规定由特别大陪审团对具有多重管辖权的有组织犯罪进行调查；四是对特定严重犯罪规定更重的刑罚措施；五是将来源于敲诈行为的收入向参与跨州交易的企业进行投

---

① RICO 颁布前，美国联邦刑法不处罚实施与犯罪组织有关的行为的个人，黑手党等有组织犯罪成员经常因此逃避法律制裁。

② See Joseph Wheatley, "The Flexibiliry of RICO and its Use on Street Gangs Engaging in Organized Crime in the United States", Placeng, Vol.4, 2008, p.82.

③ 何秉松:《中国有组织犯罪研究：中国大陆黑社会（性质）犯罪研究》，法制出版社 2002 年版，第 237 页。

资的行为规定为非法；六是规定刑罚措施包括罚金、监禁、查封和没收财产。①

20世纪80—90年代，美国重点加强反洗钱领域和没收财产方面的反有组织犯罪立法。1984年制定《犯罪综合控制法》，完善RICO中关于没收财产的相关规定，直接或间接来源于敲诈勒索行为的有形或无形财产都予以没收。1986年制定《洗钱控制法》，首次将洗钱规定为联邦法上独立的犯罪，并配置了较重的刑罚，可处以最高50万美元或者洗钱数额2倍的罚金和20年以下监禁。1992年制定《Annunzeo—Wylie洗钱法》，将经营非法资金的企业行为规定为犯罪，授权财政部长可以要求金融机构和赌场提交可能违法的可疑活动报告。1994年制定《禁止洗钱法》，进一步授予财政部门更多打击洗钱犯罪的管理手段。上述反洗钱法律与RICO共同构成了美国反有组织犯罪的基本法律体系。

进入21世纪，美国的反有组织犯罪立法开始强化对被害人的保护。2000年美国制定《非法交易和暴力的被害人保护法》，加强对被害人权益的保护，将涉及奴役、非自愿的苦役、雇佣差使以及强迫劳动等行为规定为犯罪，将所有奴役犯罪的刑罚从最高10年监禁提高到最高20年监禁，当奴役犯罪涉及被害人死亡、绑架和性侵害时可以判处终身监禁。这一时期，美国继续加强反腐败和反洗钱立法。2009年，国会审议了《公共腐败改善法》《洗钱惩治法》《洗钱控制改善法》等法律。至此，美国建立起较为完善的反有组织犯罪法律体系。

综上，美国有组织犯罪立法始于20世纪50年代，奠基于20世纪70年代，发展于20世纪80—90年代，完善于21世纪初期。20世纪70年代通过以RICO为代表的惩治有组织犯罪立法，建立了电子监控、卧底、豁免权和证人保护计划等诉讼及司法制度。20世纪80—90年代，通过修订、完善没收财产法律，强化反洗钱法律规定，建立起美国打击有组织犯罪的

---

① See Annelise Graebner Anderson, The Business of Orgnized Crime, A Cosa Nostra Family, Hoover Institution Presss, Stanford University, California, 1979, p.137-140.

法律制度体系。

（二）英国立法

21 世纪之前，英国的有组织犯罪不严重，没有引起政府和社会公众的重视。进入 21 世纪，有组织犯罪日益严重，2018 年以来，与黑帮有关的盗窃、强奸等案件高发，[1] 引起了政府与民众的重视。与有组织犯罪的发展相对应，英国惩治有组织犯罪的立法经历了由保守到开放的过程。

20 世纪 90 年代以前，英国在惩治有组织犯罪立法上持保守态度，没有针对有组织犯罪的专门法律。当时的英国刑法中没有规定"犯罪组织"或者"有组织犯罪"等概念。除了反恐立法中极少数的恐怖主义组织法规外，加入或者参与其他组织的行为，法律并没有规定为犯罪，也没有关于有组织犯罪活动的规定。司法实践中，对于单个行为人参与有组织犯罪，依据行为人违反的具体法律进行定罪处罚。当两个或者两个以上的人共同实施犯罪时，根据 1977 年《英国刑法典》关于共谋的规定处理。

21 世纪以来，英国政府认识到有组织犯罪对社会造成的严重危害，开始进行惩治有组织犯罪立法。2002 年 7 月 24 日，英国制定《犯罪收益法》[2]，强化对洗钱犯罪的打击，解决认定上游犯罪难的问题；拓展洗钱对象范围，规定洗钱对象不但包括自己的犯罪所得，还包括他人的犯罪所得；取消此前法律规定的洗钱犯罪需要具备"为了逃避追诉或者没收令"的主观要件，放宽追诉条件。2004 年 3 月，英国发布《前进一步：一个战胜有组织犯罪的 21 世纪战略》的政策性文件，详细阐明英国打击有组织犯罪国家战略的指导原则。2005 年 4 月 7 日，英国制定《严重有组织犯罪及警察

---

[1] See Liam Deacon,Khan's London: Gang Warfare Kills More than Terror, Despite Tightest Gun Controls Firearms Are "Easy" to Buy, Breitbart, April 5,2018.

[2] 该法主要内容包括：一是新组建"资产追缴局"，负责追回犯罪收益与指导经济调查；二是将此前涉及财产没收与打击洗钱的不同法律整理、修订为一部单件法律；三是规定一个与刑事判决相独立的资产民事追缴程序；四是发挥"资产追缴局"针对犯罪收益的国内税收职能；五是强化"资产追缴局"与其他机构之间的情报交流；六是确保"资产追缴局"拥有足够训练有素的人员。

法》，就有组织犯罪的特殊调查权限、罪犯合作、证人保护、犯罪收益处置以及公共秩序维护等问题作出系统、全面规定。该法规定成立"严重有组织犯罪局"，作为打击有组织犯罪的新的专门机构，主要职责包括统计逮捕、起诉和定罪数量，以及分析犯罪的经济和社会成本、犯罪市场规模、刑事司法体制成本以及公众关注程度等。2007年1月16日提交英国议会上议院的《严重犯罪法案》，强化执法机关以及起诉机关预防和查处有组织犯罪的职权，规定证明标准更低的"严重犯罪民事预防令"，赋予法院对洗钱、欺诈、贩卖毒品和人口嫌疑人的特别权力，以限制他们的活动。2006年11月8日英国制定《欺诈法》，规定可以采取技术侦查方法，在起诉条件上重视犯罪目的而不是犯罪结果，明确界定欺诈的认定标准，规定欺诈犯罪的最高刑罚为10年监禁。[①]

综上，由于英国在惩治犯罪观念上经历了由重视保护权利的保守观念向重视打击犯罪的开放观念的转变过程，英国的反有组织犯罪立法经历了由消极立法、无所作为到积极立法、政策法律频出的过程。进入21世纪，英国开始重视对有组织犯罪的打击和惩治，进行了一系列针对有组织犯罪的专门立法活动，制定《犯罪收益法》《严重有组织犯罪及警察法》《严重犯罪法案》等一系列法律，规定有组织犯罪的新罪名，赋予执法、司法机关以广泛的司法权限，建立起惩治有组织犯罪的专门法律制度。

（三）特点评析

美国与英国的反有组织犯罪立法呈现三个特点。

一是采取单行立法模式。根据打击犯罪需要，制定针对专门问题的单行法律。通过制定一系列单行法律，建立反有组织犯罪的法律体系。而且，采取实体法与程序法交织的混合立法模式，把侦查措施、刑罚处罚、财产处置，以及机构设置等内容一体作出规定。

二是建立实体与程序相结合的法律体系。实体法上，对有组织犯罪不设单独罪名，而是以该组织实施的具体犯罪定罪处罚，把犯罪组织作为采

---

① 参见刘宁宁:《英国打击有组织犯罪的举措概述》，载《理论界》2010年第2期。

取特别侦查措施的依据和进行特别处罚的情节。对有组织犯罪的刑罚处罚包括罚金、监禁、没收财产。如根据美国法律，有组织犯罪的被告人最高可处以 20 年监禁刑，并处最高 25 万美元的罚金；对法人犯罪，可处 50 万美元以下罚金或非法所得或利润 2 倍以下罚金；被告人违法所得的一切收益都可以没收。程序法上，对有组织犯罪进行特别侦查制度立法，建立了电话窃听、电子监控、技术侦查、卧底行动、豁免权和证人保护计划等制度。

三是洗钱立法完善。美国制定了《洗钱控制法》《禁止洗钱法》等一系列反洗钱犯罪法律，配置了较重的刑罚，可处以最高 50 万美元或者洗钱数额 2 倍的罚金和 20 年以下监禁；英国的反有组织立法从洗钱犯罪立法开始，制定了《犯罪收益法》《严重犯罪法案》等法律，建立打击洗钱犯罪的诉讼和刑罚制度。同时，美国重视反腐败犯罪立法，制定《反勒索及受贿组织法》《公共腐败改善法》等专门法律，作出与惩治有组织犯罪相关的受贿等腐败行为的专门立法。

三、大陆法系国家立法

意大利、德国、日本等大陆法系国家不同程度存在有组织犯罪活动，为打击有组织犯罪，各国根据自身实际制定了各具特色的反有组织犯罪法律。

（一）意大利立法

意大利是世界上黑社会组织的典型样本——黑手党的发源地。意大利黑手党起源于意大利南部地区，最初的活动区域为意大利西西里岛西部的巴勒莫和特拉帕尼等地区。第二次世界大战后扩展到该岛东部的卡塔尼亚、墨西拿等城市，并逐渐发展到意大利整个南部地区以及意大利的其他地区。20 世纪初至 21 世纪初的一百年时间里，随着意大利人向世界各地移民，以及经济全球化的发展，意大利黑手党向欧洲、美洲、亚洲的许多国家和地区渗透，成为散布于世界各地的庞大跨国黑社会组织。据国际刑事犯罪研究专家估计，黑手党在意大利有 500 多个派系，党徒十几万人，渗透到其他国家和地区的黑手党徒及各国受其影响衍生的黑手党分子，多达上百万人。[①]

为适应打击黑手党的需要，在《意大利刑法典》和《刑事诉讼法》以及其他单行法和特别法中对有组织犯罪作出详细规定。1956 年以来，意大利先后颁布了 700 多部打击黑手党的刑事法律，其中，《意大利刑法典》作出关于有组织犯罪及黑手党性质的有组织犯罪的专门规定。1982 年，在《意大利刑法典》第 416 条中增加一款"黑手党型集团的规定"，对组织、领导、发起、参加黑手党型犯罪集团的行为作出刑事处罚规定。1992 年，意大利对《刑法典》第 416 条进行增订，规定"黑手党政治选举交易"的刑事处罚，在第 417 条中规定保安处分。2006 年，意大利再次修订《刑法典》，作出有组织犯罪的全面规定。除《刑法典》外，意大利还制定了一系列惩治有组织犯罪的单行法律。1956 年制定《反"黑手党"法》，1982 年制定《同"黑手党"犯罪作斗争紧急措施法》，1990 年制定《"黑手党"型犯罪防止法》，1991 年制定《证人保护法案》和《黑手党悔过法》，1992 年制定《反黑手党法案》。[②] 2001 年对司法合作者制度和黑手党审判要求进一步修改完善，2002 年规定无期监禁以及监禁延期等特别措施。意大利对与黑手党犯罪相关的洗钱犯罪进行特别立法，1978 年、1990 年、1992 年三次制定专门法令，健全洗钱行为法律规定，将洗钱犯罪范围扩大到涵盖所有严重犯罪的收益。[③]

意大利反有组织犯罪法律主要包括以下内容：

1. 规定调查权限及预防措施。关于调查权限，法律规定，警方以及检察官在对黑手党进行调查时可以在执法、司法行动中采取措施，甚至可以

[①] 靳高风：《中国反有组织犯罪法律制度研究》，中国人民公安大学出版社 2016 年版，第 101 页。

[②] 靳高风：《中国反有组织犯罪法律制度研究》，中国人民公安大学出版社 2016 年版，第 101 ~ 102 页。

[③] 参见卢建平主编：《有组织犯罪比较研究》，法律出版社 2004 年版，第 51 页。

采取预防性质的措施，包括通信窃听、搜查住宅和扣押财产、由情报人员实施秘密行动搜查建筑物以及采用秘密情报人员所提供的资料情报等。关于预防性措施，法律规定由警方或者检察官提出申请，经司法主管部门批准后予以实施。对于有组织犯罪的财产性预防措施，授权地方检察官和警官就黑手党成员嫌疑犯及其家庭和雇员的生活水平、收入及财产状况进行调查，并可以针对他们可能的犯罪收益或者与正式收入不相称的被告人财产实施扣押。

2. 规定"司法合作者"[①] 制度。主要包括四项内容：其一，办理司法合作者事宜的检察官应当向专门的中央委员会提出关于证人保护计划的建议，该证人保护计划包括让司法合作者转移住所、获得特别监护、重新获得身份登记、获得大幅度的减刑以及获得经济资助等；其二，检察官对司法合作者实施询问或者预审时，可以采取视频会议、在安全地点对合作者进行调查等特定预防性措施；其三，合作者强制义务包括合作者应当申报自己的非法所得、证人在预审中要接受交叉询问、犯罪人中的合作者要服自己刑罚的最低刑期、合作者之间不得串通口供等；其四，对"分期口供"[②] 进行限制，司法合作者必须在决定合作的 6 个月时间内陈述自己所知的全部情况。

3. 规定黑手党特别审判程序。包括三项内容：其一，可以采用多媒体视频会议方式进行预审，便于被告人能够继续在最为安全的羁押场所接受预审；其二，明确"被告证人"[③] 的法律地位。"被告证人"对他人进行指控时，就该指控而言，视为证人身份，承担证人的义务和责任；其三，规定证人作证方式。如果证人对检察官或者警官所作的证词未能在审讯中得到证实，那么该证词完全没有证据效力。检察官必须提前将资料卡片放在

---

① "司法合作者"是指在执法司法当中与检察官或者警官进行合作的证人、被害人以及那些曾经参加过黑手党的人员。

② "分期口供"是指一些司法合作者在最初"悔罪"之后的一年或几年当中又记起此前的口供中未曾提到的犯罪。

③ 与司法机关合作的被告人，也称污点证人。

桌上，以便进行交叉询问，尤其是当被告证人针对他人进行控告作证时。

4.规定严厉的刑罚和监禁措施。包括三项内容：其一，黑手党型犯罪组织成员不能得到其他类型罪犯可以得到的监禁"替代措施"，他们与监禁中的罪犯以及监狱外界的联系要接受严格限制和审查，而且，对最危险和重要黑手党成员采用特别监禁措施；其二，对黑手党型犯罪组织成员可以采取无期监禁与监禁延期等特别措施；其三，一旦发现某人实施与黑手党有关的犯罪且本人未能证明自己所获财产的合法性，那么他的财产将被没收。特别是，此种情况下，证明自己拥有与合法收入不相称财产的正当性的举证责任由被告承担。

（二）德国立法

德国的有组织犯罪相对于意大利等国出现较晚，20 世纪 90 年代之后，有组织犯罪才在德国产生并发展到相当严重的程度。但是，就严重程度而言，德国有组织犯罪没有达到美国、意大利等国的严重程度。

与德国有组织犯罪的产生相对应，德国反有组织犯罪立法始于 20 世纪 90 年代。根据德国犯罪学教授米切尔·克尔齐林的研究，德国有组织犯罪立法分为七个阶段[①]：

一是 1992 年立法。1992 年，德国制定《打击贩运毒品以及其他形式的有组织犯罪法》，修订《德国刑法典》，增加洗钱罪罪名；完善程序法，把电话窃听等秘密侦查措施作为有组织犯罪的侦查措施。

二是 1993 年立法。1993 年 10 月，德国制定《洗钱控制法》，确立金融机构控制洗钱的法律义务，对洗钱犯罪作出完善规定。

三是 1994 年立法。1994 年 10 月，德国制定《打击严重犯罪法》，增加关于在犯罪人与被害人之间进行调解的制度，将职业性犯罪、企业型犯罪以及团伙实施的犯罪作为法定加重处罚情节，并大幅增加刑罚处罚措施；修订《关键证人法》，将该法适用范围由原来的恐怖主义犯罪扩大到有组织犯罪，对有组织犯罪中的关键证人，在一定情况下可以驳回或者免予起诉。

---

① 参见郑冲：《德国打击有组织犯罪相关立法情况》，载《中国人大》2010 年第 14 期。

四是 1997 年立法。1997 年 8 月，德国制定《打击腐败法》，将腐败的存在领域从传统公共领域扩大到私营领域，增加"破坏公平竞争犯罪"等新型犯罪规定，修订关于公共领域腐败犯罪立法，提高法定刑幅度。

五是 1998 年立法。1998 年，德国制定《加强打击有组织犯罪法》，扩大洗钱犯罪范围，大幅提高洗钱罪刑罚处罚力度；修改程序法，把电话窃听范围扩展到有组织犯罪侦查中，规定"对私有住宅进行声音监控"，以及电子监控、纳税追踪等侦查措施。

六是 2001 年立法。2001 年 12 月，德国制定《打击非法避税法》，将专业性避税行为规定为重罪，并提高该犯罪的刑罚处罚力度。

七是 2002 年立法。2002 年 8 月，德国修订《刑法典》，规定参加德国境外的犯罪集团成立"参加犯罪集团罪"，强化对跨境有组织犯罪的打击。①

此后，德国仍不断修订打击有组织犯罪的相关法律，如 2008 年 8 月 23 日，德国联邦议院通过《打击洗钱补充法》，全面修订洗钱犯罪立法。

德国反有组织犯罪法律主要有以下四项内容：

1. 规定有组织犯罪特征。德国法律规定，有组织犯罪是以获得利润、权力为目的按计划进行的犯罪行为，这种犯罪行为性质严重，参与人为两人以上，持续时间较长或无确定期限，依照分工且以下列方式进行：利用经营性或准经营性组织结构；使用暴力或其他可用于威慑的手段；通过对政界、大众媒体、公共行政管理机构、司法机构或经济界施加影响。②

2. 系统规定有组织犯罪的罪名、罪责和刑事司法措施。其一，确立有组织犯罪的犯罪构成标准。《德国刑法典》规定，凡参加该类组织或为其宣传、予以支持的，均构成建立犯罪组织罪；组织犯罪集团未遂的也要处罚，只要有组织、领导或参加犯罪组织行为的均可构成参加犯罪组织罪。其二，

---

① See Cyrille Fijinaut and Letizia Paoli, Organized Crime in Europe: Concepts, Patterns and Control Policies in the European Union and Beyond, Springer, 2004/2006, pp.721-739。

② 参见德国联邦司法部和各州司法部联合颁布的《刑事诉讼和罚款程序令》。

设立较重的财产刑。德国法律规定，对重大有组织犯罪的罚金刑应依照犯罪人财产价值的总额判处，不限于司法机关查明的犯罪数额。其三，强化对洗钱犯罪打击。确立单独洗钱罪名，不断拓展适用范围，不断提高处罚幅度。

3. 规定诉讼程序中的非常措施。取证方面，放宽取证程序要求，允许采取特殊侦查手段，利用电子监控、通讯监听、控制下交付等秘密侦查手段搜集证据。德国法律规定，刑侦机关可以使用现代化侦查方法，如投入调查力量，使用有关技术措施，甚至德国联邦军事情报机构也可以投入到打击有组织犯罪活动中，利用军事部门的先进技术监听国际电信获取有关情报，并将截获的情报转交主管机关；在怀疑实施有组织犯罪领域的重大犯罪行为的情况下，可以派遣卧底侦探进行秘密侦查。

4. 规定证人保护措施。德国法律规定，在有组织犯罪案件审判中，证人接受询问时无须提供其处所，受到威胁的证人，姓名及身份可保密。[①]

（三）日本立法

日本是承认黑社会组织合法的国家。日本的黑社会组织称为"暴力团"。"暴力团"历史悠久，现代意义上的"暴力团"兴起于第二次世界大战之后。第二次世界大战结束至80年代末，日本政府不但不严厉打击"暴力团"，反而把"暴力团"当作政府维护社会稳定的工具，导致"暴力团"迅速发展。

20世纪80年代到90年代初，"暴力团"活动达到顶峰，最大的"暴力团"组织"山口组"[②]在第三代领导人 Taoka Kazuo 去世后一分为二，导致

---

① 参见傅新文:《反有组织犯罪的刑事立法研究》，广西师范大学 2005 年硕士学位论文。

② 山口组由山口春吉于 1915 年在神户市内与约 50 名码头装卸工创立，到 2009 年底登记在册的成员超过 5.5 万人，约占日本黑社会组织成员总数的 45%，各种分支机构多达 850 个，遍布日本各地。参见东莱:《重拳砸向山口组，日本打黑很给力》，载《广州日报》2010 年 12 月 10 日 A118 版。

长达 5 年的内部争斗，造成大量人员伤亡，① 引起全社会关注。20 世纪 90 年代前后，日本政府充分认识到"暴力团"的社会危害性，开始进行专门立法。

1991 年，日本制定《反"暴力团"法》，规定"暴力团"的认定标准、认定机构、处罚措施、社会治理等内容。认定标准上，"暴力团"的法定条件为：一定比例的组织成员有过犯罪记录，组织具有等级结构，组织成员利用组织的名誉和影响谋取经济利益。认定机构上，地方公共安全委员会有权将符合法定条件的犯罪组织认定为"暴力团"。处罚措施上，受到"暴力团"暴力威胁的一方当事人有权请求警方或者公共安全委员会向行为人发布行政命令，勒令该行为人停止暴力威胁活动。如果该行为人继续违反禁令，将受到最高 100 万日元（近 1000 美元）的罚金、最高 1 年的监禁或者二者并罚的处罚。而且，地方公共安全委员会有权以可能导致公众普遍恐慌为由颁发禁令以禁止在黑帮的办公场所公开展示黑帮标识或者在黑帮办公场所的周围公开进行活动。社会治理上，成立促进消除"暴力团"的地方中心，对社会公众开展应对暴力威胁的培训教育，以及采取鼓励"暴力团"成员退出黑帮回归社会的措施等。《反"暴力团"法》将惩治"暴力团"活动纳入了法治轨道。② 但是，该法不是将组织"暴力团"组织的行为作为犯罪予以刑事处罚并加以禁止的刑事法律，而是旨在减少和排除"暴力团"组织的行政法律，未宣告"暴力团"组织的非法性，不直接对"暴力团"成员实施的行为产生刑事处罚效力，仅仅是对"暴力团"成员的

① 25 人死亡、70 人受伤（其中 4 人为普通公民），并且，造成了 1900 多非"暴力团"人员的死亡。如在冲绳，一名中学生被当作"暴力团"成员杀害。在大阪，两位普通市民被杀害（一位被当作"暴力团"组织的头目，一位被当作该组织成员）。

② 2003 年以邮政方式开展了一项针对 3000 家公司的调查活动，结果显示，仅有不到 30% 的被调查者（调查表的反馈率为 63%）在前 1 年受到过"暴力团"或其他保护性组织的非法要求，多数过去被"暴力团"作为目标予以敲诈的被调查者（83.3%）表示应当拒绝这样的敲诈，只有 8.7% 的被调查者同意了对方的敲诈要求。而且，据日本警方资料，《反"暴力团"法》对人们的态度产生了重要影响，日本人越来越愿意就"暴力团"的活动情况向警方报告，并就如何避免遭到敲诈和骚扰向警方咨询。

犯罪行为进行刑事处罚的前置条件。只有依照该法被认定为"暴力团"组织，且在给该组织及其成员下达禁止令后，仍实施暴力犯罪行为的才对他们进行刑事处罚。

1991年、1993年、1995年，日本三次修改《枪炮持有取缔法》，增加走私手枪等武器装备罪；加重非法持有热兵器罪的法定刑，由十年以下惩役或者200万日元以下罚金，加重为一个月至十年惩役并处罚金；增设开枪罪和非法持有手枪子弹罪及相应刑罚，犯开枪罪的处无期徒刑或者三年以上有期徒刑，犯非法持有手枪子弹罪的处五年以下有期徒刑或者100万日元以下罚金。

在刑事程序法方面，日本也进行了一系列立法活动。1999年，通过了《电话窃听法》《刑事诉讼法修正案》《打击有组织犯罪及控制犯罪所得法》等三部反有组织犯罪法律。《电话窃听法》首次规定"电话窃听"侦查方法，①《刑事诉讼法修正案》完善证人保护制度，规定在询问证人中禁止涉及住址、工作地点等信息。《打击有组织犯罪及控制犯罪所得法》规定新的"犯罪组织"概念，即"犯罪组织"是指由一定数量成员构成的、拥有共同目标的、全部或部分具有等级结构的永久性组织。对诸如团伙、帮派暗杀等罪行加重量刑，杀人等罪如果作为一种团体活动由组织来实施，对实施犯罪者加重处罚。在不法收益处置方面，规定用犯罪收益来支付组织犯罪及洗钱行为的经济处罚，并对犯罪收益予以没收和追缴。2007年，日本颁布《预防犯罪活动获利转移法》，增加对某些类别的商户强制确认客户身份和交易要求，将金融厅金融情报组收集、分析可疑交易信息的权力转移给国家公安委员会和警察厅。2004年和2008年两次以修正案形式对《反"暴力团"法》进行修改补充。2004年修正案使"暴力团"的领导人对其下级成员所实施的犯罪负责而受到刑事处罚。2008年修正案强化了"暴力团"

---

①需要说明的是，日本虽然规定电话窃听这一侦查措施，但日本对这种侦查措施的使用一直持相当谨慎的态度。如《电话窃听法》通过后的2年也即2000年和2001年，日本没有实际使用过该措施，2002—2008年，使用该措施77次。

高层成员实施经济活动所承担的刑事责任。根据该修正案，如果分支组织的成员在经济活动中使用暴力时反映了组织头目的决策意图，就可以对该组织头目进行起诉。

综上，日本反有组织犯罪立法采取综合立法模式，以专门立法为主，并与刑事法律相结合。对特定有组织犯罪制定专门法律，涉及刑法、刑事诉讼法有关内容的，通过修改法律并制定特别刑法的方式进行规定，[①]而且不限于刑事领域，还包括民事、行政领域。

（四）特点评析

意、德、日三国反有组织犯罪立法既有共同点，也各有特色。

一是立法模式相同。均采取法典立法与单行立法并行模式。意大利采取刑法典与单行法并行的立法模式，单行法修正和补充刑法典的不足，刑法典吸纳单行法的内容，共同完成对以黑手党为主要打击对象的有组织犯罪的打击和治理。德国采取以单行立法为主，以刑法修正案为辅的立法模式，单行法在内容上大多包括刑法、刑事诉讼法及其他法律的内容，建立起刑事实体法与程序法同步发展、要素完备、特色鲜明的反有组织犯罪法律体系。日本既进行单独立法，也进行基本法修订，且不限于刑事领域，还扩展到民事、行政领域。但是，日本惩治有组织犯罪的立法持谨慎的保守姿态，《反"暴力团"法》等法律的目的在于取缔"暴力团"，而不是从根本上治理"暴力团"犯罪组织。只对"暴力团"实施的主要犯罪行为通过刑事立法进行专门规制，没有治理"暴力团"等违法犯罪组织的专门刑事法律。

二是实体法中对有组织犯罪进行特别规制。意大利与德国均对有组织犯罪规定专门定罪处罚要求。意大利法律规定，对黑手党型犯罪组织成员可以采取无期监禁与监禁延期等特别措施。《德国刑法典》规定，凡参加该类组织或为其宣传、予以支持的，均构成建立犯罪组织罪；组织犯罪集团

---

① 马曼：《日本反有组织犯罪立法及其启示》，载《检察日报》2020年9月1日，第3版（学术版）。

未遂的，也要处罚，只要有组织、领导或参加犯罪组织行为的均可构成参加犯罪组织罪。日本刑事法律中没有规定组织、参加"暴力团"等犯罪组织的行为是犯罪，仅仅在量刑上把组织、参加"暴力团"作为从重或加重处罚的情节或因素。如日本法律规定，对团伙、帮派暗杀等罪行加重量刑，杀人等罪如果作为一种团体活动由组织来实施，对实施者加重处罚。

三是程序法中建立专门诉讼制度。规定特别调查、特别审判、司法合作者、被告证人、秘密侦查、证人保护等专门诉讼制度。正如德国学者米切尔·克尔齐林所说，"从打击有组织犯罪的刑事诉讼制度的发展看，'有组织犯罪法律'朝着特别诉讼制度发展。许多新的制度和措施仅仅适用于有组织犯罪。一种'双轨制'的诉讼程序已经建立。"[1]

四是重视财产刑处罚和洗钱犯罪立法。在财产刑适用上，意大利法律规定，一旦发现某人实施与黑手党有关的犯罪且本人未能证明自己所获财产的合法性，那么他的财产将被没收。德国法律规定，对重大有组织犯罪的罚金刑应依照犯罪人财产价值的总额判处，不限于司法机关查明的犯罪数额。同时，不断扩充财产刑和追缴的适用范围。在洗钱罪处罚上，意大利将洗钱犯罪的范围扩大到涵盖所有严重犯罪的收益；德国法律中确立单独的洗钱罪名，并不断拓展适用范围，不断提高处罚幅度；日本法律规定用犯罪收益来支持组织犯罪及洗钱行为，给予经济处罚，并对犯罪收益予以没收和追缴。

---

[1] See Cyrille Fijinaut and Letizia Paoli, Organized Crime in Europe: Concepts, Patterns and Control Policies in the European Union and Beyond, Springer, 2004/2006, p.739.

第二节　我国港澳台地区相关规定

我国香港、澳门、台湾三地长期存在黑社会组织犯罪活动，根据打击黑社会组织犯罪的需要，三地制定了各具特色的法律，形成了各自反黑社会组织犯罪法律体系。

一、香港特别行政区

在香港，三合会是黑社会组织的代名词。三合会起源于清朝的天地会，继承了天地会的严密组织制度。香港三合会并非从一开始就是黑社会，早期的三合会是具有自保性质的团体，基本上是下层劳动者互帮互济的结义团体，以谋求本会成员的生活自保为目的，具有正义性。鸦片战争后，香港三合会多次配合内地民众反清，同时积极参与罢工斗争，孙中山在香港的革命活动也曾得到三合会的大力支持。[1] 香港三合会从 1912 年辛亥革命胜利后开始演变为黑社会组织。民国建立后，三合会完全失去爱国政治目标，并迅速分化，一部分人接受进步思想，摆脱了组织控制，一部分人彻底堕落，使三合会逐渐蜕变为黑社会组织。[2]

香港关于黑社会组织的刑事立法以三合会为惩治主体。立法模式上，以法令为主要形式。1842 年，香港政府制定第一部打击三合会的法令——

---

[1] 参见李蓓蓓:《台港澳史稿》，华东师范大学出版社 2003 年版，第 399 页。

[2] 参见余绳武、刘存宽:《十九世纪的香港》，中华书局 1994 年版，第 425 页。

《压制三合会及其他秘密会社条例》，① 1845 年制定打击三合会的"第 1 号条例"，② 1887 年颁布"三合会及非法社团条例"，由于此时的三合会不是黑社会组织，上述条例不能纳入香港黑社会性质组织犯罪的立法范畴。1920 年香港政府颁布的"社团条例"是规范意义上反黑社会组织犯罪立法的开始，该条例把三合会宣布为非法社团。1949 年香港政府对"1920 年社团条例"进行修改，1992 年将条例纳入香港法例第 151 章《社团条例》之中，成为香港打击黑社会组织犯罪的最有力武器。1994 年 12 月 2 日，香港政府颁布《有组织及严重罪行条例》，细化三合会的认定标准，2000 年 6 月 1 日，香港立法会又对该条例作出进一步修订。

香港的反黑社会组织犯罪立法在实体与程序上都作出专门规定。

首先，规定黑社会的概念和认定标准。根据《香港社团条例》规定，三合会为非法社团。凡使用任何三合会仪式，或采用或使用任何三合会名衔或术语的社团，均作为三合会社团。根据香港《有组织及严重罪行条例》规定，三合会包括使用三合会普遍使用的任何仪式、与该等仪式十分相似的仪式或该等仪式的任何部分的社团，以及采用或利用任何三合会名衔或称谓术语的社团。可见，香港法律直接把三合会规定为黑社会组织，并以三合会的相关仪式、名衔或术语作为认定黑社会组织的要素和标准。

其次，规定实体刑罚处罚措施。一是明确规定三类黑社会组织犯罪行为。第一类是与非法社团、三合会相关联的犯罪，即只要行为本身与黑社会组织关联便作为犯罪处理。《社团条例》规定，成为或者冒充任何非法团体成员，参加该非法团体聚会，赞助或者帮助该团体的，即为犯罪；宣称系非法社团成员、自称为非法社团成员、保管或控制非法社团的账簿、账目、作品、成员名单、印章、旗帜、徽章等物品的行为也是犯罪。第二类

---

① 参见靳高风:《中国反有组织犯罪法律制度研究》，中国人民公安大学出版社 2016 年版，第 170 页。

② 参见李仲民:《两岸四地黑社会（性质）组织犯罪研究》，西南政法大学 2015 年博士学位论文。

是以有组织方式实施该条例所列明的犯罪。包括普通法上的谋杀、绑架、非法禁锢和串谋妨碍司法公正等4项犯罪以及《禁止赌博条例》《放债人条例》《刑事罪行条例》《贩毒条例》等条例中规定的营办、管理或控制赌场罪，高利贷罪，经营卖淫场所罪，勒索罪，洗钱罪等罪行，详细、具体地表明黑社会犯罪与普通犯罪的区别在于犯罪实施是以组织方式进行。第三类是针对黑社会犯罪侦控、打击，以及防止黑社会犯罪取得非法收益而设立的罪名。包括披露罪、洗钱罪、妨碍侦查罪等。二是规定严厉的刑罚。对三合会成员甚至是自称或声称为三合会成员的人，就其加入三合会行为可处罚款港币10万元及监禁3年，对三合会核心骨干成员一经公诉程序定罪，可处罚款港币100万元及监禁15年。而且，法律授权法庭可以针对某些罪行在法定刑之上加重刑罚，延长刑罚的刑期可达正常刑罚的三分之一。三是规定财产处置及洗钱处罚措施。对黑社会组织犯罪，没收犯罪所得并将清洗黑钱定为刑事罪行，对于洗钱罪行，最高可判处监禁14年及罚款港币500万元。四是采用有罪推定原则。如果现有证据证明行为人属于黑社会组织成员存在困难，但只要有证据表明该行为人的行为具有黑社会组织成员所做行为的性质即可被判有罪。

再次，在诉讼程序上作出区别于一般犯罪的专门规定。一是赋予警察证言特殊效力。对黑社会组织活动有丰富知识和专门经验的警察可以作为专家证人，以专家证人的证言认定黑社会性质组织的负责人及黑社会性质组织的物品等。二是强化证人作证和提交物证义务。《有组织及严重罪行条例》规定，律政司司长可以申请某人在指定时间、指定地点到某授权人席前，就该获授权人关于与侦查有关的任何事情，回答问题或提供资料（物证），被申请人不得拒绝回答问题或提供资料（物证），除非该资料或物证属于享有法律特权人的。对拒绝作证的人最高可判处罚款港币50万元和3年监禁。三是规定证人保护制度。香港法律规定，除非法庭认为如不披露将造成审判不公，否则不得披露任何提供消息的举报人的个人资料。实行证人保护计划，成立专门证人保护组，负责证人保护工作，对特殊证人及其家属提供全面保护。制定《证人保护法案》，规定如有必要，可以改变证人身份，提供财政资助，帮助移居境外，确保其免遭报复。

二、澳门特别行政区

澳门黑社会组织主要源头有两个。一是"友联馆""友乐馆""利庐馆"等三个 19 世纪中叶产生于澳门本土的犯罪组织。二是来自香港的黑社会组织。1956 年，香港黑社会发动暴乱，大批香港黑社会头子因此被驱逐出境。很多黑社会头子来到澳门，在澳门相继建立黑社会组织，并逐步成为澳门黑社会中实力最强的组织。[1] 澳门地区的反黑社会组织犯罪立法采用以单行立法为主，以刑法、刑事诉讼法等刑事法律为补充的综合立法模式。1978 年 2 月 4 日颁布《歹徒组织法》，[2] 首次在立法中正式使用黑社会（组织）概念。1997 年 7 月 30 日颁布《有组织犯罪法》，废止《歹徒组织法》，对黑社会的概念进行重新定义。该法是一部综合性刑事法律，既包括实体法，也包括程序法，还包括行政处罚内容，是澳门地区反黑社会组织犯罪的核心法律。

澳门地区对黑社会组织犯罪的惩治作出特别法律规定。

第一，明确黑社会组织的概念。《有组织犯罪法》第 1 条规定，为取得不法利益或好处所成立的所有组织，而其存在是以协议或协定或其他途径

---

[1] 参见雷科文:《澳门黑社会组织分析》，载《湛江师范学院学报》2003 年第 5 期。

[2] 也称《核准管制黑社会的刑事制度》，参见靳高风:《中国反有组织犯罪法律制度研究》，中国人民公安大学出版社 2016 年版，第 202 页。

表现出来，特别是从事下列一项或多项罪行者，[1] 概视为黑社会；黑社会的存在，不需有会址或固定地点开会，不需成员互相认识和定期开会，不需具有号令、领导或层级，不需有书面协议规范其组成或活动。[2]

第二，实体法上设立专门制度或专项内容。一是明确法人须对不法资产或物品的转换、转移或掩饰承担刑事责任。二是设立对黑社会犯罪的卧底豁免制度，卧底人员依法作出的特定犯罪行为不受处罚。三是对黑社会组织犯罪人的累犯构成和假释、缓刑条件比其他犯罪人更加严格。再犯黑社会罪之人，任何时候均构成累犯；犯前述各罪的累犯，不得给予假释；对犯前述各罪之人，原则上不得暂缓执行所判徒刑。四是规定特别刑罚制度。指挥、领导者的刑罚重于组织者和参加者，执行黑社会任何级别的领导或指挥职务，处 8～15 年徒刑；发起或创立黑社会者，处 5～12 年徒刑；参加或支持黑社会，处 5～12 年徒刑。对特殊情形和特定身份人员加重处罚。如果招募、引诱、宣传或索款行为是向 18 岁以下的人作出的，则参照一般情形所规定刑罚加重三分之一；如果罪行由公务员作出，有关刑罚加重三分之一。五是规定专门附加刑。对黑社会组织犯罪，设立禁止与某些人接触、禁止进入某些场合或地点、禁止离开本地区、对非本地居民驱逐出境、禁止入境、暂时或永久封闭场所等附加刑。

第三，程序上规定特别制度。一是规定卧底人员身份特别保密制度。

---

[1] 具体罪行包括：a.杀人及侵犯他人身体完整性行为；b.剥夺他人行动自由、绑架及国际性贩卖人口；c.威胁、胁迫及以保护为名而勒索；d.操纵卖淫、淫媒及作未成年人之淫媒；e.犯罪性暴力；f.盗窃、抢掠及损毁财物；g.引诱及协助非法移民；h.不法经营博彩、彩票或互相博彩及联群的不法赌博；i.与动物竞跑有关的不法行为；j.供给博彩而得的暴利；l.违禁武器及弹药、爆炸性或燃烧性物质或适合从事《刑法典》第264条及第265条所指罪行的任何装置或制品的入口、出口、购买、出售、制造、使用、携带及藏有；m.选举及选民登记的不法行为；n.炒卖运输凭证；o.伪造货币、债权证券、信用卡、身份及旅行证件；p.行贿；q.勒索文件；r.身份及旅行证件的不当扣留；s.滥用担保卡或信用卡；t.在许可地点以外的外贸活动；u.不法资产或物品的转换、转移或掩饰；v.非法拥有能收听或干扰警务或保安部队及机构通讯内容的技术工具。

[2] 靳高风：《中国反有组织犯罪法律制度研究》，中国人民公安大学出版社2016年版，第207～208页。

只有在对于证明绝对不可缺少时，司法当局才可命令将卧底报告纳入案卷，但必须确保卧底的身份不被透露。二是规定特别羁押制度。对黑社会犯罪，应对嫌犯实施羁押措施。三是延长嫌犯身份识别和索取资料讯问时间。将警察机关要求嫌犯在警局逗留时间，由不超过 6 小时延长至不超过 24 小时。四是限制嫌犯的沉默权。属于黑社会及相关罪行的，嫌犯必须据实回答司法当局向其提出的有关其经济及财政状况、来自职业活动的收益及自身资产的问题，否则处以刑罚。五是实行组织成员身份推定规则。某些事实可以作为对黑社会组织成员身份的推定，如黑社会组织成员互相使用或被称为某些名号或代号，可作为对其指挥或领导职责的推定，此种推定只有在有反证的情况下才可以被推翻。六是规定特殊人员出庭义务豁免制度，如有理由相信被害人、证人、辅助人、民事当事人或鉴定人因恐怕报复而可能离境，或以任何方式表示不能在审判中作证，可以由法官在侦查或预审期间先行询问，制成笔录以供审判中宣读。七是规定特定视听资料的特别证据标准。在公共场所即使是专用场所取得的信息、录像或磁带录音的记录可以作为证据使用。八是建立和完善污点证人、卧底证人以及检警合作等特别诉讼制度。九是规定专门调查制度。在检察院内设立刑事调查小组，专责对黑社会等犯罪进行调查和控诉，司法警察司被授予调查黑社会犯罪及其他性质的集团犯罪的专属权限，避免情报泄露。

三、台湾地区

台湾地区的黑社会组织滥觞于日本占领时期的浪人（游民）组合，后来发展为本省帮派。1949 年以后，大批大陆帮派成员来到台湾地区，组成外省帮派。随着台湾地区社会经济的发展，黑社会势力越来越大。其中，竹联帮、四海帮、天道盟和松联帮是势力最大的四大帮派。这些黑社会组织活动猖獗，大肆实施罪行严重的暴力犯罪，破坏经济、社会发展秩序。台湾地区打击黑社会犯罪采用刑事基本法与特别单行法相结合的综合性规范制定模式，主要包括"刑法""刑事诉讼法""检肃流氓条例""组织犯罪防制条例""洗钱防制法""证人保护法"等。台湾地区"刑法"起源于1935年1月颁布实施的"中华民国刑法",该法至今已进行了14次修正,第154条规定的犯罪结社罪是台湾打击黑社会犯罪的基本刑事法律。台湾地区还出台一系列办法、条例等专门法规。1952年4月29日,台湾地区核准施行"取缔流氓办法",把帮派和帮派分子作为流氓,给予行政处罚;1955年10月,台湾地区公布"戒严时期取缔流氓办法";1985年7月19日,台湾地区公布"动员戡乱时期检肃流氓条例"及其施行细则;1992年7月29日,将该条例修正为"检肃流氓条例"及其施行细则;1996年11月22日,台湾地区颁布"组织犯罪防制条例",该条例是台湾地区制定的系统完备的惩治黑社会组织犯罪的单行法律。

台湾地区的反黑社会组织犯罪规定在实体与程序上均区别于一般犯罪的制度和内容。

第一,规定犯罪组织的概念。犯罪组织是指三人以上、有内部管理结构、以犯罪为宗旨或以其成员从事犯罪活动,具有集团性、常习性及胁迫性或暴力性的组织。犯罪组织包括但不限于黑社会组织,还包括具有上述特征的恐怖组织、邪教组织等其他犯罪组织。

第二,规定比一般犯罪更重的刑罚和财产刑。主要包括以下七个方面:

其一,犯发起、主持、操纵或者指挥犯罪组织罪的,刑罚为3~10年有期徒刑,并科新台币1亿元以下罚金;犯参与犯罪组织罪的,刑罚为6个月~5年有期徒刑,并科新台币1000万元以下罚金;犯资助犯罪组织罪的,刑罚为6个月~5年有期徒刑,并科新台币1000万元以下罚金;公务员或者公职人员犯包庇犯罪组织罪的,刑罚为5~12年有期徒刑。

其二,规定收缴、没收财产的特别方法。犯发起、主持、操纵或指挥犯罪组织罪者,或者犯参与犯罪组织者,其参加之组织所有的财产,除应发还被害人者外,应予追缴、没收。如全部或一部不能没收者,追征其价额。而且,在财产性质认定上,实行举证责任倒置,由被告人承担证明其参加犯罪组织后取得财产为合法所得的举证责任,不能提供证据或提供证据无法证明财产为合法所得的,则推定该财产为犯罪所得之财产，予以没收。

其三，规定强制工作的保安处分。对于犯发起、主持、操纵或指挥犯罪组织罪和参与犯罪组织罪两罪的人，在刑罚执行完毕或被赦免后，一般都要判令进入劳动场所强制工作，期间为三年；如果是该两罪的再犯者，则强制工作的期间为五年。强制工作是台湾地区严厉的保安处分，执行场所为公营或私营农场、工厂或其他劳动场所，剥夺犯人的人身自由，严厉程度相当于自由刑。因此，对于犯上述两罪者，其实际刑期为有期徒刑与强制劳动时间的总和，变相增加 3 年或 5 年自由刑。

其四，规定情节加重犯和特殊累犯。犯发起、主持、操纵或指挥犯罪组织罪或参与犯罪组织罪的，具有公务员或经选举产生之公职人员身份者，以强暴、胁迫或其他非法之方法，使他人加入犯罪组织或妨害其成员脱离者，以及教唆、帮助、吸收未满 18 岁之人加入犯罪组织者，加重其刑至二分之一。犯发起、主持、操纵或指挥犯罪组织罪或参与犯罪组织罪的，在刑罚行完毕或被赦免后，再犯该两罪中任何一罪的，发起、主持、操纵或指挥者，处 5 年以上有期徒刑，并科新台币 2000 万元以下罚金；参与者，处 1～7 年有期徒刑，并科新台币 2000 万元以下罚金。设立特殊累犯制度，对黑社会组织成员的累犯构成不要求后罪发生在五年以内，加重刑罚不受一般累犯最多加重至二分之一的限制。[①]

其五，规定自首等从宽情节及其从宽要求。自首并自动解散或脱离其所属犯罪组织者，以及因其提供资料而查获该犯罪组织者，减轻或免除其刑；侦查中自白者，减轻其刑。

其六，规定检举人和证人特别保护制度。对检举人检举的犯罪，经法院判决有罪的，给予检举奖金。对检举人和证人身份严格保密，公务员泄露检举人身份的行为作为犯罪予以处罚，处 1～7 年有期徒刑。规定完善的证人保护措施和方法。

---

① 台湾地区"刑法"第 47 条规定，一般累犯的构成条件之一是后罪必须发生在前罪所判徒刑执行完毕或一部之执行而赦免后的 5 年内，且累犯的后果是加重本刑最多至二分之一。

其七，规定禁止参选公职和政党连坐制度。犯有组织犯罪的，经判处有期徒刑以上之刑者，不得登记为公职人员候选人。政党对于所推荐的公职人员候选人的组织犯罪承担连带责任，在各类公职人员选举中，政党所推荐之候选人，于登记为候选人之日起 5 年内，经法院判决犯有组织犯罪的，每有一名，对该政党处新台币 1000 万元以上 5000 万元以下罚款。前项情形，如该类选举应选名额中有政党比例代表者，该届其缺额不予递补。而且，责任承担实行客观归责，只要客观上发生该情形，就要承担相应的责任，不论其主观上有无罪过。

四、特点评析

港、澳、台三地的反黑社会组织犯罪相关规定具有相同特点。第一，都制定了专门规制黑社会组织犯罪的单行法律。香港制定《社团条例》《有组织及严重罪行条例》等，澳门制定《歹徒组织法》等，台湾地区制定"动员戡乱时期检肃流氓条例""检肃流氓条例"和"组织犯罪防制条例"等。第二，都规定黑社会的法律概念。香港以三合会的特征定义黑社会，澳门在立法中明确黑社会的概念，台湾地区以"犯罪组织"代指黑社会，并进行内涵界定。第三，都作出区别于一般犯罪的实体法和程序法特别规定。香港法律明确规定黑社会组织的三类犯罪行为，以及较一般犯罪更重的刑罚，并授权法庭可以在法定刑之上加重刑罚，延长刑罚的刑期可达正常刑罚的三分之一；澳门法律明确规定法人对不法资产或物品的转换、转移或掩饰的刑事责任，设立对黑社会犯罪的卧底豁免制度以及累犯和假释、缓刑的特别条件，规定具体刑期和刑种；台湾地区规定重于一般犯罪的自由刑、财产刑，明确收缴、没收财产的具体方法，设立强制工作保安处分，规定情节加重犯和特殊累犯，对具备加重情形的，加重刑罚至二分之一，明确自首、自白等从宽情节及其从宽方法。程序法上，都规定检举人奖励和证人保护等制度。

同时，港、澳、台三地的反黑社会组织犯罪相关规定也有明显区别。

第一，模式不同。香港以法令为主要形式，没有将黑社会组织立法纳入刑法典。澳门采用以单行立法为主，以适用刑法、刑事诉讼法等法律为补充的综合立法模式。台湾地区采用刑事基本法与特别单行法相结合的综合性模式。第二，对黑社会组织的称谓与内涵不同。香港以三合会代指黑社会，从三合会使用的仪式或称谓上予以认定；澳门直接称为黑社会，以协议或协定等途径表征其组织性，以列举方式明确了实施的具体违法犯罪活动种类和范围；台湾地区的称谓是"流氓组织"或者"犯罪组织"，要求黑社会组织必须具备管理结构、犯罪目的和活动特性三个特征。第三，刑罚的轻重与方法不同。香港法律对黑社会组织犯罪规定的最高刑为15年监禁刑，法庭有权对某些罪行加重刑罚达正常刑罚的三分之一；澳门法律对黑社会组织犯罪规定的最高刑为15年有期徒刑，对符合特定情形或特定身份的人员可以加重刑罚达法定刑上限的三分之一；台湾地区法律对黑社会组织犯罪规定的最高刑为10年有期徒刑，公务员或者公职人员包庇犯罪组织犯罪的最高刑为12年有期徒刑，并规定了3年或5年的强制工作保安处分，对符合特定情形的加重刑罚可以达二分之一。第四，程序上的特别规定不同。香港法律规定警察证言特殊效力，强令证人作证、提交物证、证人保护、组织犯罪有罪推定等内容和制度；澳门法律规定卧底身份保密、特别羁押、嫌犯身份识别、索取资料讯问时间延长、限制沉默权、黑社会组织成员身份推定、特殊人员出庭义务豁免、污点证人等制度和内容；台湾地区法律规定对检举人和证人的特别保护等制度。

第三节　我国黑社会性质组织犯罪的立法

为有力打击黑社会性质组织犯罪，新中国成立后，我国通过制定刑事法律、出台司法解释、完善刑事政策，逐步建立起以法律为主导、以司法解释和刑事政策为补充的、体系完整的惩治黑社会性质组织犯罪的法律政策体系。

一、我国黑社会性质组织的发展演变

我国黑社会性质组织经历了很长的历史发展过程，不同的历史时期表现为不同的组织形式，实施的违法犯罪活动也呈现不同的特点。

（一）我国黑社会组织的起源

我国黑社会组织的起源，可以追溯到清朝的帮会。帮会是指那些按秘密宗旨或教义进行地下活动的民间团体。拉帮结派、入会结社，自古就有，在清代得到了空前的发展。[①] 封建帮会是模仿封建家庭制度建立起来的，但它们毕竟不是血缘的家庭组织，"帮"以师徒宗法关系为纽带，是封建行会的变异形态；"会"以兄弟结义关系为纽带，是血缘家庭的变异形态。19世纪末期以来，"帮"与"会"互相渗透、混合生长，人们开始将它们称为"帮会"。帮会有自己的宗旨或教义，不管这些宗旨或教义是否符合官方意志或国家法律，都以遵守自己的宗旨或教义为首要选择或强制义务，在宗旨或教义不符合或违背官方意志或国家法律时，这些宗旨或教义便具有反

---

① 李锡海：《帮会文化与有组织犯罪》，载《法学论坛》2004 年第 5 期。

社会性或非法性。帮会都有特定的帮规戒律，在入会仪式、行动方法、赏罚规则上有明确的要求，有的甚至有特定的行话、标志、口号等，方便内部人员识别和统一行动。帮会一般都有自己的崇拜偶像或图腾，而这些偶像或图腾主要来自宗教、历史甚至神话传说。帮会的基本成员大多为破产农民、城市平民、手工业者、商贩、运夫、水手乃至僧道医卜、散兵游勇等，这些人抱成一团，相依为命，具有互助的意义。他们良莠混杂，不少人桀骜不驯，因而有很大的盲目性和破坏性。[①]

（二）我国黑社会组织的历史变迁

帮会在清代得到了空前发展，清代各种秘密结社不少于三四百种，形成了"南会北教"局面。"会"，就是帮会或会党，以天地会为主体，活跃于福建、台湾地区、两广和长江流域一些省份，小刀会、三合会、仁义会、江潮会，都是天地会的分支。"教"，是指教门，流行于北方各省，如白莲教、天理教、八卦教、义和拳、一贯道、大刀会、红枪会等。就其实质，教门也是帮会，只不过宗教色彩更浓厚罢了。[②] 清末民初，开始使用"黑社会"的概念，国民党统治时期社会上使用"黑社会"的概念日趋普遍，但当时并不是作为法律概念，而是在一些文学作品中首先出现。[③] 晚清至民国以来，以帮会为代表的黑社会势力遍及全国各地。全国最主要的帮会组织是青帮、洪帮以及哥老会。青帮活动范围主要在浙、赣、苏、皖、鲁、豫等省，洪帮分布遍及全国，尤以长江流域各地和福建、两广为多。哥老会（红帮）源出洪门，主要分布于川、陕、两湖、两广、苏、皖、浙、赣、豫、滇、贵、新疆等地，具体名称有所不同，在四川称为袍哥。东部的上海与西部的四川，是清末以来帮会势力最为强大的地区，同时也是黑社会犯罪最多的地区。帮会势力的分布与旧中国军阀长期割据、地方势力膨胀

---

① 刘平：《文化与叛乱》，商务印书馆 2002 年版，第 9 页。

② 李锡海：《帮会文化与有组织犯罪》，载《法学论坛》2004 年第 5 期。

③ 何秉松：《中国有组织犯罪研究：中国大陆黑社会（性质）犯罪研究》（第一卷），中国法制出版社 2002 年版，第 189 页。

的政治局面密切相关。

从18世纪中叶清朝帮会产生到现在的黑社会性质组织，历时200余年，经历了封建社会、半殖民地半封建社会、台港澳地区的资本主义社会和大陆内地的社会主义社会四种不同社会形态，虽然组织名称、组织形式和活动范围、违法犯罪手段不断发展变化，但黑社会组织一直或强或弱、或大或小、或活跃或沉寂地存在和发展，特别是，清朝三大帮会天地会（洪门）、青帮和哥老会（红帮）长期存在，形成了特有的帮会文化，在组织形式、思想意识、文化传统、活动方式等方面对黑社会组织犯罪发挥着重要影响。与黑社会组织的发展变迁相对应，黑社会组织犯罪活动在不同的社会、不同的时期、不同的地区，表现为不同的犯罪方式、犯罪领域和社会危害，一直是政府和社会防范、打击和治理的重点对象。

（三）新中国成立后黑社会性质组织的发展轨迹

新中国成立之初，全国共有会道门300余种，道首和骨干分子约82万人，道徒约1300万人。① 我国一方面争取一切可以争取的帮会组织和帮会分子，一方面对依附于国民党而又不悔改的反动帮会和黑社会恶势力，结合清匪反霸、肃毒禁娼等运动，坚决打击和镇压，旧的会道门和帮会组织很快便销声匿迹了。新中国成立至20世纪70年代末的近30年间，我国实行计划经济，国家对社会实行高度集中的统一管理，经济关系简单，社会结构单一，黑社会组织没有生存发展的土壤和条件，黑社会犯罪作为一种社会现象在中国内地基本绝迹。

20世纪80年代以来，我国黑社会性质组织的发展大体经历了四个阶段，每个阶段呈现不同的犯罪形态。

第一阶段为20世纪80年代。随着我国改革开放政策的实行，经济社会关系发生了重大变化，给境外黑社会的渗透和境内黑社会组织的重新活动提供了可乘之机，黑社会组织犯罪活动在大陆重新出现，并迅速发展。1981年，广东省深圳市发现有香港地区的"14K""新义安"黑社会组织

①邱格屏：《中国黑社会性质组织犯罪60年之回顾》，载《犯罪研究》2010年第1期。

成员的活动，佛山市出现类似澳门地区"水房帮"的黑社会组织，他们采取各种合法及非法途径，以强迫或拉拢为手段，吸收出海的渔民和到境外进行耕作或进行贸易的边民加入黑社会组织，并利用回乡探亲、访友、旅游之机，在当地村民中发展会员。他们实施的违法犯罪活动主要包括走私、贩毒、贩卖枪支弹药、组织偷渡、贩卖人口、控制赌博、卖淫色情、伪造货币、贩卖枪支、绑架、敲诈勒索、抢劫、杀人、伤害、洗钱等，严重危害社会、经济生活秩序。境外与境内黑社会势力的勾结和合作不断扩大和加强，联合作案，甚至结成新的黑社会犯罪组织，实施有组织的跨地域、跨境违法犯罪活动。如以香港地区"头号危险人物"张某强、香港地区警方"头号通缉犯"叶某欢为首的两个严重暴力性跨境犯罪集团，到内地发展成员，联合作案，实施了很多仅靠香港地区黑社会成员无法完成的违法犯罪活动。同时，大陆黑社会性质组织逐步活跃，城乡各类恶势力犯罪团伙由单纯的称霸立威、欺压百姓向更高层次的集团犯罪发展。1986年，湖南邵阳出现一个名为"中国枭雄会"的黑帮组织，在当地为非作恶，残害群众。为对抗打击，该组织公然枪杀公安干警并以"中国枭雄会"名义张贴布告，十分猖狂。[①]

第二阶段为20世纪90年代至20世纪末。这一时期，黑社会性质组织犯罪日渐猖獗，从一般的刑事犯罪开始向经济领域渗透，利用有组织的暴力手段称霸一方，施展淫威，实施行业垄断，牟取暴利，或者不择手段引诱腐蚀国家工作人员为其充当"保护伞"，以期达到疯狂敛财的目的，给社会治安和经济秩序造成了严重危害。如1990年8月被哈尔滨公安机关查处的宋某佳黑社会性质组织，拥有小口径枪支26支，先后实施绑架、抢劫、强奸、赌博等重大刑事犯罪131起，非法获利150多万元。这一时期，我国各地的黑社会性质组织犯罪呈现出快速发展的态势，北京、上海、江苏、浙江、广东、四川、福建、海南、湖北、贵州、山东、山西、河北、黑龙江等省市相继出现黑社会性质组织犯罪活动。而且，这一时期，历史上帮

---

① 赵赤：《中外惩治有组织犯罪比较研究》，中国政法大学出版社2017年版，第350～351页。

会组织比较集中的长江流域出现了众多黑社会性质组织犯罪活动。[①]

第三阶段为 21 世纪前 10 年。黑恶势力犯罪蔓延发展异常迅速，犯罪的暴力化、动态化、智能化日益突出，犯罪的组织性、隐蔽性、对抗性越来越强，危害越来越大，黑恶势力的犯罪活动触目惊心。[②] 2002 年 3 月 11 日，最高人民法院公布的数据显示，仅 2001 年 4 月至 12 月，全国各级人民法院处理的黑社会性质组织犯罪案件就达 300 多件，判处罪犯 12000 多名。截至 2003 年 4 月开始于 2000 年的第一次"打黑除恶"专项斗争结束时，全国公安机关共打掉黑社会性质组织 631 个，打掉恶势力团伙 14000 多个，抓获涉案成员 10 万多人，破获刑事案件 15 万余起。第一次"打黑除恶"专项斗争虽然收效很大，但仍没有遏制住黑社会性质组织犯罪的高发态势。2006 年 2 月，我国又开展了新一轮"打黑除恶"专项斗争，至 2009 年 9 月 1 日，全国公安机关共侦办涉黑案件 1267 起，打掉恶势力团伙 13000 多个，抓获犯罪嫌疑人 8.9 万余名，扣押涉黑资产数十亿元，打掉拥有亿万元资产的黑社会性质组织数百个；检察机关提起公诉涉黑案件 1053 起 15135 人；法院一审审结黑社会性质组织犯罪案件 1171 件 12796 人；各地检察机关立案侦查充当黑恶势力"保护伞"职务犯罪案件 136 件 163 人。[③]

第四阶段为 2011 年至今。这一阶段，黑社会性质组织的犯罪活动范围日益扩大，并向政治领域渗透，威胁国家安全和社会稳定。集中表现为以下 11 类违法犯罪活动及相关人员：（1）威胁政治安全特别是政权安全、制度安全以及向政治领域渗透；（2）把持基层政权、操纵破坏基层换届选举、垄断农村资源、侵吞集体资产；（3）利用家族、宗族势力横行乡里、称霸一方、欺压残害百姓的"村霸"；（4）在征地、租地、拆迁、工程项目建设等过程中煽动闹事；（5）在建筑工程、交通运输、矿产资源、渔业捕捞等行业、领域，强揽工程、恶意竞标、非法占地、乱开滥采；（6）在商贸集

---

① 赵赤：《中外惩治有组织犯罪比较研究》，中国政法大学出版社 2017 年版，第 352 页。
② 张笋：《2006 年山东省黑社会性质组织犯罪调查分析》，山东大学 2007 年硕士学位论文。
③ 邱格屏：《中国黑社会性质组织犯罪之 60 年回顾》，载《犯罪研究》2010 年第 1 期。

市、批发市场、车站码头、旅游景区等场所欺行霸市、强买强卖、收保护费的市霸、行霸；（7）操纵、经营"黄赌毒"等违法犯罪活动；（8）非法高利放贷、暴力讨债；（9）插手民间纠纷，充当"地下执法队"；（10）组织或雇佣网络"水军"在网上威胁、恐吓、侮辱、诽谤、滋扰；（11）境外黑社会入境发展渗透以及跨国跨境实施违法犯罪。^①2018 年 1 月，中共中央、国务院发出《关于开展扫黑除恶专项斗争的通知》，决定在全国开展为期 3 年的扫黑除恶专项斗争。2018—2020 年，全国共打掉涉黑组织 3644 个，涉恶犯罪集团 11675 个，抓获犯罪嫌疑人 23.7 万名，打掉的涉黑组织是前 10 年总和的 1.3 倍；全国法院一审审结涉黑涉恶案件 32943 件 225495 人，53405 名涉黑恶案件被告人被判处 5 年以上有期徒刑直至死刑；全国累计打掉农村地区的涉黑组织 1289 个，占打掉涉黑组织总数的 35.4%，打掉农村地区的涉恶犯罪集团及团伙 14027 个，依法严惩"村霸"3727 名；各地排查整顿软弱涣散村党组织 5.47 万个，将受过刑事处罚、存在"村霸"和涉黑涉恶等问题的 4.27 万名村干部全面清除出农村干部队伍，农村基层选举秩序明显好转，基层组织建设环境明显优化，党的执政根基更加牢固。^②

二、我国惩治黑社会性质组织犯罪的立法历程

我国打击黑社会性质组织犯罪的立法经历了由地方先行立法到国家统一立法，由内容粗疏到内容精细的过程。

（一）地方性政策法规

我国大陆地区黑社会组织犯罪的刑事立法最早开始于广东省。1982 年深圳市政府颁布的《关于取缔黑社会活动的通告》中最早使用"黑社会"一词。1989 年深圳市公安局、深圳市人民检察院、深圳市中级人民法院、

---

① 《2018 年指导意见》第 2 条明确规定该 11 类违法犯罪活动及相关人员为重点打击对象。

② 参见《雷霆亮剑——全国扫黑除恶专项斗争纪实》，载新华网，http://society.people.com.cn/n1/2021/0328/c1008-32062993.html，2021 年 3 月 28 日访问。

深圳市司法局联合印发的《处理黑社会组织成员或带有黑社会（性质的）违法犯罪团伙成员的若干政策界限（试行）》中，首次对黑社会组织和黑社会性质组织的概念进行阐述。[①] 1990 年，广东省印发的《关于处理黑社会性质组织或带黑社会性质的违法犯罪团伙的若干意见》中，明确提出黑社会组织和黑社会性质组织的概念。[②] 1993 年广东省八届人大五次会议通过的《广东省惩处黑社会组织活动规定》，对黑社会组织的特征作出了界定。[③] 上述地方性政策性文件和地方性法规先于国家层面的政策法律而产生，对于国家政策法律的制定具有先行先试的经验积累作用。

（二）国家刑事法律

国家自 1950 年开始进行犯罪组织及其犯罪的立法探索，1950 年 7 月 25 日，中央人民政府法制委员会刑法大纲起草委员会拟定的《刑法大纲草案》中，总则第 2 章第 15 条规定了"犯罪组织"这一共同犯罪组织形式，在分则第 4 章第 39 条和第 5 章第 58 条分别规定组织或参加武装匪帮行为，利用、操纵、收买武装土匪、封建会道门或迷信团体行为，以及执持枪械，结合大帮行为的刑事责任。1979 年《刑法》制定时，由于立法者认为当时的中国还未出现黑社会组织，因此，在《刑法》中没有规定黑社会组织及黑社会性质组织犯罪，仅在第 99 条规定了组织、利用封建迷信、会道门进行反革命活动罪。黑社会性质组织犯罪的立法开始于 1997 年《刑法》的修订，此次修订，在《刑法》第 294 条中规定组织、领导、参加黑社会性质组织罪，入境发展黑社会组织罪，包庇、纵容黑社会性质组织罪。由于对

---

①该文件提出，黑社会组织是严重危害人民民主专政，危害公共安全，破坏社会治安秩序和社会管理秩序，有独立确定的名称，有较为严密的组织，有相对确定的活动场所、区域及行业，带有封建帮会色彩，兼具反动性、流氓性的犯罪组织。

②该文件提出，黑社会组织是指境外黑社会在境内组建的分支组织，或者境外黑社会控制，按其旨意发展，进行犯罪活动的重大犯罪团伙。凡有帮名、帮主、入伙履行一定的手段或仪式，活动有相对固定的场所、区域和行业，施行一种或多种违法犯罪活动，为带黑社会性质的违法团伙。

③该文件提出，黑社会组织是指有组织结构，有名称、帮主、帮规，在一定的区域、行业、场所危害社会秩序的非法团体。

黑社会性质组织罪的罪状表述过于简单，实践中难以把握。2000年，最高人民法院制定司法解释，规定黑社会性质组织必须具备组织、经济、"保护伞"与危害性四个特征。该解释执行过程中，理论和实务界对黑社会性质组织是否应具备"保护伞"特征，产生了重大分歧。2002年，全国人大常委会制定立法解释，把"保护伞"特征由必备特征调整为选择性或补强性特征，把黑社会性质组织的基本特征调整为组织、经济、行为和危害性四个特征。2011年，我国1997年《刑法》第八次修正，将立法解释的内容纳入《刑法》之中，提高了组织者、领导者的法定刑，增设了相应的财产刑。

（三）国家刑事政策

为配合法律的实施，我国不断制定完善刑事政策。2000年之前，我国没有制定专门打击黑恶势力的刑事政策，把黑恶势力作为严重破坏社会秩序的犯罪活动予以打击。1983年严打期间，将黑恶势力的雏形——流氓团伙作为首要打击对象，适用"依法从重从快集中打击"的严打政策。1986年，公安部明确把黑社会性质犯罪团伙列为最主要的三个打击重点之一，进行专项严打，仍然适用严打政策。1996年开展的第二次严打斗争，将流氓恶势力犯罪、黑社会性质犯罪作为"六害"犯罪之一，列为重点打击对象，[①] 适用从重从快的严打政策。

2000年至今，我国先后开展四次打（扫）黑除恶专项斗争，制定了一系列专门的政策措施。2006年、2009年中央政法委两次发布《关于深化全国打黑除恶专项斗争的工作意见》；2009年"两高一部"印发《2009年纪要》；2010年4月最高人民法院刑三庭出台《在审理故意杀人、伤害及黑社会性质组织犯罪案件中切实贯彻宽严相济刑事政策》；2015年最高人民法院印发《2015年纪要》；2018年1月中共中央、国务院发出《关于开展扫黑除恶专项斗争的通知》，"两高两部"联合印发《2018年指导意见》；

---

① 参见康树华：《黑恶势力：连年打击的重点》，载《辽宁警专学报》2008年第6期。

2019年"两高两部"先后联合印发7个打击黑恶势力的规定性文件；[①] 2020年4月，"两高两部"联合印发《关于依法严惩未成年人实施黑恶势力犯罪的意见》，不断细化、规范黑社会性质组织犯罪的法律适用和政策把握标准，形成打击黑恶势力的专门刑事政策。这些政策的核心要义和主要内容包括以下五项内容：一是坚持严打方针，始终保持对黑社会性质组织犯罪的严惩高压态势；二是坚持"打早打小"与"打准打实"相结合。一方面，要依照法律规定对有可能发展成为黑社会性质组织的犯罪集团、"恶势力"团伙及早打击，不允许其坐大成势。另一方面，要本着实事求是的态度，在准确查明事实的基础上，构成什么罪，就按什么罪定罪处罚，确保定罪准确，量刑适当；三是坚持宽严相济。坚持区别对待、宽严有据，对于黑社会性质组织的组织者、领导者、骨干成员及其"保护伞"，要依法从严惩处。对于一般参加者，虽然参与实施了少量的违法犯罪活动，但系未成年人或是只起次要、辅助作用的，应当依法从宽处理；四是坚持法治原则。坚持依法办案，坚持罪刑法定原则，坚持法定标准，坚持以审判为中心，强化程序意识和证据意识，做到"不拔高""不降格"，不枉不纵；五是坚持系统治理。政法机关、政府职能部门和社会组织共同参与，齐抓共管，综合运用各种手段，从源头上预防黑恶势力违法犯罪产生。

三、我国惩治黑社会性质组织犯罪的立法成就

自1982年深圳市进行地方性立法至今四十余年时间内，我国惩治黑社会性质组织犯罪立法不断发展，逐步建立起比较完善的法律体系。

---

① 2019年4月9日，"两高两部"发布《关于办理恶势力刑事案件若干问题的意见》《关于办理实施"软暴力"的刑事案件若干问题的意见》《关于办理"套路贷"刑事案件若干问题的意见》《关于办理黑恶势力刑事案件中财产处置若干问题的意见》等4个政策性文件，同年10月21日，"两高两部"发布《关于办理利用信息网络实施黑恶势力犯罪刑事案件若干问题的意见》《关于跨省异地执行刑罚的黑恶势力罪犯坦白检举构成自首立功若干问题的意见》《关于办理非法放贷刑事案件若干问题的意见》等3个政策性文件。

（一）建立完善的刑事法律规范体系

我国通过《刑法》修订、立法与司法解释制定，以及《反有组织犯罪法》的制定，形成了较为完整的黑社会性质组织犯罪定罪量刑标准和方法体系。

1. 设置黑社会性质组织犯罪的罪名和刑罚。罪名上，确立组织、领导黑社会性质组织罪和参加黑社会性质组织罪两个类型、四种犯罪。第一类是组织、领导黑社会性质组织罪，该类犯罪包括组织黑社会性质组织罪、领导黑社会性质组织罪和组织、领导黑社会性质组织罪三种具体罪名。第二类是参加黑社会性质组织罪。该类犯罪的构成主体包括黑社会性质组织中的三种成员身份，分别是积极参加者、骨干成员和一般参加者（《刑法》规定中称"其他参加者"）。其中，在组织构成上，《刑法》作出"骨干成员基本固定"的规定，使骨干成员成为组织成立的必要条件，但没有对"积极参加者""一般参加者"作出强制性规定。在刑罚配置上，《刑法》对两类犯罪区分三种情形分别规定主刑和附加刑。即犯组织、领导黑社会性质组织罪三种选择性罪名的组织、领导者，规定为同一个处刑档次；犯参加黑社会性质组织罪的积极参加者，规定一个独立的处刑档次；犯参加黑社会性质组织罪的一般参加者，规定一个独立刑档。三个刑档对应组织成员的不同身份，体现了区别对待、罪责刑相适应原则。主刑方面，地位、作用最突出的组织、领导者，起刑点为七年有期徒刑，最高刑为十五年有期徒刑，地位、作用居于中间地位的积极参加者，主刑为三年至七年有期徒刑，占组织、领导者主刑的一半偏下，而地位、作用最小的一般参加者，则规定较为轻缓的主刑，最高为三年有期徒刑，最低可以单处附加刑剥夺政治权利。附加刑方面，三种情形分别规定没收财产、罚金等财产刑，并规定并处和单处的不同对象，充分体现对黑社会性质组织犯罪进行经济处罚，铲除其经济基础的刑罚目的。需要说明的是，刑法没有单独规定骨干成员的刑档，骨干成员应当在积极参加者一档处罚，而且，由于其是积极参加者中地位、作用更突出的成员，应当在积极参加者的量刑档中间以上的刑罚幅度内量刑，一般而言，应当在五年以上七年以下有期徒刑幅度内量刑。

2. 设置境外黑社会组织在我国犯罪的罪名和刑罚。罪名上，设立入境发展黑社会组织罪；刑罚上，设置"三年以上十年以下有期徒刑"的主刑，未设置附加刑。对于该款的理解与把握应当注意以下问题。一是"境"的范围。这里的"境"是指我国大陆《刑法》管辖的区域，由于我国香港、澳门、台湾三个地区不在大陆《刑法》管辖的区域之内，故这里的"境"是指大陆全部行政区域，不包括香港、澳门特别行政区和台湾地区。《2000年司法解释》对此作出了明确规定。[①] 二是罪名的特殊性。该款规定的入境发展黑社会组织罪，与本条其他款规定的犯罪组织不同，该款规定的犯罪组织为"黑社会组织"而非"黑社会性质组织"，而且是"境外的黑社会组织"，该类组织的成立与否一般应当按照该组织所在国家或地区的法律以及相关国际条约的规定予以认定。而且，需要满足我国与该犯罪组织所在的国家或地区签署的双边协议或者共同缔结或参与的国际条约中作出明确规定这一条件。我国是《联合国打击跨国有组织犯罪公约》的签约国，在共同签署该条约的155个国家中，对境外黑社会组织的认定，均应当适用该条约规定的标准。签约国家和地区的黑社会组织到我国大陆地区发展组织成员，就可以此罪名定罪处罚。我国香港、澳门特别行政区和台湾地区的黑社会组织，依照三个地区法律规定的黑社会组织标准予以认定。三是属地管辖与普遍管辖权的竞合。首先，符合我国属地管辖权原则。由于是境外人员在我国境内犯罪，适用我国《刑法》第6条规定的属地管辖原则。其次，契合普遍管辖权原则。境外的黑社会组织成员到我国发展组织成员，属于跨国（境）有组织犯罪，对该犯罪行为行使刑事管辖权，符合我国《刑法》第9条规定的普遍管辖权原则。而且，对该犯罪行为行使刑事普遍管辖权，是我国履行《联合国打击跨国有组织犯罪公约》规定义务的具体方式。因此，该款规定的入境发展黑社会组织罪既符合属地管辖权原则，

---

① 《2000年司法解释》第2条第2款规定，港、澳、台黑社会组织到内地发展组织成员的，适用《刑法》第294条第2款（入境发展黑社会性质组织罪）的规定定罪处罚。

也契合普遍管辖权原则,是两种管辖权的竞合。2022年5月1日施行的《反有组织犯罪法》明确规定,境外的黑社会组织到中华人民共和国境内发展组织成员、实施犯罪,以及在境外对中华人民共和国国家或者公民犯罪的,适用该法。这一规定进一步明确了我国享有该类犯罪的管辖权。

3.明确政治庇护行为的定罪量刑要求。政治庇护在我国称为"保护伞"。罪名为包庇、纵容黑社会性质组织罪,是选择性罪名,可以有三种罪名确定方式,实施一种行为的,分别构成相应的包庇或者纵容罪,实施两种行为的,构成包庇、纵容罪。刑罚上,按照情节轻重设置了五年以下和五年以上有期徒刑两个处刑档次,均为自由刑。刑种上,仅有主刑自由刑,没有附加刑。

4.规定组织犯罪与组织成员所犯的个罪实行数罪并罚。对于犯组织犯罪的行为人,与组织罪并罚的个罪,包括实施该组织犯罪中构成犯罪的单个行为,也包括该组织犯罪以外、依照我国刑法构成犯罪的单个行为。对于包含在组织犯罪之中的单个犯罪行为与组织犯罪(其中的一种)实行数罪并罚的必要性,本书在黑社会性质组织犯罪的罪数评价中专节进行了详细阐述,认为从理论上属于重复评价,但是,对具有严重社会危害性的黑社会性质组织犯罪,实行整体行为与具体行为分别定罪,数罪并罚,符合我国辩证唯物主义刑法观、实质正义法治观、法律移植原则以及社会治理需要。需要补充说明的是,此种情形,从罪数理论上,也构成牵连犯。因为,组织犯罪是对行为人全部行为的整体评价,是对其行为结果的评价,是结果行为构成的犯罪,而单个行为是为实现组织犯罪结果而实施的手段行为,是手段行为构成的犯罪,手段行为与结果行为构成牵连关系,对于牵连犯,是择一重处罚还是数罪并罚,应当依照法律规定,这是罪刑法定的基本要求。我国《刑法》规定对组织犯罪与单个行为犯罪实行数罪并罚,体现了从严惩处的刑法价值取向,是具有中国特色的黑社会性质组织犯罪的刑罚处罚方法。

(二)设定为黑社会性质组织洗钱行为的罪与罚

我国《刑法》第191条把为黑社会性质组织掩饰、隐瞒犯罪所得及其收益的行为明确规定为洗钱犯罪,^① 体现了对此类犯罪进行刑事打击的价值取向。

1. 规定为黑社会性质组织洗钱罪的犯罪构成条件。其一,规定犯罪行为的五种表现形式。即提供资金账户,将财产转换为现金、金融票据、有价证券,通过转账或者其他支付结算方式转移资金,跨境转移资产,以及以其他方法掩饰、隐瞒犯罪所得及其收益的来源和性质等五种行为。其二,行为人为一般主体,符合刑事责任年龄、具有刑事责任能力的人均符合行为人的主体要求。其三,主观罪过是直接故意,不包括间接故意。因为,洗钱罪是目的犯,法律规定行为人必须出于"为掩饰、隐瞒黑社会性质组织犯罪的犯罪所得及其收益的来源和性质"这一特定目的。目的犯,行为人主观上积极追求犯罪目的的实现,是希望犯罪结果发生的心理状态,只能是直接故意,而"间接"故意是放任危害结果的发生,因而无犯罪目的,故间接故意不可能构成本罪。^②

2. 规定财产刑与自由刑并处的刑罚。我国《刑法》对洗钱罪设置了自由刑加财产刑的刑罚,即主刑为有期徒刑和拘役,附加刑为罚金。特别是,明确规定没收洗钱犯罪所得及其产生的收益,强调了对洗钱犯罪所得及其收益的处置要求。《刑法》如此设置,是与该罪的社会危害性相匹配的,符合罪责刑相适应原则。在刑罚设置上规定两个处罚幅度,主刑仅为自由刑,最高为十年有期徒刑,最低为单处罚金附加刑。

3. 设置单位犯罪。我国《刑法》规定,单位实施洗钱行为的,构成洗钱罪。适用单位犯罪的双罚制处罚方法,对单位适用罚金刑,单位中应负

① 我国《刑法》第191条第1款规定,为掩饰、隐瞒毒品犯罪、黑社会性质的组织犯罪、恐怖活动犯罪、走私犯罪、贪污贿赂犯罪、破坏金融管理秩序犯罪、金融诈骗犯罪的所得及其产生的收益的来源和性质,有提供资金账户;将财产转换为现金、金融票据、有价证券;通过转账或者其他支付结算方式转移资金;跨境转移资产;以其他方法掩饰、隐瞒犯罪所得及其收益的来源和性质等行为之一的,没收实施以上犯罪的所得及其产生的收益,处5年以下有期徒刑或者拘役,并处或者单处罚金;情节严重的,处5年以上10年以下有期徒刑,并处罚金。
② 参见马克昌主编:《犯罪通论》,武汉大学出版社1995年版,第364页。

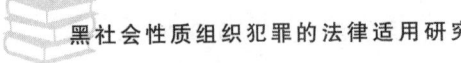
刑事责任的人适用自由刑——有期徒刑或者拘役。[①]

（三）建立特别处罚制度

为实现刑罚功能，我国法律对黑社会性质组织犯罪设置了特别处罚制度。

1. 设置特别累犯制度。我国《刑法》第66条规定特别累犯制度，[②] 该制度与一般累犯相比，有四项特别之处。一是前后两罪的范围不同。特别累犯要求前后两种犯罪种类相同，都是黑社会性质组织、危害国家安全和恐怖犯罪中的一种，但不要求前后两罪是同一罪名，前后两罪只要在三个罪名范围之内即可。一般累犯则没有犯罪种类的要求，行为人实施任何故意犯罪都可以构成累犯。设定特别累犯制度是为了对特定犯罪人进行特别约束，这是特别累犯的本质要求。二是前后两罪的间隔时间要求不同。特别累犯不受一般累犯前后两罪"五年"间隔的时间限制，犯黑社会性质组织罪后，在任何时候再犯上述三种犯罪中的一种，都构成累犯，大大增加了犯罪人构成累犯的几率，形成对犯罪人的特别约束。三是前后两罪的刑度要求不同。特别累犯对前后两罪没有刑度要求，不要求前后两罪判处的刑罚必须是有期徒刑以上，只要前罪被判处过刑罚、后罪构成犯罪，即构成特别累犯。四是前后两罪犯罪人的年龄要求不同。特别累犯没有犯罪人达到18周岁的年龄要求，未成年人也可以构成特别累犯。上述四项特别之处，均体现为放宽黑社会性质组织成员构成累犯的条件，有利于实现对黑社会性质组织成员严厉打击与警示、教育社会公众的刑罚功能。

2. 设置假释限制制度。我国《刑法》第81条第2款规定假释限制制

---

①我国《刑法》第191条第2款规定，单位犯前款罪（洗钱罪）的，对单位判处罚金，并对其直接负责的主管人员和其他直接责任人员，依照前款的规定处罚。

②我国《刑法》第66条规定，危害国家安全犯罪、恐怖活动犯罪、黑社会性质的组织犯罪的犯罪分子，在刑罚执行完毕或者赦免以后，在任何时候再犯上述任一类罪的，都以累犯论处。

度。[①] 与一般假释相比，假释限制的适用对象需具备两个条件。一是对象特定。包括两类人员，一类是累犯，另一类是有组织的暴力性犯罪，以及投放危险物质、绑架、抢劫、强奸、爆炸、放火以及故意杀人犯罪的犯罪分子。二是特定刑度。对于有组织的暴力性犯罪，以及投放危险物质、绑架、抢劫、强奸、爆炸、放火以及故意杀人犯罪的犯罪分子，被判处10年以上有期徒刑或者无期徒刑是适用假释限制制度的刑度要求，只有被判处上述刑罚的犯罪分子才适用该制度。黑社会性质组织犯罪虽然属于有组织的暴力犯罪，对于不构成累犯的黑社会性质组织犯罪分子，也适用假释限制制度的刑度要求，即只适用于被判处10年以上有期徒刑或者无期徒刑的犯罪分子。但是，由于黑社会性质组织犯罪分子适用特别累犯制度，对于两次以上犯组织、领导、参加黑社会性质组织罪的犯罪分子，均构成特别累犯，对此类人员则不受刑度要求，即使被判处10年以下有期徒刑，也不得假释。可以说，假释限制制度对于黑社会性质组织犯罪的犯罪分子，存在累犯与非累犯双重适用条件，从刑罚执行制度上加大了对黑社会性质组织犯罪分子的处罚力度。

3. 设置死缓限制减刑刑罚。我国《刑法》第50条第2款规定的死刑限制减刑刑罚，[②] 虽不是独立刑种，实际上已成为死刑立即执行和单纯死刑缓期执行之间的过渡刑罚，针对的应当是判处死刑立即执行偏重，单纯判处死缓又偏轻或者不能确保裁判效果的案件。[③] 一般认为，对于本应判处死刑立即执行的犯罪分子，如果具备可不立即执行条件的犯罪分子，可以

---

① 我国《刑法》第81条第2款规定，对累犯以及因故意杀人、强奸、抢劫、绑架、放火、爆炸、投放危险物质或者有组织的暴力性犯罪被判处十年以上有期徒刑、无期徒刑的犯罪分子，不得假释。

② 我国《刑法》第50条第2款规定，对被判处死刑缓期执行的累犯以及因故意杀人、强奸、抢劫、绑架、放火、爆炸、投放危险物质或者有组织的暴力性犯罪被判处死刑缓期执行的犯罪分子，人民法院根据犯罪情节等情况可以同时决定对其限制减刑。

③ 张军主编：《〈刑法修正案（八）〉条文及配套司法解释理解与适用》，人民法院出版社2011年版，第41页。

判处死缓，并限制减刑。①　与被判处死刑缓期执行未限制减刑的犯罪分子相比，死缓限制减刑的特别之处在于：一是适用对象特定。包括两类人员，一类是累犯；另一类是有组织的暴力性犯罪的犯罪分子，以及投放危险物质、抢劫、强奸、绑架、故意杀人、放火、爆炸犯罪的犯罪分子。二是选择性适用。法律规定对特定对象"可以"限制减刑，是否限制减刑，由人民法院根据犯罪情节等情况予以决定。一般而言，只对情节恶劣、主观恶性深、人身危险性大的部分犯罪适用。三是犯罪分子实际服刑时间长。死刑缓期执行限制减刑的犯罪分子，从二年缓期执行期满减为无期徒刑之日起，有重大立功表现的，实际执行刑期不少于 20 年；没有重大立功的，实际执行刑期不少于 25 年。②　判处死缓未限制减刑的犯罪分子，有重大立功表现的，从二年缓期执行期满减为 25 年有期徒刑之日起，实际执行刑期不少于 12 年 6 个月；没有重大立功表现的，从二年缓期执行期满减为无期徒刑之日起，实际执行刑期不少于 13 年。③　可见，前者比后者服刑时间长 7 年 6 个月至 12 年 6 个月。与假释限制制度相同，黑社会性质组织罪的犯罪分子既属于有组织的暴力犯罪，也存在构成特别累犯的可能，因而存在被限制减刑而延长实际服刑时间的双重条件。

四、我国惩治黑社会性质组织犯罪的立法不足

我国黑社会性质组织犯罪立法取得了很大成就，形成了中国模式，但是，与域外国家立法相比，与打击黑社会性质组织犯罪的需要相比，还有很多不足，需要进一步改进完善。

---

①张军主编的《〈刑法修正案（八）〉条文及配套司法解释理解与适用》中提出，根据《刑法修正案（八）》之前的规定，本来应当判处死刑立即执行的犯罪分子，若判处死缓并限制减刑可以实现罪责刑相适应的，可以判处死缓并限制减刑。参见张军主编：《〈刑法修正案（八）〉条文及配套司法解释理解与适用》，人民法院出版社 2011 年版，第 18 页。

②我国《刑法》第 78 条第 2 款第 3 项。

③我国《刑法》第 50 条第 1 款，第 78 条第 2 款第 1 项、第 2 项。

（一）罪名设置不完备

我国现行《刑法》对于黑社会性质组织相关犯罪行为的罪名设置存在缺陷，致使部分应当入罪的行为无法予以刑法规制。一是黑社会组织犯罪相关罪名缺失。与 1997 年《刑法》修订时"在我国，明显的、典型的黑社会犯罪还没有出现"[①] 的社会状况不同，21 世纪以来，我国已经出现了可以称为黑社会组织的犯罪组织。如谢某萍犯罪组织，开设赌场、容留他人吸毒，获取巨额非法经济利益。为帮助组织的领导者逃避法律制裁，指使他人顶包接受处罚，指使组织成员殴打警察。该组织已超越黑社会性质组织的组织严密程度和危害严重程度，以黑社会性质组织进行定罪处罚，不能实现对该组织及其成员的有效惩处。[②] 再如 2018 年扫黑除恶专项斗争中打出的云南孙某果犯罪组织。孙某果等 13 人组成的犯罪组织自 2010 年至 2018 年先后有组织地实施聚众斗殴、开设赌场、寻衅滋事、非法拘禁等违法犯罪，被移送起诉的"保护伞"——涉职务犯罪的公职人员及重要关系人达 19 人之多，性质之恶劣、程度之严重令人触目惊心，严重挑战社会公众及法律的底线，但孙某果犯组织、领导黑社会性质组织、开设赌场、寻衅滋事、非法拘禁、行贿等罪，数罪并罚，仅被判处有期徒刑二十五年。[③]对其判处死刑是由于在涉黑犯罪之前的 1997 年所犯强奸罪、强制侮辱妇女罪、故意伤害罪、寻衅滋事罪，该案成为 2019 年度检验法治效果的标志性案件。[④] 二是参加境外黑社会组织犯罪的罪名缺失。我国《刑法》没有规定参加境外黑社会组织罪，无法实现对我国公民参加境外黑社会组织行为的定罪处罚，不利于打击境外黑社会组织在我国的违法犯罪活动，也不利

[①] 参见王汉斌：《关于中华人民共和国刑法（修订草案）的说明》，载高铭暄等编：《中国刑法立法文献资料精选》，法律出版社 2007 年版，第 687 页。

[②] 参见 C 市 DW 中级人民法院（2009）Y 中法刑初字第 193 号刑事判决书，谢某萍犯组织、领导黑社会性质组织罪、开设赌场罪、非法拘禁罪、容留他人吸毒罪、行贿罪被判处有期徒刑 18 年，并处罚金 102 万元。

[③]《法制日报》评论员：《孙某果涉黑案一审宣判，迈出司法重要一步》，载《法制日报》2019 年 11 月 9 日，第 1 版。

[④] 参见邢盘洲：《云南孙某果案的警示》，载《江苏警官学院学报》2020 年第 1 期。

于开展跨境打击黑社会组织违法犯罪的国际合作。三是资助黑社会性质组织犯罪的罪名缺失。司法实践中，出现了大量资助黑社会性质组织及其违法犯罪活动的行为，社会危害性与参加黑社会性质组织罪相当，需要纳入《刑法》规定为犯罪予以惩处。

（二）刑罚设置不完善

我国现行《刑法》对于黑社会性质组织犯罪的刑罚规定比较粗疏，在主刑设定与附加刑配置上存在不足之处。一是组织、领导黑社会性质组织罪的主刑偏低。组织、领导黑社会性质组织，具有比一般犯罪更严重的社会危害性，而现行《刑法》设定的最高刑罚为 15 年有期徒刑，明显偏轻，无法实现对犯罪人的罚当其罪。司法实践中，很多案件的组织者、领导者犯有数罪，危害后果特别严重，但按现有刑罚设置，最高刑仅为 15 年有期徒刑，数罪并罚最高 25 年，对于犯有数罪，综合刑期长的罪犯，难以实现罚当其罪。如张某黑社会性质组织案，组织领导者张某犯组织、领导黑社会性质组织罪等 13 个罪名，各罪判处的有期徒刑刑期合计达 90 年 6 个月，数罪并罚，决定执行有期徒刑 25 年，严重罪刑不相当。[①] 二是入境发展黑社会组织罪的附加刑缺失。对于入境发展黑社会组织罪的犯罪人，设置附加刑驱逐出境，有利于刑罚功能的实现。因为，对这类犯罪人，服刑结束后不驱逐出境，会留下在我国重新犯罪的隐患。尽管根据我国《刑法》第35 条规定，可以适用驱逐出境，但《刑法》第 35 条是总则性规定，根据立法逻辑和立法一般要求，附加刑的总则性规定在分则中适用时，一般要在分则的相关条文中作出具体规定，因为，只有在分则中作了具体规定的，才具有强制适用效力。我国对罚金、没收财产、剥夺政治权利等其他附加刑的刑法规定，都是按照在总则中作出一般性规定，在分则特定犯罪中作出具体规定的方法予以规定，对于驱逐出境，也应在《刑法》分则中作出规定。三是包庇、纵容黑社会性质组织罪中附加刑缺失。包庇、纵容黑社会性质组织罪的行为人实施犯罪的动机是牟取非法利益，而非法利益中主

---

① 参见 S 省 FC 市人民法院（2019）L0983 刑初 441 号刑事附带民事判决书。

要是财产性利益，行为人之所以有条件包庇、纵容黑社会性质组织，主要是利用其政治上的特定身份、职权上的便利等条件，现行《刑法》没有设定罚金、没收财产和剥夺政治权利等附加刑，无法实现对犯罪人处罚的罪责刑相适应。

（三）单位犯罪缺失

"刑罚的目的既不是要摧残折磨一个感知者，也不是要消除业已犯下的罪行。刑罚的目的仅仅在于：阻止罪犯再重新侵害公民，并规诫其他人不要重蹈覆辙。"[①] 当前，黑社会性质组织开办、经营的企业、公司很多是股份制性质，公司、企业是合法注册的法人主体，对黑社会性质组织进行打击后，会出现相关公司、企业无人经营等问题。2019 年《财产处置意见》规定这类企业的经营性财产可以由政府指定有关部门或者委托有关机构代管或者托管。[②] 但是，我国《反有组织犯罪法》没有规定涉黑涉恶犯罪案件中的经营性财产的代管、托管制度，使这一制度的实行仍然停留在规范性文件的效力层面，持有企业股份的大多是黑社会性质组织成员，在企业财产未认定为涉黑组织财产或违法犯罪所得财产之前，他们仍是这些股份的合法持有人，不经他们同意，直接由政府代管或托管，法律依据不充分，如果代管或托管期间出现经营不善造成损失则可能引发经济纠纷。因此，设置单位犯罪可以从根本上解决这一问题。一是设置单位犯罪可以实现对这类企业的财产性刑罚处罚，从根本上铲除黑社会性质组织的经济基础。二是设置单位犯罪可以实现对经营公司、企业的非组织成员的财产性刑罚处罚。三是设置单位犯罪，可以将资助黑社会性质组织的法人单位纳入刑法规制，有利于切断黑社会性质组织的经济来源。

（四）专门诉讼制度缺失

考察美国、英国、意大利、德国和我国港、澳、台地区的相关规定发

---

① 参见［意］贝卡里亚：《论犯罪与刑罚》，黄风译，中国大百科全书出版社 1993 年版，第 42 页。

②《财产处置意见》第 12 条。

现，无论是英美法系国家采用的单行立法模式，还是大陆法系国家和我国港、澳、台地区采用的综合性规范制定模式，都规定了专门适用于黑社会组织犯罪的特别调查、特别审判、司法合作者、被告证人、秘密侦查、证人保护等侦查和诉讼制度措施。《联合国打击跨国有组织犯罪公约》也规定实行联合调查和特殊侦查手段，证人保护措施和规则，帮助和保护被害人，鼓励组织成员参与卧底或提供特情，减免污点证人处罚等特殊制度措施。而我国《刑事诉讼法》中没有作出黑社会性质组织犯罪侦查和审判制度、措施的专门规定。2022 年 5 月 1 日施行的《反有组织犯罪法》仅作出依照《刑事诉讼法》可以采取技术侦查措施、实施控制下交付或者由有关人员隐匿身份的特殊侦查措施 ① 的指引性规定，没有规定专门适用于黑恶势力组织犯罪的特殊侦查措施。

（五）国际协调配合机制不完善

当前，黑社会性质组织的违法犯罪活动范围不仅限于我国大陆地区，有的已将活动范围拓展到我国香港、澳门和台湾等地区以及世界各国和地区。因为这类犯罪组织惯常实施的毒品等犯罪，非法交易市场遍及全球。同时，境外黑社会组织向我国渗透、到我国实施违法犯罪活动也时常出现，打击这些跨国有组织犯罪，急需与相关国家和地区建立协作配合机制。2022 年 5 月 1 日施行的《反有组织犯罪法》专章规定了黑恶势力组织犯罪的国际合作，明确规定情报合作、警务合作等机制以及涉外证据效力、刑事司法协助、引渡等事项，为建立国际协作机制提供了法律遵循。目前我国公安部门虽然建立了打黑专门机构，组建了专门队伍，但我国的机构和人员还没有实现专业化、国际化的职业要求，没有建立相关职能部门与域外国家和地区的协作联动机制，单打独斗的孤立作战局面没有根本改变，有待于采取切实有力措施，认真落实《反有组织犯罪法》加强国际合作要求，尽快建立专门的国际协作机制，形成打击跨国组织犯罪的合力。

---

① 《反有组织犯罪法》第 31 条。

第四节　我国黑社会性质组织犯罪立法的完善

完善黑社会性质组织犯罪立法，应当立足我国惩治黑社会性质组织犯罪的现实需要，遵循《联合国打击跨国有组织犯罪国际公约》的要求，借鉴域外国家和我国港、澳、台地区的有益经验，对《刑法》《刑事诉讼法》《反有组织犯罪法》等法律进行修改完善，构建起刑罚体系完善、制度机制健全、国内国际接轨的法律制度体系。

一、完善罪刑规范体系

罪责刑相适应是刑事立法的基本原则，根据我国惩治黑社会性质组织犯罪的需要，应当从罪名设定到刑罚配置两方面对《刑法》进行修正与完善。

（一）增设黑社会组织相关犯罪

由于我国已经开始出现与黑社会组织高度趋同的犯罪组织，[①] 仅以黑社会性质组织罪定罪处罚，不利于打击犯罪，也不利开展国际刑事司法合作。因此，应当通过修改《刑法》《反有组织犯罪法》，增设黑社会组织的相关罪名。一是把黑社会组织规定为独立于黑社会性质组织的犯罪组织，设定黑社会组织的构成条件，[②] 纳入有组织犯罪组织范畴。二是增设组织、领导、参加黑社会组织罪，设置高于黑社会性质组织犯罪的三个刑罚档次。

---

① 如上文所述谢某萍、孙某果为首的犯罪组织。

② 可参照本书所列黑社会组织的六个特征，规定每个特征的具体要求。

组织、领导黑社会组织的，处 10 年以上有期徒刑或者无期徒刑，并处没收财产、剥夺政治权利；积极参加黑社会组织的，处 5 年以上 10 年以下有期徒刑，并处罚金或者没收财产、剥夺政治权利；参加黑社会组织的，处 5 年以下有期徒刑，可以并处罚金、剥夺政治权利。三是增设参加境外黑社会组织罪。刑罚设置与参加黑社会组织罪相同，即参加境外黑社会组织的，处五年以下有期徒刑，可以并处罚金、剥夺政治权利。实践中，随着我国对外开放力度不断加大，国际间人员流动频繁，境外黑社会组织在我国发展成员、中国公民参加境外黑社会组织的现象必然出现，增设这一罪名，有利于打击和预防我国公民参加境外黑社会组织从事违法犯罪活动的行为，实现与域外国家和地区的立法执法司法衔接，使对参加境外黑社会组织犯罪的惩处不受国界限制。四是增设上述犯罪的单位犯罪。在《刑法》关于黑社会组织犯罪的相关条文中，增设单位犯罪，规定单位犯黑社会组织相关犯罪的，对单位判处罚金，并对直接负责的主管人员和其他直接责任人员设置与自然人犯罪相同的刑罚。这样既可以满足打击犯罪的需要，也可以实现对自然人与法人相同行为的相同处罚。

（二）增设资助黑社会性质组织犯罪

我国在《2018 年指导意见》《财产处置意见》等规范性文件中明确将其他单位、组织、个人资助黑社会性质组织的资产纳入黑社会性质组织的经济实力之中，并作为黑社会性质组织的财产予以追缴，[①] 但因《刑法》没有规定实施资助的行为为犯罪，不能进行刑罚处罚，从而使这种具有重大社会危害性的行为无法得到刑法规制。从社会危害性上考量，资助与洗钱均为支持黑社会性质组织的行为，而且，洗钱行为的支持是通过行为人的帮助，将黑社会性质组织的犯罪所得及其收益转化为合法财产，并不直接提

---

①《2018 年指导意见》第 7 条第 3 项规定，通过其他单位、组织、个人资助获取经济利益的，应当认定为"有组织地通过违法犯罪活动或者其他手段获取经济利益"。《财产处置意见》第 15 条第 3 项规定，其他单位、组织、个人为支持该黑恶势力组织活动资助或者主动提供的财产，应当依法追缴、没收。

供自己的财产，而资助行为直接以自己的财产支持黑社会性质组织的活动，相比较而言，支持行为更加直接，危害性更大。因此，可以借鉴我国港、澳、台地区的经验，在《刑法》中规定资助黑社会性质组织罪，设置两个刑档。为黑社会性质组织发展与实施违法犯罪活动给予经济资助的，处6个月以上3年以下有期徒刑，并处罚金；情节严重的，处3年以上有期徒刑，并处罚金或者没收财产。

（三）增设黑社会性质组织犯罪的单位犯罪

如前所述，很多黑社会性质组织依托依法成立的公司、企业等单位实施违法犯罪活动，如从事高利放贷和"套路贷"违法犯罪活动的，大多以公司为依托，以公司名义放贷、收贷，聚敛钱财，公司在违法犯罪活动中发挥了重要作用。因此，应当在《刑法》中增设黑社会性质组织犯罪的单位犯罪，规定单位犯前款罪（组织、领导、参加、资助黑社会性质组织罪）的，对单位判处罚金，并对直接负责的主管人员、其他直接责任人员判处与自然人犯罪相同的刑罚。从域外国家和国际组织对有组织犯罪的立法看，大多规定了单位犯罪，增设单位犯罪，符合国家间打击有组织犯罪的刑罚协同性与国际间刑事司法合作的需要。

（四）增设附加刑剥夺政治权利

黑社会性质组织犯罪分子往往借助政治权利行使为实施违法犯罪活动提供便利和条件。如扫黑除恶专项斗争期间重点治理的黑恶势力把持基层政权问题，黑社会性质组织成员就是通过政治权利行使谋取基层政权职位，从而实现对基层政权的控制和利用，因此，剥夺政治权利成为刑罚处罚的必然要求和社会治理的现实需要。《2018年指导意见》提出了适用剥夺政治权利的要求，[①] 但是，在《刑法》未作出规定前受罪刑法定原则的限制，难以直接适用，应当通过修改《刑法》将这一政策要求落实到具体《刑法》

---

①《2018年指导意见》第12条规定，对于组织者、领导者和因犯参加黑社会性质组织罪被判处五年以上有期徒刑的积极参加者，可以根据《刑法》第56条第1款的规定适用附加剥夺政治权利。

条文之中。可以在《刑法》第 56 条中增加 1 款规定，对于组织、领导、参加黑社会性质组织的犯罪分子，可以附加剥夺政治权利；也可以在《刑法》第 294 条第 1 款刑罚设置中增加剥夺政治权利的规定，即组织、领导黑社会性质组织的，处 7 年以上有期徒刑，并处没收财产、剥夺政治权利；积极参加的，处 3 年以上 7 年以下有期徒刑，可以并处罚金或者没收财产、剥夺政治权利；其他参加的，处 3 年以下有期徒刑、拘役、管制，可以并处罚金、剥夺政治权利。

（五）完善包庇、纵容黑社会性质组织罪的刑罚设置

当前，我《刑法》对包庇、纵容黑社会性质组织罪的刑罚设置线条较粗，应当进一步细化和调整。一是完善刑档设置。我国《刑法》对"包庇、纵容黑社会性质组织犯罪"的刑罚，设置了"5 年以下有期徒刑、拘役或者管制"和"5 年以上有期徒刑"两个处罚档次，每个刑档的刑罚幅度过大。特别是"5 年以上有期徒刑"一档，刑罚幅度达 10 年，不利于对犯罪人准确量刑。可以将这一刑档分解为两个刑档，修改为：情节严重的，处 5 年以上 10 年以下有期徒刑；情节特别严重的，处 10 年以上有期徒刑。二是设置财产刑。我国《刑法》没有对该罪设置财产刑是一大缺陷。包庇、纵容黑社会性质组织罪，是以牟取经济利益为主要犯罪目的，设置财产刑，进行经济处罚，是该类犯罪的必要刑罚措施。因此，应当在《刑法》中增设财产刑，并区分不同刑罚档次设置不同的财产刑。处 10 年以下有期徒刑的，并处罚金；处 10 年以上有期徒刑的，并处罚金或者没收财产。

（六）完善洗钱罪立法

根据打击涉黑社会性质组织洗钱犯罪的需要，完善单位洗钱犯罪的财产刑。其一，增加单位洗钱犯罪没收犯罪所得及其收益的规定。在《刑法》中规定与个人洗钱犯罪相同的犯罪所得及其收益的处置要求。即：单位犯洗钱罪的，没收犯罪所得及其收益，对单位判处罚金，并对直接负责的主管人员和其他责任人员判处与自然人犯罪相同的刑罚。其二，明确罚金刑的处罚比例。我国《刑法》仅规定了罚金刑，但没有规定罚金的数额或幅度，难以实现财产处罚目的。应当与个人洗钱犯罪的罚金刑相协调，比照

洗钱数额确定一定比例，在比例的确定上，按照刑罚个别化原则，区别单位与个人洗钱的危害性，适当高于个人犯罪的比例。可以规定，单位犯洗钱罪的，没收犯罪所得及其产生的收益，并处洗钱数额 10% 以上 30% 以下罚金。

二、健全刑事诉讼制度

刑事实体法的实施，必须有相应的程序法作保障。我国《刑事诉讼法》《反有组织犯罪法》没有对黑社会性质组织犯罪规定特别侦查、起诉和审判制度和措施，应当通过修改《刑事诉讼法》或进行专门立法，健全适应黑社会性质组织犯罪治理的诉讼制度。

（一）完善黑社会性质组织犯罪认罪认罚从宽制度

黑社会性质组织案件人数多、犯罪事实多，案件调查取证和审理难度大。适用认罪认罚从宽制度，可以促使黑社会性质组织成员如实供述犯罪事实，积极提供证据和同案犯线索，促进调查取证。而且，在案件审理中，他们的供述对证明黑社会性质组织犯罪具有重要证据价值，有利于准确认定案件事实。司法实践中，司法机关已经开始探索尝试适用认罪认罚从宽制度，取得良好效果。如张某黑社会性质组织案，37 人中除 2 名组织、领导者外，其余 35 人全部认罪认罚，[①] 法庭调查中，对 35 名认罪认罚被告人的事实陈述与质证作了简化处理，大大缩短了审理时间，而且，由于 35 名认罪认罚被告人的供述相互印证，尽管 2 名组织、领导者不认可公诉机关的指控，但不影响案件事实的认定。同时，在认罪认罚被告人的从宽幅度上，应当区别被告人在犯罪组织中的不同组织身份和地位，适用不同的从宽标准。一般而言，对组织、领导者、骨干成员、积极参加者的从宽幅度要小于其他成员。如马某江黑社会性质组织案，组织领导者马某江虽然认罪认罚，但对从宽处罚的幅度限制到了最小范围内，在其应当判处的 25 年

---

① 参见 S 省 FC 市人民法院（2019）L0983 刑初 441 号刑事附带民事判决书。

有期徒刑内，判处有期徒刑 24 年。^① 因此，可以在《刑事诉讼法》《反有组织犯罪法》中明确规定认罪认罚从宽制度在黑社会性质组织犯罪案件中的适用方法、标准和从宽幅度。即：适用认罪认罚从宽制度审理黑社会性质组织犯罪案件，法庭调查和法庭辩论可以简化进行。对认罪认罚被告人的处罚，应当区别被告人在犯罪组织中的地位、作用以及在具体犯罪中的作用，予以从宽处罚。对组织者、领导者、骨干成员、积极参加者的从宽幅度应当严于一般参加者。

（二）建立特别侦查制度

由于黑社会性质组织犯罪活动具有很强的隐蔽性，他们的反侦查能力远远超出一般犯罪组织。单靠传统的侦查方法，很难有效侦破涉黑案件，应当根据案件侦破与调查取证的需要，有条件地采用"窃听""卧底"等秘密侦查措施。这是世界各国和地区立法的通行做法。近年来，警察进入犯罪组织内部以卧底方式开展调查工作，收集犯罪证据，在美国、德国等国家和地区已经得到了法律的认可。^② 我国可以借鉴这些国家和地区的做法，在《刑事诉讼法》《反有组织犯罪法》中作出专门规定，对于黑社会性质组织犯罪案件的侦查，可以在电子监控、控制下交付等秘密侦查措施之外，允许运用卧底、线人、策反组织成员、与犯罪分子进行情报交易等特殊侦查手段，以最大限度打击黑社会性质组织犯罪。

（三）设立证人保护制度

域外很多国家设立了证人保护制度。美国建立了完善的秘密证人制度，有一套以"安全隔离"为核心内容的操作性很强的程序，日本在法律中作出对黑社会组织案件中的证人实行特殊保护的专门规定，如在可能遭遇侵害的场合，可以禁止询问证人的个人信息。意大利法律也规定了证人保护措施。^③"保护措施规定可以使用掩护性身份证，并可以将保护措施扩及合

---

① 参见 S 省 GT 县人民法院（2019）L1526 刑初 267 号刑事附带民事判决书。
② 前文对美国、德国惩治有组织犯罪的立法考察中已经论证。
③ 前文对美国、日本、意大利惩治有组织犯罪的立法考察中已经论证。

作者的近亲属。"① 我国可以借鉴这些国家和地区的立法经验，在《刑事诉讼法》《反有组织犯罪法》中规定"污点证人""隐匿证人身份"和"卧底证人"等特别侦查制度，对不宜公开身份的证人采取身份保密措施，对特殊证人的工作与生活安置提供法律保障，以保障有效开展对黑社会性质组织犯罪的侦查、起诉、审判和刑罚执行。对于人身安全受到长期严重威胁的证人，可以采取秘密移居等保护措施。

（四）纳入缺席审判适用范围

近年来，黑社会性质组织案件的组织成员特别是组织者、领导者逃往境外的情况时有发生。由于我国《刑事诉讼法》规定的缺席审判范围中不包括此类案件，致使此类案件中逃往境外的人员不能得到及时审判，影响案件处理效果。黑社会性质组织人员众多，部分成员不到案，大多数情况下并不影响案件事实的审理和认定，具备缺席审判的条件。为确保缺席审判的公正，可以把适用人员限定为组织者、领导者。因此，可以在《刑事诉讼法》中把黑社会性质组织案件纳入缺席审判适用范围，明确规定：对于重大的黑社会性质组织犯罪案件，组织者、领导者逃往境外的，人民法院可以缺席审判。

三、建立国际协作机制

建立与域外国家或地区接轨的法律制度和诉讼机制，有利于实现对跨境黑社会性质组织犯罪的准确、有力打击。可以借鉴域外立法经验，制定专门法律或修改现行法律，建立与国际接轨的专门法律制度机制。

（一）拓展有组织犯罪的外延

2022 年 5 月 1 日施行的《反有组织犯罪法》规定的有组织犯罪，仅限于黑社会性质组织、恶势力组织和境外黑社会组织犯罪。虽然可以满足惩

---

① 参见［意］弗朗塞斯科·巴拉佐:《意大利关于有组织犯罪的立法》，载《青少年犯罪研究》1997 年第 5 期。

治黑恶势力犯罪的需要，但是，该法规定的有组织犯罪外延小于域外国家和地区以及《联合国打击跨国有组织犯罪公约》规定的有组织犯罪范畴，致使该法规定的有组织犯罪之外的恐怖组织、邪教组织等犯罪案件的跨国、跨境司法协作受到限制。因此，可以借鉴《联合国打击跨国有组织犯罪公约》规定，修改《反有组织犯罪法》，把恐怖组织、邪教组织、间谍组织以及高利放贷、"套路贷"等新型犯罪组织犯罪纳入《反有组织犯罪法》的规制范畴，特别是，应当把上述犯罪组织犯罪案件的办理纳入《反有组织犯罪法》国际司法协作机制的适用范围。

（二）确立与国际接轨的刑罚处罚方法

对于有组织犯罪的刑罚处罚，域外国家和地区存在不同的处罚方法。英美法系国家对组织、领导、参加行为不单独定罪，仅作为具体犯罪情节，大陆法系国家则作为单独犯罪行为与其他具体犯罪行为实行数罪并罚，联合国公约对跨国有组织犯罪确立严厉处罚原则。我国可以坚持联合国公约严厉处罚的基本原则，借鉴两大法系的经验，区分不同性质的犯罪组织，确立与域外立法接轨的差别化刑罚处罚方法。具体而言，以黑社会性质组织为参照，根据犯罪组织的犯罪能力和社会危害程度，对组织、领导、参加犯罪组织的行为作出入罪与否的个别化设置。组织程度和社会危害程度不低于黑社会性质组织的恐怖组织、邪教组织、间谍组织、黑社会组织等，对组织、领导、参加行为规定为犯罪，与实施的具体犯罪行为实行数罪并罚；组织程度和社会危害程度低于黑社会性质组织的恶势力组织、"套路贷"组织等，对组织、领导、参加行为不作为独立的犯罪行为，仅作为对行为人的从重处罚情节；对于黄、赌、毒、盗、抢、骗等单纯牟利犯罪组织，按照犯罪集团的规定进行处罚。

（三）完善国际协作机制

随着黑社会性质组织商业化、企业化模式的建立，其活动区域逐渐由一个地区、一个国家扩大到几个国家甚至世界各国，打击跨国黑社会性质组织犯罪需要加强国家间的司法执法协作与配合。可以通过《反有组织犯罪法》的实施，建立打击黑社会性质组织等有组织犯罪的国际协作制度机制。一是建立情报交换制度。通过缔结国际条约、签订双边协定等方式，建立国家间情报交换制度，定期交换黑社会性质组织等有组织犯罪活动及有关犯罪人的情况。二是建立警务合作机制。加强国家间协作，定期进行人员交流，形成协作国之间刑事侦查力量和资源的共享，可以最大限度地及时侦破黑社会性质组织等跨国有组织犯罪案件。如西欧和美国的司法人员长期或短期聘请具有与"三合会"斗争经验的香港地区司法人员，对于打击与"三合会"相似的有组织犯罪发挥了重要作用。[①] 三是完善刑事司法协助机制，实行与相关国家的引渡、转移管辖以及证据收集的国际合作等司法协助措施，形成打击跨国有组织犯罪的刑事司法合力。

---

① 参见张旭:《犯罪学要论》，法律出版社 2003 年版，第 558 页。

余 论

本书致力于解决黑社会性质组织犯罪的理论和实践问题，对黑社会性质组织犯罪的法律适用，进行了理论阐释与实证分析，形成了涵括组织认定、犯罪评价、刑罚裁量、立法完善等内容的理论体系。但是，黑社会性质组织犯罪治理是一项系统工程，不仅需要刑法的有效规制，而且需要社会治理的不断创新，只有不断加强政治、文化和社会建设，堵塞社会管理漏洞，完善社会管理制度，消除犯罪产生的土壤，才能构建起犯罪预防、惩治、改造的系统治理体系。特别是，司法政策方面，要充分发挥联结法律与社会需求的纽带作用，及时根据犯罪治理的需要调整和完善司法政策。司法政策的完善，应从以下四个方面予以调整和改进。一是对黑社会性质组织的构成要素进行政策细化与完善，根据司法需要及时调整特征要素及其标准。如当前，在危害特征方面，要细化对一定区域或行业的范围和认定标准。二是对黑社会性质组织犯罪的刑罚处罚方法进行明确与规范，最大限度地统一侦诉审等司法机关的适用标准。如对于没收财产的范围和标准应当进一步作出细化规定。三是对新时期黑社会性质组织实施的"套路贷""软暴力"等新类型犯罪的定罪量刑进行政策规制，如对于"套路贷"犯罪组织构成黑社会与恶势力组织的标准和条件进行明确和细化。四是对立法缺失进行政策补位。在法律修订之前，对惩治黑社会性质组织犯罪中的部分法律缺位与缺陷作出政策规定，以政策调整实现对黑社会性质组织犯罪的有效法律规制。如对于参加境外黑社会组织的行为，在立法规定单独罪名前，在司法政策中作出明确要求，以参加黑社会性质组织罪处罚，等等。

跋

立法、修法无休止，释法、司法无绝期。黑社会性质组织犯罪的法律适用研究是一个永远在路上的课题。每一个适用法律的司法人员心中都有一个法律释义的哈姆雷特，无论哪一种法律解释，对于理论和实务的阐释都无法得到所有人的认同。而要实现司法人员之间最大限度的法律适用共识，必须在实体、程序与责任三个维度上建立科学的职业思维。

首先，树立辩证唯物主义的实体思维。实体思维是刑事司法的公正基石，应当坚持辩证世界观和方法论，正确认识和准确把握刑事案件的实体要求。一是坚守追求事实真相的价值取向。查明案件真相，准确及时惩罚犯罪，不枉不纵，是刑事审判的终极价值追求，任何时候、任何情形都不能动摇。案件审理中，要认真审查在案证据，查明影响定罪量刑的全部事实，包括犯罪动机、手段、过程、后果等基本事实，以及犯罪人的人格因素、家庭因素、社会因素等边际事实，最大限度还原案件事实真相。二是理性接受案件事实不等于客观真相的司法现实。受司法资源、科学技术、办案时间等因素的制约，查明的案件事实只能接近但不能等同于客观真相，必须根据案件裁判的需要确定查明案件事实的范围及程度。首先，根据案件性质与社会影响，不同案件区别对待。对于性质恶劣、后果严重、社会影响大的案件，特别是黑恶势力犯罪案件，要查清所有影响定罪量刑的事实、情节，即使是边际事实，也必须查清。其次，根据影响定罪量刑的重要程度，不同事实区别对待。对于犯罪人、主观罪过、犯罪手段、危害后果等基本犯罪构成事实，必须全部查清，缺一不可。对于犯罪人的家庭因素、社会背景等边际事实，尽力查清，确实无法查清的，也要根据查明的事实作出裁判。三是守牢案件事实是证据事实的坚定立场。坚持证据裁判原则，以确实、充分的证据认定案件事实。其一，案件事实必须有证据证明。凡认定为案件事实的，不论是基本事实还是边际事实，均需有确实、充分的证据予以证明。反之，只要证据中没有出现的内容，无论法官凭借个人的感觉如何确信，都不能确定为案件事实。如对于黑恶势力犯罪中涉及杀害女性的犯罪，无论是否有性侵动机，只要没有证据予以证实，均不能凭主观推测认定为性侵犯罪。其二，案件事实内容必须包含在证据证明内容之中。凡认定为案件事实的内容，都要在证人证言、书证、物证、鉴定意见等证据中找到确切的对应内容，而且，案件事实范围只能小于等于而不能大于证据证明范围。如对于多名被告人持刀施害致人死亡案件，多个证人对某一被告人持刀捅刺被害人的刀数证言不完全一致，有的证实一刀、有的证实两刀或多刀，则只能根据证人证言中相互印证的最大公约数认定该被告人捅刺被害人，而不能认定具体刀数。

其次，建立理性务实的程序思维。程序是刑事司法的规范保障，应当慎重对待和理性把握刑事司法的程序要求。一是始终坚持诉讼程序服务保障实体公正。程序因实体需要而产生、存在和发展，离开了实体，程序就成了空中楼阁。在程序运用上，必须以服务保障确定证据效力、查明案件事实、明确罪责为目的，做到用之有益，用之有度。具体而言，要重点把握好三个关键环节。其一，准确把握庭前会议程序的适用，既要解决程序性问题，也要区别案件繁简程度，做好证据开示等工作。对于证据较多，当事人争议较大的案件，要在庭前会议中充分进行证据开示，而对于证据较少、争议不大的案件，庭前会议可以不进行证据开示。其二，准确把握法庭庭审的重点和方法。要充分进行法庭调查、法庭辩论，确保实现查明证据、认定事实、分清责任、确定性质、明确刑罚的庭审实质化功能。特别是，对于涉案财产较多的涉黑恶犯罪案件，要在法庭审理中对涉案财产的性质、来源、价值、归属、处置等进行充分调查、辩论，为准确作出裁判处置打下坚实的基础。其三，准确把握非法证据排除的适用条件。要根据申请人提交的非法取证线索和材料，结合申请排除的证据对于认定案件事实的重要程度，决定是否启动排非调查程序。如对于被告人否认犯罪事实的供述，不论被告人或辩护人是否提供被刑讯逼供的材料或线索，均不需要启动排非调查程序，因为被告人的供述不是证明其犯罪事实的证据。二是始终坚持诉讼程序服务保障司法人员正当履职。要以严格的诉讼程序为司法人员履职提供刚性约束。司法人员的全部诉讼活动，从案件侦查、审查起诉到法院受理、庭前会议、法庭调查、法庭辩论、合议庭评议、审判委员会讨论、裁判文书作出与送达，都要按照程序法律规定依法进行，任何逾越程序法律的行为，都会导致程序违法而影响案件的公正处理。如认定事实的证据没有经过法庭质证，就会因违反程序规定而导致案件被上级法院发回重审。三是始终坚持诉讼程序服务保障司法公信。其一，要充分保障当事人诉讼权利。法律赋予当事人的辩护权、回避权、申请调查取证权、举证质证权、申请重新鉴定权、上诉权等所有诉讼权利必须全部保障到位，这既是人权保障的基本要求，也是增强当事人抗辩能力、防范冤错案件发生的重要途径。其二，要耐心倾听当事人的诉求。不论当事人的诉求是否合理合法，语言表达是否规范，都要让其充分发表意见，适度容许其进行情绪宣泄，宽容对待当事人，增进当事人对法官的信任、对裁判的信服。其三，要充分保障人民群众的旁听权利。公开审判的案件应当依法提前向社会公告开庭时间，并为旁听群众提供必要的便利。对于公众关注度高、社会影响大的案件，邀请人大代表、政协委员、专家学者、群众代表等旁听案件审理，主动接受社会监督，拉近社会公众与法院法官的距离，让人民公众直观感受到司法的威严与公正。

再次，建立勇毅果敢的责任思维。责任是刑事司法人员的职责担当，应当充分认识、准确把握刑事司法的使命任务。一是要把实现最佳政治效果作为首要责任。刑事司法是社会治理的重要手段，要以高度的政治责任感，把维护国家政治安全、确保社会大局稳定、促进社会公平正义、保障人民安居乐业作为刑事审判的出发点和落脚点。首先，要认真贯彻落实刑事政策。刑事政策既是刑事法律制定的依据，也是刑事司法中解释法律、适用法律的遵循。要根据不同地区、不同时期的社会治理需要和刑事犯罪的整体态势，结合具体犯罪的实际危害和犯罪人主观恶性等不同情况，确定从宽与从严的对象，把握从重与从轻的情节，实现打击和孤立极少数，教育、感化、挽救大多数的刑罚目的。其次，要认真贯彻落实中央关于保护企业家精神、保护产权、保障市场活力的工作要求。审慎办理黑恶势力犯罪案件，做到不以刑事手段插手、干预经济活动，坚决防止把经济纠纷当作刑事犯罪、将民事责任变为刑事责任。对于刑民交叉案件的处理，以最高人民法院再审张某中、顾某军案件的裁判精神为指导，综合考量时代背景、经济政策、经济活动特点，以及案涉纠纷对于国家或地区经济发展的影响等因素，坚持刑罚谦抑性原则，非必要不适用刑罚。对于当事人之间发生的经济纠纷，能够通过民事诉讼途径解决的，一般不认定为犯罪，最大限度把刑罚手段排除在民事纠纷解决手段之外。对历史形成的涉产权冤错案件，坚决依法纠正。二是把实现最佳法律效果作为基本职业责任。把刑事案件办成经得起法律和历史检验的铁案，是刑事司法人员的职业生命线。要恪守法律底线，坚持证据裁判、罪刑法定、罪责刑相适应等原则，做到依法公正裁判。首先，要严格证明标准，确保认定案件的证据合法有效，全部证据形成完整的证明体系，达到确实、充分、排除合理怀疑的证明标准。特别是，要不为证据之外的因素干扰，避免离开证据的"内心确信"。其次，要坚持疑罪从无。对证据达不到确实、充分标准，存在无法排除的合理怀疑的，要坚决作出无罪判决。同时，要正确对待证据的矛盾和瑕疵，结合案件发生的时空条件、地域环境、特点规律、社会现实，审查证据是否存在无法解释的矛盾和无法弥补的瑕疵，不能将证据瑕疵放大为对事实认定的合理怀疑。再次，要保持法治定力。在办理社会影响大、社会舆论存在不同声音的案件时，要保持职业定力，坚持法定标准，依法应当判处重刑的，坚决判处重刑，捍卫法律尊严。三是把实现最佳社会效果作为应尽的社会责任。刑事审判不仅要实现对犯罪分子的刑罚处罚，而且要通过案件裁判，为全社会宣示行为规则，教育警示有违法犯罪企图的人悬崖勒马。要以公正裁判维护和弘扬社会主义核心价值观，准确把握国情社情民情，对涉及人伦道德、风俗习惯等因素的案件，要尊重人民群众朴素情感，兼顾国法、天理与人情，使司法裁判接地气、近人情、得民心，以公正裁判维护和弘扬社会主义核心价值观。同时，要做好裁判文书说理。综合运用专业性法律语言与社会化语言，论透法理，阐明事理，讲清情理，既保持必要的严肃性，也讲求适度的通俗性，尽可能在释法说理中，阐明社会生活的一般规则与原理，敢于作出具有引领性、示范性的判决，充分发挥司法裁判对社会公众的教育引导功能。

2023 年 5 月 19 日

附　件

附件 1

黑社会性质组织的司法认定方法 ①

根据我国《刑法》及相关司法解释、规范性文件的规定，黑社会性质组织的认定，应当坚持以下标准和方法。

一、黑社会性质组织基本特征的认定

1.【组织特征的认定】认定黑社会性质组织的组织特征应重点把握以下要素：

（1）组织萌芽、形成、发展脉络清晰，组织成立或形成时间明确。

（2）具有较为稳定的组织结构，并有比较明确的层级。一般有组织者、领导者，积极参加者和一般参加者三个层级。积极参加者中有骨干成员。

（3）人数较多。组织成员一般要达到 10 人以上，特殊情况下可以少于 10 人，但少于 7 人时应当特别慎重。

（4）具有一定的存在、发展时间。存续时间一般要达到 1 年以上，达不到 1 年的应当特别慎重。

（5）具有成文或不成文的组织纪律、活动规约。

2.【组织成立或形成的方式和时间】根据下列情形分别认定：

（1）举行成立仪式或者进行类似活动的，以举行成立仪式或者进行类似活动作为成立方式，仪式或活动举行时间为成立时间。

（2）未举行成立仪式或者进行类似活动的，有足以反映其初步形成核

---

① 本书根据法律法规、司法解释、规范性文件的规定，结合黑社会性质组织特征要素的研究成果，总结提出黑社会性质组织的一般认定方法。

心利益 ① 或强势地位 ② 等非法影响的重大事件的，以该重大事件为标志性事件，以该事件发生时间为形成时间。

（3）没有明显标志性事件的，以组织者、领导者与其他组织成员首次共同实施黑社会性质组织犯罪活动作为组织形成方式，以该活动发生时间为组织形成时间。

三种方式具备其中一种即可认定黑社会性质组织的成立或形成。三种方式按照从（1）到（3）的顺序依次适用，排序在前的优先适用。

3.【组织者、领导者的认定】组织者、领导者应当根据在黑社会性质组织中的地位、作用予以认定。

（1）发起、创建黑社会性质组织的，或者对黑社会性质组织进行合并、分立、重组的，是黑社会性质组织的组织者。

（2）实际对整个黑社会性质组织的发展、运行、活动进行决策、指挥、协调、管理的，是黑社会性质组织的领导者。

（3）黑社会性质组织的组织者、领导者，既包括通过一定形式产生的有明确职务、称呼的组织者、领导者，也包括在黑社会性质组织中被公认的事实上的组织者、领导者。

（4）组织者、领导者因未到案或者因死亡等法定情形未被起诉的，不影响其组织成员及组织身份的认定。

（5）黑社会性质组织的组织者可以同时是领导者，但领导者不一定是组织者。

4.【黑社会性质组织成员的认定】组织成员的认定需要从主观认识、主观意愿、客观行为等方面综合评判。

（1）知道或者应当知道是以实施违法犯罪为基本活动内容的组织，仍

---

①足以反映初步形成核心利益的标志性事件，一般是指初步形成较稳定获利来源的重大事件，如为涉足某一谋利行业而成立公司、企业等经济实体。

②足以反映初步形成强势地位的标志性事件，一般是指在一定区域或者行业内逞强争霸、排除竞争对手过程中实施的具有"一战成名"重大非法影响的违法犯罪活动。

然加入并接受组织领导和管理的，应当认定为组织成员。

（2）下列人员不应认定为黑社会性质组织成员：

① 没有加入黑社会性质组织的意愿，受雇到黑社会性质组织开办的公司、企业、社团工作，未参与黑社会性质组织违法犯罪活动的人员。

② 因临时被纠集、雇佣或受蒙蔽为黑社会性质组织实施违法犯罪活动或者提供帮助、支持、服务的人员。

③ 为维护或者扩大自身利益而临时雇佣、收买、利用黑社会性质组织实施违法犯罪活动的人员。

（3）黑社会性质组织成员既包括有充分证据证明但尚未归案的组织成员，也包括虽有参加黑社会性质组织行为但尚未达到刑事责任年龄或因其他法定情形而未被起诉，或者根据具体情节不作为犯罪处理的组织成员。

（简称：未归案、未起诉、未达刑责年龄、未作犯罪处理等"四未"人员）

5.【积极参加者的认定】有下列情形之一的，为黑社会性质组织的积极参加者：

（1）多次积极参与黑社会性质组织的违法犯罪活动。

（2）积极参与较严重的黑社会性质组织的犯罪活动且作用突出。

（积极参与、较严重的犯罪活动、作用突出三要素同时具备）

（3）其他在组织中起重要作用的人员，如主管黑社会性质组织的财务、人员管理等事项的人员。

（主管组织的财务而非经营性公司、企业的财务，主管组织的人员而非经营性公司、企业的人员）

6.【骨干成员的认定】黑社会性质组织的骨干成员，是积极参加者中作用更大的人员。包括以下人员：

（1）直接听命于组织者、领导者，并多次指挥或积极参与实施有组织的违法犯罪活动的黑社会性质组织成员。

（2）其他长时间在犯罪组织中起重要作用的黑社会性质组织成员。

7.【组织纪律、活动规约的认定】黑社会性质组织的组织纪律、活动规约包括成文或不成文的规定、约定、惯例、准则等。

组织纪律、活动规约的认定应结合制定、形成相关纪律、规约的目的与意图进行综合审查判断。

凡是为了增强实施违法犯罪活动的组织性、隐蔽性而制定或者自发形成，并用以明确组织内部人员管理、职责分工、行为规范、利益分配、行动准则等事项的成文或不成文的规定、约定、惯例、准则等，均可认定为黑社会性质组织的组织纪律、活动规约。

二、黑社会性质组织经济特征的认定

8.【经济特征的认定】认定黑社会性质组织的经济特征应重点审查以下要素：

（1）有组织地通过非法或者合法方式获取经济利益。

（2）所获经济利益达到一定的规模，具有一定的经济实力。

（3）所获经济利益用于组织实施违法犯罪活动或者维系犯罪组织的生存、发展。

9.【经济利益的获取方式】下列情形，可以认定为有组织地通过非法或者合法方式获取经济利益：

（1）有组织地通过违法犯罪活动或其他不正当手段聚敛钱财。

（2）有组织地以投资、控股、参股、合伙等方式通过合法的生产、经营活动获取经济收益。

（3）由组织成员提供或通过其他单位、组织、个人资助取得钱财。

10.【经济实力的认定】经济实力应当从经济利益的来源、规模等方面综合认定。

（1）通过上述方式获得一定数量的经济利益，应当认定为"具有一定的经济实力"，同时也包括调动一定规模的经济资源用以支持该组织活动的能力。

通过上述方式获取的经济利益，即使是由部分组织成员个人掌控，也应计入黑社会性质组织的"经济实力"。

组织成员主动将个人或者家庭资产中的一部分用于支持该组织活动，其个人或者家庭资产可全部计入"一定的经济实力"，但数额明显较小或者仅提供动产、不动产使用权的除外。

（2）"经济实力"的规模，根据不同地区、不同行业的经济发展水平、利润空间等因素综合考量，应当达到足以支撑黑社会性质组织生存、发展和满足实施违法犯罪活动需要的程度。经济实力的具体数额一般不少于20万元，少于20万元的，认定达到经济实力要求应特别慎重。

11.【经济利益的用途】黑社会性质组织的经济利益用于实施违法犯罪活动或者维系黑社会性质组织的存在、运行、发展。

黑社会性质组织所获经济利益部分或全部用于违法犯罪活动或者维系犯罪组织的生存、发展，一般是指购买作案工具、提供作案经费，为受伤、死亡的组织成员提供医疗费、丧葬费，为组织成员及其家属提供工资、奖励、福利、生活费用，为组织寻求非法保护以及其他与实施有组织的违法犯罪活动有关的费用支出等。

无论所获经济利益的分配与使用形式如何变化，只要在客观上能够起到豢养组织成员、维系组织稳定、壮大组织势力的作用，即可认定符合黑社会性质组织经济利益的用途。

三、黑社会性质组织行为特征的认定

12.【行为特征的认定】黑社会性质组织的行为特征应当从行为主体、行为手段、行为后果等方面综合认定。

13.【行为手段的认定】黑社会性质组织的行为手段包括暴力、威胁和其他手段。

（1）暴力是黑社会性质组织实施违法犯罪活动的主要手段，而且暴力之外的手段均以暴力手段的存在为前提和基础。

（2）威胁、"软暴力"等非暴力可以作为黑社会性质组织实施违法犯罪

活动的手段，但暴力或以暴力相威胁始终是黑社会性质组织实施违法犯罪活动的基本手段，并随时可能付诸实施。

（3）暴力是黑社会性质组织犯罪的主要和必要手段，威胁、"软暴力"等非暴力手段是次要或辅助手段，仅有非暴力手段认定符合黑社会性质组织的行为特征应特别慎重。

14.【行为组织性的认定】行为的组织性是指黑社会性质组织为确立、维护、扩大组织的势力、影响、利益或者按照纪律规约、组织惯例实施违法犯罪活动。主要包括以下情形：

（1）为组织争夺势力范围、打击竞争对手、形成强势地位、谋取经济利益、树立非法权威、扩大非法影响、寻求非法保护、增强犯罪能力等实施的。

（2）按照组织的纪律规约、组织惯例实施的。

组织者、领导者明知组织成员曾多次实施起因、性质类似的犯罪活动，未明确予以禁止的，如果该类行为对扩大组织影响起到一定作用，可视为按照组织惯例实施的违法犯罪行为。

（3）组织者、领导者直接组织、策划、指挥、参与实施的。

（4）由组织成员以组织名义实施，并得到组织者、领导者认可或者默许的。

（5）多名组织成员为逞强争霸、插手纠纷、报复他人、替人行凶、非法敛财而共同实施，并得到组织者、领导者认可或者默许的。

（6）其他应当认定为黑社会性质组织实施的。

15.【"为非作恶，欺压、残害群众"的认定】"为非作恶，欺压、残害群众"是指侵犯不特定多人的人身权利、民主权利、财产权利，破坏经济、社会生活秩序。

（1）违法犯罪活动侵犯的对象不特定，并且要达到多人的数量标准。

（2）违法犯罪活动侵犯的直接法益是被害人的人身权利、民主权利、财产权利。

（3）违法犯罪活动侵害的间接法益是包括被害人在内的一定区域或一

定行业中不特定多人的生产、生活秩序，造成经济、社会秩序的破坏。

（4）违法犯罪手段具有多样性，一般为多行为多罪名，仅触犯少量具体罪名的，要结合其他特征综合判断是否符合行为特征要求。

（5）违法犯罪活动具有多次性。犯罪活动一般要达到多次的标准，仅多次实施违法活动，犯罪活动达不到多次的，一般不认定符合行为特征要求。

四、黑社会性质组织危害性特征的认定

16.【危害性特征的认定】黑社会性质组织的社会危害性表现为称霸一方，在一定区域或者行业内，形成非法控制或者重大影响，严重破坏经济、社会生活秩序。

17.【一定区域的认定】黑社会性质组织所控制和影响的"一定区域"，应当具备一定物理空间，并承载一定的社会功能。

"一定区域"既包括一定数量的自然人共同居住、生活的区域，如乡镇、街道、较大的村庄等，也包括承载一定生产、经营或社会公共服务功能的区域，如矿山、工地、市场、车站、码头等。

应当结合一定地域范围内的人口数量、流量、经济规模等因素综合评判。如果涉案犯罪组织的控制和影响仅存在于一座酒店、一处娱乐会所等空间范围有限的场所或者人口数量、流量、经济规模较小的其他区域，一般不认定符合黑社会性质组织控制或影响的"一定区域"范围。

18.【一定行业的认定】黑社会性质组织所控制和影响的"一定行业"，是指在一定区域内存在的同类生产、经营活动，既包括合法行业，也包括非法行业，这些行业一般涉及生产、流通、交换、消费等一个或多个市场环节。

黑社会性质组织通过多次有组织地实施违法犯罪活动，对黄、赌、毒等非法行业形成非法控制或重大影响的，同样符合危害性特征的要求。

19.【称霸一方的认定】"称霸一方"是指黑社会性质组织在一定区域或一定行业内树立了非法权威，形成了强势地位，对该区域或行业内的群众

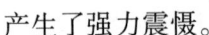

产生了强力震慑。

20.【非法控制或重大影响的认定】形成非法控制或重大影响是指通过实施违法犯罪活动，或者利用国家工作人员的包庇或者不依法履行职责，放纵黑社会性质组织进行违法犯罪活动的行为，致使黑社会性质组织称霸一方，严重破坏正常的生产、经营、生活秩序，形成了黑社会性质组织控制、管理的非法秩序。

称霸一方，并具有以下情形之一的，可认定"在一定区域或者行业内，形成非法控制或者重大影响，严重破坏经济、社会生活秩序"：

（1）致使在一定区域内生活或者在一定行业内从事生产、经营的多名群众，合法利益遭受犯罪或严重违法活动侵害后，不敢通过正当途径举报、控告的。

（2）对一定行业的生产、经营形成垄断，或者对涉及一定行业的准入、经营、竞争等经济活动形成重要影响的。

"形成垄断"，是指可以操控、左右、决定与一定行业相关的准入、退出、经营、竞争等经济活动；"形成重要影响"，是指对与一定行业相关的准入、退出、经营、竞争等经济活动具有较大的干预和影响能力，或者具有在该行业内占有较大市场份额、通过违法犯罪活动或其他不正当手段在该行业内敛财数额巨大（20万元以上），给该行业内从事生产、经营活动的其他单位、组织、个人造成直接经济损失100万元以上等情节之一的。

（3）插手民间纠纷、经济纠纷，在相关区域或者行业内造成严重影响的。

（4）干扰、破坏他人正常生产、经营、生活，并在相关区域或者行业内造成严重影响的。

（5）干扰、破坏公司、企业、事业单位及社会团体的正常生产、经营、工作秩序，在相关区域、行业内造成严重影响，或者致使其不能正常生产、经营、工作的。

上述（3）（4）（5）中"造成严重影响"，是指具有致人重伤或致多人轻伤、通过违法犯罪活动或其他不正当手段在该行业内敛财数额巨大（20万元以上）、造成直接经济损失100万元以上、多次引发群体性事件或引发大规模群体性事件等情节之一。

（6）多次干扰、破坏党和国家机关、行业管理部门以及村委会、居委会等基层群众自治组织的工作秩序，或者致使上述单位、组织的职能不能正常行使的。

"多次干扰、破坏党和国家机关、行业管理部门及村委会、居委会等基层自治组织的工作秩序"，包括以拉拢、收买、威胁等手段多次得到国家机关工作人员包庇或纵容，或者多次对前述单位、组织中正常履行职务的工作人员进行打击、报复的情形。

（7）利用组织的势力、影响，帮助组织成员或他人获取政治地位，或者在党政机关、基层群众自治组织中担任一定职务的。

（8）其他形成非法控制或者重大影响，严重破坏经济、社会生活秩序的情形。

在黑社会性质组织犯罪案件中，上述八种情形一般不会单独存在，往往是两种以上的情形同时并存、相互交织。审查判断时，应当对上述八种情形分别对照审查，综合评判是否达到严重破坏经济、社会生活秩序的程度。

五、黑社会性质组织四个特征的整体把握

21.【基本要求】黑社会性质组织应同时具备《刑法》第294条第5款规定的"组织特征""经济特征""行为特征"和"危害性特征"。

22.【具体要求】由于实践中许多黑社会性质组织的"四个特征"并非都很明显，审查评判时，应根据立法本意，认真审查、分析黑社会性质组织"四个特征"相互间的内在联系，准确评价涉案犯罪组织所造成的社会危害，做到不枉不纵。

"四个特征"中其他构成要素均已具备，仅在成员人数、经济实力规模方面未达到一般性要求，但已较为接近，且在危害性特征方面同时具有上述八种情形中的多种情形，其中至少有一种情形已明显超出认定标准的，可以认定为黑社会性质组织。

23.【稳定要求】黑社会性质组织的认定，既要坚持法律、政策规定的一般标准，也要兼顾不同时期、不同地区经济、社会生活的特定状况和社会治理的特定需要。不同时期、不同地区由于经济、社会生活状况不同，认定标准可以有所不同，但在同一时期、同一地区内，黑社会性质组织的认定标准应当保持相对稳定，确保办理黑社会性质组织案件实现政治效果、法律效果和社会效果的统一。

附件 2

黑恶势力组织犯罪案件涉案财产的司法处置 ①

　　根据《刑法》《刑事诉讼法》《反有组织犯罪法》《最高人民法院关于适用〈中华人民共和国刑事诉讼法〉的解释》及《最高人民法院、最高人民检察院、公安部、司法部关于办理黑恶势力刑事案件中财产处置若干问题的意见》等法律、司法解释、规范性文件的规定，对有组织犯罪刑事案件中的涉案财产处置，应当把握以下标准和方法。

一、涉案财产的范围

　　1.涉有组织犯罪案件财产的时间起点

　　黑恶势力的成立（形成）时间是认定涉案财产的起始点。组织成立前的财产，包括组织成员及相关经济实体的财产，除用于支持组织活动的以外，不应认定为黑恶势力组织犯罪的涉案财产。

　　2.涉案财产的类型

　　（1）黑恶势力组织的财产，包括违法所得、支持组织活动的财产与合法财产。

　　（2）企业法人财产与股东个人财产，包括黑恶势力控制的企业财产与该企业中所有股东（组织成员及非组织成员）的个人财产，以及组织成员在非黑恶势力控制的企业中所占股份的个人财产。

　　（3）组织成员个人财产与家庭财产，包括组织成员个人所有的财产

---

　　①本书根据法律、司法解释、规范性文件的规定，借鉴各地司法机关的做法，结合自身司法工作体会，总结提出黑恶势力组织犯罪案件涉案财产的基本处置方法。

（包括实际控制的财产与转移至他人名下的财产）和与配偶、父母、子女等家庭成员共有的财产。

对于查封、扣押的银行存款、房产、公司、企业等，应当查清系被告人个人财产还是家庭财产，不能把家庭财产作为组织成员个人财产予以处置。

（4）组织成员之外的第三人财产，包括为支持或者资助黑恶势力组织犯罪活动而提供给黑恶势力组织及其成员的财产、黑恶势力组织成员的家庭财产中实际用于支持黑恶势力组织犯罪活动的部分；利用黑恶势力组织及其成员的违法犯罪活动获得的财产。

（5）孳息与收益。

① 孳息包括天然孳息与法定孳息。

② 收益主要包括以下四种情形：

a.直接收益，如购买彩票中奖所得收益等；

b.用于违法犯罪所产生的收益，如用于赌博、放贷、"套路贷"、贩毒等所产生的收益；

c.投资、置业产生的财产及其收益，如买房、购买股票、开办企业等产生的财产及其收益；

d.利用黑恶势力组织及其成员的违法犯罪活动获得的财产及其孳息、收益。

二、涉案财产的处置

3.基本要求

对涉案财产中黑恶势力组织及其成员违法所得的一切财物及其孳息、收益，违禁品和供犯罪所用的本人财物或等值财产，以及为支持或者资助黑恶势力组织犯罪活动而提供给黑恶势力组织及其成员的财产、黑恶势力组织成员的家庭财产中实际用于支持黑恶势力组织犯罪活动的部分、利用黑恶势力组织及其成员的违法犯罪活动获得的财产及其孳息、收益，依法予以追缴、没收或者责令退赔；对被害人的合法财产，以及其他确与黑恶势力组织及其违法犯罪活动无关的财产，依法予以返还。

4. 依法追缴、没收的财产

（1）黑恶势力组织及其成员通过违法犯罪活动或者其他不正当手段聚敛的财产及其孳息、收益。

（2）黑恶势力组织成员通过个人实施违法犯罪活动聚敛的财产及其孳息、收益。

（3）其他单位、组织、个人为支持或者资助黑恶势力组织犯罪活动提供给黑恶势力组织及其成员的财产，以及支持、资助黑恶势力组织犯罪活动所获得的收益。

（4）黑恶势力组织及其成员通过合法的生产、经营活动获取的财产或者组织成员个人、家庭合法财产中实际用于支持该组织活动的部分，以及支持黑恶势力组织活动获得的收益。

"实际用于支持该组织活动"是指合法财产用于组织非法活动和豢养组织成员、维护组织稳定、壮大组织势力的活动。

合法财产只有实际用于支持组织活动的，才予以追缴、没收，不得因合法财产中部分财产用于支持组织活动而追缴、没收全部合法财产。

（5）黑恶势力组织成员非法持有的违禁品以及供犯罪所用的本人财物。

供犯罪所用的本人财物限于本人所有的财物，对于犯罪嫌疑人、被告人占有他人财物用于犯罪的，无论是合法占有还是非法占有，都不属于本人财物，不应追缴、没收。

（6）企业、单位、组织、个人利用黑恶势力组织及其成员违法犯罪活动获取的财产及其孳息、收益。

5. 追缴、没收财产的证明标准

（1）一般证明标准

证明涉案财产来源、性质、用途、权属、价值、状态等情况的证据要达到确实、充分的标准。一般要具有以下证据：

① 犯罪嫌疑人、被告人关于财产来源、性质、用途、权属、价值的

供述。

②被害人、证人关于财产来源、性质、用途、权属、价值的陈述、证言。

③财产购买凭证、银行往来凭据、资金注入凭据、权属证明等书证。

④财产价格鉴定、评估意见。

⑤可以证明财产来源、性质、用途、权属、价值的其他证据。

（2）高度可能的证明标准

有证据证明涉案财产高度可能系黑社会性质组织犯罪的被告人在实施黑社会性质组织犯罪期间的违法所得及其孳息、收益，被告人不能说明财产合法来源的，可以认定该财产系被告人黑社会性质组织犯罪所得及其孳息、收益。

指控方提供的证据能够证明涉案财产获得时间是被告人实施黑社会性质组织犯罪期间，以及涉案财产可能系违法所得及其孳息、收益，被告人不能提供证据或证据线索证明财产来源合法，可以认定达到"高度可能"的证明标准。

（3）特殊事项或情形的证明标准。对以下事项或情形，可以根据在案证据认定财产数额及来源、价值、用途等事项。

①黑恶势力组织及其成员在具体违法犯罪活动中的违法所得数额，如确因客观条件限制或被告人故意隐匿、毁灭证据等无法准确认定的，可结合已收集的被害人陈述、证人证言等言词证据和依法收集并查证属实的书面合同、银行账户交易记录、交易凭证、账本、审计报告、电子数据等综合分析予以认定。一般应坚持有利于被告人原则，数额认定就低不就高。

②涉案财产的来源、价值、用途等无客观证据证明，但被告人供认，且有资金流向等书证、证人证言、被害人陈述、同案被告人供述等证据印证的，可以根据上述证据综合分析予以认定。

③涉案财产的来源、价值、用途等无客观证据证明，且被告人不供认的，可以根据银行账户交易记录等书证、证人证言、被害人陈述、同案被告人供述等证据，综合分析予以认定。

（4）认定要求

认定黑恶势力组织犯罪案件的涉案财产，应当区别不同情况适用不同的证明标准。根据在案证据不能认定涉案财产为黑恶势力组织及其成员财产的，依法不予认定，不予追缴、没收。

6.依法返还的财产

（1）被害人的合法财产

被害人的合法财产指被告人实施违法犯罪活动直接侵害的财产。只要有证据证明确属被害人的合法财产，就应当依法返还。返还的财物包括金钱和物品。物品，既包括种类物，也包括特定物；既包括动产，也包括不动产。除现金外，一般应返还原物。房屋等不动产，除被他人善意取得外，应当予以返还。

（2）被告人的合法财产

有证据证明确与黑恶势力组织及其违法犯罪活动无关的被告人合法财产，依法予以返还。

（3）案外人（利害关系人）的合法财产

有证据证明确与黑恶势力组织及其违法犯罪活动无关的案外人（利害关系人）财产，应当依法返还。

案外人（利害关系人）对于侦查机关、检察机关查封、扣押、冻结的财产，如果认为是自己的合法财产，可以向侦查机关、检察机关提出书面异议，侦查机关、检察机关应当对案外人异议进行审查，并提出处理意见。移送审查起诉时未提出处理意见的，法院审理中应当听取检察机关的处理意见。

对提出异议的利害关系人，法院审理中应当通知其参加庭前会议，不参加庭前会议的，应当询问其意见并记录在案。利害关系人应当在庭前会议召开之前向法院提交书面意见，并提供支持其主张的相应证据材料，已向侦查机关、检察机关提交的，可不再提交。庭前会议对利害关系人异议仍未解决的，可以通知其旁听庭审。

对于案外人（利害关系人）的主张，应当在庭前会议中经过各方发表意见、展示证据后，作出其主张是否成立的结论。不能作出确定结论的，案外人（利害关系人）旁听庭审后，仍可以提出自己的意见，法院综合各方意见和证据，在裁判前作出决定并告知利害关系人。

案外人（利害关系人）仍有异议的，告知其可以另行提起民事诉讼。

三、关于经营性财产的托管与代管

7. 基本要求。对于不宜查封、扣押、冻结的经营性财产，公安机关、人民检察院、人民法院可以申请当地政府指定有关部门或者委托有关机构代管或者托管。

8. 政府指定政府部门自行管理为代管，委托有关机构管理为托管。代管、托管的目的是防止财产被恶意转移或流失，最大限度减少案件办理对企业合法生产经营的影响。

9. 代管、托管的对象是经营性财产，而不是企业本身。代管、托管实质上是一种监督，监督该财产正常用于生产经营，而不被恶意转移、不发生流失。

代管、托管不干预企业的生产经营活动，但是，当经营主体存在转移财产、虚增支出、虚构债务等损害企业财产权益行为时，可以接管企业公章、法定代表人印章、财务专用章、合同专用章、相关财务文件，并将上述事宜通报申请代管、托管的政法单位，依法追究相关人员责任。

10. 企业实际控制人、法人代表涉嫌犯罪不当然否认企业法人资格，犯罪嫌疑人不因涉嫌犯罪自然失去法人代表资格。不适合继续担任法人代表时，应依据《公司法》及公司章程规定，通过召开股东会议等法定程序予以变更。在这一过程中，代管、托管人可以监督推动，但无权主导或直接更换。

四、对不宜保存或易贬值物品的先行处置

11.基本要求。对易损毁、灭失、变质等不宜长期保存的物品，易贬值的汽车、船艇等物品，有效期即将届满的汇票、本票、支票等，以及经权利人申请，出售不损害国家利益、被害人利益，不影响诉讼正常进行的债券、股票、基金份额等财产，经县级以上公安机关、人民检察院或者人民法院主要负责人批准，可以依法先行出售、变现或者变卖、拍卖，所得价款由扣押、冻结机关保管，并及时告知当事人或者其近亲属。

除债券、股票、基金份额等财产的先行处置需要经权利人申请外，其他财产的先行处置不受权利人申请或同意的限制。

12.权利人既包括所有权人、抵押权人和质押权人，还包括债权人。凡是对该物品享有物权、债权的人均为权利人，含自然人和法人。

13.债券、股票、基金份额等财产的权利人为多人时，一人申请先行处置的，要征得其他权利人的同意。

14.由办案单位发起先行处置的，一般应当征求权利人意见，并记录在案。

五、法院对涉案财物的审查判断与财产刑适用

15.法院审查、裁判的涉案财物，是指在审判阶段随案移送到法院的财物及尚未追缴到案的违法所得。

根据《最高人民法院关于适用〈中华人民共和国刑事诉讼法〉的解释》第444条、第445条的规定，对查封、扣押、冻结的财物及其孳息，应当在判决书中写明名称、金额、数量、存放地点及其处理方式等。对于判决时尚未追缴到案的违法所得，应当判决继续追缴。

16.加强涉案财产事项审查，对检察机关提起公诉时未移送涉案财产清单、涉案财产处理意见以及相关证据的，应当通知检察机关在3日内补充移送，未按期移送的，应当要求其书面说明理由。

17. 做好涉案财产调查和辩论，在庭前会议中组织控辩双方对财产权属、来源、价值等开示证据，发表意见；庭审中设置专门调查环节，对查封、扣押、冻结的涉案财产的来源、性质、用途、权属、价值等进行调查，查明违法所得数额、流向、被害人遭受经济损失的情况、被告人的财产状况等，组织控辩双方举证、质证，并就涉案财产处置组织、引导控辩双方展开辩论，充分听取各方意见。

18. 审理过程中发现黑恶势力组织及其成员可能隐匿、转移财产的，应当及时采取查封、扣押、冻结等措施。

19. 财产刑适用

（1）对于黑社会性质组织的组织者、领导者一般应当并处没收个人全部财产。

（2）对确属骨干成员或为该组织转移、隐匿财产的积极参加者可以并处没收个人全部财产。

（3）对于其他组织成员，应当根据所参与实施的违法犯罪活动的次数、性质、地位、作用、违法所得数额以及造成损失的数额等情节，依法决定财产刑的适用。

（4）对恶势力组织首要分子、重要成员以及在共同犯罪中罪责严重的主犯，所涉罪名依法可以并处财产刑的，一般要并处财产刑。

20. 财产执行

（1）执行主体包括人民法院、公安机关、人民检察院。人民法院负责罚金、没收财产，追缴、责令退赔违法所得，随案移送的赃款赃物、犯罪所用的被告人本人财物等财产的执行；公安机关、人民检察院负责本机关扣押、保管，未随案移送的财物的执行。公安机关、人民检察院负责执行的，人民法院应当在判决生效后 10 日内，将判决书、裁定书送达扣押机关，同时送达执行告知通知书，告知其在 1 个月以内执行完毕并将执行回执单送回，到期不送回的，应当说明原因。

（2）罚金、没收财产的执行。罚金在判决规定的期限内一次或者分期缴纳。期满无故不缴纳或者未足额缴纳的，应当强制缴纳。经强制缴纳仍不能全部缴纳的，在任何时候，包括主刑执行完毕后，发现被执行人有可供执行的财产的，应当追缴。

判处没收财产的，判决生效后，应当立即执行。判处没收个人全部财产的，应当查明被执行人的全部财产，发现被执行人的财产有被隐匿、转移等情形的，应当依法及时追缴，并对隐匿、转移人依法追究责任。

（3）民事赔偿与财产刑并存时的执行。坚持民事赔偿优先，被告人被判处财产刑，同时又被判决承担民事赔偿责任的，应当先执行民事赔偿，后执行财产刑。

（4）相关人员的人文关怀。执行财产刑，应当为被执行人及其所扶养的人保留生活必需费用。保留费用的标准，应当参照被执行人、被扶养人住所地政府公布的上年度当地居民最低生活费标准。

附件 3

吴某占等 15 名被告人黑社会性质组织案 ①
——黑社会性质组织的认定标准和方法

【关键词】

黑社会性质组织的特征　认定标准　认定方法

【裁判要旨】

黑社会性质组织必须具备"组织特征""经济特征""行为特征"和"危害性特征"四个特征，而且，每个特征都有特定的认定标准，具有独特的地位作用。只有准确把握每个特征的标准与地位，坚持依法、实质、稳定原则，对四个特征进行综合评价，才能准确认定黑社会性质组织。

【案件索引】

一审：（2017）鲁 1502 刑初 454 号

二审：（2018）鲁 15 刑终 90 号

【基本案情】

被告人吴某占、赵某荣、李某、郭某林、郭某刚、吴某磊、林某、吴某艳、杜某岗、吴某志、张某、严某军、程某贺、张某森、么某行。

聊城市人民检察院指控被告人吴某占、赵某荣、李某、郭某林、郭某

---

① 该案例分析获全国法院系统 2019 年度优秀案例分析评选活动一等奖，2019 年在《人民司法》第 14 期发表，2020 年 11 月 9 日作为参考性案例收入最高人民法院刑事审判第一、二、三、四、五庭主办的《刑事审判参考》第 123 集。

刚、吴某磊、林某、吴某艳、杜某岗、吴某志、张某、严某军、程某贺、张某森、么某行犯组织、领导、参加黑社会性质组织罪，强迫交易罪，故意毁坏财物罪，破坏公用电信设施罪，非法侵入住宅罪，非法拘禁罪，故意伤害罪，强制侮辱妇女罪，强奸罪。

法院经审理查明：

一、组织、领导、参加黑社会性质组织事实

2010年1月4日，被告人吴某占成立冠县泰昌投资有限公司（以下简称泰昌公司），从事高利放贷等业务。2012年7月9日，泰昌公司变更为山东冠县泰和房地产开发有限公司（以下简称泰和公司），从事高利放贷、借用资质投标建设工程等业务。2011年3月至2014年1月，被告人赵某荣、吴某磊、吴某艳、郭某刚（吴某占内弟）、郭某林（吴某占表弟）、吴某志先后到该公司工作。2014年底，被告人吴某占将被告人李某、郭某林、郭某刚、吴某磊、吴某志等人安排到冠县人民医院，组建保安队，李某任保安队队长。2013年至2015年，吴某占拉拢杜某岗、林某、杜某某参加违法犯罪活动。2010年1月至2016年5月，被告人吴某占组织领导被告人赵某荣、李某、郭某林、郭某刚、吴某磊、林某、吴某艳、杜某岗、吴某志，多次实施违法犯罪行为，形成了以被告人吴某占为组织者、领导者，被告人赵某荣、李某为积极参加者，被告人郭某林、郭某刚、吴某志、吴某艳、吴某磊、林某、杜某岗为其他参加者的较稳定的犯罪组织。该犯罪组织，通过高利放贷，获利1300余万元；强迫华丰公司、金诚公司放弃中标工程，使用两公司名义施工，获取工程款1350万余元；通过强行违规建设加油站、违规开发住宅楼和商业街等违法犯罪活动非法牟利，并用牟取的利益向组织成员支付报酬，向因参与违法犯罪活动受伤或死亡的组织成员支付医疗费、子女抚养费等。该组织通过实施上述违法犯罪活动，干扰、破坏他人正常生活生产秩序，破坏公司、企业、国家机关正常生产经营和工作秩序，在冠县东古城镇区域内造成严重影响。

二、被告人吴某占为首的黑社会性质组织实施的具体犯罪

（一）强迫交易事实

1. 2015 年 4 月 15 日，华丰公司中标冠县人民医院东古城分院病房楼建设项目。吴某占等人采用实名举报违法中标，恐吓、威胁华丰公司职工等方式，强迫华丰公司将中标工程转让给吴某占，并强行以华丰公司的名义施工，获取工程款 10938052.97 元。

2. 2015 年 9 月，金诚公司中标冠县人民医院东古城分院医院大门及附属楼建设项目。同年 9 月 29 日 16 时许，被告人吴某占先打电话威胁金诚公司经理程某某，后纠集郭某刚等人到金诚公司对程某某进行恐吓、威胁，迫使该公司退出工程建设，吴某占强行以金诚公司的名义承揽该工程，领取工程款 2564959.04 元。

（二）故意毁坏财物事实

2015 年 8 月 19 日凌晨 2 时许，在吴某占指使下，郭某刚等 4 人将被害人刘某的奥迪 A6 轿车砸坏。经鉴定，车辆损失为 151657 元。

（三）非法侵入住宅事实

2016 年 4 月 1 日，赵某荣为讨要高利放出的贷款带领吴某磊等人强行将被害人于某某住房门锁更换，并安排郭某刚等人轮流入住。同月 13 日上午，吴某占等人雇佣搬家公司将于某某住房内的物品搬出。

（四）非法拘禁事实

2016 年 4 月 14 日 16 时许，赵某荣纠集郭某林等人到被害人苏某某公司讨要非法高利放出的贷款，将苏某某、于某控制在公司办公楼内。为防止二人逃跑，吃饭时派人轮流盯守，吃完饭后催促二人返回一楼接待室。21 时 53 分，杜某某等人陆续进入接待室，杜某某用污秽语言辱骂苏某某、于某及其家人，将烟头弹到苏某某胸前衣服上，将裤子褪至大腿处裸露下体，朝坐在沙发上的苏某某等人转动身体。后脱下于某的鞋让苏某某闻。杜某某还用手拍打于某面颊，其他人员实施了揪抓于某头发等行为。22 时 17 分，民警接到报警到达现场后，于某、苏某某欲随民警离开接待室，被

杜某某等人阻拦。杜某某等人随后卡住于某颈部，将其推拉至接待室东南角，于某持尖刀警告无效后，捅刺杜某某等4人，致使一人（杜某某）死亡，二人重伤二级，一人轻伤二级。后吴某占赶到现场。

（五）强制侮辱妇女、非法拘禁事实

2013年12月，时任东古城镇镇长武某明（另案处理）安排吴某占对持续信访的王某某看管控制。2013年12月9日21时许，在吴某占指使下，杜某某伙同郭某林等人翻墙进入王某某家中，用透明胶带将王某某捆绑，强行将其拘禁至一处废弃的办公室内。其间，杜某某等人采用扇脸、脱王某某衣服、捆王某某双手吊离地面等方式对其进行侮辱、殴打，采取强制方法拍摄王某某裸体视频，后将其带到一片小树林里，以挖坑活埋对其进行恐吓，同年12月12日晚将王某某放回。

（六）故意伤害事实

1. 2014年2月19日，被告人吴某占在开发冠县东古城镇商业街过程中，以郎某某阻挠施工为由，伙同郭某林采用脚踢、扇耳光等方式对郎某某进行殴打，致郎某某轻伤二级。

2. 2015年2月20日16时，在冠县东古城镇水泵厂小区南门，被告人吴某占和杜某某对焦某某将车停放在小区进口处不满，采用拳打脚踢的方式殴打焦某某，致焦某某轻伤二级。

三、吴某占、李某实施的个人犯罪事实

（一）吴某占故意伤害事实

冠县东古城镇张查前东村村民孙某某与吴某占的舅舅因土地产生纠纷。2007年4月10日上午，双方发生争执，吴某占持砍刀将孙某某面部砍伤，致孙某某轻伤二级。

（二）李某强奸事实

2010年6月30日23时许，被告人李某伙同翟某博、吴某超（均另案处理）采用暴力、胁迫手段，先后强行与被害人张某某发生性关系。张某

某逃离宾馆后到公安机关报案。

【裁判结果】

被告人吴某占犯组织、领导黑社会性质组织罪、强制侮辱妇女罪、强迫交易罪、故意毁坏财物罪、非法拘禁罪、故意伤害罪、非法侵入住宅罪，数罪并罚，判处有期徒刑二十五年，并处没收个人全部财产。被告人赵某荣、李某等9名被告人犯参加黑社会性质组织罪、强制侮辱妇女罪、强迫交易罪、故意毁坏财物罪、非法拘禁罪、故意伤害罪、非法侵入住宅罪、强奸罪，数罪并罚，判处二十年至二年八个月不等的有期徒刑，并处相应数额的罚金。被告人张某等5名被告人犯非法拘禁罪，判处二年二个月至二年不等的有期徒刑。

【裁判理由】

法院生效裁判认为，被告人吴某占纠集被告人赵某荣、李某、郭某林、郭某刚、吴某磊、吴某艳、吴某志、林某、杜某岗，长期实施违法犯罪活动，形成以吴某占为组织者、领导者，赵某荣、李某为骨干成员，人数众多的稳定的犯罪组织；通过高利放贷、强迫交易、承揽建筑工程等手段获取巨额经济利益；以暴力、威胁或其他手段，有组织地实施强迫交易、故意毁坏财物、非法侵入住宅、非法拘禁、强制侮辱妇女、故意伤害等违法犯罪活动，为非作恶，称霸一方，欺压群众，在冠县东古城镇区域形成重大影响，严重破坏经济、社会生活秩序。吴某占犯罪组织具备《中华人民共和国刑法》第294条第5款规定的黑社会性质组织的四个特征，依法应当认定为黑社会性质组织。被告人吴某占组织、领导黑社会性质组织，构成组织、领导黑社会性质组织罪，按照黑社会性质组织所犯的全部罪行进行处罚，其同时构成强制侮辱妇女罪、强迫交易罪、故意毁坏财物罪、非法拘禁罪、故意伤害罪、非法侵入住宅罪，应当数罪并罚。被告人赵某荣、李某等9名被告人构成参加黑社会性质组织罪，同时各被告人还参与或单独实施强制侮辱妇女、强迫交易、故意毁坏财物、非法拘禁、故意伤害、

非法侵入住宅、强奸等罪，应当数罪并罚。被告人张某等 5 人构成非法拘
禁罪，依法予以处罚。

【案例评析】

一、黑社会性质组织的基础特征是组织特征

构成黑社会性质组织犯罪的前提和基础是实施犯罪的主体是在《刑法》
上评价为黑社会性质组织的犯罪集团。换言之，黑社会性质组织犯罪的犯
罪主体是多人，该多人构成犯罪集团，该犯罪集团可以在《刑法》上评价
为黑社会性质组织。因此，对黑社会性质组织犯罪的认定，首先要对实施
犯罪的主体进行《刑法》上组织构成性评判。我国《刑法》规定，黑社会
性质组织的组织特征为"形成稳定的犯罪组织，人数较多，有明确的组织
者、领导者，骨干成员基本固定"。据此，黑社会性质组织在组织特征上
要满足三个条件。一是组织成员人数较多。《刑法》上，多指 3 人以上，
"较多"指多少人没有具体的规定或解释，但从语义分析，"较多"要多于
3 人。而且，黑社会性质组织在层级上一般要有 3 个层级，层级之间一般为
金字塔式构造，即越往下人越多，故也要多于 3 人。《2015 年纪要》中提
出，组织成员一般在 10 人以上。《2018 年指导意见》提出，对黑社会性质
组织成员人数问题不宜作出"一刀切"的规定。可见，在人数上，不再以
"10 人"为标准，低于 10 人的也可以认定为黑社会性质组织，但是，对于
人数较少，如 7 人以下的，认定黑社会性质组织应特别慎重。二是组织成
员有明确的层级，一般分为三级，即：组织者、领导者，骨干成员（积极
参加者）和一般参加者（也称"其他参加者"）。根据《2018 年指导意见》，
组织者是发起、创建黑社会性质组织，或者对黑社会性质组织进行合并、
分立、重组的组织成员，领导者是指实际对整个组织的发展、运行、活动
进行决策、指挥、协调、管理的组织成员，在大多数黑社会性质组织中，
组织者也是领导者，只有规模较大的黑社会性质组织，既有组织者，又有

领导者。在外在形式上，黑社会性质组织的组织者、领导者，既包括通过一定形式产生的有明确职务、称谓的组织者、领导者，也包括在黑社会性质组织中被公认的事实上的组织者、领导者。骨干成员，是指直接听命于组织者、领导者，并多次指挥或积极参与实施有组织的违法犯罪活动或者其他长时间在犯罪组织中起重要作用的犯罪分子，是积极参加者中地位更高、作用更大的人员。一般参加者，是指按照组织者、领导者或者骨干成员的安排，实施具体违法犯罪活动的犯罪分子。参加违法犯罪活动的次数可以是一次，也可以是多次，但其地位和作用明显小于骨干成员和积极参加者。三是犯罪组织稳定。所谓"稳定"，是指犯罪组织存续时间较长、主要成员固定。存续时间是指自犯罪组织形成到案发的时间。犯罪组织的形成时间，一般根据犯罪组织举行成立仪式或者进行类似活动的时间来认定。没有上述活动的，可以根据足以反映其初步形成核心利益或强势地位的重大事件发生时间进行认定。没有明显标志性事件的，也可以根据涉案犯罪组织为维护、扩大组织势力、实力、影响、经济基础或按照组织惯例、纪律、活动规约而首次实施有组织的犯罪活动的时间进行认定。司法实践中，犯罪组织举行成立仪式或者进行类似活动的很少，往往以犯罪组织形成过程中的重大事件或首次实施有组织的犯罪活动的时间来确定组织形成时间。在存续时间上，一般应在一年以上，一年以下的，认定黑社会性质组织应特别慎重。主要成员较为固定，是指组织者、领导者和骨干成员、积极参加者在犯罪组织存续期间基本不变，或仅有少数变化。而且，典型的黑社会性质组织还具有成文或不成文的组织纪律、活动规约，有组织纪律、活动规约的，其稳定性更加明显。但是，这一标志不是犯罪组织是否稳定的必要条件，没有组织纪律、活动规约的，不影响犯罪组织稳定性的认定。

本案中，以吴某占为首的犯罪组织成员共10人，以成立泰昌公司为标志，可以认定为自2010年1月4日成立，至案发存续时间长达6年多，可以认定为形成稳定的犯罪组织。被告人吴某占是泰昌公司的负责人，并实际组织实施违法犯罪活动，是该组织的组织者、领导者。被告人赵某荣是泰昌公司会计，并组织实施部分违法犯罪活动；被告人李某负责管理部分组织成员，积极参加违法犯罪活动，二人均为该组织的骨干成员。其他组织成员郭某林、郭某刚、吴某磊、林某、吴某艳、杜某岗、吴某志受吴某占或者赵某荣、李某指使参加部分违法犯罪活动，系一般参加者。因此，以吴某占为首的犯罪组织符合黑社会性质组织的全部条件，应当认定为黑社会性质组织。综上，黑社会性质组织的认定，应当从人数、层级、稳定性三个方面综合分析评判。

二、黑社会性质组织的显性特征是行为特征

犯罪是对行为违法性的评价，离开了行为，则不存在犯罪。黑社会性质组织犯罪也不例外。黑社会性质组织犯罪在犯罪行为上，要求以暴力、威胁或"软暴力"手段，有组织地多次实施违法犯罪活动，形成对人民群众的欺压和残害。"软暴力"是指暴力、威胁色彩虽不明显，但实际是以组织的势力、影响和犯罪能力为依托，以暴力、威胁的现实可能性为基础，足以使他人产生恐惧、恐慌进而形成心理强制或者足以影响、限制人身自由、危及人身财产安全或者影响正常生产、工作、生活的手段，包括但不限于所谓的"谈判""协商""调解"以及滋扰、纠缠、哄闹、聚众造势等手段。本案中，以吴某占为首的黑社会性质组织形成后，在长达6年多的时间内，多次实施强迫交易、故意毁坏财物、非法侵入住宅、非法拘禁、强制侮辱妇女、故意伤害等违法犯罪活动，特别是，对苏某某实施非法拘禁时，杜某某用污言秽语进行辱骂，将烟头弹到苏某某胸前衣服上，向苏某某裸露下体，严重亵渎人伦；对被害人王某某实施的强制侮辱犯罪，采用扇脸、脱王某某衣服、捆住其双手吊离地面等方式对其进行侮辱、殴打，采取强制方法拍摄王某某裸体视频，并将其带到小树林中，以挖坑活埋对其进行恐吓，对王某某的残害令人发指；向于某某讨要高利贷时，实施了更换于某某住房门锁、派人轮流入住、通过中间人进行协商谈判等"软暴力"手段。可见，以吴某占为首的犯罪组织的违法犯罪活动，符合黑社会性质组织的行为特征。综上，黑社会性质组织的最显性特征是行为特征，

既要看犯罪组织实施的犯罪手段、违法犯罪的次数，还要看该组织违法犯罪活动对当地群众的危害程度。

三、黑社会性质组织的核心特征是经济特征

黑社会性质组织是犯罪集团的高级形态，具有特定的犯罪目的。一般而言，黑社会性质组织的犯罪目的是追求经济利益，犯罪分子集合起来形成犯罪组织的动力来源也是经济利益。一方面，支持组织活动，豢养组织成员，必须有一定的经济基础，这是进行违法犯罪活动、维系犯罪组织的必要条件；另一方面，组织成员以违法犯罪活动获取的经济利益为其个人及其家庭生活的主要经济来源，黑社会性质组织成员因利而聚，为利而行。因此，无论是哪种形态、哪个领域、哪个地区的黑社会性质组织，其犯罪的目的可能有很多，但经济利益必然是其主要目的之一，其实施的违法犯罪活动可能很多，但始终围绕经济利益这个核心进行。对于获取经济利益的数额，《2015年纪要》提出，各高级人民法院可以根据本地区的实际情况，对黑社会性质组织所应具有的"经济实力"在20 ~ 50万元幅度内，自行划定一般掌握的最低数额标准。《2018年指导意见》提出，不能一般性地要求黑社会性质组织所具有的经济实力必须达到特定规模或特定数额，但是经济利益或者经济实力毕竟要以客观数量予以呈现，因此，仍应当确立一个符合当地经济发展状况的客观标准。本案中，吴某占黑社会性质组织自成立起就以追求经济利益为目的，其中，仅两起强迫交易犯罪所获工程款就达1300多万元，向苏某某高利放贷所获经济利益达50余万元，该组织通过违法犯罪活动聚敛了大量财富，具有强大的经济实力。而且，非法侵入住宅、非法拘禁、故意伤害也是为了维护和实现经济利益而实施的违法犯罪活动，即使是故意毁坏财物，也是因为吴某占认为被害人侵害了自己的经济利益而实施的泄愤报复行为。综上，经济特征是黑社会性质组织的核心特征，应当从犯罪组织的经济来源、组织成员个人及其家庭生活来源、违法犯罪活动获取的非法利益等方面综合判断。

四、黑社会性质组织的本质特征是危害性特征

社会危害性是犯罪行为的本质特征。黑社会性质组织作为犯罪集团的高级形态，其所具有的社会危害性远远高于包括犯罪集团在内的其他犯罪。普通犯罪侵害的对象和危害后果都是直接的、具体的、特定的，而黑社会性质组织犯罪，除侵害对象及对侵害后果具体直接特定外，还要求具有间接的、不特定的、抽象的侵害对象和侵害后果，即"在一定区域或者行业内，形成非法控制或者重大影响，严重破坏经济、社会生活秩序"。而且，直接具体特定的侵害对象与后果及间接抽象不特定的侵害对象与后果间具有因果关系，也就是说，"在一定区域或者行业内，形成非法控制或者重大影响，严重破坏经济、社会生活秩序"是该组织实施的具体违法犯罪活动形成的整体效应和后果。可见，间接抽象不特定的侵害对象与后果是黑社会性质组织具有的独特的社会危害后果，是黑社会性质组织的本质特征。这是黑社会性质组织在单独评价组织成员所犯个罪外，整体评价为黑社会性质组织犯罪的法理基础所在。

司法实践中，这一抽象的社会危害性特征需要以具体的直观的事实来确定，为此，最高人民法院、最高人民检察院及相关部门以司法解释、会议纪要等形式作出了规定。《2018年指导意见》中列举了七种具体情形和一种兜底情形，即：（1）致使在一定区域内生活或者在一定行业内从事生产、经营的多名群众，合法利益遭受犯罪或严重违法活动侵害后，不敢通过正当途径举报、控告的；（2）对一定行业的生产、经营形成垄断，或者对涉及一定行业的准入、经营、竞争等经济活动形成重要影响的；（3）插手民间纠纷、经济纠纷，在相关区域或者行业内造成严重影响的；（4）干扰、破坏他人正常生产、经营、生活，并在相关区域或者行业内造成严重影响的；（5）干扰、破坏公司、企业、事业单位及社会团体的正常生产、经营、工作秩序，在相关区域、行业内造成严重影响，或者致使其不能正常生产、经营、工作的；（6）多次干扰、破坏党和国家机关、行业管理部门以及村委会、居委会等基层群众自治组织的工作秩序，或者致使上述单位、组织

的职能不能正常行使的；（7）利用组织的势力、影响，帮助组织成员或他人获取政治地位，或者在党政机关、基层群众自治组织中担任一定职务的；（8）其他形成非法控制或者重大影响，严重破坏经济、社会生活秩序的情形。同时指出，鉴于黑社会性质组织非法控制和影响的"一定区域"的大小具有相对性，不能简单地要求"一定区域"必须达到某一特定的空间范围，而应当根据具体案情，并结合黑社会性质组织对经济、社会生活秩序的危害程度加以综合分析判断，也就是说，黑社会性质组织非法控制和影响的"一定区域"，可以是一个市、县以及更大的区域，也可以是一个乡镇、办事处以及一个村、居委会所辖区域。吴某占黑社会性质组织通过实施违法犯罪活动，高利放贷、暴力或软暴力讨债，干扰建筑企业承揽工程，强迫中标企业转让工程，在冠县东古城镇范围内形成了重大影响，严重破坏了当地的经济、社会生活秩序，危害性特征明显。综上，危害性特征是黑社会性质组织的本质特征，应当从违法犯罪活动的时间、次数、强度、受害人的数量、对特定区域内的经济、社会、生活秩序的影响程度等方面综合判断。

五、黑社会性质组织认定标准应坚持依法、实质、稳定原则

黑社会性质组织的认定，需要对四个特征进行综合评判和整体衡量。一是坚持依法认定原则。对于依照法律和事实，犯罪组织在四个特征的任何一个特征上明显不符合法定标准和要求时，不能人为拔高认定为黑社会性质组织。同时，对于四个特征都符合法定标准，仅仅在某个特征的某一细节上存在一定欠缺的，如黑社会组织形成的标志不明显等，不能纠缠于细枝末节，降格为一般集团犯罪。二是坚持实质判断原则。危害性特征是黑社会性质组织的本质特征，要以"危害性特征"为实质判断的核心，对"危害性特征"非常典型，其他特征不十分典型的犯罪组织，如人数较少、存续时间较短、层级不十分鲜明、获取的经济利益数额不大等，也可以认定为黑社会性质组织。三是坚持标准稳定原则。除法律政策作出调整外，

对黑社会性质组织四个特征的认定标准，应保持相对稳定，不能因人为因素时宽时严。即使因政策调整认定标准发生变化的，也要在可以掌握的变化幅度内，尽量选择与以往标准接近的标准，将变化幅度控制在最小范围内。如对于组织特征中人数的标准，如果 2015 年以来，一直按照《2015 年纪要》要求，掌握的是"10"人标准，尽管《2018 年指导意见》提出对人数不宜"一刀切"的要求，但也不要调整幅度过大，仍应以"10"人为参考标准，在 1 ～ 3 人限度内适度降低人数标准。对于已经制定了经济特征获取经济利益数额标准的地区，调整的幅度也要适度，尽可能保持标准的相对稳定性。保持黑社会性质组织认定标准的稳定，有利于被告人对司法裁判的接受，有利于对社会公众的教育引导，也有利于树立司法的公信与权威。本案中，一、二审法院对黑社会性质四个特征的认定标准，既契合《2018 年指导意见》精神，也符合《2015 年纪要》的要求，保持了对黑社会性质组织认定标准的相对稳定。

参考文献

一、中文专著类

［1］高铭暄.刑法问题研究［M］.北京：法律出版社.1994.

［2］高铭暄主编.新中国刑法科学简史［M］.北京：中国人民公安大学出版社.1993.

［3］高铭暄主编.新中国刑法学研究综述［M］.郑州.河南人民出版.1996.

［4］高铭暄主编.新中国刑法立法文献资料总览［M］.北京：中国人民公安大学出版社.1998.

［5］张军主编.〈刑法修正案（八）〉条文及配套司法解释理解与适用［M］.北京：人民法院出版社.2011.

［6］陈兴良.共同犯罪论［M］.北京：中国人民大学出版社［M］.2017.

［7］陈兴良.刑法的价值构造［M］.北京：中国人民大学出版社.1998.

［8］陈兴良.本体刑法学［M］.北京：商务印书馆.2003.

［9］张明楷.犯罪论的基本问题［M］.法律出版社 2016.

［10］储槐植.美国刑法［M］.北京：北京大学出版社.2005.

［11］何秉松.全球化时代有组织犯罪与对策［M］.中国民主与法制出版有限公司 2010.

［12］何秉松.中国有组织犯罪研究［M］.北京：群众出版社 2010.

［13］何秉松.恐怖主义·邪教·黑社会［M］.北京：群众出版社 2001.

〔14〕何秉松.中国有组织犯罪研究：中国大陆黑社会（性质）犯罪研究〔M〕.北京：中国法制出版社 2002.

〔15〕王牧.新犯罪学〔M〕.北京：高等教育出版社 2016.

〔16〕王牧等.中国有组织犯罪实证研究〔M〕.北京：中国检察出版社 2011.

〔17〕李林.黑社会性质组织犯罪司法认定研究〔M〕.北京：法律出版社 2013.

〔18〕莫洪宪.澳门有组织犯罪研究〔M〕.武汉：武汉大学出版社 2005.

〔19〕卢建平.有组织犯罪比较研究——当代新型犯罪比较研究〔M〕.北京：法律出版社 2004.

〔20〕黄风，赵林娜.国际刑事司法合作：研究与文献〔M〕.北京：中国政法大学出版社 2009.

〔21〕黄风.国际刑事司法合作的规则与实践〔M〕.北京：北京大学出版社 2008.

〔22〕黄风.或引渡或起诉〔M〕.北京：中国政法大学出版社 2013.

〔23〕张旭.国际刑法论要〔M〕.长春：吉林大学出版社 2000.

〔24〕张旭.国际刑法——现状与展望〔M〕.北京：清华大学出版社 2005.

〔25〕杨正鸣.新中国犯罪学研究〔M〕.北京：法律出版社 2011.

〔26〕于阜民.犯罪论体系研究〔M〕.北京：科学出版社 2014.

〔27〕于阜民.刑法学〔M〕.北京：科学出版社 2008.

〔28〕陈世伟.黑社会性质组织犯罪的新型生成及法律对策研究〔M〕.北京：法律出版社 2016.

〔29〕高一飞.有组织犯罪问题专论〔M〕.北京：中国政法大学出版社 .2000.

〔30〕赵赤.中外惩治有组织犯罪比较研究〔M〕.北京：中国政法大学出版社 2018.

［31］张爽.有组织犯罪文化研究［M］.北京：中国人民公安大学出版社 2012.

［32］靳高风.中国反有组织犯罪法律制度研究［M］.北京：中国人民公安大学出版社 2014.

［33］汪力等.有组织犯罪专题研究［M］.北京：人民出版社 2007.

［34］阮方民，王晓.有组织犯罪新论：中国黑社会性质组织犯罪防治研究［M］.杭州：浙江大学出版社 2005.

［35］蔡军.中国反有组织犯罪的刑事政策研究［M］.北京：中国大百科全书出版社 2013.

［36］林欣，李琼英.国际刑法新论［M］.北京：中国人民公安大学出版社 2005.

［37］王秀梅.国际刑法学研究述评（1978–2008）［M］.北京：北京师范大学出版集团 2009.

［38］赵永琛.跨国犯罪对策［M］.长春：吉林人民出版社 2000.

［39］齐文远，刘代华.国际犯罪与跨国犯罪研究［M］.北京：北京大学出版社 2004.

［40］成良文.刑事司法协助［M］.北京：法律出版社 2003.

［41］刘士心.美国刑法中的犯罪论原理［M］.北京：人民出版社 2010.

［42］胡水君.法律的政治分析［M］.北京：北京大学出版社 2005.

［43］李永升，朱建华.经济犯罪学［M］.京：法律出版社 2012.

［44］谢勇，王燕飞.有组织犯罪研究［M］.北京：中国检察出版社.2004.

［45］张树海、王名湖.《黑社会犯罪遏治论》［M］.长沙：湖南人民出版社.2002.

［46］李蓓蓓.台港澳史稿［M］.上海：华东师范大学出版社.2003.

［47］余绳武，刘存宽.十九世纪的香港［M］，北京：中华书局.1994.

［48］魏平雄，赵宝成，王顺安.犯罪学教程.北京：中国政法大学出

版社 .1998.

［49］金岳霖 . 形式逻辑（重版），北京：人民出版社 .2006 年 .

二、外文翻译类

［1］［意］切萨雷・贝卡里亚 . 论犯罪与刑罚［M］. 黄风译 . 北京：中国方正出版社 2004.

［2］［意］杜里奥・帕多瓦尼 . 意大利刑法学原理［M］. 陈忠林译 . 北京：中国人民大学出版社 2004.

［3］［德］汉斯・海因里希・耶赛克，托马斯・魏根特 . 德国刑法教科书［M］. 徐久生译 . 北京：中国法制出版社 2017.

［4］［英］约翰・迪基 . 黑手党的历史［M］. 王莉娜，杨晨，魏贝贝译 . 上海：华东师范大学出版社 2012.

［5］［俄］Н・Ф・库兹涅佐娃，И・М・佳日科娃主编 . 俄罗斯刑法教程（总论）（上卷），黄道秀译 . 北京：中国法制出版社 2002.

［6］［美］戴维・波普诺 . 社会学［M］. 李强译 . 北京：中国人民大学出版社 1999.

［7］［法］安得鲁・博萨 . 跨国犯罪与刑法［M］. 陈正云等译 . 北京：中国检察出版社 1997.

［8］［德］伯恩・魏德士 . 法理学［M］. 丁晓春，吴越译 . 北京：法律出版社 2013.

［9］［美］理查德・L. 达夫特 . 组织理论与设计［M］. 王凤彬等译 . 北京：清华大学出版社 2011.

［10］［德］亚图・考夫曼 . 类推与事物本质—兼论类型理论［M］. 吴从周译 . 北京：学林文化事业有限公司 1999.

［11］［意］加罗法洛 . 犯罪学［M］. 耿伟，王新译 . 北京：中国大百科全书出版社 1996.

［12］［美］保罗・兰德 . 有组织犯罪大揭秘［M］. 欧阳柏青译 . 北京：

中国旅游出版社 2005.

　　［13］黄道秀译. 俄罗斯联邦刑法典［M］. 北京：北京大学出版社 2008.

　　［14］徐久生，庄敬华译. 德国刑法典［M］. 北京：中国方正出版社 2004.

　　［15］罗结珍译. 法国新刑法典［M］. 北京：中国法制出版社 2005.

　　［16］［日］西田典之. 日本刑法总论［M］. 王昭武，刘明详译. 北京：法律出版社 2013.

　　［17］［法］安得鲁·博萨. 跨国犯罪与刑法［M］. 陈正云等译. 北京：中国检察出版社.1997.

　　［18］［美］道格拉斯·胡萨克.《刑法哲学》［M］. 姜敏译. 北京：中国方正出版社 2015.

　　［19］［美］霍姆斯. 普通法［M］. 冉昊，姚中秋译. 北京：中国政法大学出版社 2006.

　　［22］黄风译注. 最新意大利刑法典［M］. 北京：法律出版社.2007.

三、论文类

　　［1］高铭暄，王秀梅. 当代国际刑法的发展与基本原则［J］. 人民检察，2005（10）.

　　［2］马克昌. 论犯罪集团与犯罪团伙［J］. 法学杂志，1984（6）.

　　［3］马克昌. 有组织犯罪及其防治对策研究［J］. 法学论坛，2004（5）.

　　［4］陈兴良. 论黑社会性质组织的行为特征［J］. 政治与法律，2020（8）.

　　［5］陈兴良. 论黑社会性质组织的经济特征［J］. 法学评论，2020（4）.

　　［6］陈兴良. 论黑社会性质组织的组织特征［J］. 中国刑事法杂志，

2020（2）.

〔7〕陈兴良.论黑社会性质组织的非法控制（危害性）特征〔J〕.当代法学，2020（5）.

〔8〕陈兴良.恶势力犯罪研究〔J〕.中国刑事法杂志，2019（4）.

〔9〕陈兴良.禁止重复评价研究〔J〕.现代法学，1994（1）.

〔10〕张明楷.不能以"套路贷"概念取代犯罪构成〔N〕.人民法院报，2019年10月10日.

〔11〕黄京平.恶势力及其软暴力犯罪探微〔J〕.中国刑事法杂志，2018（3）.

〔12〕李林.黑社会性质组织司法认定研究〔J〕.河南财经政法大学学报，2013（4）.

〔13〕卢建平.软暴力犯罪的现象、特征与惩治对策〔J〕.中国刑事法杂志，2018（3）.

〔14〕周光权.黑社会性质组织非法控制特征的认定——兼及黑社会性质组织与恶势力团伙的区分〔J〕.中国刑事法杂志，2018（3）.

〔15〕莫洪宪，郭玉川.有组织犯罪的界定〔J〕.国家检察官学院学报.2010（4）.

〔16〕莫洪宪，张晓宁.中日犯罪组织比较分析—中国黑社会性质组织VS日本暴力团〔J〕.法学杂志，2011（5）.

〔17〕储怀植.合理地反击有组织犯罪〔J〕.甘肃政法学院学报，2009（3）.

〔18〕何劳功.准确认定黑恶犯罪的方法论思考〔J〕.武汉大学学报（社会科学版），2020（2）

〔19〕何荣功.避免黑恶犯罪的过度拔高认定：问题、路径与方法〔J〕.法学，2019（6）.

〔20〕何荣功.软暴力可以构成非法拘禁罪.检察调研与指导〔J〕，2018（5）.

〔21〕彭新林.论"套路贷"犯罪的刑事规制及其完善〔J〕，法学杂志，

2020（1）.

［22］赵长青.论黑社会性质组织犯罪的认定［J］.云南大学学报（法学版），2002（1）.

［23］于改之，吕小红.比例原则的刑法适用及其展开［J］.现代法学，2018（4）.

［24］张远煌.中国有组织犯罪的发展现状及立法完善对策［J］.法治研究，2012（2）.

［25］秦宗川.黑社会性质组织犯罪中"全部罪行"的认定［J］.中国刑事法杂志，2014（5）.

［26］何秉松.意大利黑手党的形成与演变［J］.中国刑事法杂志，2001（8）.

［27］戴长林，朱和庆等.全国部分法院审理黑社会性质组织犯罪案件工作座谈会议纪要的理解与适用［J］.刑事审判参考，第107集.

［28］朱和庆，周川，李梦龙.《关于办理"套路贷"刑事案件若干问题的意见》的理解与适用［J］.人民司法，2019（19）.

［29］朱和庆，周川，李梦龙.《关于办理恶势力刑事案件若干问题的意见》的理解与适用［N］.人民法院报，2019（6.13）.

［30］陈志君，梁健.论"套路贷"的打击与防范［J］.法律适用，2019（20）.

［31］靳高风.我国有组织犯罪的嬗变与法律制度的完善［J］.理论探索，2020（5）.

［32］靳高风."软暴力"及采用"软暴力"手段的涉黑涉恶犯罪认定［N］.人民法院报，2019（4.15）.

［33］林毓敏.黑社会性质组织犯罪中的暴力手段及软性升级［J］.国家检察官学院学报，2018（6）.

［34］聂慧苹.禁止重复评价之刑法展开与贯彻［J］.中国刑事法杂志，2015（3）.

［35］周立波.黑恶势力犯罪组织的本质特征及其界定［J］.法治研究，

2019（5）.

　　[36] 谢勇，王燕飞.论有组织犯罪研究——十年回顾、评价与前瞻[J].犯罪研究，2005（3）

　　[37] 邓又天，李永升.试论有组织犯罪的概念及其类型[J].法学研究，1997（6）.

　　[38] 杨昌军.黑手党：具有政权属性的反社会组织——解读美国意大利黑手党瓦拉奇专案[J].经济研究导刊，2010（8）.

　　[39] 李芳晓.国外有组织犯罪的概念和特征[J].国外社会科学，2007（1）.

　　[40] 陈建清，胡学湘.我国黑社会性质组织犯罪立法之检讨[J].法商研究，2013（6）.

　　[41] 石经海.黑社会性质组织犯罪的重复评价问题研究[J].现代法学，2014（11）.

　　[42] 黄晓宇，刘畅.黑社会性质组织犯罪增设财产刑研究[J].中国人民公安大学学报（社会科学版），2010（4）.

　　[43] 梁永，曹忠鲁.黑社会性质组织罪的刑法完善[J].人民检察，2010（9）.

　　[44] 严厉，金碧华.浙江黑社会性质组织犯罪的实证调查分析[J].山东警察学院学报，2011（11）.

　　[45] 金泽刚，李炳南.上海地区黑社会性质组织犯罪的特征与思考[J].法治研究，2014（4）.

　　[46] 莫晓宇.仪式炫耀、功能检视与规制应对——论黑社会性质组织的符号化样态及其治理启示[J].河南大学学报，2017（1）.

　　[47] 骆多.黑社会性质组织犯罪"保护伞"定罪疑难问题实证研究[J].重庆理工大学学报，2015（2）.

　　[48] 卢有学.论国际犯罪与国内犯罪的关系[J].现代法学,2012（1）.

　　[49] 黄芳.国际犯罪的国内立法导论[J].法学评论，2000（2）.

　　[50] 马呈元.论国际刑法的性质[J].法学家，2000（6）.

［51］魏东，赵天琦．黑社会性质组织第四项特征的刑法解释［J］．法治研究，2019（5）．

［52］王永茜．论黑社会性质组织犯罪的"组织特征"［J］．北京理工大学学报（社会科学版），2019（5）．

［53］朱文奇．国际法与中国的国际化［J］．法学家，2008（1）．

［54］张卫兵．论黑社会性质组织的构成要素［J］．中国审判，2010（12）．

［55］邱格屏．中国黑社会性质组织犯罪之60年回顾［J］．犯罪研究，2010（1）．

［56］刘仁文，刘文钊．恶势力概念流变及其司法认定［J］．国家检察官学院学报，2018（6）．

［57］魏东．"涉黑犯罪"重要争议问题研讨［J］．政法论坛，2019（3）．

［58］陈毅坚．软暴力刑法性质的教义学展开［J］．中国刑事法杂志，2020（4）．

［59］康树华．黑恶势力：连年打击的重点［J］．辽宁警专学报，2008（6）．

［60］李强．改革开放四十年中国刑法学犯罪构成理论的变迁［J］．中国法律评论，2018（5）．

［61］张小虎．有组织犯罪的犯罪学类型性考究［J］．江苏社会科学，2016（6）．

［62］蔡军．我国有组织犯罪刑法立法20年的回顾、反思与展望［J］．河南大学学报（社会科学版），2017（6）．

［63］管彦杰，彭泗淇．东西方黑社会组织演变的比较研究—以本世纪初以降的日本山口组和意大利黑手党为例［J］．山东警察学院学报，2013（1）．

［64］梁利波．有组织犯罪立法的国际谱系［J］．刑法论丛，2014（3）．

［65］［日］白取祐司著、王鲲译.日本近期预防有组织犯罪立法及其问题［J］.国家检察官学院学报，2009（6）.

［66］罗明海.美国有组织犯罪概念的历史、类型及启示［J］.青少年犯罪问题，2013（4）.

［67］刘宁宁.英国打击有组织犯罪的举措概述［J］.理论界，2010（2）.

［68］郑冲.德国打击有组织犯罪相关立法情况［J］.中国人大，2010（14）.

［69］邢盘洲.云南孙某果案的警示［J］.江苏警官学院学报，2020（1）.

［70］姚天冲，张军梅.试析日本黑社会的"合法性"［J］.日本研究，2011（2）.

［71］迪克·霍布斯·乔治斯·A·安东诺普洛斯著，陈波、邬玎译."外国人阴谋论"与有组织犯罪［J］.海外犯罪学家，2014（1）.

［72］马曼.日本反有组织犯罪立法及其启示［N］.检察日报，2020年9月1日.

［73］黄文忠，郭小亮.黑社会性质组织犯罪的主体辨析［J］.铁道警察学院学报，2019（3）.

［74］叶小琴.禁止重复评价原则与黑社会性质组织存续时间起点的认定［J］.国家检察官学院学报，2018（6）.

［75］许恋天.遏制套路贷要打好组合拳［N］.法制日报，2018年4月20日.

［76］雷科文.澳门黑社会组织分析［J］.湛江师范学院学报，2003（5）.

［77］刘振会.黑社会性质组织的认定标准［J］.人民司法，2019（14）.

［78］杜宇.刑法体系构建的三种思路［J］.浙江社会科学，2009（7）.

［79］丁慕英，单长宗.中国对有组织犯罪—走私罪和洗钱罪的惩治与

防范［J］.法学家，1998（2）.

［80］黄京平.黑除恶历史转型的实体法标志—《反有组织犯罪法》中刑法规范的定位［J］.江西社会科学，2022（2）.

［81］陈远鑫，马曼.我国反有组织犯罪法律制度的重要发展—反有组织犯罪法的立法情况和主要内容，［J］.人民检察，2022（1）.

四、外文资料

[1]Marjie Britz, Catherine Burton. Organized Crime. 2020.

[2]Federico Cingano, Marco Tonello. Law Enforcement,Social Control and Organized Crime:Evidence from Local Government Dismissals in Italy.2020,6(6):221-254.

[3]Luke Kemp, Sanaz Zolghadriha, Paul Gill. Pathways into organized crime: comparing founders and joiners. 2020, 23(3):203-226.

[4]Esmaeil Kashkoulian. Analyzing the Theoretical Views of Organized Crimes. 2019,1(6).

[5]Farkhod Fazilov. MONEY LAUNDERING PREVENTION. 2019, 7(11).

[6]Kruisbergen, Leukfeldt, Kleemans, et al. Money talks money laundering choices of organized crime offenders in a digital age. 2019, 42(5):569-581.

[7]Annamaria Nese, Niall O'Higgins, Patrizia Sbriglia, et al. Cooperation, punishment and organized crime: a lab-in-the-field experiment in southern Italy. 2018, 107:86-98.

[8]George W. Knox, Gregg Etter, Carter F. Smith. Gangs and Organized Crime. 2018.

[9]Liam Deacon,Khan' s London: Gang Warfare Kills More than Terror, Despite Tightest Gun Controls Firearms Are "Easy" to Buy, Breitbart, April 5,2018

[10]Nicholas Barnes. Criminal Politics: An Integrated Approach to the

Study of Organized Crime, Politics, and Violence. 2017, 15(4):967–987.

[11]Kyriakos C. Neanidis, Maria Paola Rana, Keith Blackburn. An empirical analysis of organized crime, corruption and economic growth. 2017, 13(3):273–298.

[12]Beare MargaretE.. Transnational Organized Crime. 2017.

[13]Ronald C. Kramer. State–Organized Crime, International Law and Structural Contradictions. 2016, 24(2):231–245.

[14]Jay S.Abanese.Organized Crime In Our Time [M] Anderson Publishing，2011.

[15]F. Varese:'What Is Organized Crime?'，in Organized Crime，Critical Concepts in Criminology，4vols，ed. F. Varese (New York: Routledge，2010.

[16]Jay S.Abanese. Organized Crime In Our Time [M] Anderson Publishing，2011

[17]Kristin M.Finllea, "Organized Crime in the United States: Trends and Issues for Congress"，Congressional Research Service, April 16,2009

[18]Harold，Cont rolling Triads and Organized Crime in Hong Kong，Hong Kong Journal, APRIL 2009, NUMBER FOURTEEN.

[19]Joseph Wheatley, "The Flexibiliry of RICO and its Use on Street Gangs Engaging in Organized Crime in the United States",Placeng,Vol.4,2008.

[20]Cyrille Fijinaut and Letizia Paoli, Organized Crime in Europe:Concepts，Patterns and Control Policies in the European Union and Beyond, Springer，2004/2006.

[21]Chicago 7th ed. Transnational organized crime,2000.

[22]Dae H. Chang, 'Crime Prevention Strategies by the United Nations: A Global Perspective.' International Journal of Comparative and APplied Crimnal Justice. V21,1997.

[23]Bluebool 20th ed. Javo Nikolov, Organized Crime in Bulgaria, 6 E.Eur.

Const.Rev.1997.

[24]Annelise Graebner Anderson, The Business of Orgnized Crime, A Cosa Nostra Family, Hoover Institution Presss, Stanford University, California, 1979.

[25]U.S.Congress, House Government Operation, Legal and Monetary affairs, Federal Efforts Against Organized Crime: Report of Agency Operation, June1968.

[26]Annelise Graebner Anderson, The Business of Orgnized Crime, A Cosa Nostra Family, Hoover Institution Presss, Stanford University, California,1979.